Schlüsselwerke der Journalismus-forschung

Wiebke Loosen · Armin Scholl
Hrsg.

Schlüsselwerke der Journalismusforschung

 Springer VS

Hrsg.
Wiebke Loosen
Hans Bredow Institut für Medien-
forschung
Hamburg, Deutschland

Armin Scholl
Universität Münster
Münster, Deutschland

ISBN 978-3-658-25866-5   ISBN 978-3-658-25867-2 (eBook)
https://doi.org/10.1007/978-3-658-25867-2

Die Deutsche Nationalbibliothek verzeichnet diese Publikation in der Deutschen Nationalbiblio-
grafie; detaillierte bibliografische Daten sind im Internet über http://dnb.d-nb.de abrufbar.

Planung/Lektorat: Barbara Emig-Roller
Springer VS ist ein Imprint der eingetragenen Gesellschaft Springer Fachmedien Wiesbaden
GmbH und ist ein Teil von Springer Nature.
Die Anschrift der Gesellschaft ist: Abraham-Lincoln-Str. 46, 65189 Wiesbaden, Germany

Inhaltsverzeichnis

Zur Auswahl der „Schlüsselwerke Journalismusforschung"

Armin Scholl und Wiebke Loosen

Schlüsselwörter

Schlüsselwerke · Journalismusforschung · Journalismus als Forschungsfeld · Auswahl von Schlüsselwerken · Definition von Schlüsselwerken

Jedem Anfang wohnt eine Setzung inne, deswegen sollte zu Beginn eine Begründung für eben diese Setzung stehen. Tatsächlich ist ihr ein gewisser Dezisionismus inhärent: „Draw a distinction and a universe comes into being."[1] (Spencer Brown 1969, S. xxix) Meist wird eine Begründung für den gewählten Anfang in der Regel erst nachgeliefert, aber in der Darstellung, in der Form des Arguments wirkt es so, als sei die Begründung dafür – und nicht erst die Setzung – eben dieser Anfang.

---

[1] Dieser Satz wird dem Mathematiker und Logiker George Spencer Brown zugeschrieben, ist in seinem Werk „Laws of Form" aber in genau dieser Wortfolge nicht nachzuweisen. Stattdessen kreierte ihn Heinz von Foerster im Gespräch mit Bernhard Pörksen (2003, S. 20).

A. Scholl (✉)
Universität Münster, Münster, Deutschland
E-Mail: scholl@uni-muenster.de

W. Loosen
Leibniz-Institut für Medienforschung | Hans-Bredow-Institut (HBI) und Universität Hamburg, Hamburg, Deutschland
E-Mail: w.loosen@leibniz-hbi.de

© Springer Fachmedien Wiesbaden GmbH, ein Teil von Springer Nature 2023   1
W. Loosen, A. Scholl (Hrsg.), *Schlüsselwerke der Journalismusforschung*,
https://doi.org/10.1007/978-3-658-25867-2_1

Wenn man Schlüsselwerke einer bestimmten Disziplin (der Kommunikationswissenschaft, herausgegeben von Christina Holtz-Bacha und Arnulf Kutsch 2002; der Sozialwissenschaften, herausgegeben von Samuel Salzborn 2021), eines theoretischen Paradigmas (Systemtheorie, herausgegeben von Dirk Baecker 2005; Kritische Theorie, herausgegeben von Axel Honneth 2006; Cultural Studies, herausgegeben von Andreas Hepp et al. 2009; Postcolonial Studies, herausgegeben von Julia Reuter und Alexandra Karentzos 2012; Konstruktivismus, herausgegeben von Bernhard Pörksen 2011/2015) oder eines Forschungsfeldes (Wirkungsforschung, herausgegeben von Potthoff 2016) zusammenstellt, ist man in mehrfacher Hinsicht rechenschaftspflichtig: in Bezug auf die Auswahl der Schlüsselwerke und der Autor*innen, die diese Schlüsselwerke vorstellen, einordnen und kritisch kommentieren, und sogar in Bezug auf den Forschungsbereich selbst, weil dieser wiederum die Grundgesamtheit für die Auswahl der Schlüsselwerke bildet. In unserem Fall ist dieser Auswahlprozess mehrstufig und durch Trial-and-Error-Prozeduren gekennzeichnet, wie gleich darzulegen sein wird.

1   Allgemeine Vorgehensweise

Die Ausgangslage, die genannten Auswahlerfordernisse drastisch zu erleichtern, schien im vorliegenden Fall zunächst günstig zu sein, denn mit den schon erwähnten „Schlüsselwerke[n] der Medienwirkungsforschung", herausgegeben von Matthias Potthoff (2016), liegt bereits ein bestens reflektiertes und operationalisiertes Verfahren vor,[2] das für die „Schlüsselwerke der Journalismusforschung" als Vorbild dienen könnte. Zudem hatte uns Matthias Potthoff dankenswerterweise seine netzwerkanalytische bibliometrische Untersuchung der Zitationsstruktur kommunikationswissenschaftlicher Studien zur Verfügung gestellt.

Für seine Studie war eine enorm große Stichprobe von insgesamt 39.702 Literaturangaben[3] aus 947 Aufsätzen gezogen worden, die in den beiden Fachzeitschriften „Publizistik" und „M&K" von 1970 bis 2010 erschienen sind (Potthoff und Kopp 2013, S. 351). Dies ist eine optimale Voraussetzung für die Auswahl von Schlüsselwerken, denn die beiden Zeitschriften gelten als die wichtigsten in der deutschsprachigen Kommunikationswissenschaft. Sie sind also ein guter Indikator dafür, was in diesem Fach (in der deutschsprachigen Community) für relevant gehalten

---

[2] Die positiven Rezensionen von Hans-Dieter Kübler (2016) und von Andreas Fahr (2016) belegen diese Einschätzung.

[3] Wenn man die Eigenzitationen bzw. Eigenbelege der Autor*innen abzieht, bleiben immer noch 38.156 Literaturangaben (Potthoff und Kopp 2013, S. 360).

wird, und zwar erkennbar daran, auf welche Quellen die dort publizierenden Autor*innen zurückgreifen – nicht nur, wer diese Autor*innen selbst sind (Potthoff 2016, S. 3–5). Es ist dabei nicht so entscheidend, ob Werke hierzulande häufig zitiert werden, in anderen Ländern aber nicht, oder wenig rezipiert werden, denn die Schlüsselwerke bilden die hiesige Forschungssituation ab – ohne deshalb durch das Vorgehen zwangläufig ethnozentristisch zu sein.[4] Die Berücksichtigung internationaler/nicht-deutschsprachiger Quellen kennzeichnet die Forschungssituation ebenso und ist Veränderungen unterworfen. Mit zunehmender Internationalisierung der Forschung dürfte daher eine mögliche Diskrepanz zwischen verschiedenen Ländern oder sprachlichen Kulturen eine immer geringere Rolle spielen, weil die Selektionskriterien wissenschaftlicher Literaturrecherche nicht mehr national ausgerichtet sind, was aber die Selektivität an sich nicht negiert, sondern diese nur auf andere Kriterien umstellt. Es ist dennoch selbstverständlich, dass die Auswahl Bezug nimmt auf die Debatten im deutschsprachigen Raum, sodass eine Zusammenstellung von Schlüsselwerken für die USA oder Frankreich anders ausgesehen hätte. Da dieser Band in der hiesigen Lehre eingesetzt werden soll, ist die kulturelle Perspektivität nicht nur nicht problematisch, sondern geradezu wünschenswert. Sie bleibt aber immer Gegenstand einer notwendigerweise mitlaufenden Reflexion der Auswahl.

Da Schlüsselwerke in der Regel ein gewisses Alter haben müssen, um sich überhaupt als Schlüsselwerke herausstellen zu können, sind Herausgeber*innen eines solchen Bandes nicht an die Aktualität bei der Auswahl gebunden. Umso erstaunlicher ist, und das rechtfertigt im Nachhinein einen Großteil des Ergebnisses dieser Auswahl, wie aktuell die Fragestellungen und sogar die vorgeschlagenen Antworten der theoretischen und empirischen Untersuchungen dieser Schlüsselwerke sind.

Die Qualifizierung als „aktuell" oder „zeitgemäß" gilt allerdings nicht mit Blick auf eine interessante Beobachtung, die wir im Hinblick auf gendergerechte Sprache gemacht haben: Zu Beginn haben wir alle Texte konsequent auf gendergerechte Sprache umgestellt bzw. unsere Autor*innen dazu angehalten, entweder mit der *-Konstruktion zu arbeiten oder von Journalistinnen und Journalisten im Wechsel zu schreiben. Bei den meisten Schlüsselwerken wirkte diese Schreibweise aber nicht „werkgetreu", sondern sogar fremd, weil in den Ursprungstexten tatsächlich

---

[4] Uns ist aber bewusst, dass sich die Journalismusforschung nicht nur zunehmend globalisiert, sondern dass darüber hinaus normativ enorme Aufgaben der De-Kolonialisierung, des De-Westernizing und überhaupt der Enthierarchisierung der Journalismusforschung in Bezug auf Forschungsressourcen und Sichtbarkeit der Forschungsergebnisse bewältigt werden müssen (Glück 2018).

fast nur von Journalisten die Rede ist. Deswegen finden sich in den Beschreibungen der Werke selbst oft nur die männlichen Formen.

Erst nachträglich aufgefallen ist uns ferner, dass wir es bei vielen Schlüsselwerken mit aus heutiger Sicht eher ungewöhnlichen Textsorten zu tun haben. Einige sind essayistisch geschrieben und haben sogar den Charakter einer Streit- oder Brandschrift (am deutlichsten: Glotz und Langenbucher 1969). Man könnte daraus schließen, dass sie veraltet sind, weil man sich heute sprachlich viel stärker an wissenschaftlichen Standards orientiert. Man könnte den Erfolg der Schlüsselwerke aber auch dafür nutzen, um für mehr „Formatfreiheit" in der Wissenschaft zu werben. Vielleicht muss inhaltlich-argumentative Originalität sprachlich-stilistisch in einer offenen Form erfolgen; Essays drücken sogar eine besondere Art theoretischer Erkenntnis aus (Bude 1989, S. 527–528).

2 Definition von ‚Schlüsselwerken' und Begründung der konkreten Vorgehensweise

Schlüsselwerke sind dadurch gekennzeichnet, dass sie eine große Wirkung auf den Forschungsstand und dessen Weiterentwicklung haben. Dies erkennt man daran, dass sie in Lehrbüchern ausführlich beschrieben sowie in der Fachliteratur häufig zitiert werden. Es sind also in erster Linie quantitative Indikatoren für ihre Wichtigkeit. Diese kann man auch qualitativ bestimmen, wenn man nachweisen kann, dass die Schlüsselwerke ihre Argumente zu einem früheren Zeitpunkt als der ihnen folgende Mainstream der Forschung entwickelten und diese Argumente immer wieder auftauchten, selbst wenn sie später nur selten als Quelle zitiert werden (wie bei Fabris 1979). Es handelt sich somit um Schlüsselwerke avant la lettre, was im Einzelfall kommunikationshistorisch nachzuweisen wäre.

In einem ersten Schritt hatten wir für die Auswahl der Schlüsselwerke der Journalismusforschung versucht, die Vorgehensweise von Potthoff (2016, S. 1–13) zu imitieren, um von seinen Vorarbeiten und der erfolgreichen Vorgehensweise zu profitieren. Diese bestand darin, die in den Fachzeitschriften *Medien & Kommunikationswissenschaft* und *Publizistik* meistzitierten Werke aus dem Themengebiet der Medienwirkungsforschung (im Zeitraum von 1970 bis 2010) auszuwählen. Dabei traten jedoch in Bezug auf die Journalismusforschung mehrere Probleme auf, die offenbar im Feld der Wirkungsforschung keine Rolle gespielt hatten: Zum einen ist nicht einfach per Augenschein zu entscheiden, ob ein Werk für das Forschungsfeld Journalismus relevant ist oder nicht. Journalismusforschung war als Forschungsfeld in der Vergangenheit zwar recht klar abgegrenzt, hatte aber schon immer einen interdisziplinären Charakter und enge Bezugspunkte zu anderen Forschungsfeldern (zur Medieninhaltsforschung, zur Medienpolitik usw.; Loosen et al. 2022a). Deshalb hätte die Grundgesamtheit schnell unübersichtlich und ausufernd werden können. Zum anderen wäre bei einem rein an der Zitationshäufigkeit orientierten Vorgehen eine theoretisch wie thematisch sehr einseitige Auswahl herausgekommen. Da in den 1990er-Jahren die systemtheoretische Journalismusforschung intensiv diskutiert wurde, überlagert ihre häufige Erwähnung andere theoretische Ansätze quantitativ. Für die schiere Quantität spielt es zudem keine Rolle, ob der Bezug positiv oder negativ ist. Prinzipiell könnte sogar eine eher abwegige Publikation als Schlüsselwerk definiert werden, wenn nur viele Forscher*innen diese kritisieren und damit auch zitieren.[5] Das rein quantitative Auswahlkriterium bedarf also ergänzender, korrigierender qualitativer Kriterien.

Des Weiteren erwies sich die Restriktion auf nur jeweils ein Werk pro Wissenschaftler*in als ungünstig, weil die konkrete Auswahl innerhalb des Werks eines/r Wissenschaftler/s/in schwer zu begründen war und weil bis in die 1980er-Jahre die Gruppe der deutschsprachigen Journalismusforscher*innen noch recht übersichtlich war.

Ausgeschlossen haben wir Lehrbücher, Lexika oder andere Übersichtswerke, obwohl auch hierunter einige Klassiker zu finden wären, wie etwa die Journalistik-Bände von Siegfried Weischenberg. Die Schlüsselwerke sollten jedoch keine derartigen Kompilationen enthalten, die ihrerseits für eine Art Kanon bzw. Systematik des Forschungsfeldes stehen.

Nach diesem (für uns überraschenden) Scheitern des ersten Versuchs der Stichprobenbildung, der aber bereits interessante Auskünfte über das Forschungsfeld Journalismus gab, haben wir uns eine andere Auswahlstrategie überlegt, die wesentlich stärker qualitativ vorgeht – und damit auch mehr und einfacher anfechtbare Entscheidungen mit sich bringt. Die Ziele dieser Auswahl bestanden selbstverständlich weiterhin darin, dass Schlüsselwerke relevant sein sollten, wofür das quantitative Ausmaß ihrer Zitation ein guter Indikator ist. Darüber hinaus sollten jedoch theoretische und thematische Vielfalt im Mittelpunkt stehen, damit das Forschungsfeld in hinreichender Breite abgebildet werden kann.

Eine umfassende Sortierung der Journalismusforschung liegt mit dem Kontextmodell („Zwiebelmodell") von Siegfried Weischenberg (2014: 159–163) vor. Dieses Modell wurde im ersten Band des Lehrbuchs zur Journalistik (Weischenberg 1992) entwickelt und wird weiterhin vom Autor benutzt (Weischenberg 2014). Das

---

[5] Das gilt etwa für Dovifats normativ-ontologischen Ansatz, der häufig kritisiert und als Negativbeispiel für ein wissenschaftlich überholtes Paradigma angeführt wird (Löffelholz 2016, S. 38; Weischenberg 2004, S. 57).

6 A. Scholl und W. Loosen

Lehrbuch nimmt in der mehrfach erwähnten bibliometrischen Studie der meistzitierten kommunikationswissenschaftlichen Publikationen (also nicht nur der Journalismusforschung) Rang 17 ein und kann somit als besonders einflussreich eingestuft werden (Potthoff und Kopp 2013, S. 355).

Weischenberg sortiert in diesem Modell die Journalismusforschung nach den vier Bereichen *Mediensysteme* (Normenkontext), *Medieninstitutionen* (Strukturkontext), *Medienaussagen* (Funktionskontext) und *Medienakteure* (Rollenkontext) (s. Abb. 1). In jedem Kontext werden verschiedene Aspekte (Themenfelder der Journalismusforschung) aufgeführt, die den Kontext spezifizieren und eine themenspezifische Suche nach Schlüsselwerken anleiten können.[6]

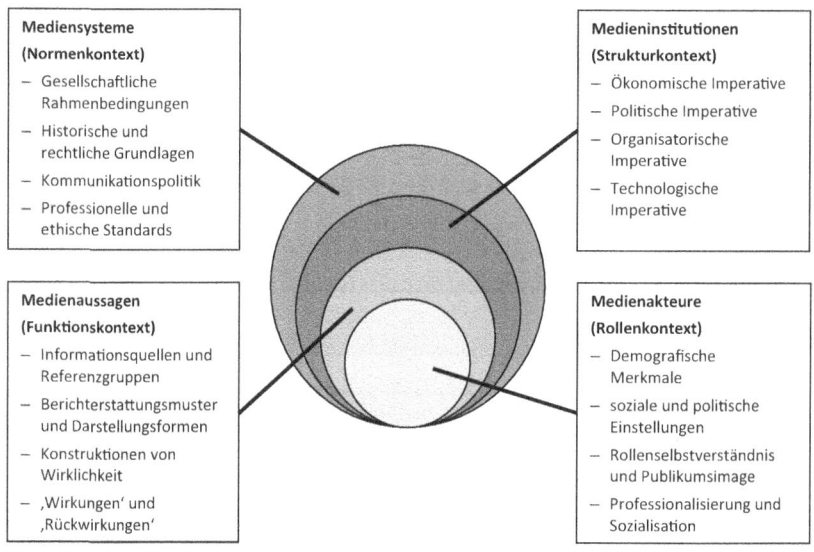

Abb. 1 Kontext-/Zwiebelmodell von Weischenberg (1992, S. 68; 2014, S. 159)

---

[6]Andere Übersichtsmodelle, wie das Sphärenmodell von Donsbach (1987, 2002) oder das Schichtenmodell von Shoemaker und Reese (2014), sind entweder weniger vollständig oder nicht spezifisch genug, um gezielt nach thematischen Kategorien zu suchen. Man kann aber auch an Weischenbergs Kontextmodell theoretisch fundierte Kritik üben (Löffelholz 2016, S. 46 sowie Weischenberg 2014, S. 156 ff.). Wir benutzen es hier allein zu heuristischen Zwecken, um die gewünschte thematische Bandbreite bei der Auswahl der Schlüsselwerke zu gewährleisten.

Wer bis hierhin vermisst hat, dass wir Herausgeber*innen noch keine Definition von Journalismus oder Journalismusforschung vorgelegt haben, die als Basis für die Grundgesamtheit der auszuwählenden Schlüsselwerke steht, erkennt zurecht eine Lücke im Prozess der Vorgehensweise. Wir könnten nun aushilfsweise die Struktur des Modells von Weischenberg als Begründung benutzen: Alle Werke, die unter einen der vier Kontexte fallen, haben etwas mit Journalismusforschung zu tun, ohne dass eine übergeordnete Definition von Journalismus und seiner Erforschung nötig wäre.[7]

Wir versuchen dennoch, diese Gesamtdefinition nachzuliefern und bedienen uns dabei wiederum der Argumentation von Weischenberg (2004), die er in seinem Lehrbuch zur Journalistik vorgelegt hat. Der verwendete Journalismusbegriff darf nicht zu eng sein und sich nur auf professionellen Journalismus (Professionsperspektive) beschränken. Er darf sich auch nicht nur auf die journalistisch Tätigen (Akteurperspektive) und deren Tätigkeiten (Praxisperspektive) beziehen. Ebenso darf das hier verwendete Verständnis nicht ausschließlich auf der gesellschaftlichen Makroebene (System- oder Kulturperspektive) angesiedelt sein.

Solche Verengungen könnten sogar umgekehrt dazu führen, dass der Begriff zu weit ausgedehnt wird: Journalistische Tätigkeiten (Praxisperspektive) werden zum Teil auch in der Public-Relations-Branche ausgeübt. Journalist*innen (Akteurperspektive) können gleichzeitig PR-Tätigkeiten praktizieren, insbesondere wenn sie freischaffend sind. Die Vorstellung von Journalismus in der Rolle als gesellschaftlicher Kommunikator birgt ebenfalls die Gefahr, relevante Felder der öffentlichen Kommunikation miteinander zu vermischen (Journalismus, Public Relations, Werbung, fiktionale Unterhaltungsangebote). Da die Schlüsselwerke in der Regel zeitlich nicht in der jüngsten Gegenwart publiziert wurden, bietet sich ein relativ traditionelles Verständnis von Journalismus an, das bei der Definition der Grundgesamtheit hilfreich ist.[8] Journalismus wird somit hier verstanden als aktuelle gesellschaftliche, massenmedial vermittelte Kommunikation, die faktenbasiert, für ein breites Publikum relevante Nachrichten produziert, einordnet, interpretiert, kom-

---

[7] Eine solche Vorgehensweise entspricht dem Konzept der Familienähnlichkeit, wie sie Wittgenstein (2001, § 68) entwickelt hat. Er klassifizierte Spiele anhand verschiedener Merkmale, stellte aber fest, dass man zwar alle Klassen oder Gruppen von Spielen als Spiele erkennen kann, dass es aber nicht gelingt, ein gemeinsames Oberkriterium zu entwickeln, das für alle Arten von Spielen zutrifft. Das gilt auch für Journalismus und insbesondere für die zahlreichen neuen Formen, die sich mit der Digitalisierung entwickelt haben (Loosen et al. 2022b, S. 42–45).

[8] Die hier verwendete Funktion einer Definition hat keine weitergehende Beschreibungsabsicht (Realdefinition), sondern dient ausschließlich der Transparenz der Schlüsselwerkeauswahl, ist also eine reine Arbeitsdefinition.

mentiert. Journalismus hat gesellschaftlich-normative Erwartungen zu erfüllen und wird in demokratischen Gesellschaften deshalb rechtlich geschützt (Weischenberg 2004, S. 43, 46–49; 67–71).

Unser eigenes Verständnis von Journalismus muss für die Auswahl von Schlüsselwerken der Journalismus recht offen bleiben, weil die Journalismusforschung selbst ihren Forschungsgegenstand mitkonstituiert und mit sehr unterschiedlichen Verständnissen von Journalismus arbeitet. Die obigen Definitionsversuche auf die Journalismus*forschung* oder Journalistik zu übertragen, bedeutet, dass diese ebenfalls nicht zu eng und nicht zu weit gefasst werden darf: Sie ist jeweils Teil der Kommunikator*innenforschung, der Medieninhaltsforschung, der Medienstrukturforschung und auch der Rezeptionsforschung, wenngleich sich diese Forschungsbereiche nicht in der Erforschung der journalistischen Kommunikator*innen, der journalistischen Berichterstattung, der Struktur der Journalismus produzierenden Medienorgane oder der Rezeption journalistischer Berichterstattung erschöpfen. Als einzige dieser Forschungsbereiche haben wir die Rezeptionsforschung (im Kontextmodell „Wirkungen und Rückwirkungen" von Medienaussagen rubriziert) komplett ausgeschlossen. Dies zum einen, weil wir keine Wirkungsstudie, die explizit aus der Perspektive der Journalismusforschung bzw. Journalistik argumentierte, als Schlüsselwerk ausfindig machen konnten, zum anderen, weil mit Potthoffs Schlüsselwerkeband zur Medienwirkungsforschung die Wirkung von journalistischer Berichterstattung bereits umfassend einbezogen ist.

Wir sind also bei der Suche nach Schlüsselwerken der Journalismusforschung mit einer vagen Vorstellung von Journalismus und Journalismusforschung bei gleichzeitiger Orientierung an einer quantitativ relevanten Zitationshäufigkeit (bibliometrischen Vernetzung) von Publikationen der Journalismusforschung vorgegangen. Das heißt, dass es nicht nötig ist, die komplette Grundgesamtheit der Publikationen im Rahmen der Journalismusforschung zu kennen, also die Kriterien ihrer Definition anzuwenden, sondern dass die Rangordnung in der bibliometrischen Studie diese Grundgesamtheit sinnvoll einschränkt – es geht eben nur um Schlüsselwerke mit einer hohen Relevanz in der Gemeinschaft der Journalismusforschung. Insofern reicht es, anhand der Kontexte des Modells die Treffer mit der höchsten bzw. einer hohen Zitationshäufigkeit abzusuchen und gleichermaßen auf eine hinreichende Pluralität von Themenfeldern (die gewährleistet wird durch die Spezifizierungen im Kontextmodell) und von theoretischen Ansätzen (durch die Kenntnis der Herausgeber*innen von ihrem Gegenstand, der Journalismusforschung) zu achten.

Wer diese Kontexte systematisch und deduktiv für die Suche von Schlüsselwerken verwendet, handelt sich allerdings ein (weiteres) Problem ein: Viele Werke lassen sich nicht eindeutig den Kontexten zuordnen – oder die exemplarisch in Spiegelstrichen aufgezählten Themenfelder passen in den jeweiligen Werken nicht unbedingt zu der jeweils vorgesehenen Ebene (zu einem der vier Kontexte), sondern lassen verschiedene Perspektiven (Kontexte) zu. Aus diesem Grund haben wir nicht alle Themenfelder des Kontextmodells mit den ausgewählten Schlüsselwerken abgedeckt. Stattdessen haben wir die Unterkategorien mit den Themenfeldern stellenweise umbenannt oder präzisiert. Dabei stützen wir uns auf die beiden Bände des Journalistik-Lehrbuchs, in denen das Kontextmodell ausformuliert wird, aber ebenfalls nicht streng deduktiv abgearbeitet wird (Weischenberg 2002, 2004).

Innerhalb dieser Kontexte haben wir weiterhin auf der Grundlage der über die bibliometrische Analyse identifizierten Werke gezielt eine einigermaßen gleichwertige Identifikation und Verteilung von Schlüsselwerken pro Kontext vorgenommen. Zu diesem Zweck haben wir für jeden Kontext („Zwiebelschale") zwischen fünf und sieben Unterkategorien, das heißt Themenfelder, identifiziert, die durch Schlüsselwerke abgedeckt sein sollten. Dadurch werden in diesem Band insgesamt 24 Schlüsselwerke behandelt.

Am Beispiel der ersten Oberkategorie „Mediensysteme (Normenkontext)" lässt sich die Vorgehensweise wie folgt erläutern (s. Tab. 1): Das Themenfeld „gesellschaftliche Rahmenbedingungen" wird durch zwei miteinander konkurrierende theoretische Ansätze zur Systemtheorie (Rühl 1980) und zur kommunikativen Handlungstheorie (Gottschlich 1980) und eine auf die USA bezogene Analyse der politischen und ökonomischen Rahmenbedingungen (Altschull 1984) abgedeckt. Es folgt eine Publikation zu den „historischen [und rechtlichen] Grundlagen" (Requate 1995). Für das Themenfeld „Kommunikationspolitik" stehen zwei Publikationen zur Auswahl, eine international vergleichende Analyse von Mediensystemen (Siebert et al. 1956) und ein auf Deutschland bezogenes demokratietheoretisches Essay (Glotz und Langenbucher 1969). Für das Themenfeld „professionelle und ethische Standards" liegt ein normativ-philosophischer Ansatz vor (Boventer 1984).

Die Vorgehensweise bei der Auswahl der Schlüsselwerke der Journalismusforschung war zuerst intuitiv geleitet, um mögliche Fehler oder Schwächen der Vorgehensweise zu identifizieren (siehe oben). Nach dem Erkennen dieser Fehler wurde die Suche und Auswahl von Schlüsselwerken der Journalismusforschung entlang des folgenden Ablaufschemas schematisiert:

1) Durcharbeiten von Potthoffs (2016) bibliometrischer Analyse der kommunikationswissenschaftlichen Zitationen und Belege nach deren Rangfolge der Häufigkeiten, also von den meistzitierten abwärts.

2) Treffer in Bezug auf die Journalismusforschung festhalten.

3) Treffer in das Kontextmodell einordnen.

4) Vorgang so lange wiederholen, bis möglichst alle Felder des Kontextmodells besetzt sind.

5) Identifikation von Redundanzen in Bezug auf Themen oder theoretische Ansätze.

6) Streichen derjenigen redundanten Publikationen, die entweder in der Rangfolge der Beleghäufigkeit schlechter platziert sind oder die weniger gut thematisch passen.

7) Ende des Vorgangs, wenn die vier Kontexte (Oberkategorien) anhand von Themenfeldern (Unterkategorien) einigermaßen gleich besetzt sind (Tab. 1).

3   Auswahl der Autor*innen für die Darstellung der Schlüsselwerke

Bei der Auswahl der Autor*innen für dieses Buch haben wir versucht, sowohl jüngere als auch etablierte Wissenschaftler*innen zu gewinnen und eine Geschlechterparität herzustellen. Die Liste der Autor*innen, die zu diesem Buch beigetragen haben, erfüllt beide Kriterien (s. Tab. 1). Auch die wissenschaftlichen Standorte weisen eine breite Streuung auf, wenngleich nur zwei Kolleg*innen in Österreich (Wien und Salzburg) lehren und leider niemand in der Schweiz (dafür eine deutsche Kollegin in Paris). Beides, die Auswahl der Schlüsselwerke sowie der sie darstellenden Autor*innen, ist selbstverständlich kontingent, aber auf Grund der theoriegeleiteten Vorgehensweise alles andere als willkürlich.[9]

Auch wenn der Blick auf und durch Schlüsselwerke eher ein rückwärtsgerichteter ist und wir es daher, wie oben ausgeführt, eher mit einem traditionellen Verständnis von Journalismus zu tun haben, haben wir alle Autor*innen dazu angehalten, ihren Beitrag mit einem Blick darauf abzuschließen, was das Schlüsselwerk heute – unter gewandelten Kommunikations- und Medienbedingungen – zur Journalismusforschung beitragen kann. Dass gerade dies so gut gelungen ist, betrachten wir im Nachhinein auch als Rechtfertigung des Ergebnisses der vorliegenden Auswahl. Denn das ist es, was eine Sammlung von Schlüsselwerken leisten sollte: den ihnen inhärenten rückwärts gerichteten Blick gleichzeitig fruchtbar zu machen für aktuelle Fragestellungen.

---

[9]Wir vermeiden hier die Gegenüberstellung von subjektiver und objektiver Auswahl, weil diese die Auswahlproblematik nicht annähernd lösen kann. Vielmehr geht es um theoretische Stringenz versus theoretische Abstinenz.

Tab. 1 Einordnung der Schlüsselwerke in ein modifiziertes Kontextmodell

Schlüsselwerk und Kategorie	Autor*in(nen)
Oberkategorie 1: Mediensysteme (Normenkontext)	
Unterkategorie 1.1: Gesellschaftliche Rahmenbedingungen I: Journalismus und Gesellschaft	
Rühl, Manfred (1980): Journalismus und Gesellschaft. Bestandsaufnahme und Theorieentwurf, Mainz: von Hase & Koehler.	Alexander Görke & Dennis Steffan
Unterkategorie 1.2: Gesellschaftliche Rahmenbedingungen II: Journalismus und kommunikatives Handeln	
Gottschlich, Maximilian (1980): Journalismus und Orientierungsverlust. Grundprobleme öffentlich-kommunikativen Handelns, Wien, Köln, Graz: Verlag Böhlau.	Petra Herczeg
Unterkategorie 1.3: Gesellschaftliche Rahmenbedingungen III: Macht und Ökonomie im Journalismus	
Altschull, Herbert J. (1984): Agents of Power. The Role of the News Media in Human Affairs, New York: Longman.	Andreas Scheu
Unterkategorie 1.4: Historische und rechtliche Grundlagen: Entwicklung des Journalismus	
Requate, Jörg (1995): Journalismus als Beruf, Entstehung und Entwicklung des Journalistenberufs im 19. Jahrhundert. Deutschland im internationalen Vergleich, Göttingen: Vandenhoeck & Ruprecht.	Thomas Birkner
Unterkategorie 1.5: Kommunikationspolitik I: Journalismus in Mediensystemen	
Siebert Fred S.; Theodore Peterson; Wilbur Schramm (1956): Four Theories of the Press. The Authoritarian, Libertarian, Social Responsibility and Soviet Communist Concepts of what the Press Should Be and Do, Urbana (Il): University of Illinois Press.	Barbara Thomaß
Unterkategorie 1.6: Kommunikationspolitik II: Demokratie und Publikum	
Glotz, Peter; Wolfgang R. Langenbucher (1969): Der mißachtete Leser. Zur Kritik der deutschen Presse, Köln: Kiepenheuer & Witsch.	Wiebke Loosen & Armin Scholl
Unterkategorie 1.7: Professionelle und ethische Standards	
Boventer, Hermann (1984): Ethik des Journalismus. Zur Philosophie der Medienkultur, Konstanz: Universitätsverlag.	Liane Rothenberger
Oberkategorie 2: Medieninstitutionen (Strukturkontext)	
Unterkategorie 2.1: Organisatorische Imperative I: Redaktion als Organisation	
Rühl, Manfred (1969): Die Zeitungsredaktion als organisiertes soziales System, Bielefeld: Bertelsmann Universitäts-Verlag.	Beatrice Dernbach
Unterkategorie 2.2: Organisatorische Imperative II: Redaktionelle Sozialisation und Autonomie	

(Fortsetzung)

Tab. 1 (Fortsetzung)

Schlüsselwerk und Kategorie	Autor*in(nen)
Breed, Warren (1955): Social Control in the Newsroom: A Functional Analysis, in: Social Forces 33, 4: 326–335 (deutsche Fassung: Breed, Warren (1973): Soziale Kontrolle in der Redaktion: Eine funktionale Analyse, in: Jörg Aufermann; Hans Bohrmann; Rolf Sülzer (Hrsg.): Gesellschaftliche Kommunikation und Information, Frankfurt/Main: Athenäum Fischer: 356–378).	Julius Reimer
Unterkategorie 2.3: Organisatorische Imperative III: Gatekeeper-Forschung	
White, David Manning (1950): The „Gate Keeper": A Case Study in the Selection of News, in: Journalism Quarterly 27, 3: 383–390.	Christoph Neuberger
Unterkategorie 2.4: Politische und ökonomische Imperative: Nachrichtenpolitik in der Redaktion	
Gans, Herbert J. (1979): Deciding What's News. A Study of the CBS Evening News, NBC Night News, Newsweek and Time, New York: Pantheon Books.	Olaf Hoffjann
Unterkategorie 2.5: Technologische Imperative: Digitalisierung der Medienproduktion	
Weischenberg, Siegfried (1982): Journalismus in der Computergesellschaft. Informatisierung, Medientechnik und die Rolle der Berufskommunikatoren, München: Saur.	Sonja Kretzschmer
Oberkategorie 3: Medienaussagen (Funktionskontext)	
Unterkategorie 3.1: Informationsquellen und Referenzgruppen Baerns, Barbara (1985; ²1991): Öffentlichkeitsarbeit oder Journalismus? Zum Einfluß im Mediensystem, Köln: Verlag Wissenschaft und Politik.	Claudia Riesmeyer
Unterkategorie 3.2: Konstruktionen von Wirklichkeit I: Nachrichtenfaktoren und Nachrichtenwerte	
Schulz, Winfried (1976): Konstruktion von Realität in den Nachrichtenmedien. Analyse der aktuellen Berichterstattung, Freiburg, München: Alber.	Ines Engelmann
Unterkategorie 3.3: Konstruktionen von Wirklichkeit II: Objektivität und Realitätskonstruktion	
Tuchman, Gaye (1972): Objectivity as Strategic Ritual: An Examination of Newsmen's Notions of Objectivity, in: American Journal of Sociology 77, 4: 660–679.	Lisa Bolz
Unterkategorie 3.4: Konstruktionen von Wirklichkeit III: Nachrichtenbias	

(Fortsetzung)

Tab. 1 (Fortsetzung)

Schlüsselwerk und Kategorie	Autor*in(nen)
Kepplinger, Hans Mathias; Hans-Bernd Brosius; Joachim Friedrich Staab; Günter Linke (1989): Instrumentelle Aktualisierung. Grundlagen einer Theorie publizistischer Konflikte, in: Max Kaase; Winfried Schulz (Hrsg.): Massenkommunikation. Theorien, Methoden, Befunde, Opladen: Westdeutscher Verlag: 199–220.	Tanjev Schultz
Unterkategorie 3.5: Berichterstattungsmuster und Darstellungsformen I: Regeln des Informationsjournalismus	
Schönbach, Klaus (1977): Trennung von Nachricht und Meinung. Empirische Untersuchung eines journalistischen Qualitätskriteriums, Freiburg, München: Alber.	Gabriele Hooffacker
Unterkategorie 3.6: Berichterstattungsmuster und Darstellungsformen II: Qualität der Berichterstattung	
Schatz, Heribert; Winfried Schulz (1992): Qualität von Fernseh-programmen. Kriterien und Methoden zur Beurteilung von Programm-qualität im dualen Fernsehsystem, in: Media Perspektiven 11: 690–712.	Julia Serong
Oberkategorie 4: Medienakteure (Rollenkontext)	
Unterkategorie 4.1: Merkmale und Einstellungen I	
Weaver, David H.; G. Cleveland Wilhoit (1986): The American Journalist. A Portrait of U.S. News People and Their Work, Bloomington, In: Indiana University Press.	Martin Löffelholz
Unterkategorie 4.2: Merkmale und Einstellungen II	
Donsbach, Wolfgang (1982): Legitimationsprobleme des Journalismus. Gesellschaftliche Rolle der Massenmedien und berufliche Einstellungen von Journalisten, Freiburg, München: Alber.	Andrea Czepek
Unterkategorie 4.3: Merkmale und Einstellungen III	
Scholl, Armin; Siegfried Weischenberg (1998): Journalismus in der Gesellschaft. Theorie, Methodologie und Empirie, Opladen, Wiesbaden: Westdeutscher Verlag.	Daniel Nölleke
Unterkategorie 4.4: Professionalisierung und Sozialisation I: Journalistische Kompetenz	
Weischenberg, Siegfried (1990): Das ‚Paradigma Journalistik'. Zur kommunikationswissenschaftlichen Identifizierung einer hochschul-gebundenen Journalistenausbildung, in: Publizistik 35, 1: 45–61.	Michael Harnischmacher
Unterkategorie 4.5: Professionalisierung und Sozialisierung II: Frauen im Journalismus	
Neverla, Irene; Gerda Kanzleiter (1984): Journalistinnen. Frauen in einem Männerberuf, Frankfurt/Main, New York: Campus Verlag.	Elke Grittmann
Unterkategorie 4.6: Professionalisierung und Sozialisierung III: Professioneller und Laien-Journalismus	
Fabris, Hans-Heinz (1979): Journalismus und bürgernahe Medienarbeit, Salzburg: Neugebauer.	Armin Scholl

So sehr die Zusammenstellung von Schlüsselwerken einen reflektierenden Blick in die Vergangenheit und einen inspirierenden Blick in die Zukunft der Journalismusforschung richten kann, so sehr bleibt sie doch notwendig additiv. Was fehlt, ist eine kohärente, stringente, systematisch vernetzte und vernetzende Verbindung dieser Pionierleistungen zu einer integrativen Geschichte der Journalismusforschung. Deren Notwendigkeit ergibt sich schon daraus, dass solche Leuchttürme der Forschung selbst in einen (damaligen) Forschungskontext eingebettet waren, also bei aller Wertschätzung für die individuelle Leistung der Forscher*innen nicht als Produkt von Originalgenies behandelt werden sollten, sondern als Elemente – wenngleich besonders sichtbare – des Systems Wissenschaft. Eine solche diachrone und synchrone Vernetzung zu einem übergeordneten Forschungszusammenhang bleibt eine wissenschaftshistorisch noch zu lösende Aufgabe – eine Leistung, die ein Schlüsselwerkeband nicht erbringen kann. Wir wollten aber zumindest in einem Schlusskapitel eine Klammer nachliefern, mit deren Hilfe die verschiedenen Kontexte und Forschungsfelder in einen interpretativen Zusammenhang gebracht werden: Die Schlüsselwerke sind dann nicht mehr nur einzeln (diachron-zeitlich) in ihrer Historie erkennbar, sondern werden (synchron-sachlich) untereinander verknüpft, sodass bei aller Heterogenität der in den Schlüsselwerken behandelten Forschungsfragen, theoretischen Perspektiven, methodischen Vorgehensweisen und praktischen Problemen ein gemeinsames Forschungsfeld über den Journalismus zumindest in Umrissen vorstellbar wird.

Deutlich wird im „Nachwort", das diesen Band abschließt, was die Journalismusforschung, angestoßen durch die Pionierleistungen der Schlüsselwerke, theoretisch wie empirisch geleistet hat. Darüber hinaus lassen sich sogar ‚Schlüsselwerke zweiter Ordnung' ausmachen, die schon vor 100 Jahren die in den Schlüsselwerken untersuchten und größtenteils noch heute relevanten gesellschaftlichen und beruflichen Problembereiche des Journalismus – jedenfalls des Journalismus in demokratisch geprägten Gesellschaften – theoretisch systematisierten und empirisch erforschten (oder zumindest ihre Erforschung planten).

Wir haben für diese nicht gerade einfache Aufgabe, die Schlüsselwerke in einer kurzen Schlussbetrachtung miteinander in Verbindung zu setzen und ihre Erträge für die Journalismusforschung zusammenzutragen, einen Journalismusforscher gebeten, dem wir dies aus vielen Gründen zutrauen (und zumuten) dürfen – Siegfried Weischenberg. Wie eingangs erläutert, haben wir uns für die Auswahl der Schlüsselwerke intensiv seines Kontextmodells bedient. Weischenberg ist zudem Autor von mehreren Publikationen, die als Schlüsselwerke ausgewählt wurden und hier vorgestellt werden. Viele seiner Publikationen, deutlich mehr, als wir für diesen Band ausgewählt haben, sind in der Rangliste der bibliometrischen Analyse von Potthoff platziert. Die Bände seines Lehrbuchs zur Journalistik bilden unseres

Wissens das größte Themenspektrum dieses Forschungszweigs ab. Er hat uns enorm hilfreich bei der Konzeption dieses Schlüsselwerkebandes beraten und die Sicherheit gegeben, dass wir mit unserer Vorgehensweise nicht in die Irre laufen. Als wir nach dem x-ten redaktionellen Durchgang der Aufsätze betriebsblind geworden waren, hat er sie ein letztes Mal konstruktiv inhaltlich redigiert. Eigentlich ist er der dritte – auf dem Titelblatt unsichtbar bleibende – Herausgeber dieses Bandes.

Literatur

Baecker, D. (Hrsg.) (2005). *Schlüsselwerke der Systemtheorie*. Wiesbaden: VS Verlag für Sozialwissenschaften.

Bude, H. (1989). Der Essay als Form der Darstellung sozialwissenschaftlicher Erkenntnisse. *Kölner Zeitschrift für Soziologie und Sozialpsychologie* 41(3): 526–539.

Donsbach, W. (1987). Journalismusforschung in der Bundesrepublik: Offene Fragen trotz Forschungsboom. In J. Wilke (Hrsg.), *Zwischenbilanz der Journalistenausbildung* (S. 105–144). München: Ölschläger.

Donsbach, W. (2002). Journalist. In E. Noelle-Neumann et al. (Hrsg.), *Fischer Lexikon Publizistik Massenkommunikation* (S. 78–125). Frankfurt/Main: Fischer.

Fahr, A. (2016). Buchbesprechung Potthoff, Matthias (Hrsg.): Schlüsselwerke der Medienwirkungsforschung. Wiesbaden: Springer VS 2016. *Publizistik* 61(4): 501–503.

Glück, A. (2018). De-Westernization and Decolonization in Media Studies. Oxford Research Encyclopedias: Communication. https://doi.org/10.1093/acrefore/9780190228613.013.898

Hepp, A., Krotz, F., & Thomas, T. (Hrsg.) (2009). *Schlüsselwerke der Cultural Studies*. Wiesbaden: VS Verlag für Sozialwissenschaften.

Holtz-Bacha, C., & Kutsch, A. (Hrsg.) (2002). *Schlüsselwerke für die Kommunikationswissenschaft*. Wiesbaden: VS Verlag für Sozialwissenschaften.

Honneth, A. (Hrsg.) (2006). *Schlüsseltexte der Kritischen Theorie*. Wiesbaden: VS Verlag für Sozialwissenschaften.

Kübler, H.-D. (2016). Rezension zu Matthias Potthoff (Hrsg.): Schlüsselwerke der Medienwirkungsforschung. *rezensionen:kommunikation:medien* vom 17. Juni 2016. (http://www.halem-verlag.de/matthias-potthoff-hrsg-schluesselwerke-der-medienwirkungsforschung/)

Löffelholz, M. (2016). Paradigmengeschichte der Journalismusforschung. In M. Löffelholz, & L. Rothenberger (Hrsg.), *Handbuch Journalismustheorien* (S. 29–58). Wiesbaden: Springer VS.

Loosen, W., Nölleke, D., & Springer, N. (2022a). Journalismusforschung: Disziplin durch Entdisziplinierung. Interdisziplinarität in der Forschung und ihrem Gegenstand – zur Einführung in das Themenheft. *M&K Medien & Kommunikationswissenschaft* 70(1–2), S. 3–16.

Loosen, W., et al. (2022b). ‚X Journalism'. Exploring journalism's diverse meanings through the names we give it. *Journalism* 23(1), S. 39–58.

Pörksen, B. (Hrsg.) (2011; ²2015). *Schlüsselwerke des Konstruktivismus*. Mit einem Nachwort von Siegfried J. Schmidt. Wiesbaden: Springer VS.

Pörksen, B. (2003). "At each and every moment I can decide who I am". Heinz von Foerster on the observer, dialogic life and a constructivist philosophy of distinctions. *Cybernetics and Human Knowing* 10(3–4), S. 9–26.

Potthoff, M. (Hrsg.) (2016). *Schlüsselwerke der Medienwirkungsforschung*. Wiesbaden: Springer VS.

Potthoff, M., & Kopp, S. (2013). Die meistbeachteten Autoren und Werke der Kommunikationswissenschaft. Ergebnis einer Zitationsanalyse von Aufsätzen in Publizistik und Medien & Kommunikationswissenschaft (1970–2010). *Publizistik* 58(4), S. 347–366.

Reuter, J. & Karentzos, A. (Hrsg.) (2012). *Schlüsselwerke der Postcolonial Studies*. Wiesbaden: VS Verlag für Sozialwissenschaften.

Salzborn, S. (Hrsg.) (2021). *Klassiker der Sozialwissenschaften. 111 Schlüsselwerke im Porträt*. 3., erweiterte Auflage. Wiesbaden: Springer VS.

Shoemaker, P. J., & Reese, S. D. (³2014). *Mediating the Message in the 21ˢᵗ Century. A Media Sociology Perspective*. New York, London: Routledge.

Spencer Brown, G. (1969). *Laws of Form*. London: Allen & Unwin.

Weischenberg, S. (1992; ²1998; ³2004): *Journalistik. Theorie und Praxis aktueller Medienkommunikation. Band 1: Mediensysteme, Medienethik, Medieninstitutionen*. Opladen, Wiesbaden: Westdeutscher Verlag/VS Verlag für Sozialwissenschaften.

Weischenberg, S. (1995; ²2002). *Journalistik. Theorie und Praxis aktueller Medienkommunikation. Band 2: Medientechnik, Medienfunktionen, Medienakteure*. Opladen, Wiesbaden: Westdeutscher Verlag/VS Verlag für Sozialwissenschaften.

Weischenberg, S. (2014). *Max Weber und die Vermessung der Medienwelt. Empirie und Ethik des Journalismus – eine Spurenlese*. Wiesbaden: Springer VS.

Wittgenstein, L. (2001). *Philosophische Untersuchungen*. Kritisch-genetische Edition, herausgegeben von Joachim Schulte. Darmstadt: Wissenschaftliche Buchgesellschaft.

Vom hohen Berg: Journalismus und Gesellschaft

Rühl, M. (1980). Journalismus und Gesellschaft. Bestandsaufnahme und Theorieentwurf. Mainz: von Hase & Koehler

Alexander Görke und Dennis Steffan

Zusammenfassung

In seiner Habilitationsschrift *Journalismus und Gesellschaft. Bestandsauf-nahme und Theorieentwurf* (1980) entwickelt Manfred Rühl eine system-theoretische Journalismuskonzeption. Demnach besteht die gesellschaftliche Funktion des Journalismus darin, Themen für die öffentliche Kommunikation her- und bereitzustellen. Rühl widmet sich in seinem rund 500 Seiten um-fassenden Werk zunächst einer theoretisch-methodischen Aufräumarbeit der empirisch-analytischen Journalismusforschung (1. Teil) und arbeitet dann Be-griffe und Kategorien zur Grundlegung einer Theorie des Journalismus heraus, die auf die von ihm ermittelten Defizite der bisherigen Forschung reagieren sol-len (2. Teil), bevor er schließlich die konstituierenden Merkmale des Journalis-mus benennt und seine eigene, von Luhmanns funktional-struktureller System-theorie inspirierte, Journalismustheorie präsentiert (3. Teil). *Journalismus und Gesellschaft* (1980) ist als konsequente Weiterentwicklung seiner Dissertation

A. Görke (✉)
Freie Universität Berlin, Berlin, Deutschland
E-Mail: Alexander.Goerke@fu-berlin.de

D. Steffan
Technische Universität Dortmund, Dortmund, Deutschland
E-Mail: dennis.steffan@tu-dortmund.de

© Springer Fachmedien Wiesbaden GmbH, ein Teil von Springer Nature 2023   17
W. Loosen, A. Scholl (Hrsg.), *Schlüsselwerke der Journalismusforschung*,
https://doi.org/10.1007/978-3-658-25867-2_2

Die Zeitungsredaktion als organisiertes soziales System (1969) zu verstehen, in der Rühl bereits ein Jahrzehnt zuvor eine systemtheoretische Perspektive zur Analyse von Journalismus herangezogen und für das Fach zugänglich gemacht hat. Der vorliegende Beitrag liefert neben einem inhaltlichen Überblick eine kritische Würdigung des Werks und zeichnet dessen Wirkungsgeschichte nach.

Schlüsselwörter

Journalismus und Gesellschaft · Funktion · Systemtheorie · Umwelt · Journalisten

1   Kurzbiografie des Autors

Manfred Rühl (geb. 31. Dezember 1933 in Nürnberg) war von 1983 bis zu seiner Emeritierung 1999 Professor für Kommunikationswissenschaft mit dem Schwerpunkt Journalistik an der Otto-Friedrich-Universität Bamberg. Nach dem Abitur (1953) absolvierte er zunächst eine Ausbildung zum Industriekaufmann (1953–1955), ehe er Wirtschafts- und Sozialwissenschaften, Philosophie und Publizistik- und Kommunikationswissenschaft an den Universitäten Erlangen-Nürnberg und Berlin studierte (1956–1960) (Ronneberger 1976, S. 473). Von 1964 bis 1968 arbeitete Rühl als wissenschaftlicher Assistent von Franz Ronneberger (Lehrstuhl für Politik- und Kommunikationswissenschaft) und wurde 1968 mit der Arbeit *Die Zeitungsredaktion als organisiertes soziales System* (siehe den Beitrag von Beatrice Dernbach) zum Dr. rer. pol. promoviert. Darin untersuchte Rühl mithilfe einer teilnehmenden Beobachtung und Leitfadeninterviews die interne Struktur der Nürnberger Nachrichten und deren Umweltbeziehungen. Er stützte sich theoretisch auf Luhmanns funktional-strukturelle Systemtheorie und führte diese gesellschaftstheoretische Perspektive erstmals in die Kommunikationswissenschaft bzw. in die Journalismusforschung ein (Rühl 1969). Rühls 1969 veröffentlichte Dissertation fand in der Scientific Community so große Beachtung, dass sie 1979 in einer zweiten, überarbeiteten Auflage erschienen ist (Rühl 1979). Im Anschluss an seine Promotion verbrachte Rühl ein Studienjahr (1969/70) als Visiting Scholar an der Annenberg School for Communication an der University of Pennsylvania in Philadelphia und erhielt Einblicke in die theoretisch wie methodisch breit aufgestellte US-amerikanische Kommunikationswissenschaft (Rühl 1971). Rühl war bereits als Schüler High-School-Stipendiat in Dayton, Ohio, und seine Gastaufenthalte in den USA haben zu seiner internationalen Ausrichtung beigetragen, was sich auch darin zeigte, dass er von 1977 bis 1980 Mitglied des Board of Directors der International Communication Association (ICA) war. Nach seiner Rückkehr aus den USA leitete Rühl das Forschungsprojekt „Berufliche Sozialisation von Kommunikatoren" im DFG-Sonderforschungsbereich 22 „Sozialisations- und Kommunikatorforschung" (1970–1973) und vertrat anschließend (1973/74) einen Lehrstuhl am Institut für Publizistik an der Universität Mainz (Ronneberger 1976, S. 473). Am Sozialwissenschaftlichen Forschungszentrum der Universität Erlangen-Nürnberg war Rühl dann als Akademischer Oberrat bzw. Direktor tätig (1974–1976) und widmete sich neben seinen Forschungsaktivitäten auch verwaltenden Tätigkeiten. Rühl verließ 1976 seine fränkische Heimat erneut und folgte einem Ruf auf die Professur für Kommunikationswissenschaft an der Universität Hohenheim (Ronneberger 1976, S. 473). Er war zugleich auch Leiter des Aufbaustudiengangs Journalistik (Rühl 1978). Während dieser Zeit habilitierte sich Rühl an der Universität Erlangen-Nürnberg mit seiner rund 500 Seiten umfassenden Schrift *Journalismus und Gesellschaft. Bestandsaufnahme und Theorieentwurf* (1980), in der er die in seiner Dissertation bereits zugrunde liegende systemtheoretische Perspektive zur Analyse von Journalismus konsequent weiterverfolgte und Journalismus als Funktionssystem der modernen Gesellschaft konzipierte. Von 1983 bis zu seiner Emeritierung 1999 hatte Rühl den Lehrstuhl für Kommunikationswissenschaft mit dem Schwerpunkt Journalistik an der Otto-Friedrich-Universität in Bamberg inne (Hömberg 1999).

Charakteristisch an Rühls Arbeiten ist die Verfolgung einer gesellschaftstheoretischen Perspektive. Dass er sich dabei nicht nur auf den Gegenstand Journalismus beschränkt, zeigen auch seine Publikationen im Bereich Public Relations, wie etwa die gemeinsam mit seinem Mentor Franz Ronneberger veröffentlichte Monografie *Theorie der Public Relations. Ein Entwurf* (1992) oder sein Werk *Journalismus und Public Relations. Theoriegeschichte zweier weltgesellschaftlicher Errungenschaften* (2015).

Rühls Einfluss innerhalb der Scientific Community spiegelt sich auch in seinen diversen Fachgutachtertätigkeiten und Positionen wider. Er war bereits an der Gründung der Deutschen Gesellschaft für Publizistik- und Zeitungswissenschaft beteiligt (1963) und übernahm von 1980 bis 1982 den Vorsitz der inzwischen in Deutsche Gesellschaft für Publizistik- und Kommunikationswissenschaft (DGPuK) umbenannten Fachgesellschaft. 2004 wurde er zum DGPuK-Ehrenmitglied ernannt.

2   Inhalt des Textes

Schon in seinem Vorwort zu „Journalismus und Gesellschaft" macht Rühl deutlich, dass er kein geringes Ziel verfolgt. Ihm geht es um nicht weniger als um eine systematische Aufarbeitung und Kritik des Forschungsstands und den zugrunde liegenden theoretisch-methodischen Perspektiven der empirisch-analytischen

Journalismusforschung (vgl. Rühl 1980, S. 14), die er als Bedingung der Möglichkeit beschreibt, um eine Theorie des Journalismus zu entwickeln. Dem ist der erste Teil seiner Studie gewidmet, die er als „Versuch einer Propädeutik der Journalismusforschung" (Rühl 1980, S. 23) beschreibt. Rühl zufolge fehlt es bis dato an einer Journalismustheorie, obwohl es einen relativ großen Wissensbestand über Journalismus gäbe (vgl. Rühl 1980, S. 14). Ohne eine umfassende Theorie fehlt der Forschung, so argumentiert der Autor, aber ein Ordnungsrahmen, der es erlaubt, die einzelnen Befunde aufeinander zu beziehen und füreinander nutzbar zu machen: „Allein dieses Wissen präsentiert sich weitgehend als ungeordneter ‚Bestand' und darin liegt sowohl ein Mangel als auch eine Gefahr." (1980, S. 14 f.) Woran es insbesondere fehle, sei „eine sichtbare theoretisch-empirische Verbindung, die es erlaubt, das verfügbare Wissen zu kombinieren, es unter einer gemeinsamen Perspektive zu betrachten und zu beurteilen. Die empirischen Ergebnisse der Journalismusforschung präsentieren sich zu ungeordnet, um nicht zu sagen: zu undiszipliniert." (Rühl 1980, S. 16) Den Ordnungsrahmen für die eigene Journalismustheorie findet Rühl in Luhmanns funktional-struktureller Systemtheorie, deren Grundbegriffe er im zweiten Teil seiner Studie vorstellt. Dass es ihm hierbei nicht um eine bloße Anwendung der Systemtheorie auf den Gegenstand Journalismus geht, sondern auch um eine Fortentwicklung systemtheoretischen Denkens, kann man daran erkennen, dass Rühl den dritten Teil seiner Studie den Konstitutionsmerkmalen des Journalismus widmet.

Der erste Teil seiner Studie ist dem Versuch einer theoretisch-methodischen Aufräumarbeit gewidmet. Rühl differenziert hierbei zunächst verschiedene Ebenen der Journalismusforschung und wendet sich zunächst den mikroperspektivischen Ansätzen zu. Hier kritisiert Rühl den Praktizismus, den er idealtypisch in Dovifats Konzept der publizistischen Persönlichkeit umgesetzt sieht. Die ausführliche Kritik an den vorliegenden Studien lässt sich in vier Punkten bündeln: Dem Praktizismus liegt demnach erstens eine vormoderne Perspektive auf Journalismus zugrunde. Der Praktizismus, so Rühl (1980, S. 26), beziehe sich „unausgesprochen auf ein mittelalterliches Verständnis von göttlicher Begabung", ohne dass dies theoretisch hinreichend begründet werde: In Rühls Analyse geht die Fokussierung auf einzelne Elite-Journalist*innen zweitens einher mit der Ausblendung organisatorischer und gesellschaftlicher Einflussfaktoren, denen individuelle Journalist*innen ausgesetzt sind. Diese Perspektivierung sei verbunden mit einer „einseitigen Personalisierung und Heroisierung des Forschungsobjektes", welche die Rolle der gesellschaftlichen Erwartungen an Journalismus ausblende (vgl. Rühl 1980, S. 30). Diese doppelte Engführung der Perspektive auf Journalismus lässt Rühl drittens an der Theoriefähigkeit dieses Unternehmens zweifeln. Zu kritisieren sei der Praktizismus daher viertens, weil er nicht nur nichts zu einer vergleichenden und systematischen theoriegeleiteten Beobachtung des Journalismus beitrage, sondern darüber hinaus auch dazu beitrage, dass die Journalismusforschung theoretisch anderen sozialwissenschaftlichen Disziplinen gegenüber rückständig bleibt.

In seiner Kritik mikroanalytischer Perspektiven auf den Journalismus widmet sich Rühl auch dem Gatekeeper-Ansatz. Wenngleich dieser Ansatz wenig auf Elitenkult und Begabung als Schlüsselkonzepte setze, sei auch hier die Argumentation atomistisch auf das journalistische Individuum abgestellt (vgl. Rühl 1980, S. 47; sowie den Beitrag von Christoph Neuberger in diesem Band). Der (ursprüngliche) Gatekeeper-Ansatz blende demnach einerseits Beeinflussungen des redaktionellen Entscheidens durch die soziale Umwelt der Redaktion aus und verkürze andererseits redaktionelles Entscheiden auf das Treffen von Auswahlentscheidungen. Hier moniert Rühl, dass sich die informationsorientierten Interaktionsphasen des Journalismus deutlich vielfältiger und differenzierter gestalten. Gerade weil die gesellschaftliche Umwelt des Journalismus aber weitgehend ausgeblendet werde, bleibe auch der theoretisch beschreibbare Gesamtprozess redaktionellen Auswählens und Entscheidens letztlich unterkomplex. Diese Diagnose Rühls (1980, S. 47 f.) lässt sich im Übrigen auch an der Gatekeeper-Forschung selbst ablesen, die im Zeitverlauf immer komplexere Entscheidungsabläufe zu integrieren versucht hat. Die systematische Beobachtung des journalistischen Entscheidens und Handels müssten idealtypisch den Ausgangspunkt wissenschaftlicher Analysen darstellen. Folgt man indes Rühl, verfährt der Gatekeeper-Ansatz genau umgekehrt, indem er theoriefähige Elemente journalistischen Entscheidens und Handelns in die Köpfe der Journalist*innen verlagert und den Forschungsobjekten auch die Deutung überlässt (vgl. Rühl 1980, S. 49).

Aus demselben Grund kritisiert Rühl auch die Erforschung journalistischer Rollenselbstbilder, wenn diese in Ermangelung einer umfassenden Journalismustheorie vereinfachend aus den Selbstbeobachtungen der Journalist*innen abgeleitet würden: „Die Konzeption journalistischer Selbstverständnisse und journalistischer Selbstbilder ist für die Journalismusforschung allerdings sachlich wie sozial irrelevant, solange sie nur durch Aussagen befragter Journalisten repräsentiert werden." (Rühl 1980, S. 53 f.) Vor dem Hintergrund einer wissenschaftlichen Theoriebildung könnten journalistische Selbstverständnisse als relationale Konstrukte indes durchaus rekonstruiert werden: „Folglich finden in den Antworten der Befragten, aus denen Selbstbilder und Selbstverständnisse rekonstruiert werden, Interessen und Erwartungen von Publika, von ökonomischen, politischen, rechtlichen, kulturellen und anderen gesellschaftlichen Umweltbereichen ihren Niederschlag." (Rühl 1980, S. 53) Da eine derartige „Reflektionstheorie" (in den Worten Rühls gleichbedeutend mit einer umfassenden Journalismustheorie) jedoch (bislang) nicht vorliege – so lässt sich Rühls Kritik an den mikroperspektivischen Ansätzen

seiner Zeit verstehen –, sei die Forschung darauf zurückgeworfen, mit Theorie-
surrogaten zu arbeiten: „Auf der Suche nach einfachen Bausteinen für Journalismus wird das Handeln oder die Meinung einzelner in den Mittelpunkt gerückt.
Dadurch werden soziale Makrophänomene wie die Organisierung und Institutiona-
lisierung, werden Rollen und Normen nicht gesehen, zumindest nicht in ange-
messenem Ausmaße problematisiert." (Rühl 1980, S. 57) Insbesondere „durch die
Wahl des Individuums bzw. des Persönlichkeitssystems als zentralem Paradigma",
so Rühl (1980, S. 59) weiter, „ist diesen Ansätzen der Zugang zu vielen sozialen
Zusammenhängen und zur gesamtgesellschaftlichen Funktion des Journalismus
erschwert, wenn nicht ganz verwehrt."

Auch die makroperspektivischen Ansätze der Journalismusforschung unterzieht
Rühl einer dezidierten Kritik. Dies gilt zunächst für die rollentheoretische Journalismusforschung, die er zwar prinzipiell für verdienstvoll, aber auch für spezi-
fizierungsbedürftig hält. Rühl schlägt (daher) vor, Rollen stärker an konkrete Tätigkeiten des Journalismus zu koppeln, wenngleich er darauf hinweist, dass mit
Rollen zwar entscheidende, „aber keineswegs alle faktisch wirksamen Komponenten
eines Sozialsystems Journalismus faßbar" würden (Rühl 1980, S. 67).

Nicht nur die rollentheoretische Journalismusforschung, sondern auch die
organisationssoziologischen Modelle, die in der Journalismusforschung Verwendung finden, sind nach Rühls Auffassung ausbaufähig. Seine Kritik konzentriert sich hierbei vor allem auf eine Differenzierung der Begriffe Person und Organisation sowie die Modellierung von Organisationskommunikation, wobei Rühl
die Personalisierung des Forschungsobjektes als abschreckendes Beispiel gleichsam mitführt: „Der organisationssoziologische Ansatz ‚Organisation als ziel-
gerichtetes soziales System von *Personen*' zu begreifen, erweist sich als zu grob-
schlächtig." (Rühl 1980, S. 90) Dies ist schon dann der Fall, wenn statt der Vielzahl
von Einflussgrößen im redaktionellen Organisationsgeschehen nur solche Handlungen modellhaft berücksichtigt werden, die sich empirisch auf ausgewählte
Organisationsziele beziehen, wie sie etwa in Redaktionsleitlinien ausgeflaggt werden können.

Rühl zufolge reicht es ferner auch nicht aus, wie im strukturell-funktionalen
Systemdenken angelegt, lediglich die Innenansichten von Redaktionen und
Medienorganisationen zu beschreiben und die Einflüsse der Umwelt als theorie-
irrelevant zu ignorieren, weil sich auf diese Weise die Frage der journalistischen
Rationalität nicht in den Blick nehmen lässt, insofern sich diese gerade aus dem
Wechselspiel der journalistischen Organisation mit ihrer Umwelt ergibt (vgl. Rühl
1980, S. 94 f.).

Sowohl die mikroperspektivischen Ansätze als auch die makroperspektivischen
Ansätze der Journalismusforschung weisen in den Augen Rühls also jeweils ihre

spezifischen Defizite auf. In der Zusammenschau gelänge es so nicht, den Forschungsgegenstand hinreichend und als Einheit zu konturieren.

Im zweiten Teil des Buches arbeitet Manfred Rühl Begriffe und Kategorien zur Grundlegung einer Theorie des Journalismus heraus, die auf diese Defizite reagieren sollen. Da sich eine umfassende Journalismustheorie nicht allein auf Journalist*innen fokussieren könne, zwinge dies zur Fortschreibung eines teleologisch besetzten Funktionsbegriffs, den Rühl (1980, S. 125) wie folgt kritisiert: „Funktionen werden nicht als kontingente, also grundsätzlich auch anders mögliche Leistungen begriffen. Systeme und Strukturen werden vielmehr als konkret seiend vorausgesetzt." Demgegenüber verfolgt Rühl eine Begrifflichkeit, die sich der Konstruktivität der eigenen Denkzeuge bewusst ist. Genau so beschreibt er denn auch die eigene funktionale Methode: „Solche Methoden sind für sich genommen weder ,falsch' noch ,richtig', sondern sie sind brauchbar, weniger brauchbar oder unbrauchbar, und zwar stets in Abhängigkeit vom Forschungsproblem und dem jeweiligen Stand der Forschung" (Rühl 1980, S. 122).

Im Folgenden beschäftigt sich der Autor damit, das gesellschaftliche Bezugsproblem herauszuarbeiten, für das Journalismus eine Antwort parat hält. Hierzu werden zunächst diverse Rationalitätskonzepte diskutiert und kritisiert. Die Ereignishaftigkeit der Welt beschreibt Rühl zufolge das zentrale Bezugsproblem von Journalismus. Die Art und Weise, wie Journalismus dieses Bezugsproblem bearbeitet, wird als Systemrationalität beschrieben (Rühl 1980, S. 178). Des Weiteren konzentriert sich Rühl an dieser Stelle darauf, verschiedene kommunikationswissenschaftliche Grundbegriffe als systemorientiert zu beschreiben: „Sinn und Bedeutung sind strukturelle Vorbedingungen zwischenmenschlicher Interaktion und Kommunikation." (1980, S. 199) Sie wirken Rühl (1980, S. 201) zufolge als generalisierte Erklärungsmuster und „systemrationale Ordnungsmechanismen, mit denen die Komplexität zwischenmenschlicher Interaktion und Kommunikation grundsätzlich vereinfacht wird." Systemrationalität beschreibt aber nicht allein die Operationsweise des Journalismus, sondern gemäß der System-Umwelt-Differenz immer auch die Beziehungen des Journalismus zu seiner Umwelt, die eine Theorie des Journalismus berücksichtigen müsse: „,Journalismus' allein ist zu vage; erst ,Journalismus als umweltbezogenes Kommunikationssystem' erlaubt eine konkrete situative Problematisierung" (Rühl 1980, S. 250).

Für diese Perspektive auf Journalismus ist das Wechselspiel generalisierter Erwartungserwartungen konstitutiv. Sie wird im dritten Teil des Buches entfaltet. Gesellschaftliche Erwartungen werden an den Journalismus adressiert und von diesem zur Ausbildung interner Strukturen genutzt. Umgekehrt bildet auch der Journalismus Erwartungen aus, die sich auf die Gesellschaft und deren Erwartungen richten. Indem Journalismus mit Hilfe interner Strukturen die

Ereignishaftigkeit der Welt reduziert und öffentliche Kommunikation über die Ereignisse in der Welt thematisiert, entlastet der Journalismus damit andere gesellschaftliche Teilsysteme von der Aufgabe, „alternative Themen und Mitteilungen
zur öffentlichen Kommunikation herzustellen." (Rühl 1980, S. 255) Die Her- und
Bereitstellung von Themen für die öffentliche Kommunikation gilt demnach als
Primärfunktion des Journalismus (Rühl 1980, S. 322 f.). Journalistische Themen
existieren also nicht per se, sondern sie werden vom Journalismus in seiner Orientierung an der Gesellschaft gemacht. Journalismus verfährt hierbei selektiv, indem
er zum einen durch kontinuierliche Thematisierung und Aktualisierung bestimmte
Ereignisse auswählt und zum anderen kontingente Themen nicht auswählt und
damit (vorläufig) verwirft (vgl. Rühl 1980, S. 324 ff.).

Mit dieser Primärfunktion wird Journalismus Rühl zufolge gesellschaftsfähig in
dem Sinne, dass sich andere Systeme in der Umwelt des Journalismus darauf ein-
stellen, dass sie vom Journalismus auf diese Weise beobachtet werden (vgl. Rühl
1980, S. 325). Auf Dauer gestellt wird diese Thematisierungsfunktion des Journalismus durch generalisierte Entscheidungsprämissen in Gestalt von Werten, Rollen,
Normen, Positionen und Techniken, die sich im Journalismus herausgebildet haben
und diesen programmieren. Auch bei diesen Entscheidungsprogrammen handelt es
sich mit anderen Worten um Eigenwerte des Journalismussystems, die sowohl hinreichend abstrakt als auch hinreichend flexibel konzipiert sind, um Kommunikation verlässlich anzuleiten und zugleich auch auf Abweichungen und Veränderungen reagieren zu können. Theoretisch schafft sich der Autor damit ein
Begriffsinstrumentarium, das seine Studie zum Redaktionssystem (Rühl 1969,
siehe auch Beitrag von Beatrice Dernbach in diesem Band) anleitet und wirksam ergänzt: „Selbstorganisierung ermöglicht es dem Journalismus, in verschiedenen
Richtungen und durch verschiedene Themen gleichzeitig mit seiner Umwelt zu
kommunizieren." (Rühl 1980, S. 419)

Rühl konzentriert sich hierbei vor allem auf drei Umweltbereiche, auf die hin
sich Journalismus intern strukturiert und auf die seine Funktion unmittelbar ausgerichtet ist. Dies sind die Beziehung des Journalismus bzw. journalistischer Organisationen zu den Umweltbereichen Persönlichkeit, Publikum sowie Politik und
Wirtschaft. Diese System-Umwelt-Relationen sollen zeigen, wie das Journalis-
mussystem einerseits mit seiner Umwelt interagieren kann und hierbei auch Informationen aufnehmen kann und andererseits durch Ausbildung interner Ent-
scheidungsstrukturen vermeiden kann, von diesen Umweltbereichen determiniert
zu werden. Durch die evolutionäre Herausbildung, Fortschreibung und gegebenen-
falls auch Veränderung eines eigenen Entscheidungsprogramms realisiert freiheit-
licher Journalismus seine Autonomie (vgl. Rühl 1980, S. 433). Dabei weist der
Autor diesem Entscheidungsprogramm verschiedene Strategiedimensionen zu:

„Integriert dienen die drei Strategiedimensionen Selbstprogrammierung, Selbst-
organisation und Selbstprofessionalisierung der Gewinnung journalistischer Freiheit" (Rühl 1980, S. 433, im Orig. kursiv). Deutlich wird damit nicht nur, woran es
unfreiem Journalismus mangelt. Der Autor deutet auch an, dass die System-
Umwelt-Relationen des Journalismus genauso dynamisch sind wie der Prozess der
Her- und Bereitstellung journalistischer Kommunikationsangebote in Form von
Themen öffentlicher Kommunikation.

Rühls Konzept eines selbstorganisierten, selbstprogrammierten und selbst-
professionalisierten Journalismus ist somit keine statische Zustandsbeschreibung,
sondern richtet das Augenmerk vor allem auf die Dynamik, Veränderung und Pro-
zesshaftigkeit journalistischer Kommunikation. Nimmt man die System-Umwelt-
Differenz als Konstituente des Journalismussystems an, spiegelt sich darin zum
einen das Arbeitsprogramm wider, das sich der Autor selbst zu Beginn gestellt hat.
Zum anderen wird dadurch deutlich, dass sich Dynamik und Veränderungen im
Journalismus aus den Veränderungen der gesellschaftlichen Umwelt ergeben.
Diese Beobachtung überführt der Autor in eine griffige Zusammenhangsbeschrei-
bung: „Je komplexer die Gesellschaft wird, desto komplexer werden die Ent-
scheidungsstrukturen ihres Journalismus." (Rühl 1980, S. 259) In diesem Sinne
plädiert Rühl (1980, S. 438 f.) in seiner Habilitationsschrift nicht nur dafür, dass
einem komplexen, modernen Journalismus erst eine komplexe, dynamische Theorie gerecht wird, sondern auch dafür, dass diese Theorie-Herausforderung im Zeitverlauf nicht geringer wird.

3 Wirkungsgeschichte und Kritik

Die Wirkungsgeschichte von *Journalismus und Gesellschaft* entfaltet sich nicht
kontinuierlich, sondern eher in Schüben. Es sind auch eine Reihe ermöglichender
(und zuweilen hemmender) Bedingungen ausschlaggebend, die sich teilweise
inner- wie auch außerdisziplinär in Wechselwirkung mit dem Buch ergeben haben.

In seiner Rezension hat Ulrich Saxer (1980, S. 396) das Werk als „gewaltiges
Unternehmen" charakterisiert, das vor allem durch sorgfältig erarbeitete Begriffe
und Kategorien besticht. Mit Hilfe dieser Denkzeuge gelingt es Rühl, Journalismus
im Sinne eines modernen Wissenschaftsverständnisses zu identifizieren und die
Journalistik als kommunikationswissenschaftliche Teildisziplin zu begründen
(Saxer 1980, S. 396). Dass Rühl mit seinem Werk der Leserschaft und der Teildisziplin einiges abverlangt, deutet Saxer (1980, S. 396) als Preis, der notwendigerweise mit diesem Erkenntnisfortschritt verbunden ist. Und Saxer kehrt hierbei er-
wartbare Einwände gegenüber dem Abstraktionsniveau der Theoriesprache recht

elegant gegen die Bedenkenträger: „[D]ieses Werk [stellt] ein strenges, aber äußerst ertragreiches Exercitium für all jene dar, die mit schlechtem Gewissen
kommunikationswissenschaftliche Grundbegriffe und Kategorien brauchen, aber
nicht genau darzulegen vermögen, woher ihr Missbehagen rührt." (1980, S. 396)

Im innerdisziplinären Wettstreit sieht Saxer (1980, S. 396) die von Rühl vor-
gelegte Journalismustheorie gut positioniert. Mit dem Werk „liegt nun eine systemtheoretische Herausforderung an sämtliche künftigen Journalismustheorien vor."
Damit werden indes nicht nur ermöglichende Rahmenbedingungen der Theoriediskussion benannt, sondern auch hemmende Kontextbedingungen und Vermeidungs-
optionen sichtbar. Dass eine Journalismustheorie empiriegesättigt sein sollte, kann
dagegen eher mit allgemeinem Zuspruch rechnen. Die Ausrichtung der Journalismustheorie auf das Letztelement Kommunikation oder gar die Forderung nach
einer gesellschaftstheoretischen Fundierung dieser Theorie müssen dagegen bei all
jenen mit Skepsis rechnen, die das Handeln von Akteuren als unverzichtbaren Ausgangspunkt jedweder Journalismustheorie betrachten (vgl. Löffelholz und Rothenberger 2016). Umgekehrt kann der Vorschlag Rühls, eine umfassende Journalismustheorie gesellschaftstheoretisch zu fundieren, selbst dann attraktiv wirken,
wenn ein anderes gesellschaftstheoretisches Fundament präferiert wird. In diesem
Sinne kann man sich mit Hienzsch (1990) sehr spezifisch am Konzept der
journalistischen Entscheidungsprogramme abarbeiten oder sich weiter gefasst aus
der Perspektive einer Kritischen Handlungstheorie mit dem Rühlschen Journalismusverständnis auseinanderzusetzen (vgl. Baum 1994, S. 322–361), wohingegen
dies vom Standpunkt Theorien mittlerer Reichweite eher unattraktiv bleibt.

Die Wirkungsgeschichte von *Journalismus und Gesellschaft* wird auch von
außerdisziplinären Impulsen irritiert. Als Rühls Habilitationsschrift erschien, war
der Gegenstand Journalismus und Massenmedien in der Soziologie noch wenig beachtet. Das änderte sich schlagartig mit der Publikation der *Realität der Massenmedien* (Luhmann 1996), wobei Vorläufer dieser Schrift als graue Papiere schon ab
1991 im Umlauf waren. Dieses Buch wurde in der Kommunikationswissenschaft
und in der Journalistik sehr stark rezipiert und auch diskutiert (vgl. Weischenberg
2000). Insbesondere Rühls *Journalismus und Gesellschaft* hat indes dafür gesorgt,
dass die Disziplin von diesem Boom nicht überrollt wurde, sondern gleichsam
schon gesprächsfähig und auf Augenhöhe in den Diskurs einsteigen konnte. Angeregt nicht zuletzt durch die Vorarbeiten von Rühl aber auch auf der Basis weiterer Theorieentwürfe zum Funktionssystem Journalismus (Blöbaum 1994) und zum
Funktionssystem Publizistik (Marcinkowski 1993), die auf einer aktualisierten
funktional-strukturellen Systemtheorie basierten, hat sich das Fach selbst in die
Lage versetzt, quasi aus dem Stand heraus, fremddisziplinäre Anregungen
einordnen, vergleichen und auf ihre Passfähigkeit hin bewerten zu können (vgl.
Görke und Kohring 1996).

Dabei fällt gerade im Vergleich zu Rühl das Urteil über Luhmanns system-theoretischen Entwurf zur *Realität der Massenmedien* nicht immer schmeichelhaft aus: „Aus kommunikationswissenschaftlicher Sicht muss hierbei mit einkalkuliert werden, dass allein bezogen auf den Journalismus mit den frühen Arbeiten Rühls (1979, 1980) bereits Theorieentwürfe vorliegen, die den Gegenstandsbereich detail-getreuer, angemessener und anspruchsvoller beschreiben, als dies in der Realität der Massenmedien geleistet wird" (Görke 2008, S. 186). Ob bewusst oder unbewusst, ob beabsichtigt oder nicht, rechtfertigen diese Beiträge auch jene Hoffnung, die Saxer (1980) schon recht früh in *Journalismus und Gesellschaft* gesetzt hat: „Die Reflexion wird ja hier in einem Maß und mit einer Intensität auch auf die komplexen Zubringerdisziplinen ausgedehnt, von denen die sogenannte Kom-munikationswissenschaft allzu oft nur schmarotzt, dass neue Maßstäbe gesetzt werden. Vages Sprechen und unautorisierte fremddisziplinäre Anleihen sollten es jedenfalls nach dieser Studie in der Publizistikwissenschaft schwerer haben, akzeptiert zu werden." (S. 397)

Mittlerweile hat sich auch die systemtheoretische Kommunikationswissen-schaft weiter ausdifferenziert. Während manche Theorieentwürfe in der Nachfolge Rühls vor allem den Journalismus als (eigenständiges) Funktionssystem (Blöbaum 1994) beschreiben, argumentieren andere Ansätze eher einheitstheoretisch und ordnen den Journalismus in ein übergeordnetes Funktionssystem ein (vgl. Görke 2008 sowie für eine Übersicht Scholl und Weischenberg 1998). Hierzu zählen etwa Theorieentwürfe zum Funktionssystem Öffentlichkeit (Hug 1996; Kohring 2006; Görke 1999), zum Funktionssystem Publizistik (Marcinkowski 1993) oder eben auch Luhmanns eigener Theorieentwurf zum System der Massenmedien. Auch in diesen hat der Journalismus seinen Platz – aber als Leistungssystem neben anderen (Werbung, Unterhaltung, PR) (vgl. auch Hoffjann und Arlt 2015). Auf diese Weise wird gewissermaßen die System-Umwelt-Differenz theoriebautechnisch in das Funktionssystem hineinkopiert und es entstehen Nahumwelten des Journalismus. Hierdurch hofft man zum einen die Entgrenzung bzw. Hybridisierung des Journalis-mus (vgl. Loosen und Scholl 2002; Loosen 2007; Pörksen und Scholl 2011) besser erklären zu können und schafft sich zum zweiten die Möglichkeit, den Wandel öf-fentlicher Kommunikation theoretisch angemessener fassen zu können, insofern als dass dieser mit dem Aufkommen neuer Leistungs- und Publikumsrollen einher-geht und den traditionellen Journalismus zunehmend unter Druck zu setzen scheint. Mit diesen alternativen systemtheoretischen Sichtweisen werden neue Forschungs-perspektiven aufgezeigt und erschlossen, die ihren Ursprung auch im Werk und Wirken Rühls haben: sei es die Frage nach Vertrauen in Journalismus (Kohring 2004), die Beziehung von Medienqualität und Publikum (Serong 2015) oder auch den Journalismusjournalismus (Malik 2004).

So sehr Rühls Opus Magnum die Journalistik als kommunikationswissenschaftliche Teildisziplin zu begründen und zu konturieren half, hat es auch ihren Blick auf sich selbst verändert und folgerichtig das Interesse für System-Umwelt-Relationen geweckt. Ersteres spiegelt sich wider in den Journalistik-Lehrbüchern, die eben nicht nur in Journalismus einführen, sondern stets auch die Gesellschaft in den Blick nehmen (vgl. exemplarisch Weischenberg 1998, 2002; Meier 2018). Der zweite Aspekt lässt sich unter anderem an den Fachtagungen ablesen, die aus der Teildisziplin heraus angestoßen wurden. Hier geht es etwa um den Online-Journalismus im Zwiespalt von Profession und Partizipation (Quandt und Schweiger 2009), die Frage der Journalist*innenausbildung in einer veränderten Medienwelt, die Beziehung von Journalismus und Unterhaltung (Scholl et al. 2007), das Problem der Spezialisierung im Journalismus (Dernbach und Quandt 2009), das schwierige Verhältnis zwischen Journalismus und PR (Altmeppen et al. 2004) und den Journalismus im Wandel (Behmer et al. 2005), Journalismustheorien (Löffelholz und Rothenberger 2016), um die Beziehung des Journalismus zu seinem Publikum (Loosen und Dohle 2014) oder sein Verhältnis zur Komplexität (Dernbach et al. 2019).

Auch wenn hier nicht immer explizit Bezug auf Rühls Journalismuskonzeption genommen wird, zeigen die Beiträge doch, wie gut und dauerhaft sein Theorieentwurf auch als Blaupause für die Generierung von Forschungsproblemen funktioniert. Manfred Rühls *Journalismus und Gesellschaft* ist eine „monumentale Habilitationsschrift" (Saxer 1994, S. 91) und Ausdruck jener „zwei Schwerpunkte seiner wissenschaftlichen Forschungsreise […]: der Journalismus als Thema und die Systemtheorie als konzeptioneller Wegweiser." Dieser Einschätzung verdankt sich auch der Titel des vorliegenden Beitrags. Denn: Wer einen hohen Berg erklimmt, kann im Idealfall weit sehen – in alle Richtungen. Er sieht den Ausgangspunkt, die schwierige Wegstrecke und den erreichten Zielpunkt sowie unter Umständen in der Ferne sogar weitere Fixpunkte in der Forschungslandschaft. Ob es sich bei diesen um vergleichbare Berggipfel, eine Wolkenfront oder doch nur um markante Hügel handelt, muss sich weisen. Im Augenblick bleibt in jedem Fall eine eindrucksvolle, denkwürdige Aussicht.

Literatur

Altmeppen, K. D., Röttger, U., & Bentele, G. (Hrsg.) (2004). *Schwierige Verhältnisse. Interdependenzen zwischen Journalismus und PR*. Wiesbaden: VS Verlag für Sozialwissenschaften.
Baum, A. (1994). *Journalistisches Handeln. Eine kommunikationstheoretisch begründete Kritik der Journalismusforschung*. Opladen: Westdeutscher Verlag.

Behmer, M., Blöbaum, B., Scholl, A., & Stöber, R. (Hrsg.) (2005). *Journalismus und Wandel. Analysedimensionen, Konzepte, Fallstudien.* Wiesbaden: VS Verlag für Sozialwissenschaften.

Blöbaum, B. (1994). *Journalismus als soziales System. Geschichte, Ausdifferenzierung und Verselbstständigung.* Opladen: Westdeutscher Verlag.

Dernbach, B., Godulla, A., & Sehl, A. (Hrsg.) (2019). *Komplexität im Journalismus.* Wiesbaden: Springer VS.

Dernbach, B. & Quandt, T. (Hrsg.) (2009). *Spezialisierung im Journalismus.* Wiesbaden: Springer VS.

Görke, A. (1999). *Risikojournalismus und Risikogesellschaft. Sondierung und Theorieentwurf.* Opladen: Westdeutscher Verlag.

Görke, A. (2008). Perspektiven einer Systemtheorie öffentlicher Kommunikation. In: C. Winter, A. Hepp, & F. Krotz (Hrsg.), *Theorien der Kommunikations- und Medienwissenschaft. Grundlegende Diskussionen, Forschungsfelder und Theorieentwicklungen* (S. 173–191). Wiesbaden: VS Verlag für Sozialwissenschaften.

Görke, A., & Kohring, M. (1996). Unterschiede, die Unterschiede machen. Neuere Theorieentwürfe zu Publizistik, Massenmedien und Journalismus. *Publizistik* 41 (1), 15–31.

Hienzsch, U. (1990). *Journalismus als Restgröße. Redaktionelle Rationalisierung und publizistischer Leistungsverlust.* Wiesbaden: Deutscher Universitäts-Verlag.

Hoffjann, O. & Arlt, H.-J. (2015). *Die nächste Öffentlichkeit. Theorieentwurf und Szenarien.* Wiesbaden: Springer VS.

Hömberg, W. (1999). Vielseitiger Komplexitätsartist. Manfred Rühl 65 Jahre. *Publizistik* 44(1), 97–99.

Hug, D. M. (1996). *Konflikte und Öffentlichkeit. Zur Rolle des Journalismus in sozialen Konflikten.* Opladen: Westdeutscher Verlag.

Kohring, M. (2004). *Vertrauen in Journalismus. Theorie und Empirie.* Konstanz: UVK.

Kohring, M. (2006). *Wissenschaftsjournalismus. Forschungsüberblick und Theorieentwurf* (2. überarbeitete Aufl.). Konstanz: UVK.

Löffelholz, M. & Rothenberger, L. (Hrsg.) (2016). *Handbuch Journalismustheorien.* Wiesbaden: Springer VS.–

Loosen, W. (2007). Entgrenzung des Journalismus: empirische Evidenzen ohne theoretische Basis? *Publizistik* 5(1), 63–79.

Loosen, W. & Dohle, M. (Hrsg.) (2014). *Journalismus und (sein) Publikum. Schnittstellen zwischen Journalismusforschung und Rezeptions- und Wirkungsforschung.* Wiesbaden: Springer VS.

Loosen, W. & Scholl, A. (2002). Entgrenzungsphänomene im Journalismus: Entwurf einer theoretischen Konzeption und empirischer Fallstudien. In: A. Baum & S. J. Schmidt (Hrsg.), *Fakten und Fiktionen. Über den Umgang mit Medienwirklichkeiten* (S. 139–151). Konstanz: UVK Verlagsgesellschaft.

Luhmann, N. (1996). *Die Realität der Massenmedien* (2. Aufl.). Opladen: Westdeutscher Verlag.

Malik, M. (2004). *Journalismusjournalismus. Funktion, Strukturen und Strategien der journalistischen Selbstthematisierung.* Wiesbaden: VS Verlag für Sozialwissenschaften.

Marcinkowski, F. (1993). *Publizistik als autopoietisches System. Politik und Massenmedien. Eine systemtheoretische Analyse.* Opladen: Westdeutscher Verlag.

Meier, K. (⁴2018). *Journalistik.* Konstanz: UTB.

Pörksen, B. & Scholl, A. (2011). Entgrenzung des Journalismus. Analysen eines Mikro-Meso-Makro-Problems aus der Perspektive der konstruktivistischen Systemtheorie. In: T. Quandt & B. Scheufele (Hrsg.), *Ebenen der Kommunikation. Mikro-Meso-Makro-Links in der Kommunikationswissenschaft* (S. 25–53). Wiesbaden: Springer VS.

Quandt, T. & Schweiger, W (Hrsg.) (2009). *Journalismus online – Partizipation oder Profession?* Wiesbaden: Springer VS.

Ronneberger, F. (1976). Manfred Rühl Professor für Kommunikationswissenschaft an der Universität Hohenheim. *Publizistik* 21(4), 473.

Ronneberger, F. & Rühl, M. (1992). *Theorie der Public Relations: Ein Entwurf*. Opladen: Westdeutscher Verlag.

Rühl, M. (1969). *Die Zeitungsredaktion als organisiertes soziales System*. Bielefeld: Bertelsmann.

Rühl, M. (1971). *Lehre und Forschung in der Kommunikationswissenschaft der USA. Ein Erfahrungsbericht*. Nürnberg: Institut für Politik- und Kommunikationswissenschaft.

Rühl, M. (1978). Zwischenbericht über den fachjournalistischen Studiengang „Kommunikationswissenschaftliches Aufbaustudium" nach dem „Stuttgart-Hohenheimer-Modell". *Communications* 4, 249–254.

Rühl, M. (^{2}1979). *Die Zeitungsredaktion als organisiertes soziales System*. Fribourg: Universitätsverlag.

Rühl, M. (1980). *Journalismus und Gesellschaft. Bestandsaufnahme und Theorieentwurf*. Mainz: von Hase & Koehler Verlag.

Rühl, M. (2015). *Journalismus und Public Relations. Theoriegeschichte zweier weltgesellschaftlicher Errungenschaften*. Wiesbaden: Springer VS.

Saxer, U. (1980). Manfred Rühl: Journalismus und Gesellschaft. Bestandsaufnahme und Theorieentwurf. Mainz: von Hase & Koehler. *Publizistik* 25, 396–397.

Saxer, U. (1994). Manfred Rühl 60 Jahre. *Publizistik* 39(1), 91–92.

Scholl, A., Renger, R., & Blöbaum, B. (Hrsg.) (2007). *Journalismus und Unterhaltung. Theoretische Ansätze und empirische Befunde*. Wiesbaden: VS Verlag für Sozialwissenschaften.

Scholl, A. & Weischenberg, S. (1998). *Journalismus in der Gesellschaft. Theorie, Methodologie und Empirie*. Opladen, Wiesbaden: Westdeutscher Verlag.

Serong, J. (2015). *Medienqualität und Publikum. Zur Entwicklung einer integrativen Qualitätsforschung*. Konstanz: UVK.

Weischenberg, S. (1998). *Journalistik. Theorie und Praxis aktueller Medienkommunikation. Band. 1: Mediensysteme, Medienethik, Medieninstitutionen*. (2. überarbeitete und aktualisierte Aufl.) Opladen, Wiesbaden: Westdeutscher Verlag.

Weischenberg, S. (2000). Luhmanns Realität der Massenmedien. Zu Theorie und Empirie eines aktuellen Objekts der Systemtheorie. In: H. Gripp-Hagelstange (Hrsg.), *Luhmanns Denken. Interdisziplinäre Einflüsse und Wirkungen* (S. 157–178). Konstanz: UVK Verlagsgesellschaft.

Weischenberg, S. (2002). *Journalistik. Theorie und Praxis aktueller Medienkommunikation. Band 2: Medientechnik, Medienfunktionen, Medienakteure*. Wiesbaden: Westdeutscher Verlag.

Der Journalismus und das Weltverstehen

Gottschlich, Maximilian (1980). Journalismus und Orientierungsverlust. Grundprobleme öffentlich-kommunikativen Handelns. Wien/Köln/Graz: Verlag Böhlau

Petra Herczeg

Zusammenfassung

Die gemeinsame Orientierung von Journalismus und Publikum, die in demokratisch verfassten Gesellschaften auseinanderzubrechen droht, steht im Mittelpunkt von Gottschlichs Journalismustheorie. Die Möglichkeiten der Massenkommunikation bieten – auch bedingt durch moderne medientechnologische Entwicklungen – nicht nur Chancen zur gesamtgesellschaftlichen Integration, sondern bringen auch desintegrative Folgen mit sich. Gottschlich argumentiert auch normativ und stellt Fragen journalistischer Ethik, insbesondere nach den Folgen journalistischen Handelns: Durch die steigende Anzahl der zu bewältigenden Informationen kann es zu einer Konformität journalistischer Thematisierungsleistungen kommen, die diametral der Aufgabe von Journalisten entgegenstehen, verstehbare Informationen für Rezipienten zur Verfügung zu stellen. Das öffentlich-kommunikative Handeln der Journalisten sollte dazu beitragen, dass Rezipienten aktiv am Umweltgeschehen teilhaben können. Die journalistische Nachrichtenproduktion und Rezeption dient Gottschlich als

P. Herczeg (✉)
Universität Wien, Wien, Österreich
E-Mail: petra.herczeg@univie.ac.at

© Springer Fachmedien Wiesbaden GmbH, ein Teil von Springer Nature 2023　　31
W. Loosen, A. Scholl (Hrsg.), *Schlüsselwerke der Journalismusforschung*,
https://doi.org/10.1007/978-3-658-25867-2_3

Bezugsrahmen, um zu erkunden, wie kommunikative Leistungsdefizite zu benennen sind und welche Perspektiven für das berufliche Selbstverständnis von
Journalisten entworfen und in den Diskurs eingebracht werden können.

Schlüsselwörter

Journalismus · Publikum · Verstehen · Informationsflut · Sinnverlust

1 Kurzbiografie des Autors

1948 in Wien geboren, studierte Maximilian Gottschlich ab 1968 Publizistik, Pä-
dagogik, Politikwissenschaft und Philosophie an der Universität Wien. Neben seinem Studium war er journalistisch tätig und von 1974–1981 Universitätsassistent.
Die Habilitation zum Thema „Journalismus und Orientierungsverlust" erfolgte im
Jahr 1981 und von 1983 an war er Professor für Publizistik- und Kommunikations-
wissenschaft an der Universität Wien und blieb dies bis zu seiner Pensionierung im
Jahr 2013. An der Southern Illinois University sowie an der Ludwig-Maximilians-
Universität München hatte er 1984 Gastprofessuren inne. 1994 gründete Gott-
schlich die Europäische Journalismus Akademie (EJA) an der Donau-Universität
Krems, die im Jahr 2000 in Wien neugegründet und bis 2005 weitergeführt wurde.
Mit der EJA verfolgte Gottschlich einen Weg in den Journalismus bei dem Interessierte, die bereits wissenschaftliches Denken und Fachwissen erarbeitet hatten, Ge-
legenheit erhielten, darauf aufbauend journalistische Vermittlungskompetenzen zu
erwerben. Der zweite – europäisch-demokratische – Aspekt war, dass nach der
Wende 1989 für Studierende aus den ehemaligen totalitären Ländern Journalismus
vermittelt werden sollte, der auf liberalen demokratischen Werten basierte.

Gottschlichs wissenschaftliche und publizistische Schwerpunkte umfassen die
Journalismus- und Medienforschung, Medien-Ethik, Grundprobleme der moder-
nen Kommunikationsgesellschaft, Gesundheit und Kommunikation (vor allem
Kommunikationsbeziehungen zwischen Ärzten und Patienten), Religion und
Massenkommunikation, Antisemitismus und Öffentlichkeit.

Seit seiner Emeritierung widmet sich Gottschlich auch seiner Leidenschaft als
bildender Künstler. Seine abstrakten Bilder sind als kommunikative Akte zu interpretieren, mit denen er sich schwer zu verbalisierenden wie z. B. religiösen Themen annähert. Sein ursprünglicher Berufswunsch war es, Journalist zu werden. Er
war bereits auf dem Sprung in die Praxis, als er vom damaligen Wiener Instituts-
vorstand gefragt wurde, ob er nicht in der Wissenschaft bleiben möchte. Gottschlich nahm an, blieb aber dem Journalismus immer verbunden, nicht nur durch
die Journalistenausbildung, sondern auch durch seine vielfältigen publizistischen

Tätigkeiten – über Interviews, Kommentare und Aufsätze, die er seit mehr als 40 Jahren veröffentlicht.

Bereits in seiner Habilitation stellte er fest, dass im Fokus seines wissenschaftlichen Interesses genauso die grundsätzliche Auseinandersetzung mit den Folgen der Medientechnologien stehe wie auch die Folgen des sozialkommunikativen Handelns von Journalisten, ein Thema, dem er sein Leben lang verbunden blieb.

Ein wesentlicher Teil der theoretischen Schriften Gottschlichs befasst sich mit der Sinnproblematik in der modernen Mediengesellschaft, der Frage nach dem Verstehen von Welt und Wirklichkeit (Gottschlich 1999). Damit wird ein hermeneutisches (= verstehendes) Sinnverständnis ausgearbeitet, das wesentlich dazu beitragen soll, dass der Zusammenhang von der Überfülle des Informationsangebots und der gleichzeitigen Orientierungsnot problematisiert wird.

2   Inhalt des Textes

Gottschlichs Habilitationsschrift „Journalismus und Orientierungsverlust" erschien 1980 gleichzeitig mit Manfred Rühls Habilitationsschrift „Journalismus und Gesellschaft" 1980 (siehe auch den Beitrag von Görke und Steffan in diesem Band). Beide sind um eine adäquate Theoretisierung des Journalismus bemüht, gehen aber unterschiedliche Wege. Gottschlich wählte für seine Arbeit einen hermeneutischen Zugang, in dem er auf das Sinnverstehen und auf die Sinnvermittlung in der modernen Kommunikationsgesellschaft fokussierte. Sinn wird von ihm verstanden als ein Zugewinn an Freiheit und Selbstbestimmung, für den der Journalismus bei seinem Publikum zu sorgen hat, und stand dabei im Zentrum seiner Überlegungen. Jedoch geht es keineswegs um ein Interpretationsmonopol von Journalisten, sondern darum, „die Bedingungen zur Möglichkeit der (individuellen) Sinnkonstitution bereitzustellen" (Gottschlich 1980, S. 135). In seinem Werk ging er von der Grundfrage aus, worin die Herausforderungen des Journalismus in einer Zeit des Orientierungsverlustes, der durch heterogene Weltsichten geprägt ist, besteht. Journalismus müsse sich mittels „Teilhabe durch Mitteilung" (ebd., S. 135) neu orientieren, ausgehend davon, dass die Ausweitung von Informationsmöglichkeiten nicht zugleich dazu führen würde, dass „auch schon die Verstehensmöglichkeiten und die Verstehensfähigkeit" (ebd., S. 135) wachsen.

In dem Band „Die Welt ist, wie wir sie denken" mit seinen versammelten Aufsätzen – zusammengestellt anlässlich seines 50. Geburtstages – resümierte Gottschlich, dass seine Habilitationsschrift beim Erscheinen kaum Echo in der Scientific Community hervorgerufen hatte. Er schreibt, dass das Fach zu sehr mit sich selbst befasst gewesen war und zudem „eine auf Medienkommunikation und

Journalismus adaptierte Systemtheorie die Sicht auf Fragen kommunikativer Sinnstiftung und Sinnfindung" (1999, S. 11) verstellt hat. Diese Kommentierung bezieht sich vor allem auf die Diskussionen, die Gottschlich in den 1980er-Jahren mit
Manfred Rühl geführt hatte, der in der Nachfolge Niklas Luhmanns den Journalismus systemtheoretisch zu fassen versuchte.

Gottschlichs Habilitationsschrift gliedert sich in zwei Teile. Im ersten Teil befasst er sich mit der „Problemdiagnose" und wie sich die Situation des öffentlich-
kommunikativen Handelns von Journalisten darstellt und diskutiert in den folgenden Kapiteln das systemtheoretische Verständnis von Journalismus rund um den
grundlegenden Themenkomplex der Sinn- und Verstehensfrage. Dabei bedient er
sich unterschiedlicher theoretischer Zugänge wie des Symbolischen Interaktionismus, um einen „Bezugsrahmen für eine kritische Analyse des status quo
beruflicher Handlungsorientierungen, wie sie die tägliche Berufsarbeit und damit
die interaktiven Beziehungen zwischen Journalisten und Publika prägen" (Gottschlich 1980, S. 20) zu entwickeln. Zentral sind dabei die Beziehungen zwischen
den Produzenten und Rezipienten von journalistischen (Handlungs-)Produkten
und die Frage, wie die Verständigungsprozesse zwischen diesen beiden Bezugsgruppen ablaufen. Im Vordergrund steht demnach, ob und wenn ja, auf welche Art
und Weise Verständigung erzielt wird bzw. warum diese nicht stattfindet (siehe
auch den Beitrag von Loosen und Scholl in diesem Band). Die Sinn- und Verstehensfrage wird so in einem übergeordneten gesellschaftstheoretischen Rahmen verortet,
es geht nicht bloß um den medialen Sprachgebrauch, nicht um die Reduktion auf die
Verletzung von syntaktischen und semantischen Regeln (vgl. auch Gottschlich 1999,
S. 12), sondern schlicht formuliert um die Frage „wozu Journalismus". Auch Baum
verweist auf Gottschlichs „Anleihen an den symbolischen Interaktionismus, „Fehlleistungen" im Nachrichtenjournalismus aufzudecken und entsprechende Therapie-
vorschläge zu machen – ein Unterfangen, das die Grenzen einer subjektivistischen
Theorie des Journalismus treffend veranschaulichen kann" (Baum 1994, S. 275). Im
zweiten Teil der Habilitationsschrift werden Perspektiven beruflicher Handlungs-
orientierung auf der Grundlage von empirischen Berufsforschungsergebnissen behandelt, um ausgehend von der Nachrichten- und Nachrichtenrezeptionsforschung
das journalistische Handeln zu erfassen und abschließend „Leitlinien journalistischer
Leistungsorientierung zu entwickeln" (Gottschlich 1980, S. 21). Seine Überlegungen
sind dabei vor allem auf politische Informationen mit einem Fokus auf Nachrichten-
programme des Fernsehens ausgerichtet.

Maximilian Gottschlich hat – wie bereits erwähnt – intensive Debatten mit
Manfred Rühl über Journalismus und seine Theoretisierung geführt. Der Austausch zwischen den beiden fand auch bei mehreren Treffen statt. Rühl, der immer
wieder auch in Gottschlichs Vorlesungen zu Gast war, hatte über Journalismus aus

systemtheoretischer Sicht referiert. In der darauffolgenden Diskussion warf Gottschlich Rühl vor, dass dessen systemtheoretische Konzeption von Journalismus
und damit öffentlich-kommunikatives Handeln auf Funktionszusammenhänge reduziert werde. Ein solches Verständnis sei blind für die Frage, worin überhaupt die me-
dialen/journalistischen Bedingungen zu einer möglichen Verbesserung der
Umweltorientierung beim Rezipienten liegen könnten. Aus Gottschlichs Sicht
hängt dies auch mit der Funktionalisierung des Sinn-Begriffs zusammen, weil dadurch die Bedingungen für ein Sinnverstehen nicht gegeben sind. Denn: „Sinn ist
immer Sinn für jemanden in einer bestimmten biographischen Situation" (Gottschlich 1999, S. 11). Im systemtheoretischen Gesellschaftsmodell wird Sinn funk-
tionalisiert und es fehlt die subjektive Zuschreibung dessen, was für das Individuum „Sinn" bedeutet bzw. bedeuten kann. Und weiter argumentiert Gottschlich,
dass das zentrale hermeneutische Problem im systemtheoretischen Verständnis
von Journalismus ausgeblendet wird, da Sinn eindimensional als „selektive Leistung" verstanden wird. Eine solche funktionale Engführung des Sinnbegriffs, wie
sie die Luhmannsche Systemtheorie im Allgemeinen und die systemtheoretische
Journalismuskonzeption Rühls (und Saxers) speziell kennzeichnet, versperrt
aber – so Gottschlichs Vorwurf – den kritischen Blick auf die wachsende Diskrepanz zwischen rasant zunehmender Informationsfülle bei gleichzeitig ab-
nehmender Chance des Sinn-Verstehens wachsender Teile der Gesellschaft. Für
Gottschlich hat in der Debatte mit Rühl, ob Journalismus im systemtheoretischen
Sinn demokratisch funktional sei und einen Beitrag zur Teilhabe an der Welt ermöglichen könne, so doch das eigentlich Entscheidende gefehlt: nämlich die
Frage nach den Orientierungsleistungen des journalistischen Handelns und damit
verbunden, wie die Menschen auf die angebotenen Themen reagieren. Rühl be-
antwortete dies in der Weise, dass die Systemtheorie diese Anforderung eben
nicht erfüllen kann, und hierfür Zusatz-Theorien erforderlich sind. Für Gottschlich klammert die Systemtheorie damit aber die entscheidende Frage aus, ob
journalistisches Handeln die Leistungen, die vom Journalismus erwartet werden,
auch tatsächlich erbringt.

Aus dieser Argumentation folgert Gottschlich, dass die systemtheoretische
Konzeption diesbezüglich zu einfach ist; sie verkommt zu einer bloßen Begriffs-
hülle, wenn man zur Erklärung, wie Menschen Themen rezipieren, eine sozial-
psychologische Zusatztheorie benötigt.[1] In der Systemtheorie wird die (unverzichtbare) Sinnproblematik zum Funktionskriterium der Selektivität gegenüber
einer komplexen Welt. Für Gottschlich bedeutet „Sinn" dagegen mehr und ande-

---

[1] In einem Gespräch mit der Autorin hat Gottschlich am 20. März 2018 diese Diskussion mit
Rühl in einem Wiener Kaffeehaus wiedergegeben.

res: Sinn ist zuallererst – noch vor seiner selektiven Funktion – ein hermeneutisches Problem, dem gerade mit Blick auf Journalismus ein normativer Anspruch eingeschrieben ist: nämlich durch journalistisches (allgemein: kommunikatives) Handeln, Sinnerfahrung für Rezipienten möglich werden zu lassen und „subjektive Sinnkonstituierung (Sinnrealisierung) [...] zu erhöhen" (Gottschlich 1980, S. 181). Wenn Umweltexploration eine Leistung des modernen Journalismus sein soll, dann führt der Weg nicht an der Verstehens-, also Sinnproblematik vorbei. Sie ist vielmehr eine Schlüsselkategorie im Verhältnis zwischen (aufklärerischem) Journalismus und (in der Informationsflut ertrinkendem) Publikum. Dabei geht es nicht um einen bestimmten Sinngehalt, sondern um die medial-journalistisch bereitzustellenden Möglichkeiten subjektiver Sinnbildung beim Rezipienten (unter dessen mannigfaltigen sozialen, kulturellen, psychischen, situativen usw. Rezeptionsbedingungen). Zu fragen ist dann, inwiefern die Bedingungen für die Möglichkeit der Sinnstiftung gegeben sind, und welche Bedingungen erfüllt sein müssen, damit Nachrichten verstehbar sind. Gottschlich listet Faktoren auf, die von Journalisten berücksichtigt werden sollten, um überhaupt einen Anspruch auf Verstehbarkeit von Nachrichten auf Seiten der Rezipienten erfüllen zu können. Die Merkmale, die Nachrichten – Gottschlich spricht zunächst vom Verstehen journalistischer Mitteilungen und fragt danach nach dem Hintergrund der Nachricht (vgl. Kap. 5.2.1.2, 1980, S. 178) – enthalten sollten, beziehen sich auf die Folgenabschätzung für den Einzelnen und für die Allgemeinheit, und: „es müssen Hinweise zur Beantwortung der Frage enthalten sein, in Bezug auf welche *Ursachen* und *Bedingungen* sich das Faktum (Sachverhalt) selbst als *Folge* darstellt" (Gottschlich 1980, S. 182). Dazu sollen auch Einschätzungen geliefert werden, ob die benannten „Ursachen und Bedingungen stets zu Folgen dieser oder ähnlicher Art führen (bzw. geführt haben)" (ebd., S. 182). Und als einen weiteren Punkt führt Gottschlich an, dass auch die Bedingungen thematisiert werden müssten, „um andere (möglicherweise wünschbare) Folgen zu haben" (ebd., S. 182). Erst wenn all diese Faktoren – die auch im Sinne einer Hintergrundberichterstattung thematisiert werden können – berücksichtigt werden, hat der Rezipient die Chance, die erhaltenen Fakten nicht nur zur Kenntnis zu nehmen, sondern auch einzuordnen und zu bewerten. In Adaption der Ansicht von Gadamer, dass das Hinterfragen von als gegeben angenommenen Fakten „die Sache mit ihren Möglichkeiten in die Schwebe (bringt)" (Gadamer 1960, S. 350, zit. n. Gottschlich 1980, S. 190), sollen Rezipienten die Möglichkeit haben, sich über die vermittelten Fakten ein eigenes Urteil zu bilden. Journalistische Aussagen könnten rekonstruiert werden, indem die Qualität der Zusatzinformationen so beschaffen ist, dass die Vorgangsweise der Journalisten nachvollzogen werden kann (Gottschlich 1980, S. 190). Die unterschiedlichen, heterogenen Informationen zu Nachrichtenthemen (ebd., S. 189) sollten Journalisten ordnen, um die Urteilsmöglichkeiten der Rezipienten zu schärfen. Journalismus sollte in der Lage sein, die Potenzialität von Welt und Wirklichkeit zu erkennen (ebd., S. 189). Wünschenswert wären Wirklichkeitsentwürfe, die nicht nur der Übersicht dienen, sondern „auch die Chance auf vertiefte Einsicht" (ebd., S. 135) bieten. In Gottschlichs Verständnis sind Journalist*innen aktive Gestalter von Welt und Wirklichkeit. Gottschlich verweist in diesem Zusammenhang auf Arnold Gehlens (1963) Konzept der Hypermoral, das davon ausgeht, dass Menschen ununterbrochen moralische Urteile abgeben müssen, allerdings ohne eine vorhandene Wissensbasis. Die Menschen würden nicht zu einer eigenen Urteilsfähigkeit erzogen werden, da das Bildungssystem nicht „die fundamentalen ethischen und sittlichen Kriterien hinsichtlich der Frage, wie man leben soll und leben kann" (Gottschlich 1980, S. 16), angehen würde, sondern systematisch die eigene Urteilskraft der Menschen ausschalten und die perfekte Reproduktion von oktroyiertem Wissen präferieren würde. Die Menschen wachsen nicht mehr zu selbstständigen Persönlichkeiten heran, die ihre „eigene Schöpferkraft" (ebd., S. 16) entfalten können. Zu dieser Zustandsbeschreibung, d. h. „[z]um Nulleffekt herkömmlicher Bildungsstrategien kommen Informationen und ‚Nachrichten mit Nulleffekt'" (ebd., S. 16).

In der komplexen, kontingenten – oder auch zusammenhanglosen – Welt (Gehlen 1963, S. 339, zit. n. Gottschlich 1980, S. 15) – müssen Menschen unterstützt werden, um in der Welt mental und psychisch überleben zu können. Gottschlich stellt Gehlens „Gutwilligkeit des Verstehenwollens" das „Verstehen können" in der Realität der Mediengesellschaft entgegen (Gottschlich 1980, S. 16). Zu hinterfragen sind dabei Begriffskonstruktionen wie „Informationsfunktion" und „Orientierungsfunktion" und inwiefern diese zu Begriffshülsen verkommen, ohne dass darüber Aussagen getroffen werden, was es bedeutet, zu informieren bzw. Orientierungen anzubieten, „wenn also nicht diese kommunikativen Handlungen durch ihre in sie gesetzten Ansprüche und die aus ihnen ableitbaren Folgen qualifiziert werden können" (ebd., S. 16 f). Denn: „Die Rezipienten sollen die „Zielpartner" der JournalistInnen sein" (Baum 1994, S. 277).

Zur Verbesserung der Verstehbarkeit von Nachrichtenthemen – an diesem Beispiel verdeutlicht Gottschlich die Verstehensproblematik – unterscheidet er zwischen Primärinformation, die sich aus Basis- und Akteurinformation zusammensetzt und aus Zusatzinformationen. Die Primärinformation bildet das Fundament, um den Sachverhalt, d. h. das Ereignis bzw. das Problem zu benennen und durch Handlungsträger wie z. B. Politiker, Repräsentanten usw. zu ergänzen. Durch Zusatzinformationen soll ein Verstehen journalistischer Mitteilungen ermöglicht werden, indem Aussagen zu Ursachen, Folgen, Relation vermittelt werden, die wiederum im Zusammenhang mit Handlungsträgern, Handlungsmöglichkeiten und Handlungszielen stehen. All diese einzelnen Positionen stellen Bedingungen dar, „unter denen die *Rekonstruktion* eines berichteten Ereignisses möglich wird." (Gottschlich 1980, S. 190).

Authentizität im Journalismus bedeutet nicht bloß Faktizität journalistischer Aussagen, sondern es geht um die größtmögliche Rekonstruierbarkeit des Sachverhaltes – wie Ereignisse unter welchen Gesichtspunkten nachvollziehbar gemacht werden können. Weitere äquivalente Optionen wären, dass Journalisten fragen, was für Möglichkeiten an innovativem Handeln existieren bzw. welchen Horizont alternativer Handlungsmöglichkeiten es gäbe. Der Gestaltungsanspruch geht an Bürger, und die Medien sollen dazu verhelfen, das Gestaltungspotenzial erkennen zu können. Die Medien sind Akteure auf der demokratischen Bühne und somit ist es auch ihre Aufgabe, dazu beizutragen, dass sich Menschen in der Komplexität der Welt zurechtfinden können.

Gottschlich bezieht sich auch auf Habermas, insofern als es diesem ebenfalls um die Frage nach den Bedingungen der Verständigung geht. Gottschlich versucht diese im Bereich des massenmedialen/journalistischen (allgemein: öffentlich-kommunikativen) Handelns festzumachen. Beide Wissenschaftler fragen nach den Bedingungen der Möglichkeit des Gelingens eines rationalen Diskurses. Während Habermas dafür das gesamte „Instrumentarium" der auf seiner Konsenstheorie der Wahrheit aufbauenden Diskursethik (einschließlich des kontrafaktischen Konzepts einer, diese erst ermöglichenden, „idealen Sprechsituation") bereitstellt, hat Gottschlich nicht das (am Typus des wissenschaftlichen Diskurses Maß nehmende) Sprechhandeln im Blick, sondern die kommunikativen Leistungen des – vor allem – politischen Journalismus.

Neben dem „Objektivitätspostulat", das sich sehr stark in einem „Faktenfetischismus" – so Gottschlich in seiner Lectio Valedictoria (2013, S. 6) – manifestiert und sich um Ausgewogenheit bemüht, geht es Gottschlich um die Optimierung von Verstehensmöglichkeiten und viel weniger um die Generierung von mehr Einzel-Informationen.

Mit Habermas verbindet Gottschlich wiederum die Ansicht, dass wir auf der Suche nach einer humanen Gesellschaft nur die Chance haben, mehr als bisher der Vernunft zur Geltung zu verhelfen – bei Habermas im Bereich der Sprechhandlungen, bei Gottschlich im Hinblick auf einen Journalismus, der dadurch der Vernunft zur Geltung verhilft, indem er alles dazu tut, „um das grundlegende Bedürfnis nach existentieller Gewißheit und Sicherheit zu befriedigen" (Gottschlich 1999, S. 12). Aufklärung setzt Verstehen voraus. Es geht im Journalismus – so Gottschlich – nicht um strittige Geltungsansprüche, die im theoretischen Diskurs

(Wahrheitsanspruch) oder im praktischen Diskurs (normative Richtigkeit, also moralische Urteile) unter den Bedingungen einer idealen Sprechsituation durch die Herbeiführung von Konsens gelöst werden könnten. Das vernünftige Argument ist nur dann das bessere, wenn es verstanden werden kann. Zu diesem (besseren) Verständnis beizutragen, ist die Aufgabe eines kritischen, aufklärerischen Journalismus. Eine Neuausrichtung des Journalismus liegt auch in einer ethischen Neuorientierung, bei der die Berufswelt idealisiert werden müsse, um sie verbessern zu können, so Gottschlich (1980, S. 147).

Gottschlichs geisteswissenschaftliches Verständnis von Journalismus als hermeneutisches Projekt reduziert Verstehen nicht auf die Faktizität des Geschehens, die in einen (historischen) Bedingungszusammenhang gestellt und damit einer Sinndeutung erschlossen werden soll, sondern stellt die Fakten auch in einen (möglichen) Folgezusammenhang. Demnach hat Journalismus nicht nur einen Wirklichkeitssinn, sondern auch einen Möglichkeitssinn zu entfalten. Und so geht es auch um die wünschbaren oder nicht wünschbaren Möglichkeiten – das „Geschäft" des Journalismus ist auch dasjenige des Entwurfs. Beides, Faktizität und Potenzialität, ist im Begriff des Verstehens enthalten. Zudem verweist dieses Verstehenskonzept noch auf einen ethischen Anspruch gegenüber dem Journalismus: Bereits 1980 zeigte Gottschlich damit, dass in der wachsenden Orientierungsnot eine besondere professionelle und auch moralische Herausforderung für den Journalismus liegt. Es könne nicht sein, dass Menschen mit der akuten und immer dringlicher werdenden Verstehensproblematik alleine gelassen werden – so sein damaliges Plädoyer.

Gottschlich ging in seiner Arbeit jedoch nicht so weit, die Partizipation des Publikums an der Medienarbeit zu fordern – die Konzeption „Empfänger als Sender" hielt er für ein völlig überzogenes Konzept. Allenfalls soll die Partizipation des Publikums an politischen Entscheidungsprozessen durch vorangehende Orientierung mittels journalistischer Information gewährleistet werden, denn Partizipation setzt grundsätzlich Information voraus.

3   Wirkungsgeschichte und Kritik

Gottschlichs Werk wurde in der Journalistik wenig rezipiert. Die Vermutung liegt nahe, dass sein geisteswissenschaftlicher Ansatz diametral den sozialwissenschaftlich geprägten journalismustheoretischen Zugängen entgegenstand.

In einer synoptischen Darstellung theoretischer Konzepte der Journalismusforschung wird Gottschlichs Werk zu den (kritischen) Handlungstheorien gezählt (vgl. Löffelholz 2016, S. 54) – Journalismus als soziales und kommunikatives Handeln –, ihm selbst ging es aber immer um eine kommunikationswissenschaftliche

Erweiterung in Richtung eines hermeneutischen, philosophischen Verständnisses. Und Löffelholz veranschaulicht in seinen Ausführungen über die unterschiedlichen pluralen journalismusbezogenen Theoriebildungen, dass die von Achim Baum und Gottschlich entwickelten „anspruchsvolleren handlungstheoretischen Ansätze" in der Journalismusforschung „kaum empirisch untermauert sind" (Löffelholz 2008, S. 540). Gottschlich übte 1980 Kritik an der empirischen Journalismusforschung, da diese – und auch die Systemtheorie – die sozialwissenschaftliche Operationalisierung berufsethischer Fragen in Zweifel ziehen würden (1980, S. 158 ff.; vgl. auch Weischenberg 2014, S. 72).

Gottschlich geht in seinem Werk auf Langenbucher ein – beide haben je auf ihre Art das Wiener Institut für Publizistik- und Kommunikationswissenschaft geprägt. Die Kommunikatorforschung habe in den vergangenen Jahren – er bezieht sich dabei auf die 1970er-Jahre – „im deutschsprachigen Raum unbestreitbare Pionierarbeit geleistet, wenngleich sich die Wissensbestände eher auf additivem und nicht, wie es wünschenswert wäre, auf integrativem Wege mehrten" (Gottschlich 1980, S. 17). Glotz und Langenbucher („Der mißachtete Leser" 1969) sehen in der Tradition von Otto Groth die Journalisten als Vermittler, die nicht dem Ideal des „Erziehers" bzw. „Führers" folgen (vgl. Glotz und Langenbucher 1969, S. 35). Die Rechte des Publikums können nur dann umgesetzt werden, wenn Journalisten den kommunikativen Austausch in der Gesellschaft nicht als Kommunikatoren, sondern als Mediatoren vollziehen (Gottschlich 1980, S. 57). Damit wird auch auf eine normative Grundlage für die Journalistenausbildung verwiesen. Eo ipso entkommt man in dieser Konzeption nicht der Bedeutung der Rolle der Kommunikatoren, auf die auch Langenbucher verweist, da sich im journalistischen Selbstverständnis Teile „einer historisch verwurzelten Kommunikator-Rolle nachweisen lassen" (Haas 1999, S. 131). Langenbucher hat immer ein kulturorientiertes Journalismusverständnis vertreten, das auch die schöpferische, kulturelle Leistung von einzelnen JournalistInnen aus dem Tageswerk hervorhebt und ihm eine andauernde gesellschaftliche Bedeutung zuschreibt (Langenbucher 1994). Für Gottschlich erfüllt Journalismus nur dann eine schöpferisch-kulturelle Leistung, wenn er als hermeneutisches Unternehmen verstanden wird. Sowohl Langenbucher als auch Gottschlich fragten nach der Legitimation journalistischen Handelns, nach der Relevanz der journalistischen Profession in demokratischen Gesellschaften.

Achim Baum schreibt 1994, dass man Fabris[2] und Gottschlich „zugutehalten [muss], daß ihre beiden Arbeiten (über ,Journalismus und bürgernahe Medien-

---

[2] vgl. Fabris, H. H. (1979). *Journalismus und bürgernahe Medienarbeit. Formen und Bedingungen der Teilhabe an gesellschaftlicher Kommunikation.* Salzburg: Neugebauer. (siehe Beitrag Scholl „Journalismus als demokratisches Recht für alle" in diesem Band).

arbeit' sowie über ‚Journalismus und Orientierungsverlust') schlicht zu früh kamen, um Habermas' Theorie der Moderne komplett berücksichtigen zu können" (Baum 1994, S. 284). Auch wenn es Berührungspunkte zwischen Habermas und Gottschlich gibt, so war ein Teil der wichtigen Arbeiten von Habermas, als Gottschlich sein Werk Ende der 1970er-Jahre geschrieben hatte, noch nicht erschienen.

Immerhin war Gottschlich einer der Ersten, der „jene *internen* Strukturen [aufsuchte, P.H.], die der gemeinsamen „Orientierung" von Journalismus und Publikum in einer demokratisch geordneten Gesellschaft dienen und offenbar aus der Balance zu geraten drohen" (Baum 1994, S. 393). Dies implizierte für Gottschlich die Auseinandersetzung mit berufsethischen Fragen und wie Journalisten aus gesellschaftstheoretischer Perspektive beruflich integriert werden (vgl. ebd., S. 393).

Baum wendet außerdem ein, dass sich Gottschlichs Kritik an der Systemtheorie zu sehr an deren Prämisse der Informationsleistung abarbeitet und dadurch implizit verengt geblieben sei, sodass „die eigentliche Bedeutung gesellschaftlicher Kommunikation, ihre handlungskoordinierende und damit sozial integrierende Kraft" (ebd., S. 287) nicht hinreichend berücksichtigt wurde. In seinem Überblick über die in der Journalistik eingesetzte(n) Handlungstheorie(n) verwies Baum (2005, S. 100) – wiederum positiv – auf Gottschlich, der über eine Defizitanalyse journalistischer Fehlleistungen „einen publikumsverpflichteten Journalismus" forderte. Baum kritisierte aber bereits früher, dass Gottschlich einer „vagen Hermeneutik verhaftet" (1994, S. 277) bleibe, weil „er die „Verstehbarkeit" von Nachrichten an die „*Verwendbarkeit* durch die Rezipienten" knüpft und damit „Verstehen als *Kooperation* zwischen Kommunikator und Rezipient" definiert zu haben glaubt" (Baum, 1994, S. 277). Dadurch würde Gottschlich, so Baum weiter, ein überkomplexes Set an unterschiedlichen Zugängen entwickeln, um die Publikumsverpflichtung des Journalismus theoretisch zu fundieren. Aber diese Vorgangsweise führe zu einer Überlagerung von umdefinierten Begrifflichkeiten, die theoretisch inkonsistent seien (ebd., S. 277).

Hannes Haas verwies darauf, dass Gottschlichs Überlegungen zur Orientierungsfunktion des Journalismus einen wichtigen Beitrag zum modernen Journalismus und zur Ethikdebatte geleistet haben, der allerdings außerhalb Österreichs „in den 1980er-Jahren viel zu wenig beachtet worden" (1999, S. 79) sei. Und auch Haas sah die Problematik, dass keineswegs sichergestellt ist, dass es durch die neuen kommunikationstechnologischen Möglichkeiten, durch den erhöhten Druck, Nachrichten zu selektieren, einzuordnen und zu interpretieren, gelingen kann, die Transferleistung der Journalisten, die Verstehensleistungen bei den Rezipienten zu erhöhen (vgl. ebd., S. 380).

In seiner Lectio Valedictoria von 2013 „Über die bedrohte Freiheit des Denkens" ging Gottschlich nochmals auf sein Werk von 1980 ein und folgerte, dass der

Journalismus vor der Verantwortung steht, nicht mehr nur Informationen zu generieren, sondern dafür zu sorgen, dass die Verstehensmöglichkeiten optimiert werden: „Die Frage lautet nicht, was müssen die Menschen alles wissen, sondern was müssen die Menschen wissen, um möglichst viel verstehen zu können. Das macht einen erheblichen Unterschied" (Gottschlich 2013, S. 6, unveröffentlichtes Manuskript seiner Abschiedsvorlesung). In der wachsenden Orientierungsnot liege die besondere professionelle und auch moralische Herausforderung und Verantwortung.

Gottschlichs Journalismuskonzeption ist einzubetten in die im Fach diskutierten interdisziplinären Überlegungen, wie Journalismus als ein Sinnunternehmen etabliert werden kann. Daraus lässt sich auch eine Ethik und eine Publikumsorientierung des Journalismus ableiten, da es gilt, Orientierungsbedürfnisse der Menschen zu befriedigen. Scheitert dies, würde der Journalismus adressatenlos und verkäme zum Selbstzweck ohne gesellschaftlich begründbare Daseinsberechtigung.

Das „Sinnunternehmen" Journalismus kann sich nach Gottschlich ausschließlich über Kommunikation mit dem Publikum legitimieren. Seine Vorstellungen von Journalismus sind auch mit Blick auf das Internet und die sozialen Medien dahingehend zu interpretieren, dass Journalisten als Wissensnavigatoren zum mentalen Überleben in der Informationsflut verhelfen (sollen). Vor dem Hintergrund der technologischen Entwicklungen, des Einsatzes von Algorithmen und der Potenzierung der Informationsmöglichkeiten „sinkt zugleich die Fähigkeit ihrer sinnvollen Verarbeitung zu konsistenten Einstellungen" (Gottschlich 2013, S. 3). Die Vermittlung von Zusammenhängen, wie etwa Fakten entstehen und wie Fake News decodiert werden können, sind in der „digitalen Ambivalenz" zu zentralen Anforderungen avanciert, die durch und mit den sozialen Medien zu analysieren sind, wenn es um die Kriterien wie Interaktivität, Multimodalität und Echtzeitkommunikation geht. Vor allem die jungen Nutzer*innen – die „Millenials" – sind an lösungsorientierten, konstruktiven Informationen interessiert (vgl. Kramp und Weichert 2018, S. 269). In ihrer Studie zeigen die Autoren, dass gerade die jüngeren Nutzer*innen transparente und nachvollziehbare Informationen einfordern.

Die Herausforderungen für den Journalismus haben sich durch die Digitalisierung verschärft; konstruktiver Journalismus, der verstärkt nach Zusammenhängen sucht, wird zunehmend als Variante diskutiert, um durch Auswegs- bzw. Lösungsorientierung auch bessere Verstehensmöglichkeiten bei den Rezipienten zu erreichen. Ob konstruktiver Journalismus tatsächlich in der Lage ist, seine Ziele auch umzusetzen, ist empirisch noch unzureichend untersucht (vgl. Meier 2018). Auf allen Ebenen von der Mikro- über die Meso- und Makroebene sollen unterschiedliche Effekte erreicht werden, wie etwa, dass das Publikum mit lösungsorientierten Inhalten angesprochen werden soll, dass die Medien vom Publikum als hilfreich und positiv empfunden werden sollen und dass auf der gesellschaftlichen Ebene durch die Berichterstattung gesellschaftliches Engagement gefördert werden soll (vgl. ebd., S. 19 ff.). Ob all diese Effekte tatsächlich erzielt werden können und dann in einem weiteren Schritt tatsächlich eine bessere kognitive Einordnung der vermittelten Inhalte erfolgen kann, bleibt offen. An dieser Stelle könnten die Überlegungen von Gottschlich fortgeführt werden, um die Zusammenhänge zwischen Informationsaufbereitung durch Journalisten und Informationsverarbeitung durch das Publikum weiterzuverfolgen. Für Gottschlich ist – wie er auch jetzt wieder in einem Kommentar für die von Theodor Herzl gegründete Zeitschrift „Illustrierte Neue Welt" schreibt – das Problem der kognitiven Überforderung „eine Herausforderung an den demokratischen Journalismus, dem das kritische Urteilsvermögen seiner Leser, Hörer und Seher ein Anliegen ist" (2018, o. S.). Denn: Rationale Urteilsbildung ist nur durch Sinn bezogene Informationsverarbeitung möglich.

Literatur

Baum, A. (1994). *Journalistisches Handeln. Eine Kritik der Journalismusforschung.* Opladen: Westdeutscher Verlag.

Baum, A. (2005). Handlungstheorien. In: S. Weischenberg, H. J. Kleinsteuber, & B. Pörksen (Hrsg.), *Handbuch Journalismus und Medien* (S. 97–101). Konstanz: UVK Verlag.

Gadamer, H.-G. (1960). *Wahrheit und Methode. Grundzüge einer philosophischen Hermeneutik.* Tübingen: Mohr.

Gehlen, A. (1963). *Soziologische Texte. Studien zur Anthropologie und Soziologie.* Neuwied: Luchterhand.

Glotz, P., Langenbucher, W. R. (1969). *Der mißachtete Leser. Zur Kritik der deutschen Presse.* Köln/Berlin: Kiepenheuer & Witsch.

Gottschlich, M. (1980). *Journalismus und Orientierungsverlust. Grundprobleme öffentlich-kommunikativen Handelns.* Wien/Köln/Graz: Böhlau.

Gottschlich, M. (1999). *Die Welt ist, wie wir sie denken. Zur Kulturkritik der Mediengesellschaft.* Wien/New York: Springer.

Gottschlich, M. (2013). *Über die bedrohte Freiheit des Denkens. Lectio Valedictoria.* Wien: unveröffentlichtes Manuskript.

Gottschlich, M. (2018). Kognitiv überfordert, moralisch abgestumpft. *Illustrierte Neue Welt* 3. https://publizistik.univie.ac.at/fileadmin/user_upload/i_publizistik/MA/Gottschlich/PDF/INW032018.pdf

Haas, H. (1999). *Empirischer Journalismus. Verfahren zur Erkundung gesellschaftlicher Wirklichkeit.* Wien: Verlag Böhlau.

Kramp, L., Weichert, S. (2018). Millennials, die unbekannten Wesen: Wie journalistische Medien und Nachrichtenangebote junge Menschen im digitalen Zeitalter erreichen – und was sie von ihnen lernen können. In: K. Otto, A. Köhler (Hrsg.), *Crossmedialität im Journalismus und in der Unternehmenskommunikation* (S. 269–290). Wiesbaden: VS Verlag.

Langenbucher, W. R. (1994). Journalismus als Kulturleistung. Aufklärung, Wahrheitssuche, Realitätserkundung. *Aviso* 11, 7–10.

Löffelholz, M. (2008). Normalität und Pluralität. Hauptlinien und Paradoxien der journalismusbezogenen Theoriebildung. In: B. Pörksen, W. Loosen, & A. Scholl (Hrsg.), *Paradoxien des Journalismus. Theorie – Empirie – Praxis* (S. 533–548). Wiesbaden: VS Verlag.

Löffelholz, M. (2016). Paradigmengeschichte der Journalismusforschung. In: M. Löffelholz, L. Rothenberger (Hrsg.), *Handbuch Journalismustheorien* (S. 29–58). https://doi.org/10.1007/978-3-531-18966-6_2

Meier, K. (2018). Wie wirkt Konstruktiver Journalismus? Ein neues Berichterstattungsmuster auf dem Prüfstand. *Journalistik* 1, 4–25.

Rühl, M. (1980). *Journalismus und Gesellschaft. Bestandsaufnahme und Theorieentwurf.* Mainz: v. Hase & Koehler.

Weischenberg, S. (2014). *Max Weber und die Vermessung der Medienwelt. Empirie und Ethik des Journalismus – eine Spurenlese.* Wiesbaden: Springer VS.

Berufsgeschichte als Gesellschaftsgeschichte

Requate, Jörg (1995). Journalismus als Beruf. Entstehung und Entwicklung des Journalistenberufs im 19. Jahrhundert, Deutschland im internationalen Vergleich. Göttingen: Vandenhoeck & Ruprecht

Thomas Birkner

Zusammenfassung

Jörq Requate hat 1995 mit seinem Buch „Journalismus als Beruf" eine bahnbrechende Studie über die „Entstehung und Entwicklung des Journalistenberufs im 19. Jahrhundert" vorgelegt und damit auf eindrucksvolle Weise Kommunikationsgeschichte betrieben und geschrieben. Es ist das Jahrhundert, in dem sich nicht nur die Gesellschaft ausdifferenziert, sondern auch der Journalismus langsam, aber sicher seine moderne Form annimmt. Zur Erforschung dieses Prozesses legt Requate einen internationalen Vergleichsrahmen an, der die deutsche Journalismusentwicklung mit jener in den USA, Großbritannien und in Frankreich in Verbindung setzt. Der Historiker geht mit viel Akribie an die Akten aus dem 19. Jahrhundert heran und erstellt auf der Basis eines Samples von 781 Journalisten ein umfassendes Panorama des sich formierenden und ausdifferenzierenden Journalismus im Zeitverlauf. Im Vergleich gerade mit Großbritannien und den USA fällt auf, wie lange der Journalismus sich in Deutschland nicht von der Politik lösen konnte, sondern ein Teil von ihr blieb, was die gesellschaftliche Kontrollfunktion lange stark einschränkte.

T. Birkner (✉)
Universität Salzburg, Salzburg, Österreich
E-Mail: Thomas.Birkner@plus.ac.at

© Springer Fachmedien Wiesbaden GmbH, ein Teil von Springer Nature 2023   45
W. Loosen, A. Scholl (Hrsg.), *Schlüsselwerke der Journalismusforschung*,
https://doi.org/10.1007/978-3-658-25867-2_4

Schlüsselwörter

Journalismusforschung · Journalismusgeschichte · Sozialgeschichte ·
Professionalisierung · Öffentlichkeit

1   Kurzbiografie des Autors

Als sich Jörg Requate Anfang der 1990er-Jahre dem „Journalismus als Beruf"
zuwandte, war dies in der Geschichtswissenschaft geradezu exotisch. Requate,
Jahrgang 1962, studierte in den 1980er-Jahren Geschichte, Französisch und Philosophie in Bielefeld und Freiburg. In Bielefeld, bedeutender Standort der deutschen Sozialgeschichtsschreibung, gab es damals einen Sonderforschungsbereich
(SFB) der Deutschen Forschungsgemeinschaft (DFG) zur Bürgertumsforschung.
Darin spielten die in der modernen, sich ausdifferenzierenden Gesellschaft entstehenden neuen ‚freien Berufe' eine wichtige Rolle. Es ging um Fragen der Professionalisierung, etwa von Ärzten und Anwälten, den „klassischen" Professionen,
denen es gelang, sich einerseits durch eigene Regeln und andererseits durch staatliche Zertifizierung zu etablieren (Wilensky 1972).

Requate, dem neben dem Thema Öffentlichkeit, über das er dann zum Journalismus fand, immer auch das Thema Europa am Herzen lag (vgl. etwa Requate 2010,
2011), promovierte zunächst ab 1990 mit einem Stipendium der FAZIT-Stiftung
und ging dann 1992 zu Jürgen Kocka nach Berlin ans Graduiertenkolleg „Gesell-
schaftsvergleich" an der Freien Universität Berlin (FU) und wurde Wissenschaftlicher Mitarbeiter an der „Arbeitsstelle für vergleichende Gesellschaftsgeschichte"
(jetzt: Zentrum für vergleichende Geschichte Europas) der FU. In seinem Dis-
sertationsprojekt betrieb Requate geradezu idealtypisch Kommunikationsgeschichte. Er widmete sich dem neu entstehenden Beruf des Journalisten im
19. Jahrhundert, der bis heute nicht als Profession gilt, dessen Professionalisierung
die Journalismusforschung gleichwohl bis heute ebenso beschäftigt wie die gegen-
läufigen Tendenzen der Deprofessionalisierung (Birkner 2011a).

Von 1998 bis 2004 kehrte Requate wieder nach Bielefeld zurück und habilitierte
sich dort als Hochschulassistent an der Fakultät für Geschichtswissenschaft und
Philosophie zur Demokratisierung der Justiz. Auch hier spielte Öffentlichkeit eine
Rolle (Requate 2008a). 1999 forderte Requate in einem viel beachteten Aufsatz,
„Presse-, Medien-, und Journalismusgeschichte weit stärker als bisher zum Thema
historischer Forschung zu machen und sie verstärkt in die Untersuchung gesellschaftlicher Entwicklungen einzubetten, anstatt sie weiter als isoliertes Teil-
gebiet zu behandeln" (Requate 1999, S. 9).

Unterbrochen von einem Aufenthalt als Gastdozent am Deutschen Historischen Institut (DHI) Paris (2006–2007) blieb er nach der Habilitation bis März 2015 an der Universität Bielefeld, zunächst als Oberassistent, zwischenzeitlich als Lehrstuhlvertreter, zuletzt als Privatdozent und war zeitweilig Lehrer am Abendgymnasium Bielefeld. 2014 erhielt er dann Rufe von den Universitäten aus Berlin und Kassel – von der FU vom dortigen Institut für Publizistik- und Kommunikationswissenschaft auf die Professur für Kommunikationsgeschichte und Medienkulturen und an der Universität Kassel auf die Professur für die Geschichte Westeuropas. Requate hat den Ruf aus der Kommunikationswissenschaft abgelehnt und in Kassel in der Geschichtswissenschaft zugesagt. Seit April 2015 ist er dort Professor.

2 Inhalt des Textes

Jörg Requates Studie „Journalismus als Beruf" ist sozialgeschichtlich angelegt und beschäftigt sich international vergleichend mit der „Entstehung und Entwicklung des Journalistenberufs im 19. Jahrhundert". Nach einer kurzen Darstellung der Entwicklungen in den USA und England und einer längeren Betrachtung des französischen Journalismus widmet sich die Studie dann vor dieser Vergleichsfolie dem Journalistenberuf in Deutschland.

Der theoretische Rahmen (Requate 1995, S. 15–26) beinhaltet neben der Professionalisierungsforschung und dem Habermasschen Strukturwandel der Öffentlichkeit auch explizit kommunikationswissenschaftliche Zugänge. Allerdings verwirft Requate die systemtheoretische Perspektive Manfred Rühls und Niklas Luhmanns ebenso wie Jürgen Habermas' Öffentlichkeitstheorie, spricht dann aber doch von einem „Ausdifferenzierungsprozess" des Journalismus aus dem politischen System, was durchaus anschlussfähig an die systemtheoretische Journalismusforschung ist (Weischenberg 1994). Für diesen Ausdifferenzierungsprozess, der mit dem Begriff der Professionalisierung nur sehr unpräzise beschrieben wäre (vgl. hierzu Conze und Kocka 1985; Weischenberg 1995), macht Requate (1995, S. 25) vier entscheidende Faktoren aus:

- Entwicklung der Pressefreiheit
- Grad der Kommerzialisierung
- Fortschritt des Parteibildungsprozesses
- Herausbildung des journalistischen Selbstverständnisses

Über diese vier Faktoren werden sowohl die sozialhistorische als auch die kommunikationshistorische Dimension der Studie deutlich. Denn die Gesellschaft benötigt erst ab einem gewissen Entwicklungsstand (Demokratisierung, Ökonomisierung, Urbanisierung) die Beobachterposition des Journalismus, welcher sich wiederum seiner selbst vergewissern muss, um diese Position ausführen zu können. Requate grenzt seinen Untersuchungszeitraum ein, „von der Entstehung der Öffentlichkeit im ausgehenden 18. Jahrhundert und dem vorläufigen Abschluß der durch die Kommerzialisierungsschübe im Pressewesen ausgelösten Gründungswellen von Zeitungen" um 1900 (Requate 1995, S. 26). Er gibt aber auch an, dass durchaus einiges dafür gesprochen hätte, das Ende des Zeitraums auf 1914 zu legen (vgl. hierzu etwa Birkner 2010, 2011b), entschied sich aber unter anderem aufgrund der disparaten Quellenlage zu Beginn des 20. Jahrhunderts dagegen.

Für das 19. Jahrhundert kann er schließlich auf ganz unterschiedliche Vorarbeiten und Quellen zurückgreifen, unter anderem bibliografische Lexika, Jubiläumsgeschichten von Zeitungen, die Zusammenstellungen von Heinz-Dietrich Fischer, die Arbeiten von Hans-Wolfgang Wolter zur Generalanzeigerpresse (1981), von Kurt Brunöhler zu den Zeitungsredakteuren der ersten Hälfte des 19. Jahrhunderts (1933), von Rolf Engelsing zu *Massenpublikum und Journalistentum in Nordwestdeutschland* (1966, siehe auch 1973), James Retallacks Studie *From Pariah to Profession? The Journalist in German Society and Politics, from the late Enlightment to the Rise of Hitler* (1993) und die Arbeiten von Kurt Koszyk (u. a. 1966). Für seine aufwändige Recherche greift er auf staatliche Akten, Archive von Zeitungen und Nachlässe von Journalisten zurück.

Wer als Journalist gilt, mit dieser Frage beschäftigt sich die Journalismusforschung bis heute. Weischenberg, Malik und Scholl (2006, S. 31) definieren für ihre repräsentative Befragung Journalistinnen und Journalisten als jene, die „hauptberuflich und hauptsächlich damit beschäftigt sind, aktuelle, auf Tatsachen bezogene und (für ihr Publikum) relevante Informationen zu sammeln, zu beschreiben und in journalistischen Medien zu veröffentlichen". Auch Steindl, Lauerer und Hanitzsch (2017) orientieren sich an dieser Definition. Requate (1995, S. 135) arbeitet in seiner Studie mit dem „relativ restriktiv[en]" Kriterium „zeitweilige Beschäftigung als Redakteur einer politischen Tageszeitung" und identifiziert mit Heinrich Stöver 1793 beim *Hamburgischen Correspondenten* den ersten hauptberuflichen Redakteur der deutschen Journalismusgeschichte, auch weil dieser keinem weiteren Beruf nachging (1995, S. 128).

Tatsächlich hatte der Redakteur Stöver nicht viele Kollegen. Quantitative Aussagen, so Requate, könnten insbesondere für die Anfangszeit nur Schätzungen sein. Für die Zeit um 1800 zitiert er Hans Ulrich Wehler, der „ein Häuflein von rund hundert Männern" zu den Journalisten zählt (Wehler 1987a, S. 314), und schätzt selbst, auf Zeitungen bezogen, insgesamt „dürfte die Zahl der mit Berufs-journalisten besetzten Redaktionen politischer Tageszeitungen am Vorabend der 48er Revolution sicher über dreißig, aber wohl nicht wesentlich über fünfzig ge-legen haben" (Requate 1995, S. 130).

Die Arbeit von Requate geht jedoch über diese Schätzungen hinaus. Mit Hilfe eines prosopographischen Zugangs, mit dem der Personenkreis der Journalisten des 19. Jahrhunderts systematisch erforscht werden kann, erstellt er ein Sample von insgesamt 781 Journalisten. Für den Zeitraum 1800 bis 1848 kann er 143 Jour-nalisten ermitteln, für 1848 bis 1870 sind es 154, dann 275 Journalisten im Zeit-raum von 1870–1890 und schließlich 209 für die Jahre 1890–1900 (Requate 1995, S. 136).

Requate trägt als Ergebnis seiner Analyse der Dokumente Daten über die Jour-nalisten im 19. Jahrhundert zusammen, über ihre soziale Herkunft (über 50 % ent-stammen dem Bildungsbürger- und Beamtentum, unter 6 % den Bauern/Guts-besitzern, vgl. Requate 1995, S. 139), ihre Bildung (durchgängig etwa 80 % mit abgeschlossenem Studium, davon stets über 50 % Promovierte, vgl. Requate 1995, S. 143). Er spricht dennoch vom Journalismus als „Auffangbecken für Ge-scheiterte" (Requate 1995, S. 156; Engelsing 1966, S. 57), da der eigentliche bürgerliche Weg nicht der in den Journalismus, sondern in den Staatsdienst führte. So schmähte Kaiser Wilhelm II. die Journalisten 1890 als „Abiturientenproletariat" und „verkommene Gymnasiasten" (Requate 1995, S. 157).

Auch heute ist es um das Ansehen von Journalist*innen nicht besonders gut bestellt, gerade in Zeiten, in denen die Medien als „Systemmedien" und die Presse als „Lügenpresse" bezeichnet werden und ihnen vorgeworfen wird, sie produzie-ten „Fake News". Bereits damals war der freie journalistische Arbeitsmarkt be-sonders prekär (Requate 1995, S. 196), während am oberen Ende durchaus sehr gut verdient wurde (Requate 1995, S. 209–222). Entscheidend für Requate ist schließ-lich noch das journalistische Selbstverständnis, bei dem er gerade durch seinen komparativen Ansatz unterschiedliche Praktiken in unterschiedlichen Ländern herausarbeitet, die er in unterschiedlichen Journalismuskulturen und nicht nur im jeweiligen Mediensystem begründet sieht. So konnte sich in den westlichen Ge-sellschaften in den USA und England früh ein vom Staat unabhängiger Journalis-mus als Kontrolleur der Macht durchsetzen. In Deutschland hingegen blieb der Journalismus lange Teil der Politik und nicht ihr Kontrolleur: „Systemtheoretisch ausgedrückt: Wegen des generellen Rückstands bei der funktionalen Differenzie-rung kann auch das Teilsystem Journalismus sich nicht in demselben Maße von anderen Teilsystemen, zum Beispiel der Politik, gelöst haben." (Pöttker 2009, S. 493)

Der Selbstfindungsprozess des deutschen Journalismus vollzog sich zum Ende des 19. Jahrhunderts auch in den sich bildenden Berufsorganisationen und Vereinen. Requate (1995 S. 404) arbeitet „eine spezifisch deutsche Prägung des Journalismus" heraus, in dem der Leitartikel über die Sozialreportage dominiert und Parteizugehörigkeit über die Zugehörigkeit zum Journalistenstand. Inwieweit diese deutschen Spezifika im 20. oder erst im 21. Jahrhundert im Zuge einer zunehmenden „Amerikanisierung" nivelliert werden, musste Requate zukünftiger Forschung überlassen. Diese deutschen Spezifika herausgearbeitet zu haben, ist sein großes Verdienst für die deutsche und international vergleichende Journalismusgeschichtsforschung.

3   Wirkungsgeschichte und Kritik

Die Studie von Requate erfuhr eine ganz unterschiedliche Wahrnehmung in den hier behandelten Disziplinen. In der Geschichtswissenschaft fand das Buch zunächst wenig Beachtung. Erst der Aufsatz „Öffentlichkeit und Medien als Gegenstände historischer Analysen" von 1999 wird wegen seines Öffentlichkeitsbegriffs in der Geschichtswissenschaft viel zitiert und lenkt die Aufmerksamkeit auch auf die Dissertation. In der Kommunikationsgeschichte findet die Studie hingegen viel Beachtung. Michael Schmolke etwa feiert Requate als einen, der Kommunikationsgeschichte „endlich schreibt" (Schmolke 2015, S. 253). Sein Werk fand Eingang in die *Grundlagentexte zur Journalistik*, herausgegeben von Irene Neverla, Elke Grittmann und Monika Pater (Requate 2002) und in einen Sammelband zu *400 Jahre Zeitung*, herausgegeben von Martin Welke und Jürgen Wilke. Requate fragte darin „Zur Geschichte des Journalistenberufs im 19. Jahrhundert" nach „Gescheiterte[n] Existenzen?" und erklärte im Anschluss an Ulrich Saxer (1974/75), dass „eine volle Professionalisierung des Journalismus mindestens unter den Bedingungen einer demokratischen Gesellschaft weder möglich noch wünschenswert sei" (Requate 2008b, S. 352). Dennoch lässt sich die Forschung zur Professionalisierung von der Berufssoziologie (Luckmann und Sprondel 1972) über die Geschichtswissenschaft (Conze und Kocka 1985; Osterhammel 2007) hin zur Kommunikationswissenschaft verfolgen (Weischenberg 1995; Weischenberg et al. 2006; Kutsch 2008) und wird die Journalismusforschung weiterhin beschäftigen. Requates Studie zum 19. Jahrhundert bleibt bis heute unverzichtbare Grundlagenforschung zum Beginn des nicht abgeschlossenen, aber so wichtigen Professionalisierungsprozesses.

In meiner Dissertation zur *Geschichte des Journalismus in Deutschland 1605–1914* komme ich zu dem Urteil, dass sich Requate mit seiner Erfassung von

„über 700 Journalisten des 19. Jahrhunderts eine Ausnahmestellung erarbeitet und das Wissen um die (vornehmlich Elite-) Journalisten des 19. Jahrhunderts auf einen ganz neuen Stand erhoben" habe (Birkner 2012, S. 33). Darin ist neben dem Lob auch eine Kritik enthalten. Mit seinem sehr auf den politischen Journalismus konzentrierten Blick entgehen Requate einige Facetten des Journalismus, der damals wie heute einen durchaus homogenen Kern hat, aber auch sehr heterogene Ränder. Susanne Kinnebrock etwa kritisierte, dass in Requates Sample durch den Fokus auf den politischen Journalismus gerade einmal drei Frauen zu finden sind (Kinnebrock 2005, S. 103–105). Insgesamt drückt auch diese kritische Würdigung eine große Wertschätzung für die Leistung von Jörg Requate aus. Insbesondere für die kommunikationswissenschaftliche Journalismusforschung war die Studie von zentraler Bedeutung, da bislang die etwas holzschnitzartige Journalismusgeschichte von Baumert (1928) dominierte, mit seiner Unterteilung von Präjournalismus, korrespondierendem, schriftstellerischem und schließlich redaktionellem Journalismus.

Requates Studie geht über dieses Schema hinaus und ist auch deshalb ein Schlüsselwerk der Journalismusforschung. Und doch ist jede Publikation an ihre Zeit gebunden. So konnte Requate zwar mit den ersten beiden Bänden von Hans Ulrich Wehlers *Deutscher Gesellschaftsgeschichte* (Wehler 1987a, 1987b) arbeiten, nicht aber mit dem dritten Band, der die Jahre 1848/49 bis 1914 umfasst (Wehler 1995) und erst später aufgearbeitet werden konnte (Birkner 2012). Gleiches gilt für die deutsche kommunikationswissenschaftliche Journalismusforschung, insbesondere von Siegfried Weischenberg (1994, 1995, 2004 [1992]), aber auch für die Arbeiten des Amerikaners Michael Schudson. Schudsons *Discovering the News. A Social History of American Newspapers* von 1978 ist ebenfalls ein Meilenstein der Journalismusgeschichtsforschung, aber auch viele weitere seiner Schriften, die das Handeln der Journalist*innen in den Mittelpunkt rücken und die Bedeutung des Journalismus für die Demokratie betonen.

Requate war seiner Zeit deutlich voraus. Im 21. Jahrhundert haben sich Teile der Geschichtswissenschaft intensiv den Medien zugewandt. Am Zentrum für Zeithistorische Forschung (ZZF) in Potsdam etwa wird intensiv zu kommunikationshistorischen Themen geforscht. Der Direktor des ZZF, Frank Bösch, hat der Kommunikationswissenschaft 2015 ins Stammbuch bzw. in den *Aviso* geschrieben, wenn sie historische Zusammenhänge nicht mehr erforsche, werde die Zeitgeschichte diese Lücke zukünftig zu füllen wissen (Bösch 2015).

Literatur

Baumert, D. P. (1928). *Die Entstehung des deutschen Journalismus. Eine sozialgeschichtliche Studie*. München/Leipzig: Duncker & Humblot.
Birkner, T. (2010). Das Jahrhundert des Journalismus – ökonomische Grundlagen und Bedrohungen. *Publizistik 55*(1), 41–54.
Birkner, T. (2011a). Journalismus – eine Profession, die keine ist. *Medien & Zeit 26*(2), 49–58.
Birkner, T. (2011b). Genese, Formierung, Ausdifferenzierung und Durchbruch des Journalismus in Deutschland. *Medien und Kommunikationswissenschaft 59*(3), 345–359.
Birkner, T. (2012). *Das Selbstgespräch der Zeit. Die Geschichte des Journalismus in Deutschland 1605–1914*. Köln: Halem.
Bösch, F. (2015). Der neue Boom der Mediengeschichte. *Aviso 60*, 4–5.
Brunöhler, K. (1933). *Die Redakteure der mittleren und größeren Zeitungen im heutigen Reichsgebiet von 1800 bis 1848*. Leipzig: Phil. Diss.
Conze, W., Kocka, J. (Hrsg.) (1985). *Bildungsbürgertum im 19. Jahrhundert. Teil 1: Bildungssystem und Professionalisierung im internationalen Vergleichen*. Stuttgart: Klett-Cotta.
Engelsing, R. (1966). *Massenpublikum und Journalistentum im 19. Jahrhundert in Nordwestdeutschland*. Berlin: Duncker & Humblot.
Engelsing, R. (1973). *Analphabetentum und Lektüre. Zur Sozialgeschichte des Lesens in Deutschland zwischen feudaler und industrieller Gesellschaft*. Stuttgart: J. B. Metzler.
Kinnebrock, S. (2005). Frauen und Männer im Journalismus. Eine historische Betrachtung. In: M. Thiele (Hrsg.), *Konkurrenz der Wirklichkeiten* (S. 101–132). Göttingen: Göttinger Universitätsverlag.
Koszyk, K. (1966). *Deutsche Presse im 19. Jahrhundert*. Berlin: Colloquium.
Kutsch, A. (2008). Journalismus als Profession. Überlegungen zum Beginn des journalistischen Professionalisierungsprozesses in Deutschland am Anfang des 20. Jahrhunderts. In: A. Blome, H. Böning (Hrsg.), *Presse und Geschichte. Leistungen und Perspektiven der historischen Presseforschung* (S. 289–325). Bremen: edition lumière.
Luckmann, T., Sprondel, W. M. (Hrsg.) (1972). *Berufssoziologie*. Köln: Kiepenheuer & Witsch.
Osterhammel, J. (2007). Auf der Suche nach einem 19. Jahrhundert. In: S. Conrad, A. Eckert, & U. Freitag (Hrsg.), *Globalgeschichte. Theorien, Ansätze, Themen* (S. 109–130). Frankfurt a. M./New York: Campus.
Pöttker, H. (2009). Verspätete Modernisierung. Zur Tradition des (politischen) Gesinnungsjournalismus in Deutschland. In: S. Averbeck-Lietz, P. Klein, & M. Meyen (Hrsg.), *Historische und systematische Kommunikationswissenschaft, Festschrift für Arnulf Kutsch* (S. 485–496). Bremen: edition lumière.
Requate, J. (1995). *Journalismus als Beruf. Entstehung und Entwicklung des Journalistenberufs im 19. Jahrhundert, Deutschland im internationalen Vergleich*. Göttingen: Vandenhoeck & Ruprecht.
Requate, J. (1999). Öffentlichkeit und Medien als Gegenstände historischer Analysen. *Geschichte und Gesellschaft 25*(1), 5–32.
Requate, J. (2002). Journalismus als Beruf. Überlegungen zu einem theoretischen Gerüst. In: I. Neverla, E. Grittmann, & M. Pater (Hrsg.), *Grundlagentexte zur Journalistik* (S. 417–454). Konstanz: UVK.

Requate, J. (2008a). *Der Kampf um die Demokratisierung der Justiz. Richter, Politik und Öffentlichkeit in der Bundesrepublik.* Frankfurt a. M./New York: Campus.

Requate, J. (2008b). Gescheiterte Existenzen? Zur Geschichte des Journalistenberufs im 19. Jahrhundert. In Martin Welke und Jürgen Wilke (Hrsg.), *400 Jahre Zeitung. Die Entwicklung der Tagespresse im internationalen Kontext* (S. 335–354). Bremen: edition lumière.

Requate, J. (2010). ‚Amerikanisierung' als Grundzug der europäischen Medienentwicklung des 20. Jahrhunderts? In: U. Daniel, A. Schildt (Hrsg.), *Massenmedien im Europa des 20. Jahrhunderts* (S. 35–58). Köln/Wien: Böhlau.

Requate, J. (2011). *Frankreich nach 1945.* Göttingen: Vandenhoeck & Ruprecht.

Retallack, J. (1993). From Pariah to Profession? The Journalist in German Society and Politics, from the late Enlightment to the Rise of Hitler. *German Studies Review 16,* 175–223.

Saxer, U. (1974/1975). Dysfunktionale Folgen unzulänglicher Journalistenaus- und -fortbildung, *Publizistik 19/20* (3–4/1–2), 278–315.

Schmolke, M. (2015). Theorie der Kommunikationsgeschichte. In: R. Burkhart, W. Hömberg (Hrsg.), *Kommunikationstheorien. Ein Textbuch zur Einführung* (S. 234–257). Wien: Braumüller.

Schudson, M. (1978). *Discovering the News. A Social History of American Newspapers.* New York: Basic Books.

Steindl, N., Lauerer, C., & Hanitzsch, T. (2017). Journalismus in Deutschland. Aktuelle Befunde zu Kontinuität und Wandel im deutschen Journalismus, *Publizistik 62*(4), S. 401–423.

Wehler, H.-U. (1987a). *Deutsche Gesellschaftsgeschichte. 1. Band: Vom Feudalismus des Alten Reiches bis zur Defensiven Modernisierung der Reformära 1700–1815.* München: Beck.

Wehler, H.-U. (1987b). *Deutsche Gesellschaftsgeschichte. 2. Band: Von der Reformära bis zur industriellen und politischen „Deutschen Doppelrevolution" 1815–1845/49.* Frankfurt a. M.: Büchergilde Gutenberg.

Wehler, H.-U. (1995). *Deutsche Gesellschaftsgeschichte. 3. Band: Von der ‚Deutschen Doppelrevolution' bis zum Beginn des Ersten Weltkrieges 1849–1914.* München: Beck.

Weischenberg, S. (1994). Journalismus als soziales System. In: K. Merten, S. J. Schmidt, & S. Weischenberg (Hrsg.), *Die Wirklichkeit der Medien. Eine Einführung in die Kommunikationswissenschaft* (S. 427–454). Opladen: Westdeutscher Verlag.

Weischenberg, S. (1995). *Journalistik. 2. Band: Medientechnik, Medienfunktionen, Medienakteure.* Opladen: Westdeutscher Verlag.

Weischenberg, S. (2004 [1992]). *Journalistik. 1. Band: Mediensysteme, Medienethik. Medieninstitutionen.* Wiesbaden: Westdeutscher Verlag.

Weischenberg, S., Scholl, A., & Malik, M. (2006). *Die Souffleure der Mediengesellschaft. Report über die Journalisten in Deutschland.* Konstanz: UVK.

Wilensky, H. (1972). Jeder Beruf eine Profession? In: T. Luckmann, W. M. Spondel (Hrsg.), *Berufssoziologie* (S. 198–215). Köln: Kiepenheuer & Witsch.

Wolter, H.-W. (1981). *Generalanzeiger – das pragmatische Prinzip. Zur Entwicklungsgeschichte und Typologie des Pressewesens im späten 19. Jahrhundert mit einer Studie über die Zeitungsunternehmungen Wilhelm Girardets (1838–1918).* Bochum: Brockmeyer.

Von den Schwierigkeiten der Modellbildung

Siebert, F. S., Peterson, T., & Schramm, W. (1956). Four theories of the press. The authoritarian, libertarian, social responsibility and Soviet communist concepts of what the press should be and do. Urbana: University of Illinois Press

Barbara Thomaß

Zusammenfassung

Siebert, Peterson und Schramm legten mit dem Werk „Four Theories of the Press" (1956) die erste wissenschaftliche Arbeit vor, die Medien einer gegebenen Gesellschaft systematisch in ihrer Unterschiedlichkeit beschrieb. Sie identifizierten vier Modelle – Autoritarismus, Liberalismus und die modernen Varianten der Sozialverantwortung und des Kommunismus. Die Kritik an dem Werk, dass es normativ einseitig die Perspektive westlicher Gesellschaften einnahm und für analytische Beschreibungen und weitergehende Differenzierungen blind war, führte in der Folge zu einer Ausdifferenzierung der Mediensystemklassifikation. Insbesondere im Hinblick auf die Formen der Medienkontrolle wird in der Praxis der Medienpolitik auch heute noch die Einschränkung von Pressefreiheit als Beurteilungsmerkmal für Mediensysteme herangezogen. Die wissenschaftliche Weiterentwicklung von Mediensystemklassifikationen versuchte dagegen, empirische, nicht normative Merk-

B. Thomaß (✉)
Ruhruniversität Bochum, Bochum, Deutschland

© Springer Fachmedien Wiesbaden GmbH, ein Teil von Springer Nature 2023   55
W. Loosen, A. Scholl (Hrsg.), *Schlüsselwerke der Journalismusforschung*,
https://doi.org/10.1007/978-3-658-25867-2_5

male in den Mittelpunkt der Analyse zu stellen. Die Bedeutung des Werkes von
Siebert, Peterson und Schramm liegt darin, dass es das Erkenntnisinteresse an
einem systematischen Strukturvergleich der Mediensysteme und das Wissen
um die Bedeutung von Medienstrukturen als Grundlage der medialen Öffentlichkeit und des Journalismus fundiert hat.

Schlüsselwörter

Mediensystem · Medienstrukturen · Klassifikation · Medienkontrolle ·
Pressefreiheit

1 Kurzbiografie der Autoren

Das Werk „Four Theories of the Press" von Siebert, Peterson und Schramm (1956)
ist die erste wissenschaftliche Arbeit, die sich mit den Unterschieden in der Ausgestaltung von Mediensystemen befasste. Es behandelte unter dem damals üblichen Begriff der Presse die Aussagenentstehung für eine Öffentlichkeit und ist
das früheste Modell einer Mediensystemklassifikation. Es entstand in der hohen
Zeit des sogenannten Kalten Krieges, also der Systemauseinandersetzung zwischen den planwirtschaftlich verfassten Gesellschaften in Osteuropa und Asien
unter der Führung einer Einheitspartei und den pluralistischen kapitalistischen Gesellschaften in der westlichen Hemisphäre. Die sogenannte dritte Welt, also die
Länder des globalen Südens spielten in dieser ersten Betrachtung von Mediensystemen noch keine Rolle.

Von den drei US-amerikanischen Autoren Fred S. Siebert, Theodore Peterson
und Wilbur Schramm war der letztgenannte sicher der einflussreichste. Schramm
(1907–1987) wird als einer der Gründungsväter der Kommunikationswissenschaft als Disziplin an US-amerikanischen Universitäten betrachtet. Sein Name
geht auf deutsche Vorfahren zurück. Er absolvierte ein Studium der Politikwissenschaft, während er noch als Journalist tätig war. Nach einem Masterstudium in
„Amerikanischer Zivilisation" promovierte er im Fach Amerikanische Literatur
(Singhal 1987). Mit einem zweijährigen Post-Doc-Programm in Psychologie und
Soziologie näherte er sich sozialwissenschaftlichen Themen an. Mit seinem Eintritt in das War Office of Information zu Beginn der US-amerikanischen Beteiligung am zweiten Weltkrieg und der dortigen Forschung zu den Merkmalen
von Propaganda legte er den Grundstein für sein späteres Fachgebiet. Schramm
war der erste, der sich als Kommunikationswissenschaftler bezeichnete. Unter
seiner Ägide entstand an der Iowa School of Journalism das erste Studien-
programm, das den Begriff der Kommunikation im Namen führte (Rogers 1994,

S. 29). 1947 gründete er das Institute of Communications Research an der University of Illinois at Urbana-Champaign, das bis heute existiert.[1] Schramm beschäftigte sich später auch mit der Rolle von Medien in Entwicklungsprozessen in Ländern des globalen Südens (Schramm 1964; Lerner und Schramm 1967; Schramm und Atwood 1981).

Theodore Peterson (1919–1997) und Fred S. Siebert (1901–1982) waren Professoren für Journalismus an der Universität von Illinois, und ihre Forschung bewegte sich im Feld der politischen Kommunikation (Siebert 1948), der Zeitschriftenforschung (Peterson 1964) und der allgemeinen Kommunikationsforschung (Peterson et al. 1965; Schramm 1964, 1968; Schramm und Lerner 1976). Peterson, der in Philosophie promoviert hatte, war zunächst Dozent für Journalismus an der Universität von Illinois, wo er später von 1957–1987 als Dekan des College Communications wirkte.[2] Auch Siebert war zunächst als Dozent für Journalismus an der Universität von Illinois tätig und war 1941–1957 dort Direktor der School of Journalism and Communications of University of Illinois, 1941–1957, danach bis 1960 Direktor der Division of Mass Communications and School of Journalism an der Michigan State University, später bis 1966 Dekan des College Communication Arts.[3]

2 Inhalt des Textes

Die drei Autoren befassten sich in ihrem bis heute zitierten Werk – jeweils mit einem eigenen Beitrag in dem Band – mit den Medien der Massenkommunikation („media of mass communication" Siebert et al. 1956, S. 1) seit der Renaissance und identifizierten darin vier Modelle, mittels derer – so der Anspruch – die Mediensysteme weltweit beschreibbar werden sollten: der Autoritarismus, der Liberalismus und die modernen Varianten der Sozialverantwortung und des Kommunismus. Sie beschrieben den historischen Ursprung des jeweiligen Modells, charakterisierten die prägende Philosophie, die immanenten Zielsetzungen, fragten danach, bei wem die Kontrolle über das jeweilige Mediensystem liegt, in wessen Eigentum sich die Medien befinden, wer die Möglichkeit hat, sich mittels Medien in der Öffentlichkeit zu äußern, welche Verbote bestehen und welches die grundlegenden Merkmale des jeweiligen Mediensystems sind. Die kondensierten Erkenntnisse zu diesen Kategorien wurden in einer übersichtlichen Tabelle zusammengefasst (ebd., S. 7). Zwar wurden am Ende jedes Kapitels einige ver-

---

[1] https://media.illinois.edu/icr.

[2] https://prabook.com/web/theodore_bernard.peterson/612852; zugegriffen am 28.03.2022.

[3] https://prabook.com/web/fredrick_seaton.siebert/1047820; zugegriffen am 28.03.2022.

gleichende Betrachtungen angestellt, doch legten die Autoren Wert darauf, dass jedes der Kapitel, welche die einzelnen Modelle zum Gegenstand haben, die eigene Arbeit und Meinung des jeweiligen Autors wiedergaben. Als systematischer Mediensystemvergleich wäre das Werk somit missverstanden. Dass sie ihre Mediensystemmodelle mit dem Begriff einer Theorie adelten („The authoritarian theory of the press", ebd., S. 9) ist insofern irreführend, weil sie ja gerade keine Theorien entwickelten, sondern die Merkmale der von ihnen identifizierten Medienverhältnisse in den jeweiligen Ländern beschrieben, deren zugrunde liegenden ideellen Prämissen sie allerdings theoriegeschichtlich verorteten.

Entstanden in der Zeit des Kalten Krieges, in der die West-Ost-Auseinandersetzung der Gesellschaftssysteme auch die Sozialwissenschaften stark beeinflussten, nahmen die Autoren die Perspektive des Liberalismus-Modells ein und ließen die anderen Modelle, an diesem gemessen, als defizitär erscheinen. Ein liberales Mediensystemmodell war nach Siebert in England nach der Revolution von 1688 entstanden und bald von den USA übernommen worden. Es folgt den Idealen der Aufklärung und sieht den Menschen als ein rational denkendes Wesen, das sich seines Verstandes unabhängig von höheren Mächten bedienen und Wahrheit erkennen kann. Hier wurzeln die Religions-, Rede- und Pressefreiheit, die als Ideal liberalen Denkens in die Verfassungen demokratischer Staaten eingegangen sind. John Milton, Thomas Jefferson, John Locke und Stuart Mill sind die mächtigen Vordenker, mit denen dem entsprechenden Mediensystemmodell die theoretische Fundierung mitgegeben wird. Die Kontrollfunktion der Medien gegenüber den Regierenden gewährleistet die Funktionsfähigkeit des politischen Systems. Die Medien befinden sich in Privatbesitz, und die Kontrolle wird ausschließlich durch die freie Konkurrenz von Ideen und ein transparentes Rechtssystem ausgeübt. Spätere Entwicklungen liberaler Mediensysteme, in denen Medien gemäß den kapitalistischen Geschäftsmodellen gewinnorientiert operieren, machen mit deren Funktionen Information und Unterhaltung ihr Angebot für das Publikum attraktiv, der Verkauf von Anzeigen sichert dann die finanzielle Basis und die Unabhängigkeit. Das Liberalismus-Modell als Ideal ist im Wesentlichen dadurch gekennzeichnet, dass eine Vielzahl von durchaus opponierenden Stimmen uneingeschränkt Zugang zur Öffentlichkeit hat, die sich ihrerseits in einem unabhängigen Prozess ihre Meinung bildet. Eine Einschränkung der Pressefreiheit ist nur in Abwägung mit Persönlichkeitsschutzrechten akzeptiert.

Demgegenüber sah derselbe Autor das Autoritarismus-Modell einem Denken verhaftet, nach dem das Individuum in seinem Bemühen, einen zivilisierten Zustand zu erreichen, vollkommen vom Staat abhängig ist (ebd., S. 11). Siebert referierte das Staatsverständnis bei Plato, Machiavelli, Hobbes und Hegel und zog daraus eine Linie zu den entsprechenden Prinzipien im Bereich der öffentlichen

Kommunikation, die für autoritäre Staaten wesentlich seien: „The units of communication should support and advance the policies of the goverment in power so that this government can achieve its objectives" (ebd., S. 18).

Das Autoritarismusmodell, welches Medien im Dienst der Herrschenden und des Staates stehen sieht, wird dem Liberalismus-Modell vorausgehend in seinem Ursprung im England des 16. und 17. Jahrhunderts verortet. Die Staatsphilosophie verteidigte die absolute Macht des Souveräns, weshalb die Presse dieser Zeit auch ausschließlich der Staatsräson zu dienen hatte. Die Kontrolle durch Lizenzierung und Zensur ist demzufolge dem System inhärent, wobei es gleichgültig ist, ob sich die Presse in Privatbesitz oder in staatlichem Besitz befindet. Die Presse als Instrument der Staatspolitik ist das wesentliche Kennzeichen des Autoritarismusmodells, das Siebert in so unterschiedlichen Gesellschaften wie absolutistischen Monarchien, den faschistischen Staaten Deutschland und Italien oder auch im imperialen Russland realisiert sah (ebd., S. 10). Er beschrieb die Formen der Medienkontrolle – Lizenzierung, Zensur, strafgesetzliche Verfolgung von Journalisten wegen vermeintlichen Landesverrats oder Volksverhetzung. Weil die als Untertanen betrachteten Bürger unfähig sind, politische Probleme zu verstehen, wird ihnen jedwede Mitsprache verweigert. Deshalb gehört im Autoritarismus-Modell direkte Kritik am Führungspersonal und seinen Projekten zu den verbotenen Inhalten. Konkurrierende oder gar einander oder der Staatsraison widersprechende Konzepte und Akteure finden in einer autoritär gelenkten Presse nicht statt. Siebert legte Wert auf die Beobachtung, dass autoritäre Mediensysteme im 20. Jahrhundert ähnlich konfiguriert waren wie zu Zeiten absolutistischer Herrscher; er beschrieb die sich wandelnden Formen der Kontrolle, bezog auch die Medien Fernsehen und Film in die Analyse mit ein und konzedierte, dass auch in demokratischen Gesellschaften Einflüsse autoritären Denkens in die Regulierung von Medien eingeflossen seien.

Die Autoren konzipierten das Autoritarismus-Modell und das liberale Modell als Grundformen, von denen das Kommunismus-Modell und das Sozialverantwortungsmodell nur abgeleitet waren. Die Identifizierung des Kommunismus-Modells („The Soviet Communist Theory of the Press", ebd., S. 105), in dem Medien in der Kontrolle und im Dienst von Partei und System der kommunistischen Staaten agieren, stand ganz im Zeichen des Kalten Krieges. Abgeleitet aus der Interpretation der Schriften von Marx, Lenin und Stalin beschrieb Schramm die Medien in der Sowjetunion als der staatlichen Kontrolle unterworfen, als Instrument der herrschenden kommunistischen Partei. Dennoch galten Medien dort als öffentliches, nicht als staatliches Eigentum.

Peterson griff mit dem vierten, dem Sozialverantwortungsmodell, die Journalismus-Debatten der vorangegangenen Jahre auf, die die Fehlleistungen eines kommerziell getriebenen Mediensystems anprangerten. Diese hatten zu der Etablierung einer Kommission geführt, welche ethische Orientierungen für die Massenmedien geben sollte. Mit den Empfehlungen einer „Commission on Freedom of the Press" (1948 als Hutchinson-Commission in den USA etabliert) waren Leitlinien ausgegeben worden, welche auch die Kernidee des wohlfahrtsstaatlichen public-service-broadcasting-Modells in Europa beinhalteten: die Norm, dass Medien eine soziale Verantwortung haben, die es rechtfertigt, dass staatliche Akteure regulierend eingreifen. Das Sozialverantwortungsmodell greift diese Debatten auf und fügt dem Liberalismus-Modell neben den bisherigen Aufgaben der Medien, zu informieren und zu unterhalten, die Funktion hinzu, dass sie als Foren zur Debatte über öffentlich relevante Themen dienen mögen. Als Kontrollinstanzen gelten nun die öffentliche Meinung und die journalistische Ethik, die in den Journalismusstudiengängen in den USA als Lehrinhalt breit eingeführt worden war. Das privatwirtschaftliche Eigentum an den Medien wird eingehegt durch öffentlich verantwortete Regulierungsformen. Im Fokus dieses Modells steht die Verpflichtung der Medien zur sozialen Verantwortung.

3   Wirkungsgeschichte und Kritik

Verloren gegangen ist in der Rezeption und Überlieferung der „Four Theories of the Press", wie sehr die Autoren einen inneren Zusammenhang zwischen ihren Modellen gesehen haben. Dass das Kommunismus-Modell und das Sozialverantwortungsmodell nur aus den Grundformen des Autoritarismus-Modells und des liberalen Modells abgeleitet sind, dass Mediensysteme sich also dynamisch entwickeln können, ist erst sehr viel später aufgegriffen worden (Kleinsteuber 2003). Abgesehen davon, dass in den vier Modellen von Siebert, Peterson und Schramm ganze Weltregionen unberücksichtigt bleiben, sind vor allem die normativen Zuordnungen in diesem Modell auffällig. Denn nicht die Mediensysteme selbst werden bei Siebert, Peterson und Schramm analysiert, sondern die philosophischen Strömungen, die die Vorstellungen von der Rolle der Presse, später der Medien, in der Gesellschaft beeinflusst haben. In ihrem Kontext deuten die Autoren die bestehenden Mediensysteme, ohne jedoch die Annahme zu prüfen, ob die Ideale der politischen Philosophie tatsächlich auch die Mediensysteme geprägt haben.

Das Buch von Siebert, Peterson und Schramm war bald so umstritten wie wirkmächtig. Es legte einerseits den Grundstein für eine systematische, kategorienbasierte vergleichende Untersuchung von Mediensystemen und rief vielstimmige Kritik an der ideologisch ausgerichteten Modellbildung hervor. Kritisiert wurden die unreflektierte ethnozentrische, dichotome Kategorisierung, die Ignoranz ökonomischer Einflüsse, die mangelnde Konsistenz der Kategorisierung und die beliebige Beispielhaftigkeit. Trotz der genannten Kritik – nahezu alle Autoren, die in der Folge Entwürfe für die Analyse von Mediensystemen vorlegten, fokussierten sich, wie Siebert, Peterson und Schramm auf die politische Kommunikation und damit auf die journalistische Funktion von Medien und ließen andere Funktionen weitgehend außer Acht.

Die schematische Klassifikation von Mediensystemen setzte sich in dem Konzept von Ronneberger (1978) fort, der ein nördliches mit einem südlichen, ein westliches mit einem östlichen System kontrastierte. Mit dem westlichen Modell, das in Westeuropa und Nordamerika verortet wurde, folgt er der Beschreibung des liberalen Modells bei Siebert, Peterson und Schramm. Sein östliches Modell entsprach dem Kommunismus-Modell. Mit zwei weiteren Modellen, die er auf der Südhalbkugel verortete, nahm er die sogenannten Entwicklungsländer in den Blick. Hier identifizierte er jene Länder, in denen politisch aktive Medien, die dem jeweiligen Regierungskurs folgen, neben jenen stehen, die apolitisch agieren. Mit dem zweiten im Süden verorteten Modell übernehmen Medien eine Entwicklungsfunktion, die sie autonom, aber doch in Übereinstimmung mit der jeweiligen Regierung ausüben. Auch hier ist das westliche liberale Model der Maßstab der Kategorisierung, was sich auch in der Übernahme des binären Codes der freien und unfreien Medien zeigt (Massmann 2003, S. 31). Es ist allerdings das Verdienst von Ronneberger, dass er den bisherigen West-Ost-Schemata einen Blick auf die Entwicklungsländer zugefügt hat. Doch die zu seiner Zeit vorherrschenden Modernisierungstheorien, die „den Westen" als das Idealmodell stilisieren, liegen auch diesem Konzept zugrunde.

Wenige Jahre später teilten Martin und Chaudhary (1983) die Welt in drei ideologische Systeme auf – den Westen, die kommunistische und die Dritte Welt – und beschrieben relevante Aspekte der Medien vor diesem Hintergrund: den Charakter und die Behandlung von Nachrichten, die Rolle der Massenmedien, ihre Bedeutung als Motor von Bildung, Überzeugung, Meinungsbildung und Unterhaltung. Sie bezogen auch Fragen der Medienökonomie und der Pressefreiheit in ihre Überlegungen mit ein. So wurde der Umfang der analysierten Elemente erweitert, und eine funktionalistische Betrachtung berücksichtigt. Doch auch diese Annäherung an nicht-westliche Mediensysteme ignorierte den „westlichen" post-kolonialen Einfluss und die Spezifika der jeweiligen Medienkulturen und summierte eine ganze Weltregion unter das Label „Dritte Welt".

Wiios Kontingenzmodell der Kommunikation (1983) stellte den Versuch dar, diese normativ fundierten Ansätze zu verlassen. Mit der Entwicklung von differenzierenden Kategorien versuchte der Finne, eine empirisch basierte Beschreibung von Mediensystemen zu leisten. Er unterschied offene von geschlossenen

Rezeptionssystemen, offene von geschlossenen Produktionssystemen, öffentlichen von privatem Medienbesitz, zentralisierte von dezentralisierter Medienkontrolle und das Recht zu senden und zu empfangen, das entweder bei der Gesellschaft oder bei dem Individuum liege. Durch die Kombination dieser Kategorien leistete er eine differenzierende Einordnung bestehender Mediensysteme, überwand bisherige Dichotomien, behielt aber die von Siebert, Peterson und Schramm geprägten Begriffe des autoritären, liberalen, kommunistischen oder Sozialverantwortungsmodell bei. Doch die Mediensysteme der westlichen Hemisphäre erschienen bei ihm nicht mehr als monolithischer Block, sondern mit deutlichen Unterschieden behaftet, und er konnte – wie schon die zuvor genannten Autoren – auch die Länder des Südens, die als Entwicklungsländer bezeichnet wurden, in das differenzierende Modell aufnehmen.

Weniger die Unterschiede als die Ähnlichkeiten von Mediensystemen stellte Altschull (1984) heraus, der die Zwecksetzungen von Journalismus, die Interpretation von Pressefreiheit und die immanenten Glaubenssätze der jeweiligen Auffassungen von Mediensystemen betrachtete. Dabei legte er das Augenmerk vor allem auf die Diskrepanz zwischen Selbstbeschreibungen und Medienrealität in den verschiedenen Ländern. Und er schloss aus seiner vergleichenden Betrachtung des Marktmodells von Mediensystemen, des marxistischen Modells und des Modells, das er in Entwicklungsländern vorfand, dass in allen Mediensystemen die Nachrichtenmedien Instrumente derer sind, die die ökonomische Macht ausüben: „The content of the news media reflects the interest of those who finance the press" (Altschull 1984, S. 298). Altschull sensibilisierte die vergleichende Mediensystemforschung aber auch für den Gedanken, dass Begriffe wie Objektivität, Pressefreiheit oder die Annahme, dass Medien der Information der Öffentlichkeit dienen würden, vor dem Hintergrund der jeweiligen politischen und historischen Gegebenheiten interpretiert werden müssen. Zudem verhalf er dem Gedanken, dass Entwicklungsländer – „advancing countries", wie er sie nannte – ihren sehr eigenen Zugang zur Medienpolitik haben, zu mehr Nachdruck.

All die genannten Modelle der 1970er- und 1980er-Jahre reflektieren immer noch eine europäische bzw. „westliche" Perspektive, weil sie ihre Kategorien nicht im Hinblick auf deren geografisch, historisch und sozial bedingte Entstehung hinterfragen. Inwieweit in den Ländern Lateinamerikas, Asiens oder Afrikas andere geopolitische oder historische Besonderheiten die Medienpolitik und damit die Ausgestaltung der Mediensysteme geprägt hatten, wurde nicht oder wenig betrachtet. Und auch für die feineren Unterschiede der Bedingungen in der Welt der sozialistischen Staaten wurde kein Begriffsinstrumentarium entwickelt. Durch die Zugrundelegung weniger Kategorien zur Beschreibung der Mediensysteme aller Staaten der Erde – so wie Siebert, Peterson und Schramm diesen Forschungszweig begründeten – wurde die Komplexität der Mediensysteme im Rest der Welt entweder ignoriert oder zumindest stark simplifiziert. Im Endeffekt wurde die Inferiorität der nicht-westlichen Mediensysteme lediglich mannigfaltig reproduziert.

Ein weiteres Defizit, das in der Herangehensweise von Siebert, Peterson und Schramm angelegt war und das die folgenden Autoren ebenfalls nicht überwanden, war die äußerst statische Betrachtungsweise von Mediensystemen. Erst Kleinsteuber wies darauf hin, dass bestimmte Faktoren die Mediensysteme der Länder einerseits zur Annäherung tendieren lassen, andere wiederum die Unterschiede betonen, und machte damit auf die Dynamik und Vielfalt der Mediensystementwicklung aufmerksam (2003, S. 31).

Mit ihrem Werk „Comparing Media Systems. Three Models of Media and Politics" verabschiedeten sich schließlich Hallin und Mancini von dem Versuch, mit der Bildung eines Mediensystemmodells globale Gültigkeit zu erreichen, und konzentrierten sich mit ihrem Ansatz ausschließlich auf ein Ländersample des Westens. Auch setzten sie der bisher überwiegend normativen Herangehensweise eine Analyse von Mediensystemen gegenüber, bei der durch den Vergleich von Medienentwicklung und Medienrealität eine Vielzahl von Kriterien extrahiert und daraus Medienmodellgruppen entwickelt wurden (2004). Aus 18 Ländern in Nordamerika und Westeuropa bildeten sie das mediterrane oder polarisiert-pluralistische Modell (Italien, Spanien, Portugal, Griechenland und Frankreich), das nord- und zentraleuropäische oder demokratisch-korporative Modell (Schweden, Norwegen, Dänemark, Finnland, Niederlande, Belgien, Österreich, Schweiz, Deutschland) und das nord-atlantische oder liberale Modell (USA, Kanada, Großbritannien, Irland) (ebd., S. 66–75). Der Ansatz von Hallin und Mancini wurde zum Maßstab der weiteren vergleichenden Journalismus- und Medienforschung und diente vielen Forschern als Begründungskontext für ihr jeweiliges Ländersample, bis die Grenzen ihres Modells überdeutlich wurden. So prüften sie in einer neuen Publikation (2012) ihren Ansatz, indem sie neue Modelle und Konzepte vor dem Hintergrund nicht-westlicher Mediensysteme betrachteten und auch Prozesse politischer Transformationen inkludierten.

Den Ansatz von Hallin/Mancini, Mediensysteme nicht aufgrund von ideologischen Konzepten, sondern empirisch nachweisbaren Kriterien zu identifizieren, entwickelte Blum mit seinem pragmatischen Differenzansatz weiter, in dem er die Differenzierung der Beschreibungskategorien vorantrieb. Er unterscheidet neun Dimensionen (Regierungssystem, politische Kultur, Medienfreiheit, Medienbesitz, Medienfinanzierung, politischer Parallelismus, Staatskontrolle über die Medien, Medienkultur und Medienorientierung), deren Ausprägung er jeweils einer liberalen Linie (A), einer regulierten (C) oder einer mittleren Linie (B) zuordnet. Somit erweitert er in diesem Modell fünf medienbezogene Dimensionen (Freiheit, Besitz, Finanzierung, Kultur, Orientierung von Medien) und eine politische (Regierungssystem) um drei Dimensionen, die an den Ansatz von Hallin/Mancini angelehnt sind. Dies sind die politische Kultur, die Staatskontrolle über die Medien und der politische Parallelismus, also die Nähe zwischen Medien und politischen Parteien. Aus der Kombination dieser Dimensionen und ihrer Ausprägungen konstruiert er sechs Mediensystemmodelle, denen er verschiedene Weltregionen zuordnet: das atlantisch-pazifische Liberalismus-Modell (z. B. USA), das südeuropäische Klientelmodell (z. B. Italien), das nordeuropäische Public-Service-Modell (z. B. Deutschland), das osteuropäische Schockmodell (z. B. Russland), das arabisch-asiatische Patrioten-Modell (z. B. Ägypten) und das asiatisch-karibische Kommandomodell (z. B. China).

Diese Typenbildung ruft – wie einst schon die Kritik an Siebert, Peterson und Schramm – wieder eine grundlegende Kritik hervor, die letztlich jede Mediensystemklassifikation herausfordert: Die Dimensionen sind von einer Groborientierung gekennzeichnet, die für Einzelfragen zu spezifizieren wäre. So fehlt die Unterscheidung zwischen Staatsrundfunk und *public service* hier völlig. Über das Konzept der Medienfreiheit liegen sehr unterschiedliche Vorstellungen vor. Die Forschung zur politischen Kultur und den sie bestimmenden Faktoren ist äußerst umfangreich, und auch der politische Parallelismus bedarf der Aufschlüsselung, um Aussagekraft für Vergleiche zu gewinnen. Schließlich bedeutet die Reduktion auf Fragen der politischen Kommunikation und Vernachlässigung aller Unterhaltungsmedien eine Verengung der Realität von Mediensystemen.

Wohl haben also etliche Kommunikationswissenschaftler versucht, im Zuge des Erfolgs von Mediensystemmodellen, eigene neue Modelle zu entwickeln. Doch andere erklären diese Vorhaben bereits im Ansatz für wenig Erfolg versprechend, wie beispielsweise Jakubowicz (2010, S. 8): „The results [of the proposals of custom typologies and classifications] have usually been disappointing, as no typology can do justice to all the complexities of a particular media system. We can actually say that the job of developing a truly universal and adequate classification of media systems is becoming increasingly difficult, and may actually border on the impossible."

Mit dem wissenschaftlichen Diskurs der *de-westernization*, der die kritische Hinterfragung aller „westlich" geprägten Theoriebildung fordert, ist auch die Mediensystemklassifikation, wie sie von Siebert, Peterson und Schramm begründet wurde, einer grundlegenden Kritik unterzogen worden. Da etablierte Modelle mit ihrer eurozentrischen Perspektive nicht auf andere Kontexte übertragen werden können und die Anwendungen dieser Modelle zur systematischen Auslassung von

Merkmalen in der Analyse führen und kaum mehr neue Erkenntnisse liefern, scheint die Forschung hier an ihre Grenzen gestoßen zu sein.

Doch die Mediensystemmodelle spielen in einer anderen, wesentlich pragmatischeren Anwendungsperspektive noch eine wichtige Rolle: Die Dichotomie von freien und unfreien Mediensystemen liegt den Klassifikationen zugrunde, die in Rankings der Presse- bzw. Medienfreiheit wie die von Reporter ohne Grenzen, Freedom House oder des Media Sustainability Index vom International Research & Exchanges Board (IREX) eingehen. Zwar werden auch diese Studien für ihre groben Kategorien und deren intransparente Anwendung kritisiert (Schneider 2014), doch liefern sie Annäherungswerte für das Wissen um journalistische Arbeitsbedingungen in den Ländern der Welt. Die bei Siebert, Peterson und Schramm beschriebenen Formen der Medienkontrolle – Lizenzierung, Zensur, strafgesetzliche Verfolgung von Journalisten wegen vermeintlichen Landesverrats oder Volksverhetzung – gelten auch heute noch als Kriterium für die Einschränkung von Pressefreiheit.

Hier liegt auch letztlich der bleibende Erkenntniswert der „Four Theories of the Press": Das Erkenntnisinteresse an einem systematischen Strukturvergleich der Mediensysteme hat das Wissen um die Bedeutung von Medienstrukturen als Grundlage der medialen Öffentlichkeit und des Journalismus fundiert. Es hat die Erforschung der Bedingungen und der strukturellen Voraussetzungen der regional spezifischen Mediensystementwicklung in historischer, politischer, ökonomischer und kultureller Hinsicht angeregt und damit auch Impulse zur Demokratieforschung gegeben.

Mit dem Vergleich von Mediensystemen ist das Wissen über Journalismus durch die Erweiterung der inhärenten Perspektive geöffnet worden. Durch die Wahrnehmung der verschiedenen Ausprägungen von Journalismus wird die Kontrastierung zum Eigenen möglich. Über den Vergleich von journalistischen Rahmenbedingungen werden Erklärungen zu deren Ursachen möglich. Das Verhältnis von möglichen Universalisierungen und der Relativierung der Erkenntnisse zum eigenen System kann bestimmt werden. Und letztlich erlaubt der Blick auf das andere auch, Alternativen aufzuzeigen.

Eine noch grundsätzlichere Kritik als die bisher genannten an der Bildung von Mediensystemmodellen, wie sie Siebert, Peterson und Schramm vorgenommen hatten, wird mit der Überlegung formuliert, dass alle aktuellen Entwicklungen der Medienkommunikation von einer Entgrenzung in ökonomischer, politischer, rechtlicher, kultureller und technischer Hinsicht geprägt sind. Somit wird die vergleichende Betrachtung der Mediensysteme, die wie in einem nationalen Container gesehen werden, den globalisierenden Dynamiken nicht gerecht (Thomaß 2013). Dem ist entgegen zu halten, dass bislang die prägenden Faktoren Geografie sowie

Recht, politisches System, Wirtschaftsverfassung, Sprachkultur, gegebener Stand
der Medientechnologie und ihre Verbreitung sich im nationalen Rahmen historisch
entwickelt haben und dass wir die Kenntnis bestehender nationaler Mediensysteme
und ihrer konkreten Erscheinungen, Entwicklungstendenzen und Probleme be-
nötigen, um solche Konzepte wie Internationalisierung, Globalisierung oder auch
Deregulierung und Kommerzialisierung empirisch nachvollziehbar feststellen zu
können. Sicher ist jedoch, dass die Modellbildung aus den hier aufgeführten Gründen an ihre Grenzen gestoßen ist und dass sich der Blick einerseits auf Sprach- und
Kulturräume weiten und damit deterritorialisieren muss und dass andererseits eine
induktive, nicht von westlich geprägten Kategorien geleitete, Analyse nicht-
europäischer Mediensysteme erst am Anfang steht. Was von Siebert, Peterson und
Schramm bleibt, ist die Erkenntnis, „that the press always takes on the form and
coloration of the social and political structures, within which it operates."

Literatur

Altschull, J. H. (1984). *Agents of power. The role of the news media in human affairs.*
   New York: Longman.
Rogers, E. (1994). *A History of Communication Study: A Biological Approach.* New York:
   The Free Press.
Hallin, D. C., Mancini, P. (2004). *Comparing media systems. Three models of media and
   politics.* Cambridge: Cambridge University Press.
Hallin, D. C., Mancini, P. (Hrsg.) (2012). *Comparing media systems beyond the western
   world.* Cambridge: Cambridge University Press.
Jakubowicz, K. (2010). Media Systems Research. An Overview. In: B. Dobek-Ostrowska
   et al. (Hrsg.), *Comparative media systems. European and global perspectives* (S. 1–22).
   Budapest/New York: Central European University Press.
Kleinsteuber, H. J. (2003). Medien und Kommunikation im internationalen Vergleich. Kon-
   zepte, Methoden und Befunde. In: F. Esser, B. Pfetsch (Hrsg.), *Politische Kommunikation
   im internationalen Vergleich. Grundlagen, Anwendungen, Perspektiven* (S. 78–103).
   Wiesbaden: Westdeutscher Verlag.
Lerner, D., Schramm, W. (1967). *Communication and change in the developing countries.*
   Honolulu: East-West Center Press.
Massmann, A. (2003). *Kuba. Globalisierung, Medien, Macht. Eine Indikatorenanalyse zur
   Klassifikation von Mediensystemen im Zeitalter der Globalen Netzwerkgesellschaft.*
   Frankfurt: IKO Verlag für Interkulturelle Kommunikation.
Martin, J. L., Chaudhary, A. G. (1983). *Comparative mass media systems.* White Plains
   (NY): Longman.
Peterson, T., Jensen, J. W., & Rivers, W. L. (1965). *The mass media and modern society.*
   London: Holt, Rinehart and Winston.
Peterson, T. (1964). *Magazines in the twentieth century.* Urbana: University of Illinois Press.

Ronneberger, F. (1978). *Kommunikationspolitik: Institutionen, Prozesse, Ziele.* Mainz: von Hase & Köhler.

Schramm, W. (1968). The Nature of News. In: A. Casty (Hrsg.), *Mass media and mass man* (S. 168–171). New York: Holt, Rinehart and Winston. http://swbplus.bsz-bw.de/bsz002052865inh.pdf;jsessionid=E6ADA57852DC0B5BD12D514D E3C37941?1405956155821. Zugegriffen: 15. Januar 2020.

Schramm, W., Lerner, D. (Hrsg.) (1976). *Communication and change: the last ten years – and the next.* Honolulu: University Press of Hawaii.

Schneider, L. (2014). *Media Freedom Indices What They Tell Us – And What They Don't.* Bonn: DW Akademie.

Schramm, W. (1964). *Mass media and national development: the role of information in the developing countries.* Stanford, Calif.: Stanford University Press; Paris: Unesco.

Schramm, W. (1968). *Communication satellites for education, science and culture.* Paris: Unesco.

Schramm, W., Atwood, E. (1981). *Circulation of news in the third world: A study of Asia.* Hong Kong: Chinese University Press.

Siebert, F. S., Peterson, T., & Schramm, W. (1956). *Four theories of the press. The authoritarian, libertarian, social responsibility and Soviet communist concepts of what the press should be and do.* Urbana: University of Illinois Press.

Siebert, F. S. (1948). Communications and government. In: W. Schramm (Hrsg.), *Communications in modern society: Fifteen studies of the mass media prepared for the University of Illinois Institute of Communications Research* (S. 7–14). Urbana: University of Illinois Press.

Singhal, A. (1987): Wilbur Schramm. Portrait of a Development Communication Pioneer. *Communicator* 22.1–4, 18–22. http://utminers.utep.edu/asinghal/Articles%20and%20 Chapters/singhal-Wilbur%20Schramm-communicator.pdf. Zugegriffen: 15. Januar 2020.

Thomaß, B. (2013). *Mediensysteme im internationalen Vergleich.* Konstanz: UVK (UTB).

Wiio, O. (1983). The mass media role in the western world. In: J. L. Martin, A. G. Chaudhary (Hrsg.), *Comparative mass media systems* (S. 85–94). New York: Longman.

Die Medien als Diener der Macht

Altschull, J. Herbert (1984). Agents of Power.
The Role of the News Media in Human Affairs.
New York: Longman

Andreas M. Scheu

Schlüsselwörter

Agents of Power · Altschull · Journalismus · Journalismusforschung · Kritik

---

1   Kurzbiografie des Autors

Joshua Herbert („Herb") Altschull wurde am 2. Januar 1924 in Baltimore geboren;
er verstarb am 30. Dezember 2009 in Seattle. Für den Journalismusforscher gab es
keine eindeutig definierten disziplinären Grenzen und erst recht keine klare Trenn-
linie zwischen Theorie und Praxis. 1942 erhielt Altschull einen Bachelor-Abschluss
in Englisch an der *University of North Carolina*, 1969 promovierte er an der *University of Washington* im Fach Geschichte. Altschull blickte auf zwei Karrieren zurück, als Journalist und als Journalistikprofessor. Zu den wichtigsten beruflichen
Stationen in seinem Leben gehörten die Büroleitung bei Associated Press (AP) in
Bonn (in den 1950er- und 1960er-Jahren), die Tätigkeit als Nachrichtenanalyst bei
KING-TV in Seattle (1963–1970), seine akademische Arbeit an der *Indiana University* in Bloomington (seit 1970), wo er 1979 zum Full Professor für Journalismus ernannt wurde. Darüber hinaus leitete er Schreibseminare an der *Johns Hop-*

A. M. Scheu (✉)
Berlin-Brandenburgische Akademie der Wissenschaften, Berlin, Deutschland
E-Mail: andreas.scheu@bbaw.de

© Springer Fachmedien Wiesbaden GmbH, ein Teil von Springer Nature 2023   69
W. Loosen, A. Scholl (Hrsg.), *Schlüsselwerke der Journalismusforschung*,
https://doi.org/10.1007/978-3-658-25867-2_6

kins University in Baltimore und arbeitete als Redakteur und Korrespondent für verschiedene Publikationen wie den *Readers Digest*, die *New York Times* oder *Newsweek*.

Als Journalist gewann Altschull drei Emmys für Dokumentarfilme, an denen er während seiner Arbeit bei KING-TV beteiligt war. Besonders stolz war Altschull auf die von ihm produzierte Dokumentation „Color me somebody" (Altschull, Norrix, Compton & Bernard 1968):

> „Probably our most ambitious undertaking was ‚Color Me Somebody.' One of my major interests was in the racial situation in this sea of whiteness. In my conversations around the area with people who didn't realize the racial undercurrent in this city I had always, from the beginning, wanted to use my position and KING's to further the cause of racial equality. This was a cause worth fighting for [...]." (Altschull, o. J.)

Das hier ausgedrückte Motiv des Journalisten, Machtverhältnisse zu hinterfragen und Gleichheit zu fördern, beschäftigte auch den Theoretiker Altschull später in seinem akademischen Hauptwerk „Agents of Power" (1984) und seiner Theorie- bzw. Ideengeschichte des U.S.-amerikanischen Journalismus „From Milton to McLuhan" (1990). Beide Werke gehören bis heute zum Kanon in kommunikations-wissenschaftlichen Einführungsveranstaltungen und Journalistikstudiengängen.

Als Akademiker nahm Altschull eine Vogelperspektive auf Journalismus und Mediensysteme ein und vertrat den Standpunkt, dass Journalismus in allen ge-sellschaftlichen Systemen den Mächtigen dient, auch wenn die ideologischen Grundlagen, das Selbstverständnis der Akteur*innen und die Motive einzelner Journalist*innen davon abweichen mögen:

> „In all press systems, the news media are agents of those who exercise political and economic power. Newspapers, magazines, and broadcasting outlets thus are not in-dependent actors, although they have the potential to exercise independent power." (Altschull 1984, S. 298)

2   Inhalt des Textes

Dem Hauptwerk J. Herbert Altschulls, „Agents of Power. The Role of the News Media in Human Affairs" sind die journalistischen Wurzeln des Verfassers anzu-merken. Es handelt sich nicht um eine klassische Studie im engeren Sinne, sondern am ehesten um einen etwa 300 Seiten langen Essay plus Anhang (vgl. auch Pöttker 1991, S. 292). Altschulls Schreibstil ist erfrischend zugänglich und direkt, die Thesen werden unterhaltsam präsentiert und die Argumentation verläuft pointiert – wenn auch nicht immer geradlinig. Der Text selbst enthält keine Literaturangaben; stattdessen steht den vier inhaltlichen Teilen ein Anhang nach, der umfassende kommentierte Bibliografien zu den inhaltlichen Kapiteln enthält.

Altschull thematisiert die gesellschaftspolitische Rolle von Journalismus in verschiedenen gesellschaftlichen Kontexten. Dabei würdigt und kritisiert er Leistungen und Fehlleistungen verschiedener Journalismusmodelle und verweist auf die aus seiner Perspektive tiefgreifendste Gemeinsamkeit: die Abhängigkeit des Journalismus von den jeweils Mächtigen. Altschull geht dabei davon aus, dass die Verstrickung von Journalismus und Macht von innen heraus nicht unbedingt sichtbar gemacht werden kann. Auch wenn einzelne Journalist*innen auf individueller Ebene ideologische Ketten sprengen (ebd., S. xi), so bilden die jeweiligen ideologischen Grundlagen doch überindividuelle blinde Flecken. Sein Buch soll diese blinden Flecken und naiven Wahrheiten – oder die journalistische Folklore, wie Altschull selbst schreibt (z. B. ebd., S. 15) – auf überindividueller Ebene entlarven und so letzten Endes dazu beitragen, guten Journalismus zu würdigen und zu befördern; einen Journalismus, der dabei helfen kann, die Probleme der Menschheit zu lösen statt diese zu verschärfen: „to help resolve the problems of humankind and not to exacerbate them" (ebd., S. 299).

Um dieses Ziel zu erfüllen, stellt sich Altschull eine kaum zu bewältigende Aufgabe, der er letzten Endes auch nicht in vollem Umfang gerecht wird: Altschull will eine kritische, inter- und transnationale sowie systemübergreifende Analyse der Massenmedien im Zeitverlauf und mit Blick auf die jeweiligen gesellschaftlichen Kontexte vorlegen. In „Agents of Power" vergleicht er zu diesem Zweck Journalismusmodelle und Mediensysteme im Zeitverlauf und zwischen unterschiedlichen Regionen der Welt. Sein Vorgehen ist historisch und eher anekdotisch als systematisch.

Inhaltlich positioniert sich Altschull in „Agents of Power" kritisch zwischen den ideologischen Stühlen des Kalten Krieges:

> „Capitalist analysts, such as the authors of the *Four Theories*, accuse Marxist press of irresponsible behavior. Socialist theorists condemn the capitalist press as irresponsible. In the advancing world, the charge of irresponsibility is directed against both capitalist and socialist mass media. In short, everyone accuses the other guy of the wickedness of irresponsibility and exhorts his press to live up to the virtue of responsibility." (Altschull 1984, S. 201)

Das Buch ist in vier Teile gegliedert. Teil 1 liefert einen groben historischen Überblick zur Entstehung und Entwicklung von Journalismus. Dieser Überblick ist dabei weder vollständig noch systematisch. Altschull präsentiert beispielhafte Ent-

wicklungslinien, die die spätere Argumentation vorbereiten. Teil 1 startet mit
einem Kapitel zu den Anfängen des Journalismus im Altertum und Mittelalter, behandelt die U.S.-amerikanische Perspektive auf Journalismus im Kontext des
spezifischen Demokratieverständnisses und widmet sich sehr lebhaft und anschau-
lich der U.S.-amerikanischen Pressegeschichte im 19. Jahrhundert und besonders
pointiert der Ära der sogenannten „muckraker" (Schmierfinken; ebd., S. 73) und
des „watchdoggery"-Journalismus (ebd., S. 76).

Im zweiten Teil stellt Altschull die drei für ihn wesentlichen Journalismusmodelle einander gegenüber: Journalismus aus marxistischer Perspektive („The
Ideological Press: The Planned Economy"; ebd., S. 85–109), marktorientierter
Journalismus („The Ideological Press: Triumph of Capitalism"; ebd., S. 111–141),
und Journalismus in Entwicklungsgesellschaften („The Ideological Press: The
Third World and Development"; ebd., S. 143–175). Dabei interessieren Altschull
nicht nur die ideologischen Eckpfeiler der jeweiligen Journalismusmodelle, sondern insbesondere auch unhinterfragte Prämissen, Schwächen und Fehlleistungen.
Für Altschull steht fest, dass sowohl die marxistische als auch die kapitalistische
Presse durch politische und ökonomische Eliten manipuliert werden (ebd., S. 107).
Er weist die Differenzierung Sieberts, Petersons und Schramms einer „Soviet press
as an ‚instrument' and the American press as a ‚service'" scharf zurück („prepost-
erous distinction", „hostile"; ebd., S. 108; siehe den Beitrag von Barbara Thomaß
zu „Four Theories of the Press" in diesem Band). Tatsächlich seien Massenmedien
in beiden Gesellschaftssystemen Instrumente, die die Interessen der Geld-
geber*innen und Machthaber*innen bedienten.

Zwischen beiden Journalismusmodellen bestehen für Altschull zwar tief-
greifende ideologische Unterschiede, was die jeweiligen Zielsetzungen betrifft,
aber eben auch fundamentale Gemeinsamkeiten. Als Kompromiss zwischen beiden Journalismusmodellen erscheint ihm die Auffassung von Journalismus in der
sogenannten Dritten Welt. In Entwicklungsgesellschaften herrsche ein utopisch-
idealistisches Verständnis von Journalismus vor (ebd., S. 152), das Elemente aus
beiden zuvor dargestellten ideologischen Welten vereine:

> „On the one hand, it has endorsed the goals of objectivity, fairness, and balance so
> dear to U.S. press thinkers; but on the other hand, it has set great store by the assi-
> gnment of the press as organizer of the thinking of the public, as the political instru-
> ment prized by Soviet analysts." (ebd., S. 154)

Darüber hinaus sei das Journalismusverständnis in Entwicklungsgesellschaften
stark geprägt von der Vorstellung, dass Journalismus dazu beitragen soll, Gesellschaft zu verbessern: „leading a fight against racism, militarism, or antagonism
among nations" (ebd.).

Im dritten Teil des Buches folgen Kapitel, die Gemeinsamkeiten und Unterschiede zwischen den Systemen thematisieren und eher lose mit der vorausgehenden Argumentation verbunden sind. Im Kapitel „Social Responsibilty: The Hutchins Commission and Its Aftermath" fokussiert Altschull eine zentrale Gemeinsamkeit der von ihm differenzierten Journalismuskonzepte, die Hervorhebung der sozialen Verantwortung von Journalismus. Gleichwohl ist soziale Verantwortung in den drei herausgearbeiteten Journalismusmodellen mit unterschiedlichen Bedeutungen versehen:

> „What is wanted is the kind of social responsibility that suits a particular conception of the social order. […] Inside each system, it is only those news media that are prepared to live in comfortable symbiosis with the leadership that are permitted to flourish." (ebd., S. 201)

Es folgen ein Kapitel zur Rolle der United Nations Educational, Scientific and Cultural Organization (UNESCO) für den internationalen Austausch an Informationen und die Ausgestaltung nationaler Mediensysteme sowie ein Kapitel, in dem die Finanzierung des Journalismus und damit seine Abhängigkeit von ökonomischen Eliten in den Fokus gerückt wird. In allen gesellschaftlichen Systemen, so J. Herbert Altschull, richten sich die Medien nach denjenigen, die sie finanzieren bzw. die sie kontrollieren.

Teil 4 besteht aus nur einem Kapitel „The Symphony of the Press: A Classification System" (ebd., S. 279–299), das die Argumentationslinien Altschulls zusammenfasst und den inhaltlichen und argumentativen Kern des Buches bildet. Tatsächlich ist die Lektüre der vorhergehenden Kapitel sogar nicht unbedingt notwendig, um der hier zusammengefassten Argumentation folgen und die zentralen Thesen des Buches nachvollziehen zu können.

Der Vergleich zwischen marktorientiertem Journalismus, marxistischen Mediensystemen und der Presse in Entwicklungsgesellschaften („market, Marxist, and advancing"; ebd., S. 280) verdeutlicht für Altschull, dass die Gemeinsamkeiten der Systeme mindestens genauso groß sind wie die Unterschiede. Altschull geht von einem weltumspannenden Mediensystem aus, einer, wie er es nennt, Weltsymphonie („global symphony"; ebd., S. 279) der Presse, die unterschiedliche Themen, Variationen, Melodien miteinschließt und zusammen ein Ganzes bildet. Als das dominante Leitmotiv der weltweiten Symphonie der Presse kristallisiert sich laut Altschull heraus, dass Journalismus und Medien in allen Gesellschaftssystemen eine erzieherische Funktion zugeschrieben wird. In marktorientierten Gesellschaften bestehe dieser Anspruch darin, Menschen dazu zu befähigen, informierte Entscheidungen im Kontext von Wahlen zu treffen, in marxistischen Gesell-

schaften soll die Bevölkerung zu sozialem Verhalten erzogen werden, in Entwicklungsgesellschaften sollen die Menschen lernen, die Gesellschaft zum
Besseren zu verändern. Damit, so Altschull, erfüllt die Presse in marktorientierten
und marxistischen Gesellschaften eine stabilisierende Funktion und trägt dazu bei,
die jeweilige soziale Ordnung zu erhalten; nur im dritten Modell erfüllt das
Mediensystem eine dynamische Funktion und befördert gesellschaftlichen Fortschritt (ebd., S. 280–281).

Weitere ideologische Gemeinsamkeiten sind die Verpflichtung zur Wahrheit
und zu sozialer Verantwortung (ebd., S. 284.). In allen Systemen herrschen laut
Altschull tief verwurzelte „Glaubensartikel" („articles of faith"; ebd., S. 287) vor,
zum Beispiel darüber, dass Journalismus letzten Endes den Interessen der Bevölkerung dient und dass Medien frei berichten. Jedes Journalismusmodell zeichne
sich dabei dadurch aus, dass das jeweils eigene Modell unreflektiert als gut, richtig
und überlegen und die jeweils anderen Modelle als schlechte, defizitäre und sogar
gefährliche Abweichungen wahrgenommen werden (ebd., S. 299).

Altschulls Argumentation kulminiert schließlich in sieben Gesetzen (Altschull
1984, S. 298), die die oben zusammengefassten Argumente bündeln und ordnen:
Das erste Gesetz bezieht sich darauf, dass alle Nachrichtenmedien Agent*innen
der politischen und ökonomischen Machteliten seien. Zweitens würden mediale
Inhalte immer die Interessen derjenigen Akteur*innen widerspiegeln, die das jeweilige Mediensystem finanzieren. Drittens würden alle Mediensysteme auf den
Glauben an den Wert freier Meinungsäußerung („believe in free expression")
aufbauen – wenn auch freie Meinungsäußerung jeweils unterschiedlich definiert
sei. Viertens bezögen sich alle Mediensysteme auf den Anspruch, soziale Verantwortung zu übernehmen, den Bedürfnissen und Interessen der Bevölkerung zu
dienen, und Zugänge zum Mediensystem für die Bevölkerung schaffen zu wollen.
Fünftens würden jedem der drei behandelten Medienmodelle die jeweils anderen
Mediensysteme als defizitäre Abweichungen („deviant") erscheinen. Bestehende
ideologische Eckpfeiler und gesellschaftliche Wertesysteme würden, sechstens, in
der Ausbildung von Journalist*innen weitergegeben. Die etablierte Journalismus-
ausbildung unterstütze deshalb unweigerlich die Machthaber darin, ihre Kontrolle
über die Nachrichtenmedien aufrechtzuerhalten. Altschull schließt mit einem sieb-
ten, eher selbstreflexiven Gesetz: Die journalistische Praxis unterscheide sich
immer von journalistischer Theorie („Press practices always differ from press
theory", S. 298).

Insgesamt zeichnet Altschull ein eher pessimistisches Bild der weltweiten
Mediensysteme. Mit seiner Analyse will Altschull aber dazu beitragen, diese Situation zu verbessern, den Journalismus zu therapieren. Seine Hoffnung besteht
darin, dass durch die Aufdeckung blinder Flecken und unhinterfragter ideo-

logischer Annahmen eine Form von Journalismus befördert wird, die sich von den Machtzentren der jeweiligen Gesellschaften emanzipiert und dazu beiträgt, die Probleme der Menschheit anzusprechen und zu lösen. Hoffnung bereitet Altschull dabei nicht nur der Journalismus in Entwicklungsgesellschaften, der – seiner Beobachtung zufolge – Medien in den Dienst gesellschaftlichen Fortschritts stellt, sondern auch einzelne journalistische Akteur*innen, die bereits zur Zeit des Erscheinens von „Agents of Power" in den beiden anderen Systemen ideologische Grenzen überschreiten (ebd., S. xi).

3 Wirkungsgeschichte und Kritik

„Agents of Power" erschien 1984 in der Endphase des Kalten Krieges. Im Buch kritisiert Altschull marktorientierte und marxistisch orientierte Journalismusmodelle. Er arbeitet Gemeinsamkeiten und Unterschiede heraus und kommt zu dem Schluss, dass beide Journalismusmodelle auf ihre Weise defizitär seien, zentrale Versprechen gegenüber der Bevölkerung nicht einlösten, sondern stattdessen eng mit den jeweils Mächtigen verzahnt wären. Das Buch enthält außerdem auch ein wohlwollendes Kapitel über die UNESCO, für die sich J. Herbert Altschull auch persönlich engagierte (Boylan, 1984) – ähnlich wie 2017 unter Trump distanzierten sich die USA Ende 1983 schon einmal unter Ronald Reagan wegen ideologischen Differenzen von der UNESCO:

> „Unesco [sic!] has extraneously politicized virtually every subject it deals with, has exhibited hostility toward the basic institutions of a free society, especially a free market and a free press, and has demonstrated unrestrained budgetary expansion." (Alan D. Romberg, Sprecher des U.S. Außenministeriums, zitiert nach Gwertzman, 1983)

Die Rezeption von „Agents of Power" fiel entsprechend ambivalent aus. Altschulls Position passte nicht zum dichotomen Weltbild der 1980er-Jahre; die Zielsetzung und die Perspektiven Altschulls provozierten die etablierte Journalismusforschung, journalistische Praktiker*innen und festgefahrene politische Perspektiven, die in der Mentalität des Kalten Krieges wurzelten. In den USA wurde Altschull deshalb sogar als Verräter am US-amerikanischen Journalismus gebrandmarkt:

> „An old friend, who is both a certified holder of a degree from Columbia's Graduate School of Journalism and a veteran of the news business, has been branded a traitor to the American way of journalism. Former colleagues hiss epithets at him; major news organizations refuse to return his calls; the reporters he must deal with in the course of business view him as having gone over to ‚the other side.'" (Boylan 1984, S. 53)

Deutsche Rezensenten lasen „Agents of Power" mitunter auch als „Attacke gegen die journalistische Verantwortungsethik" (Pöttker 1991, S. 294). Tatsächlich kann das Werk vor allem auch als Herausforderung oder sogar Alternativentwurf zu Fred Sieberts, Theodore Petersons und Wilbur Schramms „Four Theories of the Press" (1956, siehe den Beitrag von Barbara Thomaß zu „Four Theories of the Press" in diesem Band) verstanden werden. Damit eckte Altschull auch in der etablierten Kommunikationswissenschaft an. Zum Teil wurde er aber auch sehr wohlwollend aufgenommen, gerade weil er eine Alternative bot zur einseitigen Perspektive früherer Mediensystemvergleiche (vgl. Weischenberg 2004, S. 97–104). Altschull überwand hier den vorherrschenden normativen Divergenz-Ansatz, der bislang in der vergleichenden Mediensystemforschung vorherrschte; in Abgrenzung spricht Weischenberg in Bezug auf Altschulls Perspektive daher auch von einem empirischen Konvergenz-Ansatz, der funktionale Gemeinsamkeiten und strukturelle Ähnlichkeiten unterschiedlicher Mediensysteme und Journalismusmodelle in den Fokus rückt.

Gewürdigt wurde außerdem, dass Altschull eingefahrene Denkmuster herausfordert, für Horst Pöttker (1991, S. 293) beispielsweise im Hinblick auf den Umgang mit Begrifflichkeiten und theoretischen Prämissen wie Objektivität und Engagement. Andere kritisieren Altschulls Arbeit als einseitig in der Beurteilung marktorientierter Journalismusmodelle und warnen vor Ungenauigkeiten und tendenziöser Argumentation (z. B. Parmenter 1985).

Insgesamt und mit zeitlichem Abstand muss man den Kritiker*innen Altschulls zwar in einigen Punkten recht geben: Sein historischer und vergleichender Ansatz ist zum einen nicht systematisch und zum anderen normativ asymmetrisch auf eine dritte Lösung ausgerichtet. Auch wenn an einem Journalismusmodell sicherlich wenig zu bemängeln ist, das die soziale Verantwortung des Journalismus ins Zentrum rückt, Journalismus in den Dienst der Bevölkerung stellt und als Agenten, nicht der Macht, sondern des gesellschaftlichen Fortschritts betrachtet, so wirken Altschulls Aufführungen zum Journalismusmodell in Entwicklungsländern doch deutlich idealistischer und weniger kritisch als in Bezug auf das markt- und das marxistisch orientierte Journalismusmodell.

Altschulls Argumentationslinie ist zudem nicht immer klar und zwingend gegliedert. An vielen Stellen sind seine Argumente außerdem anekdotisch und subjektiv geprägt durch seine persönliche und emotionale Nähe zum Gegenstand. Gerade letzteres wirkt sich aber auch positiv auf die Rezeption des Buches aus. Etliche Fallbeispiele und lebhafte Beschreibungen, bei denen Altschull oftmals auf eigene Erfahrungen zurückgreift, sowie sein spürbares Engagement lassen über inhaltliche Schwächen des Buches hinwegsehen. Altschull ergreift Partei und will selbst zur Verbesserung gesellschaftlicher Verhältnisse beitragen; dieser Anspruch verleiht dem Buch eine eigene Dringlichkeit.

„Agenten der Macht" ist noch lange nach dem Erscheinen in vielen Literaturlisten theoretisch-konzeptioneller Auseinandersetzungen, Typologisierungen und empirischer Studien zum Thema Journalismus und Mediensysteme präsent und hat die internationale kommunikationswissenschaftliche Debatte nachhaltig beeinflusst. Darüber hinaus hat Altschull mit „Agents of Power" die Entwicklung und Weiterentwicklung einer markt- und machtkritischen Traditionslinie der Journalismusforschung geprägt.

Journalismus in jeglicher Ausprägung trägt für Altschull letzten Endes zur Stabilisierung des Status Quo bei. Mit dieser Perspektive kann J. Herbert Altschull in die Traditionslinie der Kritischen Theorie (Scheu 2012, 2016) eingeordnet werden. Altschull entwickelt die kapitalismuskritische Position des Kulturindustriekapitels von Horkheimer und Adorno (2001 [1947]) weiter; er richtet den Blick auf die Verstrickung von Journalismus und Macht im Allgemeinen und schließt damit auch eine Kritik des sowjetischen Mediensystems und der Mediensysteme in Ländern der sogenannten Dritten Welt mit ein.

Die Arbeiten Altschulls und vor allem das hier fokussierte Schlüsselwerk „Agents of Power" vertreten dabei eine journalismus- und machtkritische Position, wie sie auch in Bagdikians „The Media Monopoly" (1983) entwickelt und später durch Autoren wie Herman und Chomsky (1988) oder McChesney (1999) aufgegriffen wird. Erfrischend an Altschulls Ausführungen und wahrscheinlich mit das größte Verdienst des Buches ist in diesem Zusammenhang, dass Altschull nicht innerhalb von geografischen oder ideologischen Grenzen verhaftet bleibt, sondern mit „Agents of Power" den Blick auf ein weltumspannendes Mediensystem eröffnet, in dem unterschiedliche Journalismusmodelle ineinandergreifen – und das lange Zeit bevor die technologischen Voraussetzungen für ein digitales Netzwerk und damit den globalen Informationsaustausch geschaffen waren.

Literatur

Altschull, J. H. (1984). *Agents of power. The role of the news media in human affairs.* New York: Longman.

Altschull, J. H. (1990). *From Milton to McLuhan. The ideas behind American journalism.* New York: Longman.

Altschull, J. H. (o. J.). Memories of Stim Bullitt's KING years. Aufgerufen am 02.10.2019 von http://www.monkeychicken.com/hi.html.

Altschull, J. H., Norrix, L., Compton, J., & Bernard, J. (1968). *Color me somebody.* Seattle: KING-TV.

Bagdikian, B. H. (1983). *The media monopoly*. Boston: Beacon Press.

Boylan, J. (1984). Whose press is free? Agents of Power: The Role of the News Media in Human Affairs [Rezension]. *Columbia Journalism Review 22*(6), 53–54.

Gwertzman, B. (1983, 30.12.1983). U.S. is quitting UNESCO, affirms backing for U.N. *The New York Times*, S. 1.

Herman, E. S., & Chomsky, N. (1988). *Manufacturing consent. The political economy of mass media*. New York: Pantheon.

Horkheimer, M., & Adorno, T. W. (2001 [1947]). *Dialektik der Aufklärung. Philosophische Fragmente*. Frankfurt a. M.: S. Fischer.

McChesney, R. W. (1999). *Rich media, poor democracy. Communication politics in dubious times*. Urbana: University of Illinois Press.

Parmenter, W. (1985). Agents of power: The role of the news media in human affairs [Rezension]. *American Journalism, 2*(1), 103–104.

Pöttker, H. (1991). J. Herbert Altschull. Agenten der Macht. Die Welt der Nachrichtenmedien – eine kritische Studie [Rezension] *Rundfunk und Fernsehen 39*(2), 292–294.

Scheu, A. M. (2012). *Adornos Erben in der Kommunikationswissenschaft. Eine Verdrängungsgeschichte?* Köln: Herbert v. Halem.

Scheu, A. M. (2016). Journalismus aus der Perspektive der Kritischen Theorie. In M. Löffelholz & L. Rothenberger (Hrsg.), *Handbuch Journalismustheorien* (S. 369–384). Wiesbaden: Springer VS.

Siebert, F. S., Peterson, T., & Schramm, W. (1956). *Four theories of the press: The authoritarian, libertarian, social responsibility, and Soviet communist concepts of what the press should be and do*. Urbana; Chicago: University of Illinois Press.

Weischenberg, S. (2004). *Journalistik. Medienkommunikation: Theorie und Praxis. Band 1: Mediensysteme – Medienethik – Medieninstitutionen* (3. Auflage). Wiesbaden: VS Verlag für Sozialwissenschaften.

Freiheit und Verantwortung im Journalismus

Boventer, Hermann (1984). Ethik des Journalismus. Zur Philosophie der Medienkultur. Konstanz: Universitätsverlag

Liane Rothenberger

Zusammenfassung

In seinem Buch „Ethik des Journalismus. Zur Philosophie der Medienkultur"
entwickelt der überzeugte Christ und Demokrat Hermann Boventer ethische
Grundzüge für Medienschaffende, deren Anliegen es sein solle, wahrhaft und
aufrichtig zu berichten und Verständigung der Menschen und Gesellschaften
untereinander zu schaffen. Hierin sieht er eine besondere Verantwortung, der
sich jeder einzelne Journalist bewusst werden sollte. Vor allem dem damals sehr
populären Medium Fernsehen und seiner Wirkmächtigkeit widmet Boventer
viel Platz in seinem Werk. Er betont die Wichtigkeit von Sprache und die Gefahr
von Manipulation der Öffentlichkeit durch Sprache. Zugleich weist er darauf
hin, wie abhängig die Menschen inzwischen in ihrer Kommunikation von technischen Artefakten seien. Kanäle werden zwischengeschaltet und ersetzen
immer häufiger die direkte zwischenmenschliche Kommunikation. Boventer
leitet seine Überlegungen dabei meist aus philosophischen und anthropo-
logischen Traditionen, aber auch aus den Sozial- und Kommunikationswissenschaften her.

L. Rothenberger (✉)
Katholische Universität Eichstätt-Ingolstadt, Eichstätt, Deutschland
E-Mail: liane.rothenberger@ku.de

© Springer Fachmedien Wiesbaden GmbH, ein Teil von Springer Nature 2023   79
W. Loosen, A. Scholl (Hrsg.), *Schlüsselwerke der Journalismusforschung*,
https://doi.org/10.1007/978-3-658-25867-2_7

Schlüsselwörter
Journalismus · Ethik · Freiheit · Verantwortung · Philosophie · Katholisch

1 Kurzbiografie des Autors

Ein Studium der Kunstgeschichte, Philosophie und Germanistik an der Universität Bonn, eine Promotion zum Thema „Die Theorie der Kultur in der amerikanischen Kulturanthropologie" bei Philosophieprofessor Erich Rothacker (Schmolke 2001, S. 325): Die fachlichen Wurzeln Hermann Boventers ziehen sich wie ein roter Faden durch sein Leben und Werk. Dazu kommt die Religion. Boventer, 1928 in Düsseldorf geboren, katholisch, erlebt die Nazidiktatur und wird zu einem bedingungslosen Anhänger der Demokratie. Mit einem Fulbright-Stipendium geht er Anfang der 1950er-Jahre für ein Jahr an die University of Wyoming (Oertel 2001, S. 355; Schmolke 2001, S. 325). In New York heiratet er seine Frau Dorothy und lehrt von 1955 bis 1957 als Dozent an einer Universität in New Jersey (Oertel 2001, S. 355). Danach geht es zurück nach Deutschland. Ab 1957 arbeitet er als Redakteur bei der Rheinischen Post, später auch für *kontraste*, eine katholische Zeitschrift für junge Erwachsene. Von 1968 bis 1981 ist er Direktor der Thomas-Morus-Akademie in Bensberg bei Köln (Facius 2001) und setzt sich für die Journalistenausbildung in den Bensberger Journalistenkursen ein (Oertel 2001, S. 356). Später lehrt er an der Philosophischen Hochschule der Jesuiten in München und an der Universität Bonn (Schmolke 2001, S. 326). Als Vorsitzender der Gesellschaft Katholischer Publizisten (1972 bis 1981) tritt er für christliche, humanistische und demokratische Prinzipien ein. Jedoch lebt Boventer mit der katholischen Hierarchie „permanent im Spannungszustand. Glaube und Kirche standen ihm zu wenig unter der Autorität des freien Worts" (Facius 2001).

Im Juni 2001 stirbt Boventer während einer USA-Reise im Alter von 72 Jahren (Facius 2002, S. 93). Er sei vor allem ein „katholischer Publizist" gewesen, schreibt Facius (2001) in seinem Nachruf: „Der streitbare Soziologe, Kunsthistoriker und Philosoph [wird] vor allem Journalisten in lebendiger Erinnerung bleiben." (2002, S. 93) Doch nicht nur in der Praxis, auch in der Wissenschaft hat Boventer Spuren hinterlassen, wurde und wird sein Werk diskutiert, gewürdigt und kritisiert. Oertel (2001, S. 356) beschreibt ihn als „kompromisslos und oft mit extremem Beharren auf der eigenen Position, was ihm nicht nur Freunde einbrachte". Boventer schreibt, er habe immer zwei Welten angehört: „einmal der schreibenden Zunft der Journalisten mit ihrem scharfen Auge für Zeit und Zeitung, zum anderen der pädagogisch-wissenschaftlichen mit ihrem Hang, sich in die Erscheinungen zu vertiefen" (1984, S. 11). Ziel seiner „Ethik des Journalismus" ist die Forderung: „Der Journalismus soll eine wahre Welt hervorbringen." (ebd., S. 11).

2 Inhalt des Textes

Boventers „Ethik des Journalismus" beschäftigt sich mit den Normen- und Werte-kontexten der journalistischen Arbeit. „Das Ethos des Journalismus ist die Kommunikation als ein Geschehen, das die Verständigung unter Menschen zum Ziel hat" (Boventer 1984a, S. 35). Dieses Ziel darzulegen und zu begründen, ist der Grundgedanke fast aller Publikationen Boventers. Die „Ethik des Journalismus" (1984) reiht sich deshalb thematisch nahtlos in sein Gesamtwerk ein. Boventer schrieb das Buch, als ihm unerwartet Zeitressourcen zur Verfügung standen, weil durch einen Brand im Jahr 1980 seine Arbeit als Direktor der Thomas-Morus-Akademie Bensberg, einer katholischen Bildungseinrichtung, zum Erliegen kam (Boventer 1984, S. 11), er von dem Theologen Eugen Biser zu der Arbeit ermutigt wurde und sie in Zusammenhang mit einem Lehrauftrag für philosophische Kommunikationstheorie am Institut für Philosophie der Universität München anfertigen konnte. Das Buch ist nahezu 500 Seiten stark und in vier Hauptteile untergliedert, die thematisch jedoch nicht immer trennscharf sind: (1) Wirklichkeit. Wahrheit und Journalismus, (2) Medium und Botschaft. Fernsehen, (3) Ethik. Kommunikation und Journalismus und (4) Öffentlichkeit. Freiheit und Verantwortung.

Boventer verfasst seine Schrift in einer Zeit, in der die Beschäftigung mit Medienethik nicht en vogue ist. Die Vorgeschichte zu seinem Werk liegt in seinen oben genannten Wurzeln, die ihn dazu bringen, seine Ideale von Freiheit und Verantwortung in Bezug zum Journalismus zu setzen. In der „Ethik" nimmt er häufig Bezug auf Vorgängerwerke wie Rühl und Saxer (1981) oder von John Merrill. Er nimmt auch Ergebnisse aus empirischen Studien auf, so beispielsweise von Kepplinger und Vohl (1976, S. 335), die belegen, dass Journalist*innen wenig verantwortungsethisch handeln, und feststellen, dass Journalist*innen „nicht wesentlich besser als Berufslaien in der Lage sind, zweckrational zu handeln, d. h. die beabsichtigten und unbeabsichtigten Folgen ihrer Berichte zumindest in bestimmbaren Grenzen zu kalkulieren". Zweck des Journalismus sei es, den Bürgern verlässliche Information und Orientierung zu bieten (Boventer 1984, S. 17). Den Begriff „Journalismus" sieht er auf Mikro-, Meso- und Makroebene, er stehe für Personen und deren Arbeit und Werte, Medien(organisationen) und Systeme (ebd., S. 14).

Boventer schreibt in seiner Einleitung, das Thema „Ethik des Journalismus" bedürfe keinerlei Rechtfertigung. Es sei klar, dass wir eine solche bräuchten, denn
jedermann erkenne heute die Bedeutung und Gefahr der Medien an (1984, S. 13).
„Der Journalismus konstruiert seine eigene Wirklichkeit. Er stellt Öffentlichkeiten
her, die unserer lebensweltlichen Erfahrung oft entgegengesetzt sind. Die
Informationskultur überwölbt immer stärker das Leben des einzelnen." (ebd., S. 13)
Medien seien wirkmächtig, setzten Normen und prägten die politische Kultur. Boventers Anliegen ist daher eine Stärkung der Demokratie, die er durch das „Fernsehzeitalter" (ebd., S. 19) und einen Rückgang der Diskurse und Gesprächskultur ge-
fährdet sieht. Alles, was die Bürger wissen, hänge letztlich von den Informationen
ab, die sie aus den Medien erhalten – eine Einsicht, die Boventer mit Niklas Luhmann eint. Immer häufiger leide der „Nahbereich" (ebd., S. 14) der Kommunikation, das miteinander Sprechen und aufeinander Hören. Boventer sieht es als nötig
an, den Rezipienten mit Wissen über Medien und Journalismus zu stärken, denn er
bemerkt eine mangelnde Medienkompetenz (ebd., S. 14). Allerdings geht es in seinem Werk vorrangig um eine Berufsethik, nicht um eine Publikumsethik.

Laut Boventer (ebd., S. 14) besteht die ethische Grundidee des wahren und reflektierenden Journalismus im „Verstehen und Verstandenwerden. Die Menschen
sollen über das vermittelnde Geschäft und den vermittelnden Dienst des Journalismus zu Verstehenden gemacht werden." (siehe auch den Beitrag von Petra Herczeg
in diesem Buch) Im Kapitel „Wir waren nicht Augenzeugen", rekurriert Boventer
auf Walter Lippmanns „Public Opinion" und stimmt ihm in weiten Teilen zu; die
Massenmedien würden stets nur einen kleinen Ausschnitt der Wirklichkeit zeigen.
Dieser Ausschnitt muss nicht mit der Realitätswahrnehmung des jeweiligen Rezipienten übereinstimmen. Zudem vermischt sich beim Rezipienten das medienvermittelte Realitätsbild mit den individuellen Wahrnehmungen und Stereotypen (Boventer 1984, S. 74). Hier sieht Boventer die journalistischen Akteure in der
Verantwortung. Bei seinen Erläuterungen des Erkennens und Verstehens, der Hermeneutik und Moralität rekurriert Boventer auf Platon und Heidegger. Um auf die
Wichtigkeit des (Hinter-)Fragens hinzuweisen, um Wissen und Erkennen zu er-
weitern, benennt Boventer weiterhin Ansätze von Wittgenstein, Aristoteles, Husserl
und anderen Philosophen. Dann fragt er danach, welche Wirklichkeit der Journalismus hervorbringt. Nach kulturphilosophischen und kulturanthropologischen Deutungen kommt Boventer zu Nachrichtenwerttheorie und Gatekeeperforschung und
schlussfolgert, dass es offenkundig sei, dass die Medien ihre eigene Realität konstruierten (1984, S. 35). Tatsachen seien nicht als solche gegeben, „sondern sie werden innerhalb eines bestimmten Absichtsrahmens ‚entdeckt'" (ebd., S. 65). Weil der
Mensch so hungrig nach Neuigkeiten sei, sei er den Medien und ihren Konstruktionen so zugewandt (ebd., S. 47). Schließlich wendet sich Boventer der Definition von

Aktualität zu und nennt auch hier, wie oft in seinem Buch, etymologische Wurzeln. Er fragt danach, wie man das Ehrliche und Wahre im Journalismus erreicht. Auch hier arbeitet Boventer mit Philosophen wie Heidegger, Husserl, mit Platons Höhlengleichnis sowie mit dem Schriftsteller Kleist, um ihre Erörterungen zu Ehrlichkeit, Wahrheit und Wirklichkeit auf den Journalismus zu übertragen. Er kommt zu dem Schluss, dass Sehen und Erkennen zusammengehören und nötig sind, um sich einer Wahrheit anzunähern. Boventer (1984, S. 126) empfiehlt daher eine „fragende Publizistik", die sich stets aufs Neue auf die Suche nach dem „Wirklichen" begeben soll.

Boventer (1984, S. 16) konstatiert allerdings eine „Zurückhaltung der Kommunikationswissenschaft gegenüber allen Wert- und Sinnfragen." Er fordert, dass jegliche positivistischen Ansätze immer auch mit einer hermeneutischen Perspektive ausgelegt werden. Funktionalistische, wertfreie Methoden würden schnell an ihre Grenzen stoßen. Seine Methode ist die Bewertung des Journalismus vor dem Hintergrund philosophischer Ansätze, das heißt, den Gegenstand (Journalismus) in all seinen Erscheinungsarten zu durchleuchten und prüfend seine Aufgabe zu reflektieren. Diesen Anspruch stellt er nicht nur an Journalismusforscher*innen, sondern auch an Praktiker*innen: „In einem guten Journalisten sollte immer etwas von einem Philosophen stecken, wie auch möglicherweise umgekehrt" (1984, S. 18). Boventer beklagt, dass die ethische Vernunft und Sittlichkeit im Journalismus und in der Journalismusforschung vernachlässigt würden. In den USA habe sich mit den „Media Ethics" parallel zu Empirismus und Behaviorismus ein eigener Wissenschaftszweig ausgebildet (ebd., S. 260). Dieser fehlte seinerzeit in Deutschland. Boventer wendet sich gegen eine komplette Wertfreiheit der Wissenschaft, denn auch diese sei von Sollensvorstellungen geprägt. Den in der deutschen Kommunikationswissenschaft vorherrschenden Empirismus bezeichnet er (ebd., S. 275) als „offene Wunde am Leib der Kommunikationswissenschaft" und macht ihn dafür verantwortlich, dass es kaum eine Beschäftigung mit journalistischer Ethik gebe. Den Erfahrungsbegriff von Dilthey anführend, erwähnt Boventer (ebd., S. 276–278), dass ein hermeneutischer Zugang auch in der Journalismusforschung nicht fehlen darf. Ihm geht es um eine ethische Theorie des Journalismus, die die Bürger dazu befähigt zu erkennen und zu beurteilen, was gute Formen und was Fehlformen journalistischen Handelns ausmachen (ebd., S. 256).

Eine große Bedeutung misst Boventer der Sprache bei, die den menschlichen Umgang mit Wirklichkeit ausmache; er nennt die Sprache im Journalismus das „Medium aller Medien" (ebd., S. 96). Er spricht auch die Manipulation durch Sprache in der Politik an. Verständlichkeit und Authentizität müssten deshalb die Grundziele des Journalismus sein. Für ihn hat Kommunikation stets das Ziel der Verständigung (ebd., S. 290). Dieser Grundwille zur Kommunikation, der von Denkern wie Luhmann bis Jaspers ontologisch und anthropologisch vorausgesetzt wird, ist laut Boventer (ebd., S. 304) mit dem Grundwillen, nicht allein zu sein, verbunden. Journalisten, die über die Kniffe und Grenzen der Sprache Bescheid wüssten, seien dann auch erfolgreicher im „Verstandenwerden" (s. Boventer 1984, Kap. 12 und 13). Boventer streut dabei stets aktuelle Beispiele ein, seien es lobende Bemerkungen zur Sprache des *Spiegel* oder nachdenkliche Anmerkungen zu TV-Predigern in den USA.

Dem Fernsehen als „dem gegenwärtig beherrschenden und wohl auch einfluss-reichsten Medium" (1984, S. 161) widmet Boventer den zweiten Teil seiner „Ethik". Es nehme nicht nur zwei Stunden der täglichen Mediennutzung Er-wachsener ein (die Zahl bezieht sich auf die Fernsehnutzung Anfang der 1980er-Jahre), sondern zeige auch die zunehmende Anonymisierung und Abhängigkeit der Menschen von der Technik: Technische Kanäle ersetzten den direkten Austausch von Botschaften und Nachrichten, und Maschinen der „Wirklichkeitsbearbeitung" (ebd., S. 32) würden der direkten Kommunikation zwischengeschaltet. Dabei wür-den sie allerdings nicht immer im Sinne der menschlichen Vernunft zum Zuwachs geistiger Orientierung für den Einzelnen und für die Gesellschaft genutzt (ebd., S. 258). Als Nachteil des Fernsehens sieht Boventer (ebd., S. 179) auch die feh-lende Disponibilität an. Das Fernsehen erlaube weniger Gebrauchsfreiheit (als zum Beispiel die Zeitung); man sei ihm „ausgesetzt" (ebd., S. 179). Bei einem Vergleich des Fernsehens mit dem Theater geht Boventer (ebd., S. 188) auf die „radikal monologisch[e], einseitig[e] und alltäglich[e]" Empfangssituation des Fernsehens ein. Er führt an, dass die Fähigkeit der Menschen, die Informationsflut zu ver-arbeiten, noch nicht ausgereift sei. Unbelegten Aussagen, nach denen das Fern-sehen für die Abstumpfung von Menschen verantwortlich sei, widerspricht er aber: „Die Entwurzelung des Menschen hat längst vor dem Fernsehzeitalter eingesetzt. Das Auseinanderfallen der Lebenskreise, das Anwachsen des Anonymitäts- und Kollektivdrucks, der Verlust geistiger und sittlicher Orientierungswerte kenn-zeichnen ganz allgemein die modernen Industriegesellschaften; da ist das Fern-sehen nur Symptom, nicht Ursache." (Boventer 1984, S. 201) Unter der Über-schrift „Fernsehen, der harmlos getarnte Elefant" diskutiert Boventer die Wirkungen des Fernsehkonsums, ohne sich dabei explizit für positive oder negative Aus-wirkungen zu entscheiden. „Die Fernsehfeindlichkeit ist nicht weniger schädlich als die Fernsehabhängigkeit. Alle Anstrengungen sind vielmehr darauf zu richten, dieses Instrument der sozialen Kommunikation in seinen besten Möglichkeiten einzusetzen, die keineswegs ausgeschöpft sind; dies gilt besonders für den unter-haltenden Bereich." (1984, S. 211) Teil zwei schließt dazu passend mit einem Ex-kurs zu „Marshall McLuhan: Der elektronische Mensch", in dem Boventer sich kritisch zu diesem Werk positioniert.

Im dritten Teil der „Ethik" geht es verstärkt um die Verantwortung des Einzelnen. Journalismus ist von Normen und Werten geprägt; viele Nachwuchsjournalist*innen übernehmen die praktischen Regeln unreflektiert von Vorgesetzten und Kolleg*innen. Da die Journalist*innen ihr Handeln aber immer wieder legitimieren müssen, müssten sie sich stets die „Warum"-Frage stellen, also eine Ethik entwickeln (Boventer 1984, S. 248). Denn gutes Handeln sei die Grundlage eines guten und freien Journalismus und dieser bilde die Grundlage der Demokratie (ebd., S. 247). An dieser Stelle rekurriert Boventer (ebd., S. 249–253) auf die praktische Philosophie Aristoteles', die als Gerüst und Basis für eine Hinwendung zum Guten und damit auch zum guten Journalismus dienen könne. Diese praktische Philosophie führt zwangsläufig zu einer Aufhebung der Trennung zwischen Theorie und Praxis.

An mehreren Stellen der „Ethik" wendet sich Boventer gegen die Systemtheorie. Hier nimmt er vor allem Bezug auf einen Artikel von Rühl und Saxer (1981) anlässlich 25 Jahre des Deutschen Presserates. Boventer (1984, S. 131–133) kritisiert Rühls Ablehnung einer Individualethik, weil dieser den einzelnen Journalisten damit aus der Verantwortung entlasse. Rühl und Saxer (1981, S. 476, 482f.) heben ausschließlich auf die Systemebene ab, blenden ethische Fragen des individuellen Journalisten aus und wenden sich damit gegen Moralphilosophie, Individualethik und persönliche Sittlichkeit, die bei Boventer eine so große Rolle spielen.

Er fordert, man müsse mehr über Grundwerte (generell und im Journalismus) diskutieren und sie reflektieren. Als Beispiel benennt er negative Aspekte der Sensationspresse: „Aus Schlagzeilen und Fünf-Sätze-Meldungen setzt sich täglich in zahlreichen Massenmedien eine säkularisierte Hölle in Szene. Die Neugierde, seinesgleichen leiden und sterben zu sehen, erscheint als mythisches Grundmuster der aus dem Paradies verstoßenen Menschen." (Boventer 1984, S. 337) Gleichzeitig sieht Boventer (ebd., S. 321) eine „Pflicht zur Teilnahme an einer vernünftigen Argumentationsgemeinschaft". Auch auf die Vernunft und ihre Fehlbarkeit geht er ein sowie auf die Verantwortung in einer „Welt der Machbarkeit" (ebd., S. 333). Hier müsse man sich – auch und gerade im Journalismus – über Wert- und Zielpräferenzen einigen.

Teil drei der „Ethik" schließt mit einem Exkurs zu „Journalistenmoral als ‚Media Ethics'". Boventer (1984, S. 371–373) widmet darin John Merrill einen eigenen Abschnitt. Dabei geht er unter anderem auf dessen Konzept der journalistischen Autonomie ein. Dem selbstverpflichtenden Handeln liege die eigene Vernunft zugrunde (ebd., S. 372). Während sich aber Boventer mit der Aufstellung von konkreten Norm- und Regelsätzen für Journalist*innen zurückhält, schreiben Merrill und Barney (1975, Vorwort) ganz offen, dass diejenigen, die sich mit Medienethik beschäftigen, den Journalist*innen Richtlinien verschiedener ethischer Positionen geben sollten, damit die Medienschaffenden sich damit auseinandersetzen. Auch sie plädieren dafür, in Ausbildungskursen die ethische Integrität der angehenden Journalist*innen zu fördern und zu formen.

In Teil vier der „Ethik", der Öffentlichkeit und Medienwirkungen in den Blickpunkt rückt, fragt Boventer, ob die Medienwirkungen ein „schleichendes Gift" (1984, S. 395) seien und ob die Identität darunter leide sowie ob ein zu hoher Fernsehkonsum zur Verwirrung beitrage. Hier geht Boventer auf verschiedene kommunikationswissenschaftliche Forschungsansätze wie die Lasswell-Formel, den Two-Step-Flow-of-Communication, den Nutzenansatz und die Konsistenztheorie ein, um das aktive Publikum zu beschreiben. In einer Zeit der Orientierungslosigkeit müsse man deshalb kommunikative Kompetenz erlernen (ebd., S. 398). Die öffentliche Meinung sei ebenfalls in das aktuelle Wertesystem eingebunden (ebd., S. 387); sie werde vor allem über die Medien transportiert und hergestellt. Boventer findet bei John Locke erste Ansätze einer Theorie der öffentlichen Meinung. Teile man nicht die vorherrschende Meinung, laufe man Gefahr, sich zu isolieren (1984, S. 389).

Weite Teile des vierten Abschnitts drehen sich um das „Selbst- und Aufgabenverständnis der Journalisten in beruflicher Hinsicht" (ebd., S. 410). Dabei bemängelt Boventer immer wieder, dass die Selbstreflexion der Journalisten nicht genügend ausgeprägt sei. Auch hier führt Boventer viele Zitate an, wie sich Journalisten selbst sehen und was sie als guten oder schlechten Journalismus auffassen. Zudem bringt er Beispiele von publizistischen Persönlichkeiten wie Carl von Ossietzky. Boventer ruft erneut zu Einsicht und verantwortungsbewusstem Handeln auf. Schließlich wiederholt Boventer gegen Schluss, dass er Freiheit als den Wesenskern journalistischer Ethik sieht. Doch (scheinbar grenzenlose) Freiheit sei eine Aporie (Boventer 1984, S. 436) und sie sei durch die gesetzten Bedingungsverhältnisse begrenzt (ebd., S. 441). „Im letzten Abschnitt seiner Arbeit geraten ihm einige Kapitel etwas redundant", findet *FAZ*-Rezensent Rost (1985, S. 23).

3   Wirkungsgeschichte und Kritik

Boventer liegt mit seinem „ungewöhnlichen Buch in einem doppelten Sinne nicht im Trend der deutschen Kommunikationswissenschaft" (Schreiber 1985, S. 127): Es nimmt sich eines unbeliebten Themas an und das aus einer unbeliebten Richtung (im Trend liegt die empirisch-analytische Variante). So kommen denn auch im Werk in großer Zahl Philosophen zu Wort, ab und zu werden auch Kommunikationswissenschaftler und Soziologen angeführt, beispielsweise Noelle-Neumann, Gerbner, Roegele, Lerg, Maletzke, Pross, Watzlawick, Saxer, Rühl und Luhmann. Boventer selbst vertritt einen explizit normativen Ansatz. Seine Schrift liest sich laut Schreiber (1985, S. 128) „als Erzbuch kommunikationswissenschaftlich-hermeneutischen Fragens". Da kommt es nicht von ungefähr, dass neben einem großen Ausmaß an Philosophiegeschichte auch öfter auf Bibelstellen rekurriert wird. Mit seiner komplett westlich-abendländisch geprägten Sichtweise sucht Boventer Antworten in Religion, Philosophie und Anthropologie. An vielen Stellen kommt sein philosophisch-religiös geprägter Wertekanon durch, wie etwa folgender Passus aus der „Ethik des Journalismus" belegt: „Zum Dialog, zur bejahenden und liebenden Annahme des Lebens im anderen gibt es keine Alternativen; sonst verflüchtigt sich aller Sinn." (Boventer 1984, S. 228) Dass Boventers Buch trotz oder gerade wegen seiner Andersartigkeit Erfolg hatte, lässt sich daran ablesen, dass bereits 1985 die zweite Auflage erschien. Eventuell hat dazu auch beigetragen, dass es nicht in streng wissenschaftlichem, sondern in Teilen eher in feuilletonistischem Stil geschrieben ist, wie etwa folgendes Beispiel verdeutlicht: „Nicht ohne Neugier […] steigen wir in das Bergwerk der Philosophie ein und brechen heraus, was an wertvollem Gestein in das Theoriegebäude des Journalismus passt." (ebd., S. 18)

Oertel (2001, S. 356) nennt als positive Eigenschaften Boventers dessen „persönliche Integrität, seine humanistische Bildung und seine feste Verwurzelung im Glauben". Facius (2002, S. 95) schreibt in seinem Nachruf: „Boventer blieb, von manchen belächelt, dem personalistischen Denken, wie es katholischer Tradition entspricht, verbunden – und damit auch der individualistischen Gegenposition zu Konzepten, wie sie etwa Saxer vertrat. Das heißt: der Einzelne hat vorrangig für das einzustehen, was er tut; er soll zwar die ‚Systemzwänge' und damit das ‚ethische Dilemma' erkennen, aber sich nicht hinter dem ‚System' verstecken." Rezipiert wurde Boventer auch von Thomaß (1998), die in ihrem Überblick zum Forschungsstand in der journalistischen Ethikdebatte sowohl den systemtheoretisch orientierten Ansatz von Rühl und Saxer (1981) als auch die individualethische Sichtweise von Boventer aufgreift. Sie selbst sieht Überlegungen auf allen Ebenen als gerechtfertigt und als sich ergänzend an (Thomaß 1998, S. 31).

Boventers „Ethik des Journalismus" wirkt in ihrer Art und Zielsetzung auf seine folgenden Werke ein. Seine 1989 erschienene „Einführung in die Medienethik" ist in gewisser Weise ähnlich geartet. Sie habe er „als eine Kritik der journalistischen Vernunft" (Boventer 1989, S. 9) geschrieben. In ihr weist Boventer mehrfach darauf hin, dass der Journalismus ethik- und philosophiebedürftig sei und Kriterien der Beurteilung brauche (ebd., S. 9). Denn Journalismus solle ja dem Wohl der Menschheit dienen (ebd., S. 14). Auch hier bemüht Boventer wieder die Kernbegriffe Freiheit und Verantwortung. Jedoch fordert er keine starren Norm- und

Handlungsvorgaben, sondern ständiges Reflektieren und Überdenken der eigenen Handlungen. „*Ein ethisches Rezeptbuch für gutes und faires Handeln im Journalismus ist weder möglich noch wünschenswert.*" (ebd., S. 13; H. i. O.) Journalismus als „Kind der Freiheit und Freiheitsidee" (ebd., S. 19) sei ein nicht zugangsbeschränkter Beruf. Deshalb solle man beurteilen, inwieweit er immer noch der Freiheitskultur dienlich und förderlich sei. Kritisch zu fragen bliebe dabei, ob jede*r Journalist*in (oder auch jeder Mensch) wirklich danach strebt, das Gute zu wollen, und ob Charakterstärke und persönliche Tugenden sich überhaupt immer durchsetzen können im System Journalismus. Dies sind Fragen, die die aktuelle Journalismusforschung nur am Rande beschäftigen, die es sich aber lohnt, wieder aufzugreifen.

Dass Fragen der Ethik des Journalismus wieder vermehrt diskutiert wurden, erlebte Boventer selbst einige Jahre nach Erscheinen seiner „Ethik". Als er 1988 sein Buch „Medien und Moral" herausbringt, hatten Ereignisse wie die Barschel-Affäre und das Gladbecker Geiseldrama die Ethikdebatte vorangetrieben. Dadurch sei das Publikum medienkritischer und selbstbewusster geworden (Boventer 1988a, S. 5), wobei Medienkompetenz für Boventer auch „Erwerb von Standhaftigkeit und Charakter in den kommunikativen Beziehungen" (ebd., S. 11) bedeutet. Dafür könnte man das Einüben einer „Netiquette" im Grundschulalter als ein aktuelles Anwendungsbeispiel heranziehen – ein Aspekt, der heute in der Medienkompetenzdebatte nur unzureichend aufgegriffen wird.

„Medien und Moral", in derselben Schriftenreihe wie die „Ethik" erschienen, ist ein Buch über praktische Moral und ungeschriebene Handlungsregeln, die vor allem aus dem individuellen Erfahrungsschatz entstehen. Die Sollensvorstellungen sind für Boventer dabei konkret in der Sache des (philosophiebedürftigen) Journalismus begründet (1988a, S. 13). Gemäß Boventer ist jeder einzelne Journalist verantwortlich für die Folgen seines Handelns. Daher braucht er eine Doppelkompetenz: nämlich im Handwerklichen und im Moralischen (1988, S. 182). Ein guter Journalist stelle dabei nie die Aufmerksamkeitsgewinnung vor die Wirklichkeitstreue (ebd., 174), er sei selbstkritisch und offen. „Die Medien sind keine Herrschaftsmittel zur Selbstbedienung und Selbstverwirklichung, sondern ihre Wertauffassungen sind dialogisch am Gesprächsmodell orientiert. Journalisten leisten vermittelnde Dienste, sie sollen den Prozess der sozialen Kommunikation und des öffentlichen Austausches über alles, was für die Bürger und Menschen von Belang ist, ermöglichen und fördern. Diese Aktivierung der Freiheit von Wort und Meinung zur allseitigen Kommunikation ist für das geistige Klima der offenen und demokratischen Gesellschaft unentbehrlich." (Boventer 1988, 175)

Diesen „Kern der journalistischen Dienstleistung" (ebd., 175) lohnt es sich auch und gerade im Zeitalter von „Fake news", „Bots" und „Automated Journalism" zu diskutieren. Weiterhin wäre heutzutage Partizipation sicherlich ein Thema für Boventer, der bemängelte, dass das Fernsehen ein linearer Kommunikationskanal ist (1984, S. 226); Feedback und Dialog seien kaum möglich. Boventers zentrale Anliegen wie Verständigung und Aktivierung zu demokratischer Teilhabe müssten somit für nicht-lineares Fernsehen und Social Media-Journalismus neu diskutiert werden.

Literatur

Boventer, H. (1984). *Ethik des Journalismus. Zur Philosophie der Medienkultur*. Konstanz: Universitätsverlag.

Boventer, H. (1984a). Ethik und System im Journalismus. Der Steuerungsbedarf moderner Mediensysteme. Kritische Anmerkungen zu einem Aufsatz von Manfred Rühl und Ulrich Saxer. *Publizistik* 29, 34–48.

Boventer, H. (1988). Eine verschwiegene Laudatio. Gelebte Moral im Journalismus. In: H. Boventer (Hrsg.), *Medien und Moral. Ungeschriebene Regeln des Journalismus* (S. 173–184). Konstanz: Universitätsverlag.

Boventer, H. (1988a). Macht der Medien. Zum aktuellen Stand der Ethik-Debatte in Journalismus und Wissenschaft. Aus Politik und Zeitgeschichte, Beilage zur Wochenzeitung *Das Parlament B46-47/88*, 3–13.

Boventer, H. (1989). *Pressefreiheit ist nicht grenzenlos. Einführung in die Medienethik*. Bonn: Bouvier Verlag.

Boventer, H. (1995). *Medien-Spektakel. Wozu Journalismus? USA und Deutschland*. Frankfurt am Main: Verlag Josef Knecht.

Facius, G. (2001). Journalismus und Moral: Der Mutige lügt nicht. *Die Welt* vom 9. Juni 2001. www.welt.de/103496933. Zugegriffen: 15. Januar 2020.

Facius, G. (2002). Zum Tod von Hermann Boventer. „Ethische Fragen unvermeidbar". *Redaktion: Jahrbuch für Journalisten*, 93–96.

Kepplinger, H. M., Vohl, I. (1976). Professionalisierung des Journalismus? Theoretische Probleme und empirische Befunde. *Rundfunk und Fernsehen* 24, 309–343.

Merrill, J. C., Barney, R. D. (Hrsg.) (1975). *Ethics and the Press. Readings in Mass Media Morality*. New York: Hastings House.

Oertel, F. (2001). Streitbarer Publizist und Humanist. Zum Tod von Hermann Boventer. *Communicatio socialis* 34.3, 355–362.

Rost, K. (1985). Rezension zu Hermann Boventer: Ethik des Journalismus. *Frankfurter Allgemeine Zeitung* vom 9. Juli 1985, 23.

Rühl, M., Saxer, U. (1981). 25 Jahre Deutscher Presserat. *Publizistik* 26.4, 471–507.

Schmolke, M. (2001). Im Gedenken an Hermann Boventer. *Publizistik* 46, 325–326.

Schreiber, E. (1985). Rezension zu Hermann Boventer: Ethik des Journalismus. *Publizistik* 30, 127–129.

Thomaß, B. (1998). *Journalistische Ethik. Ein Vergleich der Diskurse in Frankreich, Großbritannien und Deutschland*. Opladen/Wiesbaden: Westdeutscher Verlag.

Das Publikum und der Zynismus der Profis

Glotz, Peter & Langenbucher, Wolfgang R. (1969b;
²1993). *Der mißachtete Leser. Zur Kritik der deutschen
Presse.* Köln/Berlin: Kiepenheuer & Witsch; München:
Reinhard Fischer

Wiebke Loosen und Armin Scholl

Zusammenfassung

Mit dem als Streitschrift angelegten Buch „Der mißachtete Leser. Zur Kritik der deutschen Presse" veröffentlichen die Autoren Peter Glotz und Wolfgang R. Langenbucher Ende der 1960er-Jahre eine Generalkritik am Journalismus. Ausgangspunkt ist die kritische Diagnose, dass der Journalismus zwar auf ein möglichst großes Publikum angewiesen ist, um Öffentlichkeit herzustellen, aber eben dieses Publikum und seine Bedürfnisse missachtet. Die Verfasser fordern, dass der Journalismus Diener und nicht Herr des Publikums sein müsse. Die Autoren machen ihre Kritik vor allem an der journalistischen Berichterstattung fest und schließen von den von ihnen dort ausgemachten Inhalten und Defiziten auf das Publikumsbild von Verlegern und Journalisten. In Rezensio-

W. Loosen
Leibniz-Institut für Medienforschung │ Hans-Bredow-Institut (HBI) und Universität Hamburg, Hamburg, Deutschland
E-Mail: w.loosen@leibniz-hbi.de

A. Scholl (✉)
Universität Münster, Münster, Deutschland
E-Mail: scholl@uni-muenster.de

nen ist das Buch positiv, aber auch als polemisch wahrgenommen worden. Auch wenn die Beschäftigung mit dem Publikum nicht selbst (empirischer) Gegenstand des Buches gewesen ist, hat es doch die Erforschung des journalistischen Publikumsbildes wesentlich inspiriert. Mit dem Medienwandel und der Verbreitung von sozialen Medien, welche die kommunikativen Bedingungen zwischen Journalismus und Publikum nachhaltig verändert haben, ist das Publikum des Journalismus zu einem zentralen Feld der Journalismusforschung geworden.

Schlüsselwörter

Journalismus als Gesprächsanwalt · Publikumsverachtung · Pressepolitik · Kommunikationsmarketing · Presseausschüsse · Pressefreiheitsgesetz

1   Kurzbiografie der Autoren

Peter Glotz ist 1939 in Eger (Tschechien) geboren und 2005 in Zürich gestorben. Er hat von 1959 bis 1964 in Wien und München Zeitungswissenschaft, Philosophie, Germanistik und Soziologie studiert und war 1964 der erste Magisterabsolvent in München, wo er 1968 zum Thema „Buchkritik in deutschen Zeitungen" bei Otto B. Roegele promovierte. In München war er zunächst Assistent und Konrektor bis 1970 und leitete dann bis 1972 die Geschäfte des von ihm mitgegründeten außeruniversitären Forschungsinstituts „Arbeitsgemeinschaft für Kommunikationsforschung" (AfK). Seine politische Laufbahn nahm Fahrt auf, als er Mitglied des Bayerischen Landtags (1970–1972) wurde und Abgeordneter des Bundestags (1972–1977, 1983–1996) war. Zwischendurch war er in Berlin Senator für Wissenschaft und Forschung (1977–1981) und Bundesgeschäftsführer der SPD (1981–1987). Er nahm bis 1996 noch weitere politische und publizistische Funktionen ein. Daneben hatte er 1991 eine Gastprofessur an der Marquette University in Milwaukee, Wisconsin, inne und wurde 1993 Honorarprofessor für „Medienökologie und Kommunikationskultur" an der Universität München. Ab 1996 leitete er als Gründungsrektor den Wiederaufbau der Universität Erfurt und setzte damit seine wissenschaftliche und insbesondere hochschulpolitische Laufbahn fort. Seinem Wirken hat das Erfurter Institut für Kommunikationswissenschaft seine Existenz zu verdanken. 2000 übernahm er den 1998 gegründeten Lehrstuhl „Medien und Gesellschaft" am Institut für Medien- und Kommunikationsmanagement der Universität St. Gallen (Schweiz), wo er sich mit den Auswirkungen der digitalen Ökonomie beschäftigte und etliche Forschungsprojekte betreute. 2004 wurde er emeritiert. (Mang 2013; Meyen 2014, 2018; Schmid 2004, S. 344f.)

Als Politiker und Wissenschaftler hat Glotz immer wieder zu kommunikations-, medien- und kulturpolitischen Themen publiziert. Viele Aufsätze sind in dem von

Langenbucher und Wagner (2014) herausgegebenen Band unter dem programmatischen Titel „Das Gespräch ist die Seele der Demokratie" dokumentiert und in einer Rezension von Hans Bohrmann (2015) kritisch gewürdigt worden. Wolfgang R. Langenbucher hat ihm 2005 einen von Sympathie gekennzeichneten Nachruf geschrieben.

Langenbucher wurde 1938 in Pforzheim geboren. Er hat von 1958 bis 1963 in Stuttgart und München Philosophie, Volkswirtschaftslehre, Germanistik und Zeitungswissenschaft studiert und promovierte 1964 zum Thema „Der aktuelle Unterhaltungsroman" bei Hanns Braun. Als Assistent von Otto B. Roegele in München schlug er die wissenschaftliche Laufbahn ein. Neben Glotz war auch Langenbucher Mitbegründer der AfK (s. o.).

Auf seine Habilitation 1974, die erste in München, mit einer Habilitationsschrift zu „Kommunikation als Beruf" folgte die (Haus-) Berufung zum Professor 1975. Da war er bereits am Aufbau des dortigen Diplomstudiengangs Journalistik beteiligt. 1984 wechselte er nach Wien, wo er bis zu seiner Emeritierung 2006 einen Lehrstuhl innehatte.

Langenbucher war in vielen Institutionen führend beteiligt, z. B. als Vorsitzender der DGPuK (1976–1978) und als Mitherausgeber der Fachzeitschrift Publizistik (1972–2006). (Langenbucher 2007a, S. 201; siehe auch Semrad 2018) Immer wieder hat er zu kommunikations- und medienpolitischen Fragen publiziert, die in einem von Walter Hömberg herausgegebenen Band dokumentiert sind (Langenbucher 2007b) und von Patrick Donges (2008) in einer Rezension kritisch gewürdigt wurden.

Zum 80. Geburtstag schrieb Walter Hömberg (2018, S. 290) über Langenbucher: „Forschung für die Forschung – das war nie Langenbuchers Sache. Er wollte Reformen anstoßen und engagierte sich deshalb in vielen Bereichen …", was auch seine Nähe zur Politik und Politikberatung erklärt (Langenbucher 2007a, S. 209–211). Im Interview mit Michael Meyen und Maria Löblich wird deutlich, dass Langenbucher und Glotz sich als SPD-Mitglieder politisch zwischen den konservativen Professoren des Münchener Instituts und den „Extrem-Politökonomen" (Langenbucher 2007a, S. 207) verorteten.

Peter Glotz und Wolfgang R. Langenbucher verband eine lebenslange Freundschaft und die gleiche politische, nämlich sozialdemokratische, Einstellung. Beide vertraten fachlich die sogenannte Münchener Schule der Zeitungswissenschaft, selbst wenn sie nicht zum inneren Zirkel gehörten. Deren Kommunikationsverständnis als Vermittlung bzw. vermittelte Mitteilung geht auf Otto Groth zurück. Versteht man Journalismus als Zeitgespräch der Gesellschaft, lassen sich daraus normative Forderungen an ihn ableiten und die journalistische Berichterstattung kritisch bewerten (vgl. Meyen 2018, S. 177–180).

2   Inhalt des Textes

Lange bevor in der Soziologie ein „Aufstand des Publikums" in verschiedenen gesellschaftlichen Segmenten oder Teilsystemen als Kulturwandel zwischen den
1960er- und 1980er-Jahren interpretiert wurde (Gerhards 2001), haben Peter Glotz
und Wolfgang R. Langenbucher eine mögliche Ursache dafür erforscht – zumindest
was das System Journalismus angeht. In ihrer 1969 publizierten Studie „Der mißachtete Leser. Zur Kritik der deutschen Presse" diagnostizierten sie unter den Journalisten ein widersprüchliches Phänomen: Obwohl der Journalismus auf ein möglichst großes Publikum angewiesen ist, für das er durch seine Berichterstattung
Öffentlichkeit herstellen soll, neigt er dazu, ebendieses Publikum und seine Bedürfnisse eigentlich zu verachten oder doch zumindest zu missachten.

Das Buch ist als Streitschrift angelegt, mit der die beiden Verfasser in die (damals) aktuelle Diskussion um den Journalismus eingreifen wollten. Es geht auf
eine Sendereihe des Westdeutschen Rundfunks zurück, ist also journalistisch konzipiert, und entstand aus Lehrveranstaltungen (Vorwort, S. 14f.). Es ist in einen
größeren Kontext eingebettet, der allerdings anderweitig publiziert wurde: Dazu
gehört der grundsätzliche Komplex „Manipulation-Kommunikation-Demokratie"
(der in der Beilage von Das Parlament, 21.06.1969 publiziert wurde, Glotz und
Langenbucher 1969a) sowie die kommunikationspolitisch relevante Problematik
der ‚inneren Pressefreiheit' (Vorwort, S. 11), deren Publikation später in Aussicht
gestellt wurde (wahrscheinlich ist Glotz und Langenbucher 1970 gemeint).

Das Buch ist in drei Teile gegliedert: Ansätze, Beispiele, Konsequenzen. Die
drei Teile werden eingerahmt von einem Vorwort, in dem die Grundthese des
Buchs erläutert wird, und einem Anhang, in dem ein Gesetzesentwurf gegen den
Missbrauch der Pressefreiheit vorgestellt wird.

Im Vorwort zur ersten Auflage skizzieren die Verfasser zwei mögliche Haltun-
gen, mit der Journalisten auf die empirische Feststellung reagieren können, dass es
Themenfelder oder ganze Ressorts in den Medien (hier: in der Presse) gibt, die vom
Publikum (hier: von den Lesern) nur wenig bis gar nicht wahrgenommen werden:
Aus der Perspektive einer normativen Erwartungshaltung des Journalismus an das
Publikum würde man das Publikum für manipuliert, oberflächlich, desinteressiert
halten, also den Fehler der Nichtbeachtung von Teilen der Berichterstattung beim
Publikum suchen. Aus der Perspektive der kognitiven Erwartungshaltung würde
man die Publikumsinteressen ernst nehmen und die Berichterstattung so zu ver-
ändern suchen, dass sie beim Publikum besser ankommt bzw. mehr beachtet wird.[1]
Dazu muss man die Leserbedürfnisse besser erforschen (S. 9).

---

[1] Die Begriffe normative und kognitive Erwartung(shaltung) haben die Autoren nicht selbst
entwickelt; die Unterscheidung stammt von Luhmann (1969).

Flankiert wird das Problem, dass die journalistische Berichterstattung anscheinend die Bedürfnisse des Publikums nicht trifft und befriedigt, von einer Kapitalismuskritik, welche die Ursache für diese Distanz zwischen Journalismus und Publikum im Warencharakter der Massenmedien verortet. Die Streitschrift von Glotz und Langenbucher kritisiert genau diese Kritik, ohne apologetisch die privatwirtschaftliche Verfasstheit der Presse verteidigen zu wollen. Sie will zu konkreten Reformen anregen und damit in der Logik der repräsentativen Demokratie bleiben und nicht eine Erziehungsdiktatur rechtfertigen (S. 10).[2]

Die grundlegende These lautet: Im Selbstverständnis vieler Verleger und Journalisten (allgemein: der kulturvermittelnden Intelligenz) findet man „pseudodemokratische, bürgerlich-liberal-elitäre, anti-aufklärerische Elemente. Die geläufige Kritik unseres Kommunikationssystems ist viel zu selten eine konkrete Kritik an den Mißständen einer noch kaum verwirklichten sozialstaatlichen Verfassung; sie ist viel öfter ein Lamento über die verhaßten Kommunikationsbedürfnisse der „Konsumenten"-horrible dictu." (S. 11). Diese Überheblichkeit ist also nicht einmal eine an sich legitime Kritik an der nicht verwirklichten sozialstaatlichen Verfassung. Vielmehr ist sie Ausdruck einer bürgerlichen Niveau-Ideologie, wonach die Massen und ihre Bedürfnisse, die auch Entspannung und Unterhaltung umfassen, von gesellschaftlich und politisch relevanten Inhalten abgelenkt werden (S. 11f.). Der systemkritische Vorwurf des „Anpassungsjournalismus", also die Rücksichtnahme der Berichterstattung auf die Bedürfnisse des breiten Publikums, der breiten Masse, verkennt, dass man den Status Quo nur verändern kann, wenn man sich auf die Bedürfnisse der Leser einstellt und sie in der journalistischen Arbeit berücksichtigt (S. 13).

Die Argumentation startet demokratietheoretisch mit einem Bekenntnis zum Charakter der Bundesrepublik Deutschland Ende der 1960er-Jahre als Industriegesellschaft, Repräsentativdemokratie und Sozialstaat (S. 23). Damit einher geht die öffentliche Aufgabe oder besser der öffentliche Auftrag von Verlegern und Journalisten, „diese permanente gesellschaftliche Diskussion, diesen Dialog zu artikulieren und dadurch die öffentliche Debatte zu ermöglichen." (S. 29) Da es in der demokratischen Gesellschaft genügend Stimmen gibt, die ihrerseits Kritik an Missständen üben, ist die Kritikfunktion nicht das Privileg des Journalismus. Im Gegenteil kann die Kritik von Journalisten sogar dazu missbraucht werden, den

---

[2] Reformen galten in der Zeit der 1968er Generation, die eher das politische und wirtschaftliche System revolutionieren wollte, als systemerhaltend – eben sozialdemokratisch statt sozialrevolutionär – und waren in linken Intellektuellenkreisen deshalb eher negativ konnotiert.

eigenen, vermeintlich überlegenen Standpunkt absolut zu setzen. Stattdessen sollte der Journalismus jedoch in erster Linie die berufliche Rolle des Gesprächsanwalts für das Zeitgespräch der Gesellschaft erfüllen.

Glotz und Langenbucher verstehen ihr Buch als „Plädoyer für ein ‚Mehr' an Kritik, nämlich für die Vermittlung der Kritik aus allen Gesprächskreisen der Gesellschaft und nicht bloß der speziellen Kritik einiger berufsmäßig damit befaßter und selbstbewußter Publizisten." (S. 29f.) Die Verfasser beziehen sich damit auf Otto Groth und die aus seinem Werk ausgearbeitete Zeitungswissenschaft, einer Theorie, die in München entwickelt wurde (Weischenberg 2014, S. 223–229). In Bezug auf das Verhältnis des Journalismus zum Publikum bedeutet dies, dass sich der Journalismus als Diener und nicht als Herr des Publikums, das erzogen oder kontrolliert werden muss, verstehen soll (S. 31). Die Rolle des Gesprächsanwalts und Vermittlers ist dabei nicht passiv zu verstehen, sondern erfordert eine gute Kenntnis der gesellschaftlichen Gesprächspartner – eine aktive Rolle, um das öffentliche Gespräch in Gang zu bringen und in Gang zu halten (S. 35). Aus diesem Verständnis von Journalismus heraus kritisieren die Verfasser zahlreiche Medienkritiker der damaligen Zeit, allen voran politisch linke, systemkritische Ansätze, denen sie letztlich vorwerfen, dass sie von Journalisten verlangten, beruflich so zu handeln, als seien sie Publizisten mit missionarischem Engagement, die ihre Gesinnung öffentlich propagieren, getrieben von dem Willen, politisch zu wirken oder gar zu agitieren (S. 37f.).

Im zweiten und längsten Teil werden verschiedene Beispiele, mit denen die Verfasser ihre Kritik belegen wollen, ausführlich behandelt. Als erstes geht es um die Auslandsberichterstattung, der sie vorwerfen, dass dort oft Politik mit Nachrichten gemacht werde. Dies ist jedoch nicht ausschließlich auf die ideologische Voreingenommenheit der Journalisten zurückzuführen, sondern auch auf die schlechte Ressourcenausstattung der Redaktionen (S. 50f.). Die aufgeführten Beispiele entspringen einer intensiven Zeitungslektüre der Verfasser mit einem kritischen Blick auf die Versäumnisse und Fehler der Berichterstattung (S. 51–62).

Als weiteres Problem behandeln die Autoren die Wirtschaftsberichterstattung, die von der Leserschaft kaum zur Kenntnis genommen werde. Mit Verweis auf Inhaltsanalysen belegen die Autoren, dass bis auf wenige überregionale Zeitungen nur wenig über Wirtschaft berichtet werde und dann sehr speziell über professionelle Aspekte statt über Verbraucherfragen von wirtschaftlichen Laien. Die Gestaltung sei einfallslos, es dominiere eine Expertensprache, und die Berichterstattung werde über die Köpfe der Leser hinweg gemacht (S. 67f.). Folglich handelt es sich gerade nicht um ein vermeintliches Desinteresse der Leser, sondern der Fehler liegt bei der nicht lesergerechten Berichterstattung (S. 70–74). Die Verfasser mutmaßen, dass dies mit der Geringschätzung der Konsumseite gegenüber der Produktionsseite seitens der Journalisten zusammenhängt (S. 75), aber auch ökonomische Gründe der Tageszeitungen, die von der Werbung der Unternehmen abhängig sind, eine Rolle spielen (S. 79f.). Da Wirtschaft und Politik zusammenhängen, wäre eine aufgeklärte und aufklärende Wirtschaftsberichterstattung auch für die politische Entscheidung der Wähler hilfreich und somit alles andere als nur ein Thema für Wirtschaftsspezialisten (S. 80f.).

Ein anderes Defizit machen die Verfasser im Feuilleton aus. Dieses geriere sich als „Bewusstseinsspielsachen" für die intellektuelle Elite, sei also nur an ein Fachpublikum gerichtet (S. 82f.). Insbesondere die überregionalen Tageszeitungen wendeten sich an ein fachlich versiertes Publikum; zudem würden Elite- und Populärkultur schroff einander gegenübergestellt. Vier Fehler machen die Verfasser hier aus: 1) Die kulturellen Gegenstände („Objekte der Kritik") werden nicht nach gesellschaftlichem Gesprächswert, sondern nach ästhetischem Wert ausgewählt (S. 89). 2) Das politische Argument wird in der Auseinandersetzung mit Literatur weitgehend ausgespart (S. 90). 3) Die Literaturseiten sind in der Darstellungsform einseitig auf Rezensionen reduziert, statt Interviews, Glossen, Features usw. zu benutzen. 4) Die Sprache ist meist unverständlich (S. 91). Auch in diesem Ressort könnte die Berichterstattung populärer und für eine breite Leserschaft informativer werden (S. 92).

Als viertes Ressort nehmen die Verfasser das Lokale ins Visier, das eigentlich – in den 1960er-und auch noch 1970er-Jahren – die Domäne des Pressejournalismus sein sollte. Der Vorwurf lautet, dass die (Lokal-)Presse rückständig und nicht auf der Höhe der Zeit sei. Die Presse habe weder ein Monopol auf Information noch auf Meinungen (S. 98f.). Leseranalysen aus den 1960er-Jahren zeigen, dass der Lokalteil am meisten gelesen wird und für am wenigsten verzichtbar empfunden wird im Vergleich zu allen anderen Ressorts (S. 101–103). Die Verlage setzen aber selbst bei der Lokal- und Regionalpresse hauptsächlich auf die anderen Ressorts und ahmen damit die überregionalen Tageszeitungen nach (S. 104f.). Das (politische) Sendungsbewusstsein vieler Journalisten steht im Widerspruch mit einem ausgeprägten Minderwertigkeitskomplex der Lokaljournalisten: „Selbsteinschätzung und faktische Berufsrolle scheinen […] bei vielen Journalisten nicht übereinzustimmen. Daraus resultiert dann oft die Unfähigkeit, die vorhandenen Kommunikationsbedürfnisse wirklich aufzuspüren und sie mit einer entsprechenden Zeitungskonzeption zu befriedigen." (S. 107) Insbesondere, wenn im Lokalen die Konkurrenz fehlt, wird der Lokalteil reduziert. Zudem orientieren sich Journalisten mehr an den Berufskollegen als an den Lesern (S. 109). Die journalistische Qualität im Lokalressort lässt oft drastisch zu wünschen übrig (S. 113). Selbst den Anzeigenabteilungen kann man Versäumnisse nachweisen, etwa die Vernachlässigung des lokalen Anzeigenmarktes, insbesondere der Kleinan-

zeigen, die zusätzlich zur Berichterstattung einen Leserservice bieten (S. 114f.).
Zukünftig soll die Zeitung konsequent lokal verankert sein, um gegen die Konkurrenz des Rundfunks bestehen zu können.[3] Der lokale Klatsch soll nicht gering-
geschätzt werden; er ist ein grundlegendes Kommunikationsbedürfnis und gehört
zur Meinungsbildung in der pluralistischen Demokratie (S. 120). Gerade im Lokalen sollen die Bürger selbst stärker zu Wort kommen können als in Leserbriefen
(S. 123).[4]

Abschließend gehen die Verfasser auf das Medium Fernsehen ein. Sie verstehen
Zeitungen und Fernsehen als Komplementärmedien mit unterschiedlichen Leistungen und Stärken (S. 128). Die These lautet hier, dass die Zeitungen ihre
Komplementärfunktion zum Fernsehen gedankenlos und überheblich versäumen
(S. 131). Dabei könnten die Zeitungen die Fernsehinhalte sowohl in Form von An-
kündigungen von Fernsehinhalten als auch mit Kritik an Fernsehsendungen viel
stärker in die eigene Berichterstattung einbauen (S. 134).

Im dritten Teil behandeln die Verfasser die Konsequenzen aus Befunden und
Einschätzungen. Sie sehen vor allem das Kommunikationsmarketing und die Pres-
se(struktur)politik in der Pflicht. Mit Marktforschung können neue Konzepte für
bestehende Zeitungen oder für Neuerscheinungen forciert werden (S. 146f.). Damit
einher geht auch eine höhere Wertschätzung der Leser und ihrer Bedürfnisse seitens der Journalisten (S. 148). Deren Bild vom Leser ist eher intuitiv und geprägt
durch mangelnden Kontakt zur Leserschaft (S. 149). Darüber hinaus muss die Einstellung zur Berufsausbildung professioneller werden, und die journalistische
Berufsrolle muss stärker der Vermittlung dienen. Mit solchen Maßnahmen könnten
auch das Misstrauen und die Feindseligkeit gegenüber Journalisten reduziert werden; diese lassen sich nämlich nicht mit der Unfähigkeit des Publikums weg-
diskutieren (S. 150).

Das Kommunikationsmarketing könnte Produzent (Journalisten, Redaktionen),
Produkt (Presse) und Konsument (Publikum) wechselseitig in einen Kommunikationsprozess bringen, also auch hier eine Vermittlungsfunktion erfüllen, um die
Kluft zwischen ihnen zu verringern (S. 152f.). Gemeint ist hier also nicht in erster
Linie die Werbeträgerforschung, sondern die Forschung auf redaktionellem Gebiet
(S. 155). Studien belegen, dass Inhalte und Struktur von Zeitungen oft dem Leser-
interesse, den Lesegewohnheiten entgegenstehen und bestimmte Lesergruppen
(z. B. Frauen) benachteiligen (S. 156f.). Ob das redaktionelle Marketing dazu
führt, massenbezogene Blätter zu entwickeln („Anpassungsjournalismus") oder

---

[3] Lokalen Hörfunk gab es seinerzeit noch nicht als Konkurrenz zur Lokalzeitung.
[4] Dieser Forderung kommt heutzutage das Berichterstattungsmuster des partizipativen
Journalismus nach.

die Chancen einer bestimmten redaktionellen Konzeption am Lesermarkt auszu-
loten, hängt von deren Zielsetzung und Durchführung ab (S. 158f.).
Pressepolitisch ist insbesondere die Pressekonzentration ein (Ordnungs-)Pro-
blem. Hier ist in erster Linie die Machtkontrolle auf dem Mediensektor nötig
(S. 160f.). Glotz und Langenbucher lehnen jedoch die Vielfaltsthese ab, mit der
Subventionen für kleinere und mittlere Zeitungen begründet werden (S. 165). Aus
Sicht der Leser sei diese Vielfalt irrelevant, weil sie in der Regel nur eine Zeitung
lesen. Auch das Argument der Auswahlfreiheit zählt nicht, weil auf dem lokalen
Markt kaum Platz für sehr verschiedene, konkurrierende Blätter ist (S. 168). Der
Erhalt kleiner, also ressourcenschwächerer Zeitungen nützt nicht der Informations-
und Meinungsvielfalt, sondern stützt allenfalls den Tendenzschutz der Verleger
(S. 170). Auch andere Maßnahmen wie die Enteignung von Konzernen (etwa von
Springer, wie seinerzeit gefordert), die Offenlegung der Besitzverhältnisse oder die
Fusionskontrolle, Auflagenbegrenzung und Marktanteilsbegrenzung haben mehr,
auch juristische, Nachteile, als dass sie das Problem der Aufwertung der Leser-
schaft lösen könnten (S. 172–176).

Abschließend diskutieren die Verfasser das Instrument der gesellschaftlichen
Kontrolle von monopolistischer Presse: Wenn eine Zeitungsmonopolstellung dazu
benutzt wird, eine einseitige Nachrichtenpolitik zu betreiben und wichtige gesellschaftliche Kräfte nicht zu Wort kommen lässt, dann müssten gesetzgeberische
Maßnahmen solche undemokratischen Einseitigkeiten sanktionieren. Als aus-
führende Organe kommen ein Bundespresse-Ausschuss und Landespresse-
Ausschüsse in Frage (S. 178). Diese Ausschüsse dürften jedoch nicht in einzelne
Redaktionen hineinregieren, sondern würden nur bei schweren und langan-
dauernden Verstößen tätig werden. Sie würden Missbilligungen aussprechen oder
die Streichung staatlicher Steuervergünstigungen beantragen (S. 179). „Die immer
fortschreitende Kapitalkonzentration, das immer weiter steigende Machtgefälle in
der Gesellschaft, die immer größer werdende Macht Einzelner, gerade auch im
Sektor der Kommunikation, wird strukturpolitische Maßnahmen erfordern, wenn
die Demokratie nicht außer Kraft gesetzt werden soll." (S. 180) Die Präferenz für
Mitbestimmung gegenüber Enteignung ist ein Kennzeichen sozialstaatlicher
Demokratie, mit dem Ziel nach mehr Freiheit, womit gemeint ist: Freiheit für alle,
also mehr Gerechtigkeit (S. 181).

Der Anhang ist ein Beitrag zur praktischen Kommunikations- und Medienpolitik als Entwurf eines Pressefreiheitsgesetzes. Dieser Anhang ist sozusagen eine
fiktionale Vorschau auf ein vom Bundestag mit Zustimmung des Bundesrats be-
schlossenes Gesetz, das die Macht von marktbeherrschenden Tageszeitungen beschränken soll. Fiktiv bleibt das Vorhaben, weil es nie im Bundestag oder Bundes-
rat verhandelt wurde. In dem Gesetzesentwurf geht es um Pflichten zur

Ausgewogenheit in der Berichterstattung, die als Binnenvielfalt gegen eine schrankenlose Tendenz- und Haltungsfreiheit der Verleger gefordert wird (§ 4, S. 186). Ein zweiter Aspekt ist die Einrichtung von Presseausschüssen[5] analog zum öffentlich-rechtlichen Rundfunkrat, um Fehlverhalten zu kontrollieren und zu sanktionieren (§§ 5–10, S. 186–190).

3   Wirkungsgeschichte und Kritik

Die beiden Rezensionen in „Publizistik" und „Rundfunk und Fernsehen" sind positiv, teilweise sogar euphorisch. Hermann Meyn (1970, S. 84) hält die beiden Verfasser für „hervorragende Analytiker, politisch engagierte Publizisten, glänzende Stilisten", wenngleich ihm auffällt, dass das Buch auch manchmal Polemik enthält. Auch Winfried Schulz (1970, S. 66) fällt diese „schwungvolle Polemik" auf, sieht dies aber positiv, da die „Argumentation auf z. T. wissenschaftlich erarbeitete Fakten gestützt" ist. Kritik übt er an einer normativen Setzung, nämlich der Trennung und gar Gegenüberstellung der journalistischen Vermittlerrolle und der Kritiker- und Aufklärerrolle, die den Journalisten in eine „Schizophrenie" führen würde. Beide Rezensenten üben auch moderate Kritik an den pressepolitischen Vorschlägen von Glotz und Langenbucher (Meyn 1970, S. 85; Schulz 1970, S. 67).

Letzteres räumen Glotz und Langenbucher im Vorwort zur zweiten Auflage von 1993 ein. Sie bestehen aber auf der Kontinuität der Probleme, die sie 1969 diagnostiziert und kritisiert hatten: Der journalistische Beruf verrät immer noch seine grundlegende Informationsfunktion an die publizistische Parteilichkeit. Gleichzeitig räumen die Verfasser aber ein, dass der investigative Journalismus seine Funktionalität immer wieder bewiesen habe (Glotz und Langenbucher 1993, S. 12f.). Die Kritik an der Kriegsberichterstattung halten sie aufrecht, wobei sich die Frage stellt, inwiefern dies etwas über das Publikumsbild der Journalisten aussagt. Das Publikum wird nicht mehr missachtet, aber unterfordert (ebd., S. 13–17).

Man gewinnt sowohl bei der Lektüre der ersten Ausgabe als auch beim Vorwort zur zweiten Ausgabe den Eindruck, dass es Glotz und Langenbucher um eine Generalkritik am Journalismus geht, die an den Inhalten der Berichterstattung festgemacht wird. Von diesen Inhalten und deren Defiziten wird auf das dahinterstehende Publikumsbild der Journalisten und Verleger geschlossen. Und dieses Publikumsbild wird wiederum als vordemokratisch und negativ kritisiert. Direkte Befragungen zum Publikumsbild im Journalismus gab es seinerzeit kaum (S. 149).

---

[5] Im Unterschied zum Deutschen Presserat als ständischer Organisation sollten die Presseausschüsse Initiativrechte haben und wirksam eingreifen können (S. 193).

Das Werk ist im Großen und Ganzen eine Streitschrift – Hohlfeld (2005, S. 198) charakterisiert sie sogar als „Brandschrift" –, die jedoch nicht ausschließlich essayistisch geschrieben ist, sondern immer wieder empirische Studien als Stützung für die normative Argumentation heranzieht. Die sehr stark zur Schau getragene Meinungsstärke lässt daran zweifeln, dass die Wertungen Schlussfolgerungen aus den empirischen Ergebnissen der Studien sind. Vielmehr lässt sich vermuten, dass ausgewählte Studien die eigene Meinung stützen sollen, zumal der Text wenig gegenläufige Meinungen thematisiert, die, wenn sie aufgeführt werden, sofort abgewertet werden, sodass es nicht um eine abwägende Auseinandersetzung geht.

Ralf Hohlfeld (2005, S. 196f.) nimmt das Buch zum Anlass, das Publikumsimage der Journalisten nicht nur indirekt aus der Berichterstattung zu erschließen, sondern es direkt und als eigenständige Größe zu untersuchen. In einer Synopse der einschlägigen Forschung zum Publikumsbild in der Folge des Schlüsselwerks bis Anfang der 2000er-Jahre untersucht Hohlfeld (2005, S. 200f.) die „Bedingungen des Wandels journalistischer Orientierung am Publikum". Er unterscheidet dabei die Zugangsoption, also die Bereitschaft und Möglichkeit der Journalisten, etwas über das/ihr Publikum zu erfahren, die Umsetzungsoption, also den Willen, die Publikumsinteressen in der eigenen Berichterstattung umzusetzen, und die Qualität der Publikumsfiktion (bzw. des Publikumsimages). Die Qualität des Publikumsbildes lässt sich wiederum aufteilen in dessen Richtigkeit, Präzision und Valenz (Hohlfeld 2005, S. 209–215).

Die (Art der) Orientierung des Journalismus an seinen Publika ist ein in der Journalismusforschung in vielen Facetten behandeltes Thema: etwa mit Blick auf journalistisches Rollen(selbst)verständnis, die normativen Funktionen des Journalismus für die Gesellschaft und den Qualitätsdiskurs inklusive des vermeintlichen Widerspruchs zwischen Qualität und Quote (Scholl 2004; Hasebrink 2008). Auch kann die Vernachlässigung von Publikumsbedürfnissen – ebenso wie eine zu starke Orientierung an selbigen – als Konstante der Journalismuskritik gelten. In dieser Hinsicht behandelt das Buch von Glotz und Langenbucher (1969b; [2]1993) anhaltend aktuelle Themen, auch wenn die einschlägige Forschung längst die Pauschalurteile der Streitschrift hinter sich gelassen hat. Auch gibt erst die beiderseitige Erforschung des journalistischen Publikumsbildes und der Interessen und Bedürfnisse des Publikums Auskunft darüber, ob das journalistische Publikumsbild mehr oder weniger „richtig" ist. Vergleicht man die Vorstellungen des Journalismus, was sein Publikum von ihm erwartet (Erwartungserwartungen), mit den vom Publikum selbst geäußerten Erwartungen an den Journalismus, kann man die Kommunikationsdistanz ermitteln, die jedoch wieder variiert, je nach Themenfeldern, Medienorganen und gesellschaftlichen Entwicklungen (Weischenberg et al. 1989, S. 292–294). Dieser theoretische wie empirische Ansatz wurde später von Loosen und Schmidt (2012) mit Blick auf Formen der Publikumsbeteiligung im Journalismus weiterentwickelt.

Heute kann sowohl im Journalismus als auch in der Journalismusforschung kaum mehr die Rede vom „missachteten Leser" bzw. Publikum sein, sondern ist vielmehr ein „Audience Turn" (Costera Meijer 2020) zu verzeichnen. Die Erforschung des Publikums im Dienst des Journalismus hat sich geradezu verwissenschaftlicht, wie Hohlfeld (2003) in seiner Studie zum Einfluss der Medienforschung auf das Publikumsbild im Journalismus herausgefunden hat. Vor allem mit dem Medienwandel und der zunehmenden Verbreitung von sozialen Medien, die zu deutlich erweiterten kommunikativen und partizipativen Möglichkeiten zwischen Journalismus und Publikum beigetragen haben, ist das Publikum des Journalismus zu einem zentralen Feld der Journalismusforschung geworden. Im Vergleich zum hier behandelten Schlüsselwerk setzt sie sich mittlerweile sehr viel stärker sowohl theoretisch als auch empirisch vielfältig mit der sozialen Beziehung „Journalismus und (sein) Publikum" (Loosen und Dohle 2014) auseinander (Loosen und Schmidt 2012). Die großen Partizipationsversprechen wurden im Lauf der Zeit ein Stück entzaubert (Peters und Witschge 2015); Shitstorms, Hate Speech und Fake News stehen für die „dunkle Seite von Partizipation" (Quandt 2018), Formen der Publikumsbeteiligung sind in den meisten Redaktionen fest etabliert und organisatorisch professionalisiert (Loosen 2019): Neue Rollen wie Community Manager*innen vermitteln zwischen Redaktion und Publikum, Moderator*innen kümmern sich um die Sichtung von Nutzer*innen-Stellungnahmen – die immer wieder auch in Form von Hasskommentaren auftauchen (Paasch-Colberg und Strippel 2022). Die Beziehung zwischen Journalismus und s/einem Publikum ist und bleibt also komplex, ambivalent und in Teilen paradox.

Literatur

Bohrmann, H. (2015). Rezension zu Glotz, Peter: Das Gespräch ist die Seele der Demokratie. Beiträge zur Kommunikations-, Medien- und Kulturpolitik. Mit einer Einführung von Michael Meyen. Hrsg. von Wolfgang R. Langenbucher und Hans Wagner. Reihe: ex libris Kommunikation, Bd. 15. Baden-Baden: Nomos. *Publizistik 60*(2), 233–234.
Costera Meijer, I. (2020). Understanding the Audience Turn in Journalism: From Quality Discourse to Innovation Discourse as Anchoring Practices 1995–2020. *Journalism Studies 21*(16), 2326-2342. Doi: https://doi.org/10.1080/1461670X.2020.1847681
Donges, P. (2008). Rezension zu Langenbucher, Wolfgang R.: Der Rundfunk der Gesellschaft. Beiträge zu einer kommunikationspolitischen Innovation. Herausgegeben von

Walter Hömberg. – Berlin etc.: LIT-Verlag 2007 (Reihe: Markierungen; Bd. 5). *Publizistik 53*(4), 593–594.

Gerhards, J. (2001). Der Aufstand des Publikums. Eine systemtheoretische Interpretation des Kulturwandels in Deutschland zwischen 1960 und 1989. *Zeitschrift für Soziologie 30*(3), 163–184.

Glotz, P., Langenbucher, W. R. (1969a). Manipulation – Kommunikation – Demokratie: Prolegomina zu einer Analyse von „Kapitalismus und Kommunikation". *Aus Politik und Zeitgeschichte. Beilage der Zeitschrift Das Parlament* B25, 21. Juni 1969, 3–25.

Glotz, P., Langenbucher, W. R. (1969b; ²1993). *Der mißachtete Leser. Zur Kritik der deutschen Presse.* Köln/Berlin: Kiepenheuer & Witsch; München: Reinhard Fischer.

Glotz, P., Langenbucher, W. R. (1970). Mitbestimmung und Kommunikation. Eine Analyse der Diskussionen um die „innere Pressefreiheit". In: F. Hufen (Hrsg.), *Politik und Massenmedien. Aktuelle Themen eines ungeklärten Verhältnisses* (S. 273–301). Mainz: v. Hase & Köhler. (Auch abgedruckt in: *Aus Politik und Zeitgeschichte. Beilage der Zeitschrift Das Parlament* B32, 8. August 1970, 3–31).

Hasebrink, U. (2008). Das multiple Publikum. Paradoxien im Verhältnis von Journalismus und Mediennutzung. In: B. Pörksen, W. Loosen, & Armin Scholl (Hrsg.), *Paradoxien des Journalismus. Theorie – Empirie – Praxis* (S. 512–530). Wiesbaden: VS Verlag für Sozialwissenschaften.

Hohlfeld, R. (2003). *Journalismus und Medienforschung. Theorie, Empirie, Transfer.* Konstanz: UVK.

Hohlfeld, R. (2005). „Der mißachtete Leser" revisited. Zum Wandel von Publikumsbild und Publikumsorientierung im Journalismus. In: M. Behmer, B. Blöbaum, A. Scholl, & R. Stöber (Hrsg.), *Journalismus und Wandel. Analysedimensionen, Konzepte, Fallstudien* (S. 195–224). Wiesbaden: VS Verlag für Sozialwissenschaften.

Hömberg, W. (2018). Wolfgang R. Langenbucher zum 80. Geburtstag. *Publizistik 63*(2), 289–292.

Langenbucher, W. R. (2005). Nachruf auf Peter Glotz (6.3.1939–25.8.2005). *Publizistik 50*(3), 361–362.

Langenbucher, W. R. (2007a). Ich sehe mich als Institutionenbauer. In: M. Meyen, M. Löblich (Hrsg.), *„Ich habe dieses Fach erfunden". Wie die Kommunikationswissenschaft an die deutschsprachigen Universitäten kam. 19 biografische Interviews* (S. 201–226). Köln: Halem.

Langenbucher, W. R. (2007b). *Der Rundfunk der Gesellschaft. Beiträge zu einer kommunikationspolitischen Innovation.* Hrsg. von Walter Hömberg. Berlin: LIT.

Langenbucher, W. R., Wagner, H. (Hrsg.) (2014). *Das Gespräch ist die Seele der Demokratie. Beiträge zur Kommunikations-, Medien- und Kulturpolitik.* Mit einer Einführung von Michael Meyen. Nomos.

Loosen, W. (2019). Community Engagement and Social Media Editors. *The International Encyclopedia of Journalism Studies 1*(6). Malden/Massachusetts: Wiley. https://doi.org/10.1002/9781118841570.iejs0251.

Loosen, W., Dohle, M. (Hrsg.) (2014). *Journalismus und (sein) Publikum. Schnittstellen zwischen Journalismusforschung und Rezeptions- und Wirkungsforschung.* Wiesbaden: Springer VS.

Loosen, W., Schmidt, J.-H. (2012): (Re-)Discovering the audience. The relationship between journalism and audience in networked digital media. *Information, Communication & Society* 15(6), 867–887.

Luhmann, N. (1969). Normen in soziologischer Perspektive. *Soziale Welt 20*(1), 28–48.

Mang, M. (2013). Peter Glotz. In: M. Meyen, T. Wiedemann (Hrsg.), *Biografisches Lexikon der Kommunikationswissenschaft*. Köln: Halem. http://blexkom.halemverlag.de/lexikon-eintrag_peter-glotz/

Meyen, M. (2014). Peter Glotz – Leben und Werk. In: P. Glotz: Das Gespräch ist die Seele der Demokratie. Beiträge zur Kommunikations-, Medien- und Kulturpolitik. Mit einer Einführung von Michael Meyen. Hrsg. von Wolfgang R. Langenbucher und Hans Wagner (S. 15–42). Baden-Baden: Nomos.

Meyen, M. (2018). Peter Glotz und die Kommunikationswissenschaft. In: F. Ettrich, D. Herz (Hrsg.), *Peter Glotz – Fechtmeister und Sänger. Die Rolle von politischen Intellektuellen im Zeitalter der Postdemokratie* (S. 171–186). Opladen/Berlin/Toronto: Budrich UniPress.

Meyn, H. (1970). Rezension zu Peter Glotz/Wolfgang R. Langenbucher: Der mißachtete Leser. Zur Kritik der deutschen Presse. Köln/Berlin: Kiepenheuer & Witsch 1969 (Information 22). *Publizistik 15*(1), 84–85.

Paasch-Colberg, S., Strippel, C. (2022). "The Boundaries Are Blurry …": How Comment Moderators in Germany See and Respond to Hate Comments. *Journalism Studies 23*(2), 224–244.

Peters, C., Witschge, T. (2015). From Grand Narratives of Democracy to Small Expectations of Participation. *Journalism Practice 9*(1), 19–34.

Quandt, T. (2018). Dark Participation. *Media and Communication 6*(4), 36–48.

Schmid, B. (2004). Peter Glotz 65 Jahre. *Publizistik 49*(3), 344–345.

Scholl, A. (2004). Die Inklusion des Publikums. Theorien zur Analyse der Beziehungen von Journalismus und Publikum. In: M. Löffelholz (Hrsg.), *Theorien des Journalismus. Ein diskursives Handbuch* (S. 517–536). Wiesbaden: Springer VS.

Schulz, W. (1970). Rezension zu Peter Glotz/Wolfgang R. Langenbucher: Der mißachtete Leser. Zur Kritik der deutschen Presse. Köln/Berlin: Kiepenheuer & Witsch 1969. *Rundfunk und Fernsehen 18*(1), 66–67.

Semrad, B. (2018). Wolfgang R. Langenbucher. In: M. Meyen, T. Wiedemann (Hrsg.), *Biografisches Lexikon der Kommunikationswissenschaft*. Köln: Halem. http://blexkom.halemverlag.de/wolfgang-langenbucher/

Weischenberg, S., von Bassewitz, S., & Scholl, A. (1989). Konstellationen der Aussagenentstehung. Zur Handlungs- und Wirkungsrelevanz journalistischer Kommunikationsabsichten. In: M. Kaase, W. Schulz (Hrsg.), *Massenkommunikation. Theorien, Methoden, Befunde* (S. 280–300). Opladen: Westdeutscher Verlag. (Sonderheft 30 der Kölner Zeitschrift für Soziologie und Sozialpsychologie)

Weischenberg, S. (2014). *Max Weber und die Vermessung der Medienwelt*. Wiesbaden: Springer VS.

Das System Redaktion und seine Strukturen

Rühl, Manfred (1969). *Die Zeitungsredaktion als organisiertes soziales System*. Bielefeld: Bertelsmann Universitäts-Verlag

Beatrice Dernbach

Zusammenfassung

Manfred Rühl hat mit seiner Dissertation „Die Zeitungsredaktion als organisiertes soziales System" (1969 und Neuauflage 1979) ein in mehrerlei Hinsicht wegweisendes Werk vorgelegt: Theoretisch führt er sowohl die System- als auch die Organisationstheorie in die Journalismusforschung ein und weitet damit die bis dahin vorherrschende individual- und handlungsorientierte Mikro-Perspektive; methodisch betritt er ein bis dahin unbeackertes Feld der qualitativen empirischen Methoden (ein Mix aus strukturierten Leitfadengesprächen, passiv-teilnehmender Beobachtung, Analyse von Dokumenten). Die langfristige Wirkung seiner Studie auf die Journalismusforschung und die Publizistikwissenschaft ist deutlich sichtbar und unbestritten. Sie ging und geht in zwei Richtungen: Zu nennen sind diejenigen, die sich sowohl theoretisch als auch methodisch an Rühls Forschung orientieren, und diejenigen, die sie aufgrund der „Praxis- und Empirieferne" ablehnen. Konsens jedoch ist: Die Redaktion und ihre Funktion wird bleiben, aber ihre Strukturen verändern sich.

B. Dernbach (✉)
Ohm - Technische Hochschule Nürnberg, Nürnberg, Deutschland
E-Mail: beatrice.dernbach@th-nuernberg.de

© Springer Fachmedien Wiesbaden GmbH, ein Teil von Springer Nature 2023   105
W. Loosen, A. Scholl (Hrsg.), *Schlüsselwerke der Journalismusforschung*,
https://doi.org/10.1007/978-3-658-25867-2_9

Schlüsselwörter

Redaktionsforschung · Systemtheorie · Funktionen · Strukturen

1 Kurzbiografie des Autors

Manfred Rühl, geboren am letzten Tag des Jahres 1933, hat in seiner 1968 fertig-
gestellten Dissertation als Jung-Wissenschaftler systematisch das untersucht
(1966–1967), was er als Schüler, während seiner Lehre als Industriekaufmann
(1953–1955) in einem mittelständischen Unternehmen in Erlangen und während
seines Studiums als Redaktionsbote und freier Mitarbeiter kennengelernt hat: die
Zeitungsredaktion. Er studierte nach seiner abgeschlossenen kaufmännischen Ausbildung an Universitäten in Nürnberg und Berlin – in einer Breite, die heute kaum
mehr möglich ist: Er hörte Vorlesungen in den Wirtschafts- und Sozialwissenschaften, Publizistik, Philosophie und Politikwissenschaft. Damit legte er das
Fundament für das, was er im Laufe der kommenden Jahrzehnte kommunikationstheoretisch zu durchdringen suchte: die Praxis, die er als freier Journalist und
Werkstudent erlebt hatte (BR-Online 1999).

Ab 1964 arbeitete Rühl als wissenschaftlicher Assistent bei Franz Ronneberger,
der in diesem Jahr zum Leiter des Instituts für Publizistik an der Universität
Erlangen-Nürnberg berufen wurde (das er schnell in Institut für Politik- und
Kommunikationswissenschaft umbenannte). Dort wurde Rühl, der in Ronneberger
nicht nur seinen wissenschaftlichen Mentor, sondern auch seinen späteren
Schwiegervater gefunden hatte, mit seiner Studie über die Zeitungsredaktion 1968
promoviert[1] (Scheu 2005 und 2015). Die Erstausgabe hatte 1969 die neu aufgelegte
Schriftenreihe „Gesellschaft und Kommunikation" des Bertelsmann Universitäts-
verlags eröffnet (Fabris 1970, S. 83). Da sie nach kurzer Zeit vergriffen war, die
„communication community" nach einer Neuauflage fragte und Florian H. Fleck
(1980), der sich selbst für das Thema interessierte, diese für den Universitätsverlag
Freiburg (Schweiz) betreute (Rühl 1979, S. 16), erschien etwa zehn Jahre später
eine überarbeitete Version.[2] Der Wegbegleiter Ulrich Saxer (1994, S. 91) schrieb zu
Manfred Rühls sechzigstem Geburtstag über diese Neuauflage: „Damit waren –
bislang! – zwei Schwerpunkte seiner wissenschaftlichen Forschungsreise definiert:
der Journalismus als Thema und die Systemtheorie als konzeptioneller Wegweiser."

---

[1] Rühl selbst hatte in der Erstauflage nicht verraten, dass er die Nürnberger Nachrichten
untersucht hatte. Hans Heinz Fabris hatte dies in seiner Rezension (1970) getan.
[2] Deshalb wird in diesem Beitrag vor allem aus der zweiten, überarbeiteten Auflage von 1979
zitiert.

Der Franke forschte aber nicht nur, sondern lehrte und eignete sich auch administrative Kompetenzen an. Im Wintersemester 1973/74 vertrat er einen Lehrstuhl an der Johannes Gutenberg-Universität Mainz; von 1975 bis 1976 fungierte er als Akademischer Direktor am Lehrstuhl für Politik- und Kommunikationswissenschaft der Universität Erlangen-Nürnberg, bevor er 1976 einen Ruf auf die Professur für Kommunikationswissenschaft und als Leiter des Aufbaustudienganges Journalistik an die Universität Hohenheim annahm. 1978 habilitierte er an der Universität Erlangen-Nürnberg mit seiner Schrift „Journalismus und Gesellschaft" (siehe auch den Beitrag von Görke in diesem Band). 1983 folgte er dem Ruf an die Otto-Friedrich-Universität Bamberg, wo er 1999 emeritiert wurde. Von 1980 bis 1982 führte er den Vorsitz der DGPuK und von 1977 bis 1980 war er Mitglied des Board of Directors der International Communication Association (ICA).

In diesen Jahrzehnten weitet und vertieft sich Manfred Rühls Blick: Nicht nur Journalismus bleibt ein zentraler Aspekt („Journalistik und Journalismen im Wandel", 2011), sondern auch die Public Relations (gemeinsam mit Franz Ronneberger/Rühl „Theorie der Public Relations", 1992) und schließlich Publizistik und Kommunikation als wissenschaftliche Disziplin (z. B. 2006 und zuletzt 2018) einerseits und als „Kommunikationskulturen der Weltgesellschaft" (2008) andererseits rücken in den Mittelpunkt seines Forschens und Publizierens. Bernd Blöbaum (2003, S. 478) fasst zusammen: „Eine wissenschaftssoziologische und -historische Analyse der deutschen Kommunikationswissenschaft würde mit Gewissheit ergeben, welche zentrale Rolle der fleißige Forscher Rühl bei der Entwicklung der Paradigmen sowie ihrer gleichzeitigen Hinterfragung spielte und spielt."

2 Inhalt des Textes

Schon in Manfred Rühls ersten Publikationen vor (1965) und nach der Dissertation (1971) wird deutlich, dass der Fokus seiner wissenschaftlichen Herangehensweise an Journalismus weder auf einzelnen Journalisten noch nur auf ihrem praktischen Handeln liegt. Gemeinsam mit Ilse Dygutsch-Lorenz (1971) und Roland R. Rückel (1969) ermittelte Rühl im Forschungsprojekt „Analyse von Organisationen der Massenkommunikation" eine Reihe von Aspekten, die er in seinen ersten wissenschaftlichen Beiträgen ausgearbeitet hat. Der Einfluss des Sozialwissenschaftlers und Organisationsforschers Ronneberger ist von Beginn an klar erkennbar. So war das Seminar Ronnebergers im Wintersemester 1964/65 über „[d]ie großorganisatorische Struktur der Massenkommunikationsmittel" der „Anstoß für die vorliegende Untersuchung [die Dissertation; BD]" (Rühl 1969a, S. 13). Beide Wissenschaftler blickten nicht auf das Handeln einzelner Redakteure, sondern bet-

teten sie ein in einen „durchrationalisierten Produktionsprozeß in einer nicht min-
der rationalisierten und differenzierten Organisation" (ebd.).

Als ursprünglichen Ausgangspunkt seiner Dissertation hatte der Doktorand eine
„Analyse des Rollengefüges" in der Zeitungsredaktion anvisiert – aber schnell
festgestellt, „daß eine Rollenanalyse von 40 Redaktionsmitgliedern allein nichts
darüber auszusagen vermag, wie es zur redaktionellen Gesamtleistung kommt,
ganz zu schweigen von Fragen über Beziehungen der Redaktion zur sozialen Umwelt" (1969a, S. 14). Aus der Beschäftigung mit der Bürokratieforschung Max Webers, der Organisationsforschung (u. a. Talcott Parsons, Robert K. Merton) sowie
der funktional-strukturellen Theorie sozialer Systeme (nach Niklas Luhmann;
Rühl 1969a, S. 13f.; Rühl 1969b) entsteht das Denkgerüst, das bis heute deutlich in
allen Publikationen identifizierbar ist (z. B. 1985, 1989, 2006, 2011): Die Summe
(die Redaktion) ist „mehr als nur ein kompaktes Aggregat" (Rühl 1979, S. 13)
seiner Teile (also der einzelnen Journalisten). Manfred Rühl – streng der Luhmann-
schen Nomenklatur folgend – war vor allem an den Wechselbeziehungen zwischen
der journalistischen Arbeitsorganisation und ihrer gesellschaftlichen Umwelt interessiert – denn, so die leitende Überlegung, die gesellschaftliche Funktion des Systems Journalismus, in dem einzelne Journalisten neben vielen anderen
Organisationsmitgliedern eine Berufsrolle übernehmen, liege im „Prozess der Herstellung und Bereitstellung von Themen und Mitteilungen zur öffentlichen Diskussion" (Rühl 1979, S. 13f.; ausführlich 1980).

Rühl (1969a, S. 14f., S. 29–35) entdeckt schon bei Otto Groth die Idee der Redaktion als Organisation. Aber sie basiert aus seiner Sicht zu stark auf einem traditionellen, ontologischen Verständnis, ist zu konzentriert auf „eine interne,
umweltlose Ordnung" (Rühl 1979, S. 20, S. 56–65). Der Systemtheoretiker Rühl
bilanziert: „Eine solche Vorstellung von Redaktion unterliegt letztlich dem Postulat
ideal geltender Normen und Werte, die einer sozialwissenschaftlich-empirischen
Untersuchung nicht zugänglich sind." (ebd., S. 20) So formuliert er als zentrale
Frage seiner Untersuchung: „Unter welchen Umweltbedingungen kann die
Zeitungsredaktion entstehen und bestehen bleiben?" (Rühl 1979, S. 20). Er will die
Redaktion als funktional-strukturelles Handlungssystem mit manifesten und laten-
ten Funktionen, Strukturmerkmalen (generalisierte Handlungserwartungen; Rollen; Entscheidungsprogramm) und Strategien nach innen und außen beschreiben
(ebd., S. 21).

Hierfür wählte Rühl einen Mix empirischer Methoden: strukturierte Leitfaden-
gespräche, passiv-teilnehmende Beobachtung, Analyse von Dokumenten (redaktions-
interne und redaktionsexterne Mitteilungen, Daten der Markt- und Meinungsforschung, Memoranden, Berichte, aber auch Terminkalender oder Manuskripte)
(Rühl 1979, S. 30–38). Solche Methodenkombinationen sind typisch für ethno-

grafische Studien, wie sie später auch in den USA in der Newsroom-Forschung verwendet werden (siehe den Beitrag von Hoffjann zu Herbert Gans in diesem Band). Auch im Hinblick auf sein Gesamtwerk ist bemerkenswert, dass Rühl bereits in seiner Dissertation ein eigenes Verständnis von empirischer Forschung entwickelt: „Wie alle empirische Forschung, so besteht auch die empirische Redaktionsforschung in der Anwendung von Theorien." (1979, S. 25) Er hält auch deshalb die qualitative Einzelfallstudie – und nicht die quantitativ-repräsentative Untersuchung – brauchbar „für die Hypothesenbildung und für die Entwicklung des theoretischen Bezugsrahmens" (1979, S. 29). Diese Positionierung ist nicht forschungsökonomisch begründet, sondern „liegt an dem unterentwickelten Zustand redaktioneller Organisationsforschung" (ebd., S. 30). Nicht in der Untersuchung vieler Redaktionen sieht Rühl den wissenschaftlichen Fortschritt, sondern in der Analyse komplexer redaktioneller Strukturen, die zu allgemeingültigen Aussagen über äquivalente Organisationen führen (können).

Das Ergebnis dieser Einzelfallstudie ist erkenntnis-, aber auch sehr detailreich (Rühl 1979, S. 80–295). Rühl beschreibt die Strukturen, die Ressorts (S. 81–151), die Hierarchie innerhalb der Redaktion (S. 152–164), die Konferenzen (die er „Zwischensysteme" nennt; S. 164–171); er skizziert die Ausbildung der Redakteure (S. 171–173) und hebt die Aufgaben der Redaktionsboten (die Verteilung der Post und Fernschreiben sowie die Weiterleitung der Manuskripte an die Setzerei) in einem eigenen Unterkapitel hervor (S. 173–174). Im Kapitel „Berufsgeschichte als Gesellschaftsgeschichte" betrachtet er die gesellschaftliche Umwelt der Redaktion (S. 175–235): Sie reicht von den „Informatoren" (die vom Publikum zu unterscheiden sind), anderen Medien, Verlag und Anzeigenabteilung, Technik, Archiv, Redaktionspersonal sowie Presserecht. Einige der bis dahin genannten Schlagworte kommen im fünften Kapitel wieder vor, in der Rühl die Strukturen, Rollen und Entscheidungsprogramme ausführlich darstellt. Er integriert viele direkte Zitate aus den Interviews und fasst Antworten in selbst erstellten Tabellen zusammen (z. B. zur Frage: „Welche Themen interessieren Ihre Leser in erster Linie?", S. 190).

Gemäß seiner Ausgangsüberlegungen findet Manfred Rühl als Ergebnis seiner empirischen und explizit theoriegeleiteten Studie heraus, dass „die von der Zeitungs- und Publizistikwissenschaft tradierten normativistischen Ansätze nicht geeignet sind, die heute offenstehenden Probleme der kommunikationswissenschaftlichen Redaktionsforschung zu klären" (1979, S. 297). Die Untersuchung des „funktionalen Handlungssystems" Redaktion zeige, dass das „Begriffspaar Theorie und Empirie keine Antinomie, sondern nur unabdingbare Prämissen des Forschens" seien (ebd., S. 298). Der Systemtheoretiker sieht aber auch deutlich „die Grenzen der in der Journalismusforschung üblich gewordenen Forschungstechniken" (ebd.): „Redaktionen und die in ihnen tätigen Journalisten unterliegen besonderen Bedingungen. Das hat nichts damit zu tun, daß Journalisten besondere Menschen wären. Aber redaktionsintern vollziehen sich komplexe Prozesse, die sich schwerlich mit den bekannten Techniken der empirischen Sozialforschung (vor allem nicht mit dem strukturierten Interview) erfassen lassen. Zu ihnen findet der systemfremde Forscher keinen Zugang." (ebd., S. 298)

Die Redaktion der *Nürnberger Nachrichten* war später nie mehr Beobachtungsobjekt eines Wissenschaftlers. Die älteren Redaktionsmitglieder konnten sich allerdings auch knapp drei Jahrzehnte später an den eifrigen Forscher erinnern, der vor allem den Redaktionsboten aus Sicht der Redakteure zu stark exponiert hatte. Geändert hatte sich an den Redaktionsstrukturen, am Produktionsprozess und vor allem im Umgang mit dem Publikum nichts Wesentliches (Dernbach 1994). Der Wandel begann erst Mitte der 2000er-Jahre: Die Redaktions-Publikums-Beziehung wird über neue Formate anders gestaltet (z. B. NN-Talk und NN-Forum) und am Newsdesk werden die publizistischen Angebote (analog und digital) mittels digitaler Tools anders geplant. Der Kern des redaktionellen Arbeitens ist jedoch geblieben.

3   Wirkungsgeschichte und Kritik

Hans Heinz Fabris (1970, S. 83f.) begrüßt in seiner Rezension der Erstauflage der Rühlschen Dissertation die Bearbeitung des „wissenschaftlichen Brachfeldes". Er betont zwei Aspekte: den der Interdisziplinarität der Herangehens- und Denkweise, die „von der Publizistik- und Zeitungswissenschaft ungebührlich lange vernachlässigt wurde", sowie die daraus resultierende, aber praktisch von Rühl als „Ein-Mann-Team" nicht erfüllte Herausforderung der „Dringlichkeit interdisziplinärer Forschung". Auch Niklas Luhmann hat im Frühjahr 1969 eine Rezension zu Rühls Buch verfasst. Sie wurde allerdings nicht veröffentlicht,[3] weil just in diesem Jahr die Zeitschrift *Soziale Welt* die Veröffentlichung von Buchbesprechungen eingestellt hatte, da die Redaktion damit überschwemmt worden war. Luhmann hatte seinem Nürnberger Kollegen den zweiseitigen Text geschickt (und dieser hat ihn bis heute archiviert). Der Bielefelder Soziologe betont: „Die hier angezeigte Schrift hat das Verdienst, der organisationssoziologischen Forschung ein neues Feld zu

---

[3] Sie wurde erst über 50 Jahre später im Rahmen einer mehrbändigen Zusammenstellung von Luhmanns Schriften, Vorträge, Lexikonartikel und Rezensionen zur Organisationssoziologie veröffentlicht (Luhmann 1969 [2022]).

erschließen, dessen gesamtgesellschaftliche Bedeutung unbestreitbar ist." (Luhmann 1969 [2022], S. 496)

Siegfried Weischenberg (1980), der die rund zehn Jahre später erschienene zweite überarbeitete Auflage rezensiert, beschreibt nicht nur wie Fabris den Inhalt der „Pionierstudie", die einst „eine Wendemarke in der Redaktionsforschung" bedeutete und die zweifellos wichtig für die Redaktions- bzw. Journalismusforschung sei, sondern kritisiert sehr deutlich zum einen die Sprache, zum anderen die (Selbst-)Überhöhung des theoretischen Ansatzes. Weischenberg (1980, S. 395) konstatiert im Vergleich der Erst- mit der Neuauflage: „Auffallend sind zunächst weitere begriffliche Abstraktionen." Mit Beispielen belegt er diesen Vorwurf, weitet ihn aber zu einer Generalkritik aus, die bis heute dem Kommunikationstheoretiker Rühl anhängt: den Vorwurf der Praxisferne bzw. der „nur rhetorischen Hinwendung zur Praxis (…), die die realen Bedürfnisse der Praxis durch sprachliche Manierismen verstelle, also die Praxis verwissenschaftliche und nicht die Wissenschaft praxisnäher mache". Selbst wenn dies nicht die Absicht Rühls gewesen sei, so sei der Versuch erkennbar, „seine Studie – und dabei spielt die Sprache eine erhebliche Rolle – über die Zeiten zu erheben" (ebd.).

Weischenbergs zweiter Kritikpunkt bezieht sich auf die Rigidität des Ansatzes oder die Beharrlichkeit des Systemtheoretikers Rühl, der wohl geglaubt habe, vor zehn Jahren „*die* Theorie redaktionellen Handelns entworfen zu haben" (ebd., S. 396). Obwohl Rühl den ursprünglichen Text überarbeitet habe, ignoriere er Veränderungen in der Umwelt einer Redaktion – wie den Kampf um die innere Pressefreiheit bzw. die Redaktionsstatute, den „Einzug der Technologien in die tägliche Redaktionsarbeit" sowie „empirische Nachweise von Entscheidungsmustern", „die alles andere als „leistungsrationell" zu nennen sind" (ebd., S. 395).

Gleichwohl hat der Rühlsche Ansatz eines Systems Journalismus auch bei Weischenberg Spuren hinterlassen. In den Bänden Journalistik 1 (1992) und 2 (1995) setzt er sich ausführlich mit den Funktionen und Strukturen des Journalismus auseinander (visualisiert im Zwiebelmodell des Normen-, Struktur-, Funktions- und Rollenkontextes; 1992, S. 68). In seiner von der DFG geförderten zweiteiligen Studie *Journalismus in Deutschland* konzentriert er sich (mit seinen Kollegen und Mitarbeitern) zwar stärker auf die quantitative empirische Kommunikatorforschung und befragt Journalisten (zweimal etwa je 1500), kappt aber nie die Bezüge zum Journalismus- und Medien- bzw. zum Gesellschaftssystem, sondern lässt die einzelnen handelnden Akteure in einem sozialen System-Kontext agieren (Scholl und Weischenberg 1998; Weischenberg et al. 2006).

In seinen beiden Bänden über Max Weber (2012 und 2014) rekurriert Weischenberg ebenfalls auf den Systemtheoretiker Rühl, insbesondere auf dessen Theorie des Journalismus. Allerdings lässt seine Wortwahl auf ein eher kritischdistanziertes Verhältnis schließen: Die Behauptung Rühls, eine handlungstheoretische Journalismusforschung könne keine Kommunikationsprobleme bearbeiten, sei „apodiktisch" (2012, S. 383). „Im Laufe der Zeit erscheinen seine [die Rühlschen; BD] zahlreichen Wortmeldungen zu diesem Thema freilich weniger anschlussfähig und schwächer begründet." (Ebd.)

Wollte man die mittel- und langfristige Wirkung bzw. die (positive wie negative) Kritik von Rühls Werk grob zusammenfassen, wäre zu konstatieren: Die empirische oder gar interdisziplinäre Redaktionsforschung erlebte alles andere als einen Boom, wenngleich es bis in die 2000er-Jahre hinein einige Redaktionsbeobachtungen gegeben hat (siehe unten); das systemtheoretische Denken allerdings hat sich in der Journalistik neben anderen theoretischen Zugängen etabliert – zumindest in der Gruppe der Kommunikations- und insbesondere Journalismuswissenschaftler*innen, die sich mehr oder weniger in der Tradition von Rühlschen Denkwerkzeugen sehen.

Der anderen Fraktion gehören diejenigen an, die den systemtheoretischen Ansatz nicht nur nicht teilen, sondern ablehnen bzw. mit dem Vorwurf der Praxis- und Empirieferne sogar angreifen. Dazu gehören vor allem Fachvertreter, die Journalismus als das Handeln Einzelner oder von Gruppen ansehen, wie beispielsweise Wolfgang Donsbach (2004 und Donsbach et al. 2009) und Stephan Ruß-Mohl. Im Vordergrund dessen Erkenntnisinteresses steht der „Homo oeconomicus" (Fengler und Ruß-Mohl 2005), ein Journalist, der sich als „Edelfeder" oder „neutraler Informationsvermittler" den ökonomischen Zwängen der Medienorganisationen unterwerfen muss. Journalisten sind in diesem Verständnis Menschen, die den Beruf ergreifen (vielleicht sogar ihren „Traumberuf" darin sehen), eine Berufsgruppe bilden und Journalismus betreiben. In Ausübung ihrer Tätigkeit produzieren sie auch Medienskandale, worunter wiederum ihre Glaubwürdigkeit, ihr Image bzw. das Vertrauen in den Journalismus generell leiden (Donsbach et al. 2009, S. 11–24).

In Rühls Tradition steht auch Bernd Blöbaum, der in seiner Dissertation die Grundlagen der strukturell-funktionalen Systemtheorie für den Journalismus als organisiertes „soziales System" dekliniert (1994; auch 2016).

Christoph Moss (1998) arbeitet die Idee der „Organisation der Zeitungsredaktion" aus – allerdings nähert er sich seinem Untersuchungsgegenstand nicht aus einer publizistik-, sondern aus der betriebswirtschaftlichen bzw. wirtschaftswissenschaftlichen Perspektive, konkret des redaktionellen Marketings bzw. Managements. Diesen Ansatz verfolgt auch Miriam Meckel (1999), die sich wie Moss auf Rühl bezieht und ebenfalls den Marketingaspekt fokussiert. Hier wird bereits deutlich, dass ökonomisches Denken in die Journalismusforschung einzieht – was später vor allem von Klaus-Dieter Altmeppen (2006) ausgearbeitet wird – was der

Volkswirtschaftler Manfred Rühl wohlwollend zur Kenntnis nahm, da er selbst die Publizistik auch unter Marktgesichtspunkten betrachtet hat (1993). Seinen Organisationsansatz hat Rühl hingegen nicht konsequent und intensiv weiterverfolgt; die Betrachtung des Klosters „im Lichte der Theorie der Organisationskommunikation" (1993) bleibt ein origineller Exkurs.

Auch Thorsten Quandt (2005), Klaus Meier (2002, Meier et al. 2014) und Christoph Neuberger (et al. 2009), die sich mit den Veränderungen im Journalismus bzw. den Medienorganisationen (im Zeitalter der Digitalisierung) beschäftigen, orientieren sich an Rühl. Einige von ihnen haben vor allem im Hinblick auf die Erforschung des abgeschlossenen autopoietischen Systems Redaktion die von Manfred Rühl konstatierten Grenzen der empirischen Methoden aufgebrochen und erweitert, indem sie aufwändige Befragungen und Beobachtungen in Redaktionen durchgeführt und ausgewertet haben. Quandt beispielsweise untersucht den Online-Journalismus in fünf ausgewählten Online-Redaktionen. Sein Verständnis reicht von der Makroebene des Teilsystems Online-Journalismus (generiert öffentliche Aussagen auf Basis aktueller Ereignisse, die über das World Wide Web publiziert werden) über die Mesoebene (spezialisierte Organisationseinheiten, die diese Aussagen professionell herstellen) bis zur Mikroebene (Herstellung der journalistischen Aussagen von professionell arbeitenden Kommunikatoren) (2005, S. 40). Basierend auf dem Netzwerkansatz sozialen Handelns („Mikro-Makro-Link") erfasst Quandt die Tagesverläufe und Arbeitsvorgänge systematisch. Seine Erkenntnis: Grundlegende professionelle Techniken bestimmen auch im Online-Journalismus die Erfüllung der gesellschaftlichen Funktion des Herstellens und Bereitstellens relevanter und aktueller Informationen. Die Veränderungen im Vergleich der von Rühl untersuchten Printzeitungsredaktion und der digital arbeitenden Online-Redaktion sind deutlich sichtbar. Wie genau sie sich auswirken werden, darüber kann Quandt Anfang der 2000er-Jahre noch keine belegbaren Aussagen treffen. Es gibt Indizien dafür, dass von Rühl grundlegend benannte Strukturen wie die Ressorts, die Zwischensysteme Konferenzen, das Verhältnis zur technischen und zur Marketing- und Werbeabteilung sowie zum Publikum möglicherweise neu kreiert werden (müssen), dass aber das soziale System der arbeitsteilig organisierten Redaktion erhalten bleibt und weiter den maßgeblichen organisatorischen Zusammenhang für Journalist*innen und deren journalistische Leistung bietet. In dieser Perspektive mutet ein Satz, den Herausgeber Franz Ronneberger in seinem Vorwort 1968 (S. 8) geschrieben hat, geradezu aktuell an: „Manche Diskussionen über angebliche journalistische Fehlleistungen gehen an den Zwängen, die mit dem industriellen Produktionsproze und seinen Beziehungen zum ‚Markt' verbunden sind, glatt vorbei."

Literatur

Altmeppen, K.-D. (2006). *Journalismus und Medien als Organisationen. Leistungen, Strukturen und Management*. Wiesbaden: VS Verlag für Sozialwissenschaften.
Blöbaum, B. (1994). *Journalismus als soziales System. Geschichte, Ausdifferenzierung und Verselbständigung*. Opladen, Wiesbaden: Westdeutscher Verlag.
Blöbaum, B. (2003). Manfred Rühl 70 Jahre. *Publizistik* 48(4), 478.
Blöbaum, B. (2016). Journalismus als Funktionssystem der Gesellschaft. In: M. Löffelholz, L. Rothenberger (Hrsg.), *Handbuch Journalismustheorien* (S. 151–163). Wiesbaden: Springer VS.
BR-Online (1999). Prof. Dr. Manfred Rühl, Kommunikationswissenschaftler, im Gespräch mit Dr. Thomas Rex. https://www.br.de/fernsehen/ard-alpha/sendungen/alpha-forum/manfred-ruehl-gespraech100~attachment.pdf? (Zugegriffen am 14.10.2022)
Dernbach, B. (1994). Die Zeitungsredaktion als organisiertes soziales System. Revisited by Mrs Gates. In: Bentele, G., Hesse, K. R. (Hrsg.), *Publizistik in der Gesellschaft* (S. 141–159). Konstanz: UVK.
Donsbach, W. (2004). Psychology of News Decisions. Factors behind Journalists' Professional Behavior. *Journalism* 5(2), 131–157.
Donsbach, W. et al. (2009). *Entzauberung eines Berufs. Was die Deutschen vom Journalismus erwarten und wie sie enttäuscht werden*. Konstanz: UVK.
Dygutsch-Lorenz, I. (1971). *Die Rundfunkanstalt als Organisationsproblem. Ausgewählte Organisationseinheiten in Beschreibung und Analyse*. Düsseldorf: Bertelsmann.
Fabris, H. H. (1970). Rezension zu Manfred Rühl: Die Zeitungsredaktion als organisiertes soziales System. *Publizistik* 15(1), 83–84.
Fengler, S., Ruß-Mohl, S. (2005). *Der Journalist als „Homo oeconomicus"*. Konstanz: UVK.
Fleck, F. H. (1980). Veränderungen von Organisations- und Führungsstrukturen in Tageszeitungsunternehmen. *Publizistik* 25(2–3), 282–289.
Luhmann, N. (1969 [2022]). [Buchbesprechung zu] Manfred Rühl: Die Zeitungsredaktion als organisiertes soziales System. In: E. Lukas, V. Tacke (Hrsg.), *Niklas Luhmann: Schriften zur Organisation. Band 5: Vorträge, Lexikonartikel und Rezensionen* (S. 495–496). Wiesbaden: Springer VS.
Meckel, M. (1999). *Redaktionsmanagement. Ansätze aus Theorie und Praxis*. Wiesbaden: Opladen: Westdeutscher Verlag.
Meier, K. (2002). *Ressort, Sparte, Team. Wahrnehmungsstrukturen und Redaktionsorganisation im Zeitungsjournalismus*. Konstanz: UVK.
Meier, K., Garcia-Avilés, J. A., & Kaltenbrunner, A. (2014). Media Convergence. Revisited. Lessons learned on newsroom integration in Austria, Germany and Spain. *Journalism Practice* 8(5), 573–584.
Moss, C. (1998). *Die Organisation der Zeitungsredaktion. Wie sich journalistische Arbeit effizient koordinieren läßt*. Wiesbaden, Opladen: Westdeutscher Verlag.
Neuberger, C., Nuernbergk, C., & Rischke, M. (Hrsg.) (2009). *Journalismus im Internet. Profession – Partizipation – Technisierung*. Wiesbaden: VS Verlag für Sozialwissenschaften.
Quandt, T. (2005). *Journalisten im Netz. Eine Untersuchung journalistischen Handelns in Online-Redaktionen*. Wiesbaden: VS Verlag für Sozialwissenschaften.

Ronneberger, F. (1968). Vorwort des Herausgebers. In: M. Rühl: *Die Zeitungsredaktion als organisiertes soziales System* (S. 8–12). Bielefeld: Bertelsmann Universitätsverlag.

Ronneberger, F., Rühl, M. (1992). *Theorie der Public Relations. Ein Entwurf.* Opladen: Westdeutscher Verlag.

Rückel, R. R. (1969). Informationsfluß und redaktioneller Entscheidungsprozeß. *Publizistik* 14(4), 398–410.

Rühl, M. (1965). Zur sozialen Struktur des Zeitungsverlags. *Publizistik* 10(3), 391–411.

Rühl, M. (1969a). *Die Zeitungsredaktion als organisiertes soziales System.* Bielefeld: Bertelsmann Universitätsverlag.

Rühl, M. (1969b). Systemdenken und Kommunikationswissenschaft. *Publizistik*, 14(2), 185–206.

Rühl, M. (1971). Berufliche Sozialisation von Kommunikatoren. Zum Beispiel: Volontäre. In: F. Ronneberger (Hrsg.), *Sozialisation durch Massenkommunikation. Der Mensch als soziales und personales Wesen* (S. 126–150). Stuttgart: Enke.

Rühl, M. (1979). *Die Zeitungsredaktion als organisiertes soziales System.* Überarbeitete und erweiterte 2. Auflage. Fribourg (Schweiz): Universitätsverlag.

Rühl, M. (1980). *Journalismus und Gesellschaft. Bestandsaufnahme und Theorieentwurf.* Mainz: v. Hase & Koehler.

Rühl, M. (1985). Kommunikationswissenschaft zwischen Wunsch und Machbarkeit. Einige Betrachtungen zu ihrer Identität heute. *Publizistik* 30(2–3), 229–246.

Rühl, M. (1989). Organisatorischer Journalismus. Tendenzen der Redaktionsforschung. In: M. Kaase, W. Schulz (Hrsg.), *Massenkommunikation. Theorien, Methoden, Befunde. KZfSS-Sonderheft* 30 (S. 253–269). Opladen: Westdeutscher Verlag.

Rühl, M. (1992). Theorie des Journalismus. In: R. Burkart, W. Hömberg (Hrsg.), *Kommunikationstheorien. Ein Textbuch zur Einführung* (S. 117–133). Wien: Braumüller.

Rühl, M. (1993). Marktpublizistik. Oder: Wie alle reihum Presse und Rundfunk bezahlen. *Publizistik* 38(2), 125–152.

Rühl, M. (1993). Das mittelalterliche Kloster – beobachtet im Lichte der Theorie der Organisationskommunikation. In: G. Bentele, M. Rühl (Hrsg.), *Theorien öffentlicher Kommunikation. Problemfelder, Positionen, Perspektiven* (S. 314–324). München: Ölschläger.

Rühl, M. (2006). Globalisierung der Kommunikationswissenschaft. Denkprämissen – Schlüsselbegriffe – Theorietendenzen. *Publizistik* 51(3), 349–369.

Rühl, M. (2008). *Kommunikationskulturen der Weltgesellschaft. Theorie der Kommunikationswissenschaft.* Wiesbaden: VS Verlag für Sozialwissenschaften.

Rühl, M. (2011). *Journalistik und Journalismen im Wandel. Eine kommunikationswissenschaftliche Perspektive.* Wiesbaden: VS Verlag für Sozialwissenschaften.

Rühl, M. (2018). *Kommunikationswissenschaft. Selbstbeschreibung einer Sozialwissenschaft* Wiesbaden: Springer VS.

Saxer, U. (1994). Manfred Rühl 60 Jahre. *Publizistik* 39(1), 91–93.

Scheu, A. M. (2005). *Manfred Rühl – Ein Pionier der deutschen Kommunikationswissenschaft.* München: Ludwig-Maximilians-Universität München. [Magisterarbeit]

Scheu, A. M. (2015). Manfred Rühl. In: M. Meyen, T. Wiedemann (Hrsg.), *Biografisches Lexikon der Kommunikationswissenschaft.* Köln. http://blexkom.halemverlag.de/manfred-ruehl/. Zugegriffen: 16. März 2018.

Scholl, A., Weischenberg, S. (1998). *Journalismus in der Gesellschaft. Theorie, Methodologie und Empirie*. Wiesbaden: Opladen: Westdeutscher Verlag.
Weischenberg, S. (1980). Rezension zur zweiten Auflage von Manfred Rühl: Die Zeitungsredaktion als organisiertes soziales System. *Publizistik* 25(2–3), 394–396.
Weischenberg, S. (1992). *Journalistik. Theorie und Praxis aktueller Medienkommunikation. Band 1: Mediensysteme – Medienethik – Medieninstitutionen*. Opladen: Westdeutscher Verlag.
Weischenberg, S. (1995). *Journalistik. Theorie und Praxis aktueller Medienkommunikation. Band 2:Medientechnik – Medienfunktionen – Medienakteure*. Wiesbaden, Opladen: Westdeutscher Verlag. (Unveränderter Nachdruck 2002)
Weischenberg, S. (2012). *Max Weber und die Entzauberung der Medienwelt. Theorien und Querelen – eine andere Fachgeschichte*. Wiesbaden: Springer VS.
Weischenberg, S. (2014). *Max Weber und die Vermessung der Medienwelt. Empirie und Ethik des Journalismus – eine Spurenlese*. Wiesbaden: Springer VS.
Weischenberg, S., Malik, M., & Scholl, A. (2006). *Die Souffleure der Mediengesellschaft. Report über die Journalisten in Deutschland*. Konstanz: UVK.

Wie Journalist*innen die redaktionelle Linie ‚erspüren'

Breed, Warren (1955b). Social Control in the Newsroom: a Functional Analysis. *Social Forces* 33(4), 326–335

Julius Reimer

Zusammenfassung

In seinem Artikel „Social Control in the Newsroom: a Functional Analysis" aus dem Jahr 1955 untersucht Warren Breed, warum und wie Journalist*innen die vom Verleger gewünschte, meist konservative ‚Blattlinie' erlernen und in ihrer Berichterstattung umsetzen, obwohl die Verleger-Policy nie explizit wird, sie dem Objektivitätsgebot widerspricht und die Journalist*innen selbst häufig anderer Meinung sind. Auf Basis von rund 120 Interviews zeigt Breed, dass Journalist*innen die Blattlinie über ihre Beobachtungen und Erfahrungen in der Redaktion schrittweise ‚erspüren'. Angst vor Sanktionen, Karrierestreben, Pflichtgefühl den Vorgesetzten gegenüber usw. führen dann dazu, dass sie auch ihre eigenen Beiträge daran anpassen. Indem er dies hervorhebt, wendet sich Breed – wenn auch nur implizit – gegen die damals vorherrschende individualistisch und realistisch ausgerichtete Kommunikatorforschung und geht einen ersten Schritt in Richtung einer Redaktionsforschung, die Journalismus als in organisationalen Zusammenhängen sozial konstruiert versteht. Dies begründet den Einfluss der Studie, der allerdings erst mit den Redaktionsethnografien der

J. Reimer (✉)
Leibniz-Institut für Medienforschung | Hans-Bredow-Institut (HBI) und Universität Hamburg, Hamburg, Deutschland
E-Mail: j.reimer@leibniz-hbi.de

© Springer Fachmedien Wiesbaden GmbH, ein Teil von Springer Nature 2023
W. Loosen, A. Scholl (Hrsg.), *Schlüsselwerke der Journalismusforschung*,
https://doi.org/10.1007/978-3-658-25867-2_10

1970er- und 1980er-Jahre deutlich wird. Auch heute noch nimmt die Journalismusforschung regelmäßig Bezug auf Breeds Erkenntnisse, wenn sie etwa
untersucht, wie Redaktionen auf die ständigen Veränderungen des fortschreitenden Medienwandels reagieren und einen einheitlich-wünschenswerten Umgang ihrer Mitarbeiter*innen mit diesen organisieren.

Schlüsselwörter

Kommunikatorforschung · Journalist*innen · Redaktionsforschung · Redaktion ·
Organisation · Blattlinie · Sozialisation · News bias · Soziale Konstruktion

1 Kurzbiografie des Autors

Warren Breed (1915–1999) wurde in San Francisco geboren, erwarb seinen
Bachelor-Abschluss an der Stanford University und arbeitete anschließend als
Journalist beim *Oakland Post-Enquirer*, einer der vielen Zeitungen des Presse-
magnaten William Randolph Hearst. Ende der 1940er-Jahre wechselte er den Beruf und forschte zunächst am Bureau of Applied Social Research der Columbia
University. Dort erlangte er 1952 auch den Doktorgrad in Soziologie mit seiner
Dissertation „The Newspaperman, News and Society", die von Robert K. Merton
und Paul F. Lazarsfeld betreut worden war. Weitere Stationen seiner akademischen
Karriere waren seine Lehrtätigkeit und spätere Professur für Soziologie an der Tu-
lane University in New Orleans (1960–1969), die Präsidentschaft der Southwes-
tern Sociological Association (1959–60) sowie Forschung am Institute for Scientific Analysis in San Francisco (Reese & Ballinger 2001, S. 648–649).

In dem hier vorgestellten, gerade einmal zehnseitigen Artikel „Social Control in
the Newsroom: a Functional Analysis", den Breed aus seiner Dissertation aus-
gliederte, behandelt er die Frage, wie Redaktionen ihre Mitarbeiter*innen so sozialisieren, dass sie die Blattlinie des Verlegers[1] umsetzen, obwohl ihre persönliche
Meinung häufig davon abweicht (Reese & Ballinger 2001).

Neben dieser *intra*organisationalen, also innerhalb einer Redaktion vollzogenen
Form der Adaption und Nachahmung, beschäftigte sich Breed auch mit *inter*-
organisationaler Imitation: In seinem zweiten Artikel aus dem Jahr 1955, „Newspaper ‚Opinion Leaders' and Processes of Standardization" (Breed 1955a, S. 277),
der ebenfalls auf seiner Dissertation basiert und in *Journalism Quarterly* erschien,

---

[1] Beim Begriff ‚Verleger' verzichte ich auf die genderneutrale Form, da dies den Geschlechterverhältnissen an der Spitze US-amerikanischer Zeitungen in der ersten Hälfte des 20. Jahrhunderts entspricht.

untersucht er, warum sich die Themenwahl und -darstellung der verschiedenen Zeitungen so stark ähneln. Er führt dies – neben offensichtlichen Faktoren wie der Zugehörigkeit vieler Publikationen zur gleichen Zeitungskette oder ihrer Versorgung durch die gleiche Nachrichtenagentur – darauf zurück, dass sich kleinere Redaktionen an größeren Blättern als ‚Meinungsführern' bzw. ‚Leitmedien' orientierten, da sie diesen mehr Kompetenz zusprächen.[2]

Breeds späteres Forschungsinteresse galt psychosozialen Problemen, etwa Suiziden und ihrer Prävention. Dabei fand Breed (1963) u. a. heraus, dass sich Menschen aus Berufsgruppen von geringerem sozioökonomischen Status deutlich häufiger das Leben nehmen. Später widmete er sich den Themen Alkohol und Alkoholismus, wobei er auch wieder die Medien in den Blick nahm und mehrfach erhob, wie und wie häufig die Charaktere in fiktionalen Fernsehinhalten zur Prime Time Alkohol trinken (Wallack et al. 1990).

2   Inhalt des Textes

Die Idee für seine Studie zu „Social Control in the Newsroom" führt Breed auf eine Vorlesung Lazarsfelds zurück, in der dieser über ein kurioses Phänomen sinnierte (Reese & Ballinger 2001, S. 650): Insbesondere bei Themen aus Politik und Wirtschaft wollen Verleger ihre eigenen, häufig konservativen Ansichten in ihren Zeitungen widergespiegelt sehen. Ihre Blätter sollen also einer bestimmten „Policy" (Breed 1955b, S. 326), einer „Blattlinie" (Pürer 2015, S. 59) folgen. Um dieser „Zeitungspolitik" (Weischenberg 1995, S. 529) nachzukommen, verdrehen Journalist*innen zwar normalerweise nicht direkt Tatsachen, aber sie setzen sie um durch „omission, differential selection and preferential placement, such as ‚featuring' a pro-policy item, ‚burying' an anti-policy story in an inside page, etc." (Breed 1955b, S. 327). Was Lazarsfeld nun stutzig machte, war, dass Journalist*innen selbst eher zu einer liberalen Einstellung tendieren, in ihrer Berichterstattung aber dennoch die konservative Linie des Verlegers umsetzen. Dabei kann der Verleger diese Linie nicht einfach befehlen, da dies den journalistischen Normen der Objektivität und Neutralität widerspricht und ihn die Verletzung dieses „ethical taboo" (Breed 1955b, S. 327) öffentlich in Verlegenheit bringen kann.

In „Social Control in the News Room" geht Breed (1955b, S. 326) deshalb der Frage nach, wie Zeitungspolitik trotz dieses Widerspruchs durchgesetzt wird.

---

[2] Die wechselseitige Beobachtung und Imitation von Medien war auch danach immer wieder Thema in der Journalismusforschung (Boczkowski 2009, S. 41–42), etwa unter dem Begriff „interorganizational mimicry" (Boczkowski 2010, S. 16). So zeigt etwa Boczkowski (2009, S. 50), dass digital vernetzte Medien solche Prozesse erheblich vereinfacht und beschleunigt haben, was zu einer „expansion of imitation" führe.

Die Datengrundlage bilden Interviews mit „some 120 newsmen" (Breed 1955b,
S. 328) von mittelgroßen US-Zeitungen. Diese wertet Breed nach Robert K. Mertons Methode der funktionalen Analyse aus, die nach der Funktion einzelner Elemente eines Systems für den Erhalt desselben fragt (Lüthje 2013, auch für die
folgenden Ausführungen zur funktionalen Analyse). ‚Funktion' wird dabei nicht
unbedingt als intendiert und zielgerichtet verstanden, sondern breiter als ‚Konsequenz' oder ‚Folge'. Konkret unterscheidet Merton zwischen beabsichtigten und
wahrgenommenen sowie unbeabsichtigten und nicht wahrgenommenen Folgen,
die er manifeste bzw. latente Funktionen nennt. Weiter trennt er zwischen (Eu-)
Funktionen, die Systemanpassung und -erhalt fördern, und Dysfunktionen, die
diese behindern. Wichtig ist außerdem, dass ein Element unterschiedliche Funktionen haben kann (etwa für verschiedene andere Elemente) und andersherum
auch unterschiedliche Elemente die gleiche Funktion erfüllen können (funktionale Äquivalenz).

Breeds zentrale Frage in „Social Control" ist dementsprechend, welche Elemente des Systems Redaktion zur Folge haben, dass diese Redaktion – trotz der
oben beschriebenen Spannungen – sowohl die Nachrichtenproduktion an sich als
auch die Umsetzung der Blattlinie aufrechterhalten kann. Breed hält dabei zwar
explizit fest, dass er Mertons Methode folgt, stellt sie aber nicht weiter vor und
nutzt auch die zugehörige Terminologie nur in wenigen Einzelfällen (Breed 1955b,
S. 328, insb. Anm. 7, 10, 11).

Inhaltlich beginnt Breed mit der Frage, woher die Journalist*innen überhaupt
über die Blattlinie Bescheid wissen. Denn weil schon ihre bloße Existenz dem
journalistischen Objektivitätspostulat zuwiderläuft, ist sie nirgends schriftlich festgehalten, ja nicht einmal mündlich wird sie explizit erwähnt. Breeds Erkenntnis:
Journalist*innen „learn it ‚by osmosis'" (Breed 1955b, S. 328), das heißt, sie ‚erspüren'[3] sie durch ihre Erfahrungen und Beobachtungen in der Redaktion und passen ihr Verhalten schrittweise und mehr oder weniger unbewusst daran an. Welche
Themen Priorität haben, erfahren sie dann etwa durch die Lektüre des eigenen
Blatts, insbesondere der Titelseite; über welche Fragen sie wie (oder besser gar
nicht) schreiben sollten, schließen sie aus dem, was beim Gegenlesen ihrer Artikel
angemerkt und geändert wird, aus dem, wofür ihre Vorgesetzten sie loben und

---

[3] Das Phänomen des „‚sensing policy'" (Breed zit. n. Reese & Ballinger 2001, S. 649) hatte
zuvor bereits Leo Rosten benannt, der sich vielleicht als erster empirisch mit Journalist*innen und ihrer Arbeit beschäftigt hatte (siehe Nachwort „Das Geheimnis des journalistischen
Schaffens" in diesem Band). Dabei hatte er aber nicht untersucht, wie genau dieses ‚Erspüren' abläuft.

tadeln, sowie aus expliziten Meinungsäußerungen des Verlegers. Weitere Hinweise entnehmen sie Redaktionsklatsch, Konferenzen und Hausbroschüren.

Wie kommt es nun dazu, dass Journalist*innen die ‚erspürte' Linie auch tatsächlich umsetzen? Dafür identifiziert Breed sechs Gründe:

1. Angst vor Sanktionen, etwa in Form von Rügen;
2. Pflichtgefühl und Achtung gegenüber Vorgesetzten und routinierteren Kolleg*innen, von denen sie eingestellt wurden und täglich lernen;
3. Karrierestreben und der Wunsch, auch einmal einen Artikel auf der Titelseite zu platzieren;
4. Fehlen redaktionsexterner Bezugsgruppen wie etwa einer Berufsvereinigung, die die journalistischen Ideale hochhält und so Einfluss von Vorgesetzten und Kolleg*innen mindert;
5. Wertschätzung für die angenehmen Seiten des Berufs: interessante Arbeit, Kontakt mit wichtigen Personen, Gefühl der Zugehörigkeit zur Redaktion;
6. Beschaffung möglichst vieler Nachrichten wird zum Selbstzweck, sodass Fragen ihrer Objektivität und Qualität zweitrangig erscheinen.

Unter Rückgriff auf die Bezugsgruppentheorie aus der Sozialpsychologie folgert Breed, dass alle sechs Faktoren dazu beitragen, dass sich das Handeln von (neuen) Journalist*innen dem Modellverhalten ihrer Vorgesetzten und der erfahreneren Redaktionsmitglieder annähert. Dabei stellt er fest, dass fünf der o. g. Gründe in den untersuchten Redaktionen ungefähr gleich ausgeprägt sind, der wichtigste Faktor, Pflichtgefühl und Achtung gegenüber Vorgesetzten und routinierteren Kolleg*innen, hingegen stärker variiert.

Für einzelne Journalist*innen spielt zudem eine Rolle, auf welcher Sozialisations- und Karrierestufe sie sich befinden. Hier unterscheidet Breed (1955b, S. 332f.) zwischen der „cub", der „wiring-in" und der „star' or ‚veteran' stage", die jeweils mit mehr Verantwortung und Freiheiten, aber auch mit einem stärkeren Zugehörigkeitsgefühl zur Bezugsgruppe sowie einer fortschreitenden Internalisierung von Redaktionszielen und Policy und entsprechend konformerem Verhalten einhergehen (zu ähnlichen Stufenmodellen vgl. etwa Weischenberg 1995, S. 530f.).

Trotz des beschriebenen „process of social control, in which deviations are punished (usually gently)" (Breed 1955b, S. 332), kommt es dennoch hin und wieder zur Veröffentlichung von Artikeln, die von der Blattlinie abweichen. Dies ist dann möglich, wenn Journalist*innen

1. zu einem Thema arbeiten, zu dem die Policy nicht ganz eindeutig ist;
2. durch ihre Recherchen über überlegenes Wissen zum Thema verfügen, das ihnen erlaubt, die Blattlinie zu umgehen, etwa indem sie nur bestimmte Quellen befragen, Zitate nutzen, Aspekte hervorheben usw.;
3. die Geschichte einer anderen Zeitung zuspielen und nach ihrer Veröffentlichung in dieser argumentieren, dass das Thema zu groß geworden ist, um es weiter zu ignorieren;
4. eigeninitiativ und ggf. in ihrer Freizeit nicht Policy-konforme Geschichten verfolgen;
5. ein gewisses Ansehen bzw. einen „‚star' status" (Breed 1955b, S. 334) erreicht haben, der ihnen Freiheiten eröffnet.

Abschließend widmet sich Breed u. a. den Folgen des ‚Erspürens' der Policy und des sozialen Drucks, sie einzuhalten. Die bedeutendste Konsequenz sieht er darin, dass der Publikationsprozess nicht durch Policy-Diskussionen gestört wird und die Zeitung verlässlich erscheint. Diese Mechanismen haben damit „große Bedeutung […] für die Kontinuität redaktioneller Produktion und damit für die ökonomische Rationalität in kommerziellen Mediensystemen" (Weischenberg 1995, S. 527). In der Konsequenz werden Bürger*innen so zwar regelmäßig informiert, zu Themen mit Policy-Bezug, also insbesondere Politik und Wirtschaft, ist die Berichterstattung aber eben verzerrt im Sinne der Linie des Verlegers. Bestehende Machtverhältnisse etwa werden in der Regel nicht in Frage gestellt, was Breed (1955b, S. 335) als „insufficient for wider democratic needs" bewertet.

Breed resümiert, dass eine Veränderung in Richtung einer freieren Presse, die stärker an ihrer gesellschaftlichen Aufgabe und professionellen Normen orientiert ist als an den Ansichten der Verleger, nur durch Druck auf letztere, etwa durch Berufsverbände oder einen Pressekodex, erreicht werden kann.

3 Wirkungsgeschichte und Kritik

Breeds Aufsatz ist eingängig geschrieben, seine Beobachtungen hellsichtig und seine Analyse klug. Doch das allein ist nicht der Grund für seine große Bedeutung. Tatsächlich hatte Breed sogar Schwierigkeiten, den Artikel überhaupt zu veröffentlichen: Die Fachzeitschrift seiner Wahl, *American Sociological Review*, lehnte das Manuskript nämlich ab. Erst eine andere soziologische Fachzeitschrift, *Social Forces*, veröffentlichte den Text. Insgesamt war Breed, während er kommunikationswissenschaftlich forschte sowie noch einige Zeit danach, eine „somewhat neglected figure in the history of the field who wrote several smart and important articles on both the inner workings and the social significance of the news media in the 1950s" (Peters & Simonson 2004, S. 417). Inzwischen jedoch gilt „Social Control" als Klassiker, der in kaum einem Überblickswerk zur Journalismusforschung unerwähnt bleiben dürfte (z. B. Altmeppen & Arnold 2013; Pürer 2015), mittlerweile hundert- bis tausendfach zitiert,[4] mehrfach nachgedruckt und in verschiedene Sprachen übersetzt[5] worden ist sowie als „pioneering" (Brüggemann & Kleinen-von Königslöw 2013, S. 364), „formative" (Westlund & Ekström 2020: 75) oder „seminal study" (Bloom et al. 2016, S. 346; wortgleich: Bunce 2019, S. 892) angesehen wird.

Dies liegt vor allem darin begründet, dass Breed in seinem Artikel den ersten großen Schritt eines nachhaltigen Perspektivwechsels in der Journalismusforschung machte: Die frühe Journalismus- bzw. Gatekeeping-Forschung seit Manning Whites (1950) Studie zu „Mr. Gates" (siehe den Beitrag von Neuberger in diesem Band) war auf eine individualistische Sichtweise beschränkt gewesen, die Nachrichtenauswahl und -darstellung als Ergebnis des (Entscheidungs-)Handelns einzelner Journalist*innen verstand und analysierte. Breed berücksichtigte nun erstmals auch soziologische Aspekte als Einflussfaktoren, etwa Berufsrollen und andere „Strukturen und Funktionen einer Gesamtredaktion" (Pürer 2015, S. 59) sowie „Macht und Herrschaft, Bürokratie und Sozialisation" (Weischenberg 2001, S. 322). Damit zeigte er, „wie eng der individuelle Spielraum" (Weischenberg 1995, S. 531) tatsächlich ist, und nahm zu einem gewissen Grad die Wende von der personenzentrierten Kommunikatorforschung hin zu einer die Organisiertheit und Institutionen journalistischer Arbeit in den Blick nehmenden Redaktionsforschung vorweg (Bunce 2019, S. 892; Reese & Ballinger 2001, S. 652). Somit gilt „Social Control" manchen gar als Wurzel der soziologisch-ethnografisch ausgerichteten Journalismusforschung, die zu erklären sucht, wie Nachrichten konstruiert werden, und zwar von Journalist*innen als individuellen Akteur*innen, aber unter Berücksichtigung ihrer Einbettung in das soziale Gefüge einer Medienorganisation (Reese & Ballinger 2001).

Obwohl Breed von der Mikroebene einen Schritt in Richtung der Mesoebene geht, wird „Social Control" jedoch meist noch den individualistischen Ansätzen zugeordnet, da er sich empirisch wie analytisch nach wie vor auf die einzelnen Journalist*innen fokussiert: „Das Verhalten von Journalisten wird nicht auf organisationale Zwänge zurückgeführt, sondern durch die Position des Journalisten in der

---

[4] Laut Web of Science bzw. Social Science Citation Index wurde der Artikel 440-mal zitiert; Google Scholar zählt sogar über 2000 Referenzen (Stand: 1.11.2021).
[5] So etwa ins Deutsche (Breed 1973) und Portugiesische (Breed 1993).

Organisationshierarchie und den daraus resultierenden Machtverhältnissen [zwischen einzelnen Individuen] erklärt" (Srugies 2016, S. 508f.).

Breeds Artikel widersprach noch in einem weiteren Punkt – wenn auch nur implizit – der zur Zeit seiner Veröffentlichung geltenden Auffassung von Medien und Kommunikation: Denn nach der damals vorherrschenden realistischen Auffassung können Nachrichten die Wirklichkeit wiedergeben, wie sie ist. Indem Breed aufzeigte, dass Berichterstattung durch die Blattlinie verzerrt wird, verdeutlichte er hingegen, dass Journalismus in organisationalen Zusammenhängen produziert, also *sozial konstruiert* wird – eine für damalige Verhältnisse regelrecht subversive Sicht (Reese & Ballinger 2001; Westlund & Ekström 2020). Dieses kritische Potenzial schöpfte Breed aber nicht aus, da er es bei der Frage beließ, auf welche Art und Weise die Policy erlernt und umgesetzt wird. Stattdessen wird deutlich, so Reese und Ballinger (2001, S. 651), „that he considers this to be a potentially correctable flaw in an otherwise satisfactory system for newsgathering".

Wie von Breed selbst wurden seine Erkenntnisse auch von der restlichen Massenkommunikationsforschung – die sich ohnehin vor allem auf die Publikums- und Wirkungsforschung konzentrierte und wenig für die ‚Produktionsseite' interessierte – lediglich aus dem Blickwinkel der damals vorherrschenden Ansätze von Breeds Betreuern interpretiert: der ‚limited effects'-Perspektive Lazarsfelds und der funktionalistischen Tradition Mertons (Reese & Ballinger 2001, S. 642). Und von diesen aus betrachtet, sind Medien(organisationen) und die Konstruiertheit von Nachrichten kein *soziales* Problem, sondern „any bias is still to be found within the *individual*, not in the larger system" (Reese & Ballinger 2001, S. 653; eigene Hervorh).

Erst Jahre später wurden Breeds Ansätze einer organisationalen und sozialkonstruktivistischen Perspektive aufgegriffen und weiterentwickelt – und zwar vorwiegend von Forscher*innen außerhalb der Journalistik und Kommunikationswissenschaft, deren Denk- und Herangehensweisen nicht durch die Fachtradition, sondern soziologisch geprägt waren (Reese & Ballinger 2001; Westlund & Ekström 2020). So wurde „Social Control" zum „jumping off point" (Bunce 2019, S. 892) für die klassischen Redaktionsethnografien der 1970er- und 1980er-Jahre wie jener von Gans (1979) oder Tuchman (1980) (siehe die Beiträge von Hoffjann und Bolz in diesem Band).

Seitdem scheint Breeds Artikel kaum an inhaltlicher Relevanz und ‚Impact' verloren zu haben: Wann immer Studien organisationale, kulturelle oder Professionseinflüsse auf die Arbeit von Journalist*innen thematisieren, wird mit hoher Wahrscheinlichkeit auf „Social Control" referenziert.

Aktuell scheinen die von Breed beschriebenen Sozialisations- und Anpassungsprozesse sogar bedeutender als je zuvor. Denn mit dem fortschreitenden

Medienwandel geraten Redaktionen bei jeder Innovation erneut unter Druck, einen einheitlich-wünschenswerten Umgang ihrer Mitarbeiter*innen mit dieser zu organisieren: Sollen die Redaktionsmitglieder die neue Plattform, Praktik, Darstellungsform usw. nutzen? Und wenn ja: wie? Dies betrifft so vielfältige Aspekte wie Transparenz, Web-Metriken, Kommentarmoderation, Community Management, Datenjournalismus, Podcasts, digitalen Daten- und Quellenschutz, ‚künstliche Intelligenz'. Selbst langjährige Mitarbeiter*innen müssen so fortwährend ‚weitersozialisiert' werden. Daher verwundert es nicht, dass sich auch aktuelle Studien auf Breed beziehen, etwa solche zu Social Media Guidelines, über die Redaktionen versuchen, die Aktivitäten ihrer Mitglieder in der wachsenden Vielzahl sozialer Medien von Facebook bis TikTok zu leiten (z. B. Bloom et al. 2016).

Die Beispiele weisen bereits darauf hin, dass aktuelle Sozialisations- und Anpassungsbemühungen vor dem Hintergrund des Wandels von Kommunikationsverhältnissen und wirtschaftlicher Lage der Medienbranche eher mit Marken- und Redaktionsmanagement zusammenhängen und weniger mit Verlegern und ihrer Beeinflussung der Berichterstattung wie zu Breeds Zeiten.[6] Jedoch wird „Social Control" bei der Thematisierung anderer problematischer Homogenisierungsprozesse herangezogen, etwa in der Debatte um die mangelhafte Repräsentation marginalisierter Gruppen in der Berichterstattung, der durch mehr Diversität in den Redaktionen begegnet werden soll: Hier verweisen Borchardt et al. (2019) auf Breeds Erkenntnisse, um zu erklären, warum eine diversere Belegschaft nicht automatisch in vielfältigeren Inhalten oder gar einer angemesseneren Abbildung der Gesellschaft resultiere: Redaktionssozialisation und soziale Kontrolle führten dazu, dass etwa Frauen und Angehörige ethnischer Minderheiten gerade nicht ihre eigene Perspektive einbringen. Im Gegenteil fühlten sie sich gedrängt, um anerkannt zu werden, in besonderem Maße die unausgesprochenen Erwartungen einer weißen und männlichen Mehrheitskultur zu erfüllen und das entsprechende Weltbild in Themenwahl und -darstellung zu bestätigen.

Gerade weil noch heute regelmäßig auf Breeds Erkenntnisse Bezug genommen wird, muss darauf hingewiesen werden, dass sie nur begrenzt auf andere soziokulturelle und historische Kontexte übertragbar sind:

So besitzen sie „zunächst einmal nur Gültigkeit für die Forschung in den USA" (Weischenberg 2001, S. 323) und die von Breed beschriebene Form der Sozialisation vollzieht sich vor allem „in den kommerziellen Mediensystemen westlichen

---

[6] Allerdings kann auch Letzteres noch immer ein Thema sein. Das zeigt etwa die Intervention des Verlegers Dirk Ippen, mit der er verhinderte, dass seine Blätter die Recherche des eigenen Investigativteams zum wiederholten Machtmissbrauch des *Bild*-Chefredakteurs Julian Reichelt veröffentlichen (von Blazekovic 2022).

Typs" (Weischenberg 1995, S. 327). Welche Bedeutung ihr in öffentlich-rechtlichen, stiftungsfinanzierten und anderen Non-Profit-Medien bzw. in nicht-westlichen Journalismuskulturen zukommt, ist unklar.

Zudem dürften die von Breed beschriebenen Prozesse heutzutage anders verlaufen. Denn der fortschreitende Wandel im Journalismus und der weiteren Medienumwelt produziert nicht nur fortwährend die oben angesprochenen neuen Anlässe für weitere Anpassung und Sozialisation, sondern er verkompliziert sie auch, was eine Vielfalt neuer Fragen aufwirft: Was bedeutet es, wenn Journalist*innen nicht mehr nur in der bzw. einer Redaktion sozialisiert werden, sondern aufgrund von Praktika und häufigeren Jobwechseln bei gleich mehreren Medien sowie zumeist wohl auch im Studium, durch Filme, Medienjournalismus oder gar öffentliche Publikumskritik in Nutzerkommentaren? Wie ‚erspürt‘ die wachsende Zahl Freier die Blattlinie und unausgesprochene Verhaltensregeln ihrer Abnehmerredaktionen? Und wie tun dies die mobil und ‚remote‘ Arbeitenden im „distributed newsroom" (Radcliffe 2021)? Wie ‚eng‘ oder ‚breit‘ ist der Handlungsspielraum für Journalist*innen in Startups oder ‚Interloper‘-Medien (Eldridge 2019), deren Führungsfiguren keinen publizistischen Hintergrund haben oder zumindest auch Journalismus-externe Orientierungen mitbringen? Wie verändert sich die relative Einflussstärke von Policy und Kolleg*innenorientierung mit der „(Wieder-)Entdeckung des Publikums" (Loosen & Schmidt 2012; eigene Übersetzung), im partizipativen, ‚crowdsourced‘, ‚crowdfunded‘ oder auch ‚metrics-driven‘ Journalismus? Und wie in Zeiten künstlicher Intelligenz und automatisierter Berichterstattung?

Die „Social Control in the Newsroom" und darüber hinaus befindet sich also im Wandel – und bleibt damit aktuell. Die neuen Fragen kann nur die gegenwärtige Forschung klären. Gleichwohl bietet Breeds beinahe 70 Jahre alter Beitrag hier noch immer Impulse, etwa für die Hypothesenbildung und Ergebnisinterpretation. Auch deshalb hat dieses Schlüsselwerk der Journalismusforschung als Referenz nach wie vor Konjunktur.

Literatur

Altmeppen, K.-D., Arnold, K. (2013). *Journalistik. Grundlagen eines organisationalen Handlungsfeldes.* Oldenbourg.
Bloom, T., Cleary, J., & North, M. (2016). Traversing the 'Twittersphere'. Social media policies in international news operations. *Journalism Practice* 10(3), 343–357.
Boczkowski, P. J. (2009). Technology, monitoring, and imitation in contemporary news work. *Communication, Culture and Critique* 2(1), 39–59.
Boczkowski, P. J. (2010). *News at work. Imitation in an age of information abundance.* The University of Chicago Press.

Borchardt, A., Lück, J., Kieslich, S., Schultz, T., & Simon, F. M. (2019). *Are journalists today's coal miners? The struggle for talent and diversity in modern newsrooms – a study on journalists in Germany, Sweden, and the United Kingdom.* Reuters Institute; Johannes-Gutenberg-Universität; Deutsche Telekom-Stiftung.

Breed, W. (1955a). Newspaper 'opinion leaders' and processes of standardization. *Journalism Quarterly* 32(3), 277–328.

Breed, W. (1955b). Social control in the newsroom: a functional analysis. *Social Forces* 33(4), 326–335.

Breed, W. (1963). Occupational mobility and suicide among white males. *American Sociological Review* 28(2), 179–188.

Breed, W. (1973). Soziale Kontrolle in der Redaktion: eine funktionale Analyse. In: J. Aufermann, H. Bohrmann, & R. Sülzer (Hrsg.), *Gesellschaftliche Kommunikation und Information. Forschungsrichtungen und Problemstellungen. Ein Arbeitsbuch zur Massenkommunikation* (S. 356–378). Athenäum.

Breed, W. (1993). Controlo social na redacção. Uma análise funcional. In: N. Traquina (Hrsg.), *Jornalismo: Questões, teorias e 'estórias'* (S. 152–166). Vega.

Brüggemann, M., & Kleinen-von Königslöw, K. (2013). Explaining cosmopolitan coverage. *European Journal of Communication* 28(4), 361–378.

Bunce, M. (2019). Management and resistance in the digital newsroom. *Journalism* 20(7), 890–905.

Eldridge II, S. A. (2019). Where do we draw the line? Interlopers, (ant)agonists, and an unbounded journalistic field. *Media and Communication* 7(4), 8–18.

Gans, H. J. (1979). *Deciding what's news. A study of CBS Evening News, NBC Nightly News, Newsweek, and Time.* Pantheon Books.

Loosen, W., & Schmidt, J.-H. (2012). (Re-)Discovering the audience. The relationship between journalism and audience in networked digital media. *Information, Communication & Society* 15(6), 867–887.

Lüthje, C. (2013). Funktionale Analyse mittlerer Reichweite als Methode neuer kulturgeschichtlicher Kommunikationsforschung: methodologisch-erkenntnistheoretische Begründung und Anwendungsbeispiele. *SC|M Studies in Communication|Media* 2(2), 143–197.

Peters, J. D., & Simonson, P. (Hrsg.). (2004). *Mass communication and American social thought. Key texts, 1919–1968.* Rowman & Littlefield.

Pürer, H. (2015). *Journalismusforschung.* UVK.

Radcliffe, D. (2021, 8. Februar). What have we learned about distributed newsrooms? *International Journalists' Network.* https://ijnet.org/en/story/what-have-we-learned-about-distributed-newsrooms

Reese, S. D., & Ballinger, J. (2001). The roots of a sociology of news: remembering Mr. Gates and Social Control in the Newsroom. *Journalism & Mass Communication Quarterly* 78(4), 641–658.

Srugies, A. (2016). Journalismus als Organisation. In: M. Löffelholz & L. Rothenberger (Hrsg.), *Handbuch Journalismustheorien* (S. 507–522). Springer VS.

Tuchman, G. (1980). *Making news. A study in the construction of reality.* The Free Press.

von Blazekovic, A. (2022, 20. Januar). Ippen verliert Investigativ-Team. *Süddeutsche.de.* https://www.sueddeutsche.de/medien/ippen-investigativ-kuendigung-1.5512067

Wallack, L., Grube, J. W., Madden, P. A., & Breed, W. (1990). Portrayals of alcohol on prime-time television. *Journal of Studies on Alcohol* 51(5), 428–437.

Weischenberg, S. (1995). *Journalistik. Theorie und Praxis aktueller Medienkommunikation. Band 2: Medientechnik, Medienfunktionen, Medienakteure.* Wiesbaden: Westdeutscher Verlag.

Weischenberg, S. (2001). *Nachrichten-Journalismus. Anleitungen und Qualitäts-Standards für die Medienpraxis.* Wiesbaden: Westdeutscher Verlag.

Westlund, O., & Ekström, M. (2020). News organizations and routines. In: K. Wahl-Jorgensen, T. Hanitzsch (Hrsg.), *The Handbook of Journalism Studies* (S. 73–89). Routledge.

White, D. M. (1950). The 'gate keeper': a case study in the selection of news. *Journalism Quarterly* 27(4), 383–390.

Die Allgegenwart des Schleusenwärters

White, David Manning (1950). The „Gate Keeper": A Case Study in the Selection of News. *Journalism Quarterly* 27(3), 383–390

Christoph Neuberger

Zusammenfassung

Die Gatekeeper-Forschung befasst sich mit den Einflüssen, die journalistisches Entscheiden bestimmen. Der Name dieses traditionsreichen Forschungszweigs geht auf die Pionierstudie von David Manning White (1950) zurück, der die Nachrichtenauswahl eines Journalisten („Mr. Gates") einer regionalen Tageszeitung untersuchte. Dafür entwickelte White ein ebenso einfaches wie innovatives Design: Er kombinierte eine Input-Output-Inhaltsanalyse (Welche Themen kommen über Nachrichtenagenturen in die Redaktion? Und welche werden davon ausgewählt?) mit einer Befragung über die Gründe für die Nichtberücksichtigung von Nachrichten. Die Entwicklung der Gatekeeper-Forschung lässt sich als Erweiterung, Systematisierung und Messung der Stärke von Einflüssen auf das journalistische Auswahlhandeln beschreiben. Die Fruchtbarkeit von Whites Konzepts beweist die heutige Forschung, die nach wie vor den – von Kurt Lewin übernommenen – Begriff des Gatekeepers verwendet. Grundsätzlich verändert haben sich – jedenfalls in der digitalen Öffentlichkeit – der Kontext und die Akteure, die Auswahlentscheidungen fällen. An die Stelle des

C. Neuberger (✉)
Freie Universität Berlin/Weizenbaum-Institut für die vernetzte Gesellschaft, Berlin, Deutschland
E-Mail: christoph.neuberger@fu-berlin.de

© Springer Fachmedien Wiesbaden GmbH, ein Teil von Springer Nature 2023
W. Loosen, A. Scholl (Hrsg.), *Schlüsselwerke der Journalismusforschung*,
https://doi.org/10.1007/978-3-658-25867-2_11

linearen Modells des Nachrichtenflusses ist das Modell des Netzwerkes getreten. Das Gatekeeping ist darin ein allgegenwärtiges Phänomen geworden, das nicht mehr alleine dem professionellen Journalismus vorbehalten bleibt.

Schlüsselwörter

Gatekeeper · Nachrichtenauswahl · Einfluss · Redaktion · Nachrichtenwerttheorie · Netzwerköffentlichkeit

1   Kurzbiografie des Autors

David Manning White (1917–1993), der Begründer der Gatekeeper-Forschung, arbeitete in jungen Jahren als Reporter und Nachrichtenredakteur (zu Whites Biografie vgl. Reese und Ballinger 2001, S. 645–646; Prabook o. J.). Während des Zweiten Weltkriegs war er am *Office of War Information* in Washington, D.C. an der Entwicklung von Propaganda-Strategien beteiligt. 1942 promovierte er im Fach Englisch an der University of Iowa. Stationen seiner akademischen Karriere waren die Bradley University (1946–1949), Boston University (1949–1975) und Virginia Commonwealth University (1975–1982). White publizierte 18 Bücher, darunter Werke wie „Pop Culture in America" (1970) sowie als Herausgeber „Mass Culture: The Popular Arts in America" (1957, gemeinsam mit Bernard Rosenberg) und „Introduction to Mass Communication Research" (1958, gemeinsam mit Ralph O. Nafziger).

In Iowa begegnete White Kurt Lewin, der 1933 wegen seiner jüdischen Herkunft aus Berlin in die USA emigriert war. Wegen seiner Arbeiten zur Gestaltpsychologie und experimentellen Sozialpsychologie zählt er zu den „Klassikern" der Psychologie. Lewin erklärte in seiner „Feldtheorie" Entscheidungen aus dem Zusammenspiel unterschiedlicher Kräfte. Dafür entwickelte er am Beispiel der Nahrungsmittelversorgung einer Familie eine „Kanal-Theorie", mit der die Entscheidungssituation beim Einkauf rekonstruiert wird: „Die Lebensmittel bewegen sich nicht aus eigenem Antrieb. Daß sie in einen Kanal gelangen oder nicht, und daß sie in diesem Kanal von einer Stelle zur anderen kommen, wird durch einen ‚Pförtner' bewirkt." (Lewin 1963[1943], S. 212) Diese Grundidee von Lewin übertrug White auf die Nachrichtenverbreitung.

2   Inhalt des Textes

Die Gatekeeper-Forschung befasst sich mit den Einflüssen, die journalistisches Entscheiden bestimmen. Der Name dieses traditionsreichen Forschungszweigs geht auf die Pionierstudie von David Manning White (1950) zurück, der die Nachrichtenauswahl eines Journalisten einer regionalen Tageszeitung im Mittleren Westen der USA („Peoria Star") eine Woche lang vom 6. bis 13. Februar 1949 untersuchte. Als Wire Editor hatte er die Aufgabe, aus dem Angebot von drei Nachrichtenagenturen nationale und internationale Nachrichten vor allem für die Titelseite zu gestalten. Dafür entwickelte White ein ebenso einfaches wie innovatives Design (zum Entstehungskontext der Studie vgl. Reese und Ballinger 2001, S. 645–648; Engelmann 2016, S. 23–27, 56f.). Er kombinierte eine Input-Output-Inhaltsanalyse (Welche Themen kommen über Nachrichtenagenturen in die Redaktion? Und welche werden davon ausgewählt?) mit einer Befragung. Was der Redakteur ausgewählt hatte, stand in der Zeitung, war also leicht zugänglich. Darüber hinaus bat ihn White, die ausgesonderten Nachrichten nicht in den Papierkorb zu werfen, sondern für ihn zu sammeln und jeweils auf deren Rückseite eine frei formulierte Begründung für den Ausschluss zu schreiben. Diese Aufgabe erledigte „Mr. Gates", so das Pseudonym des Nachrichtenredakteurs, nach Dienstschluss. Außerdem befragte ihn White allgemein zur Relevanz von Themen, persönlichen Vorurteilen, seinem Publikumsbild sowie spezifischen Prüfkriterien für Thema und Schreibstil. White kannte den Redakteur persönlich, weil dieser nebenher als Ausbilder an der Bradley University Journalismus lehrte (Reese und Ballinger 2001, S. 646).

Der Aufsatz, der in der Zeitschrift „Journalism Quarterly" erschien, ist gerade einmal acht Seiten lang. Zunächst führt der Autor Lewins Konzept des Gatekeepers ein und benennt dann das Ziel seiner Studie: „The purpose of this study is to examine closely the way one of the ‚gate keepers' in the complex channels of communication operates his gate." (White 1950, S. 383) Im Nachrichtenfluss seien an mehreren Stellen Schleusen oder Tore (Gates), die von Wächtern geöffnet oder geschlossen werden. Nur ein kleiner Teil der Nachrichten komme beim Publikum an: In der Untersuchungswoche gelangte nur rund ein Zehntel des Agenturmaterials in die Zeitung.

In seiner quantitativen Auswertung stellt White den Anteil der Themen im Eingangsmaterial dem publizierten Anteil in der Zeitung gegenüber. Dabei zeigt sich z. B., dass Human Interest in der Zeitung unterproportional Beachtung fand, während die Politik auf nationaler Ebene und Landesebene stärker berücksichtigt wurde. Außerdem kategorisiert White die frei formulierten Begründungen für den Ausschluss von Nachrichten. Dabei unterscheidet er, ob der Grund das Ereignis selbst war oder aber der Text, der gegenüber einem anderen Text über das gleiche Ereignis weniger gut geeignet erschien. Im ersten Fall bezogen sich also die Gründe auf Ereignismerkmale („Not interesting", „Too much already on subject", „Trivial", „Propaganda" usw.), im zweiten Fall eher auf Textmerkmale („Passed for later story", „Used another press service" usw.).

Im weiteren Verlauf seines Aufsatzes geht White auf die Sicht des Redakteurs auf einzelne Themen und Nachrichten der Untersuchungswoche ein. Dabei erwähnt er eine Reihe von Einflussfaktoren, die das Auswahlhandeln von „Mr. Gates" bestimmen: Neben Erfahrungen, Einstellungen und Erwartungen des Gatekeepers (White 1950, S. 384, 386) nennt er auch technische und organisatorische Zwänge (begrenzter Veröffentlichungsraum, zeitlicher Abstand zum Redaktionsschluss), die Nachrichtenlage (White 1950, S. 386f.), den Einfluss der Nachrichtenagenturen („‚gate keepers' above him"), die redaktionelle Linie („our editorial policies"), die Orientierung an Konkurrenzmedien („gate keepers' in competing media"), die vermuteten Publikumserwartungen und -wirkungen („Our readers are looked upon as people with average intelligence and with a variety of interests and abilities.") sowie die Kultur, die der Nachrichtenredakteur repräsentiert („the newsman as representative of his culture"; White 1950, S. 389f.).

3   Wirkungsgeschichte und Kritik

Reese und Ballinger (2001, S. 647f.) haben sich mit dem Entstehungskontext der Studie und ihrer zeitgenössischen Einordnung befasst. Die Studie sei Ausgangspunkt einer eigenständigen Soziologie der Medien gewesen, welche der Frage nachgeht: „What makes news?" Seit White würden Nachrichten nicht mehr als fraglos gegeben hingenommen, d. h. als eine unproblematische Spiegelung der Realität. Ihr Charakter als „gemachtes Produkt" („manufactured product") sei dadurch offensichtlich geworden. Allerdings sei die Studie zunächst im Lichte des damals herrschenden Paradigmas der „schwachen Medienwirkungen" interpretiert und domestiziert worden. Das Auswahlhandeln sei vor allem individuell, weniger als gesellschaftlich bedingt betrachtet worden: „Any bias is still to be found within the individual, not in the larger system" (Reese und Ballinger 2001, S. 653). Erst in den 1970er-Jahren mit dem Aufkommen einer mediensoziologischen Sicht sei die Radikalität der von White aufgeworfenen Frage nach der Nachrichtenentstehung erkannt und ernst genommen worden.

Die Entwicklung der Gatekeeper-Forschung, die White angestoßen hat, lässt sich als Erweiterung, Systematisierung und Messung der Stärke von Einflüssen auf das journalistische Auswahlhandeln beschreiben (als Forschungsüberblick vgl. Shoemaker und Vos 2009; Barzilai-Nahon 2011; Shoemaker und Reese 2014; Engelmann 2016). Gertrude Joch Robinson hat den Verlauf der Gatekeeper-Forschung später in drei Phasen eingeteilt, wodurch eine „lineare Entwicklung" belegt werden sollte, in der „Ausmaß und Reichweite ihrer Modelle größer geworden sind" (Robinson 1973, S. 353). In der ersten Phase sei die Entscheidung über die redaktionelle Nachrichtenauswahl als Vorgang aufgefasst worden, den psychologische Faktoren bestimmen (individualistische Phase), in der zweiten Phase als ein soziales, im Kontext einer Organisation durchgeführtes Handeln (institutionale Phase; z. B. Gieber 1956) und in der letzten Phase als kybernetischer Prozess, den auch organisationsexterne Faktoren und Feedback-Schleifen bestimmen (z. B. Robinson 1970).

Dieses bis heute oft zitierte Drei-Phasen-Modell, das auch Eingang in viele deutschsprachige Lehrbücher gefunden hat (Neuberger 2009, S. 238f.), unterstellt also einen linearen Fortschritt. Damit wertet es jedoch zu Unrecht den Ausgangspunkt der Gatekeeper-Forschung ab (Neuberger 1996, S. 275f.): White habe lediglich die individuellen Präferenzen als Erklärung angeboten. Diese falsche Lesart der Studie hat White allerdings selbst befördert: Die Auswahl des Gatekeepers sei, so stellt er gleich dreimal in seinem Aufsatz fest, „highly subjective" (White 1950, S. 386, 387, 390) – ein Urteil, das vielfach übernommen und kritisiert wurde (Engelmann 2016, S. 27), obwohl sich White damit selbst widersprach, da er – wie oben gezeigt – bereits viele weitere Faktoren erwähnte.

White sei davon ausgegangen, so Robinson, „dass der Journalist mehr oder weniger für sich allein arbeitet" (Robinson 1973, S. 346), und spricht deshalb von einer „Art psychologischem Reduktionismus" (Robinson 1973, S. 352). Stattdessen entscheide der Redakteur „auf der Grundlage von professionellen und organisatorischen Kriterien, zu denen Artikel-Ausstoß, Leistungsfähigkeit, Anpassungsfähigkeit, Vielseitigkeit und Schnelligkeit gehören" (Robinson 1973, S. 355). Und weiter: „Da Zeitdruck und Platzmangel in einer Zeitung eine angemessene Ausarbeitung der Nachrichten ausschließen, wird der Nachrichteninhalt nicht individuell geschaffen, wie White annimmt, sondern hauptsächlich von der Nachrichtenbürokratie bestimmt." (Robinson 1973, S. 347) Diese Fehleinschätzung der Studie von White hat sich zu einer Wandersage der Kommunikationswissenschaft entwickelt (Neuberger 2009, S. 238f.).

Mehrebenen-Modelle systematisieren die Vielfalt der Einflüsse auf das journalistische Handeln (als Überblick vgl. Engelmann 2016, S. 16–19, 35f.), ohne allerdings durchweg überzeugen zu können. So werden z. B. im „Hierarchy-of-Influences"-Modell von Shoemaker und Reese (2014, S. 7–15) verschiedene Ebenen mit Hilfe der soziologischen Grundbegriffe „Routine", „Organisation" und „Institution" bezeichnet, deren Bedeutung sich aber erheblich überschneidet, sodass sich mit ihrer Hilfe die Ebenen nicht klar voneinander trennen lassen. Das „Worlds of Journalism"-Projekt, in dem weltweit Journalist/innen repräsentativ befragt werden, unterscheidet zwischen individuellen, professionellen und prozessbezogenen, organisationsbezogenen, ökonomischen und politischen Einflüssen sowie persönlichen Netzwerken (Lauerer und Keel 2019).

Während Whites Studie einen engen Zusammenhang zwischen Einflüssen und Auswahlergebnis herstellte, gingen in der Folgezeit die Forschung über *Einfluss-faktoren* (in der Gatekeeper-Forschung) sowie die Forschung über die *Ergebnisse* der Nachrichtenauswahl (in der Nachrichtenwerttheorie, der News Bias-Forschung und der Theorie der instrumentellen Aktualisierung) zunehmend getrennte Wege. Dies war auch die Folge eines Dilemmas (Neuberger 1996, S. 276f.): Zwar wurden immer mehr und weiter entfernte Einflüsse ermittelt, doch ließ sich dadurch auch immer schwerer zeigen, wie sich der einzelne Faktor konkret auf das Handeln des Gatekeepers auswirkt. Als gut anschlussfähig erwies sich das Gatekeeper-Konzept sowohl an die Systemtheorie, wobei hier ebenfalls die individualistische Verengung kritisiert wurde (Rühl 1979, S. 51), als auch an die Handlungstheorie. Engelmann (2012, 2016, S. 20f.) hat das Gatekeeping in ein handlungstheoretisches Modell der soziologischen Erklärung integriert. In ihrer experimentellen Studie führt sie die meist getrennt erforschten Einflüsse und Ergebnisse des Auswahlhandelns wieder zusammen (Engelmann 2012, S. 230–259).

Die Gatekeeper-Forschung hat gegenüber Whites Pionierstudie das Konzept erweitert, auch wenn die Ursprungsidee erhalten geblieben ist. Zuletzt hat besonders die Digitalisierung der Öffentlichkeit zur Weiterentwicklung des Gatekeeper-Konzepts angeregt (Engelmann 2016, S. 78–94).

- *Selektion* ist nur einer von mehreren Handlungstypen im Nachrichtenprozess. Die Metaphern des Schleusenwärters und des Kanals legen eine mechanistische Vorstellung nahe, nach der sich Nachrichten wie Schiffe als feste, unveränderliche Einheiten über Kanäle bewegen. Dass jedoch Nachrichten beim Schreiben konstruiert werden und auch Gatekeeper sie nicht nur auswählen, sondern auch prüfen und verändern, ist zunehmend berücksichtigt worden (Neuberger 1996, S. 267–275).
- Welche *Folgen* eine bestimmte Nachrichtenselektion hat, bleibt in der Gatekeeper-Forschung ausgeklammert, wurde aber z. B. im Agenda-Setting-Ansatz weiter erhellt (Bro 2017).
- Um den *Wandel* des Gatekeeping zu erklären, müssen negative und positive Rückkopplungen zwischen Auswahlhandeln und Umwelt berücksichtigt werden. Robinson (1970) analysierte die Redaktion der jugoslawischen Nachrichtenagentur Tanjug als kybernetisches, sich selbst regulierendes System. Wie sich Strukturen und Handeln wechselseitig beeinflussen, ist gleichwohl ein Desiderat der Gatekeeper-Forschung.
- Die Gatekeeper-Forschung reduziert den Journalismus auf den Prozess der Nachrichtenverbreitung. Die *Diffusion* als einseitig gerichtete Übernahme und Weitergabe ist aber nur ein Interaktionsmodus unter mehreren, die sich im Jour-

nalismus und in der Öffentlichkeit beobachten lassen. Komplexere Interaktionsmodi wie Konflikt, Konkurrenz und Kooperation unterscheiden sich von der Diffusion dadurch, dass die Akteure ihr Handeln nicht nur ein-, sondern auch wechselseitig aufeinander beziehen (Neuberger 2014). Hier übernimmt der Journalismus eine moderierende Rolle (Neuberger 2020).

Grundlegend verändert hat sich mit dem Internet die *Akteurkonstellation* in der Öffentlichkeit, verglichen mit der Öffentlichkeit der traditionellen Massenmedien. Dass der professionelle Journalismus sein Gatekeeper-Monopol, d. h. die weitgehende Kontrolle über den Zugang zur aktuellen Öffentlichkeit verlieren werde, prognostizierte Weischenberg (1985, S. 190f.) schon sehr früh: Weil Quellen und Publikum sich künftig auf direktem Weg technisch verbinden könnten (Disintermediation, Bypassing), seien sie nicht mehr notwendig auf journalistische Vermittlung angewiesen (Williams und Delli Carpini 2000). Daraus ergibt sich die paradoxe Folge: Weil die publizierte Angebotsmenge steigt, wächst wiederum der Bedarf an journalistischer Vermittlung. Allerdings ist nicht mehr (nur) ein hartes Gatekeeping im Sinne von Publikationsentscheidungen gefragt. Vielmehr geht es im Internet auch um das Verweisen (Neuberger 2020, S. 141f.), d. h. die Lenkung von Aufmerksamkeit auf bereits Publiziertes (Gatewatching [Bruns 2005, 2018], Curated Flows [Thorson und Wells 2015], Curation [Bhaskar 2016]).

Selektion ist ein basaler Handlungstyp, der nicht nur im Journalismus oder auf vorgelagerten Stufen wie in Nachrichtenagenturen (Welbers et al. 2018) vorzufinden ist, sondern auch im *Publikum*. Die Nähe zwischen Lewins Gatekeeper-Konzept und dem Wirkungskonzept des Meinungsführers, der Medieninhalte selektiert und weiterverbreitet, registrierten bereits Katz und Lazarsfeld (1964[1955], S. 116–133). Konsequent umgesetzt ist dieser Gedanke in der dreigeteilten Studie von Arendt, Steindl und Kümpel (2016), in der die Selektion im Journalismus (Gatekeeping) mit jener im Publikum bei der Rezeption (Selective Exposure) und beim Empfehlen auf Social Network Sites (News Sharing [Trilling, Tolochko und Burscher 2017]) verglichen wird. Vor allem im Internet hat das Publikum als kollektive Selektionsinstanz an Bedeutung gewonnen (Hussain 2012; Keyling 2017), wobei oft eine journalistische Vorauswahl noch einmal gefiltert wird (Secondary Gatekeeping [Singer 2014]).

In der *Netzwerköffentlichkeit* des Internets sind Selektionsvorgänge ein verbreitetes Phänomen. Bei der dezentralen, vielstufigen Diffusion von Nachrichten entscheiden laufend Akteure, welche die Knoten des Netzwerkes bilden, über deren Rezeption, Verarbeitung und Weitergabe (Networked Gatekeeping [Meraz und Papacharissi 2013; Nahon und Hemsley 2013]). Darüber hinaus ist die Abgrenzung zwischen Publikum (Citizen Journalism, Produser) und Journalismus im Internet oft unscharf, z. B. dann, wenn Amateure und professioneller Journalismus in Form eines Collegial Gatekeeping kooperieren (Reader 2021). Außerdem werden menschliche Entscheidungen zunehmend durch Algorithmen substituiert, oft auf digitalen Plattformen (Neuberger 2022), die Fremdmaterial aggregieren, priorisieren und personalisieren (Second-Order Gatekeepers [Heinderyckx 2015, S. 261f.]). Im Internet kommt es daher zu einem Neben-, Mit- und Ineinander professioneller, partizipativer und algorithmischer Vermittlung sowie unvermittelter Kommunikation (Neuberger 2018; Wallace 2018; Hermida 2020).

Das Gatekeeping als Entscheidungsstelle in den Blick zu nehmen, ist das bleibende Verdienst von David Manning White für die Journalismusforschung. Die Fruchtbarkeit seines Konzepts beweist die heutige Forschung, die nach wie vor den von Lewin übernommenen Begriff des Gatekeepers verwendet. Grundsätzlich verändert haben sich – jedenfalls in der digitalen Öffentlichkeit – der Kontext und die Akteure, die Auswahlentscheidungen fällen. An die Stelle des linearen Modells des Nachrichtenflusses ist das Modell des Netzwerkes getreten. Das Gatekeeping ist darin ein allgegenwärtiges Phänomen geworden, das nicht mehr alleine dem professionellen Journalismus vorbehalten bleibt.

Literatur

Arendt, F., Steindl, N., & Kümpel, A. (2016). Implicit and Explicit Attitudes as Predictors of Gatekeeping, Selective Exposure, and News Sharing: Testing a General Model of Media-Related Selection. *Journal of Communication* 66(5), 717–740. https://doi.org/10.1111/jcom.12256.

Barzilai-Nahon, K. (2011). Gatekeeping: A Critical Review. *Annual Review of Information Science and Technology* 43(1), 10-1–10-79. https://doi.org/10.1002/aris.2009.1440430117.

Bhaskar, M. (2016). *Curation: The Power of Selection in a World of Excess.* London: Piatkus.

Bro, P. (2017). Gatekeeping and Agenda-Setting: Extant or Extinct in a Digital Era? In: B. Franklin & S. Eldridge II (Hrsg.), *The Routledge companion to digital journalism studies* (S. 75–83). London: Routledge.

Bruns, A. (2005). *Gatewatching: Collaborative Online News Production.* New York: Peter Lang.

Bruns, A. (2018). *Gatewatching and News Curation. Journalism, Social Media, and the Public Sphere.* New York: Peter Lang.

Engelmann, I. (2012). *Alltagsrationalität im Journalismus. Akteurs- und organisationsbezogene Einflussfaktoren der Nachrichtenauswahl.* Konstanz: UVK.

Engelmann, I. (2016). *Gatekeeping.* Baden-Baden: Nomos.

Gatekeeper, Nachrichtenauswahl, Einfluss, Redaktion, Nachrichtenwerttheorie, Netzwerköffentlichkeit

Gieber, W. (1956). Across the Desk: A Study of 16 Telegraph Editors. *Journalism Quarterly* 33(4), 423–432. https://doi.org/10.1177/107769905603300401.

Heinderyckx, F. (2015). Gatekeeping Theory Redux. In: T. Vos & F. Heinderyckx (Hrsg.), *Gatekeeping in Transition* (S. 253–267). New York: Routledge.

Hermida, A. (2020). Post-Publication Gatekeeping: The Interplay of Publics, Platforms, Paraphernalia, and Practices in the Circulation of News. *Journalism & Mass Communication Quarterly* 97(2), 469–491. https://doi.org/10.1177/1077699020911882.

Hussain, M. M. (2012). Journalism's Digital Disconnect: The Growth of Campaign Content and Entertainment Gatekeepers in Viral Political Information. *Journalism* 13(8), 1024–1040. https://doi.org/10.1177/1464884911433253.

Katz, E. & Lazarsfeld, P. F. (1964[1955]). *Personal Influence: The Part Played by People in the Flow of Mass Communications.* New York: The Free Press.

Keyling, T. (2017). *Kollektives Gatekeeping. Die Herstellung von Publizität in Social Media.* Wiesbaden: Springer VS.

Lauerer, C. & Keel, G. (2019). Journalismus zwischen Unabhängigkeit und Einfluss. In: T. Hanitzsch, J. Seethaler & V. Wyss (Hrsg.), *Journalismus in Deutschland, Österreich und der Schweiz* (S. 103–134). Wiesbaden: Springer VS.

Lewin, K. (1963). Psychologische Ökologie (1943). In K. Lewin, *Feldtheorie in den Sozialwissenschaften. Ausgewählte theoretische Schriften* (S. 206–222). Bern: Hans Huber.

Meraz, S. & Papacharissi, Z. (2013). Networked Gatekeeping and Networked Framing on #Egypt. *The International Journal of Press/Politics* 18(2), 138–166. https://doi.org/10.1177/1940161212474472.

Nahon, K. & Hemsley, J. (2013). *Going Viral.* Cambridge: Polity Press.

Neuberger, C. (1996). *Journalismus als Problembearbeitung. Objektivität und Relevanz in der öffentlichen Kommunikation.* Konstanz: UVK Medien.

Neuberger, C. (2009). „Stille Post" in der Kommunikationswissenschaft. Tradierungsfehler in der wissenschaftlichen Fachöffentlichkeit. In: K. Merten (Hrsg.), *Konstruktion von Kommunikation in der Mediengesellschaft. Festschrift für Joachim Westerbarkey* (S. 231–262). Wiesbaden: VS.

Neuberger, C. (2014). Konflikt, Konkurrenz und Kooperation. Interaktionsmodi in einer Theorie der dynamischen Netzwerköffentlichkeit. *Medien & Kommunikationswissenschaft* 62(4), 567–587. https://doi.org/10.5771/1615-634x-2014-4-567.

Neuberger, C. (2018). Journalismus in der Netzwerköffentlichkeit: Zum Verhältnis zwischen Profession, Partizipation und Technik. In: C. Nuernbergk & C. Neuberger (Hrsg.), *Journalismus im Internet: Profession – Partizipation – Technisierung.* (2. Aufl.) (S. 11–80). Wiesbaden: Springer VS.

Neuberger, C. (2020). Journalismus und digitaler Wandel: Krise und Neukonzeption journalistischer Vermittlung. In: O. Jarren & C. Neuberger (Hrsg.), *Gesellschaftliche Vermittlung in der Krise: Medien und Plattformen als Intermediäre* (S. 119–154). Baden-Baden: Nomos.

Neuberger, C. (2022). Journalismus und Plattformen als vermittelnde Dritte in der digitalen Öffentlichkeit. *Kölner Zeitschrift für Soziologie und Sozialpsychologie* 74, Sonderheft 62, 159–181. In: U. Dolata & J.-F. Schrape (Hrsg.), Internet, Big Data und digitale Plattformen: Politische Ökonomie – Kommunikation – Regulierung. Wiesbaden: Springer VS. https://doi.org/10.1007/s11577-022-00832-9.

Prabook (o. J.). *David Manning White.* https://prabook.com/web/david_manning.white/12294. Zugegriffen: 24. Dezember 2018.

Reader, B. (2021). Working with the 'Gated': A Case Study of ABC Open's Blend of Reciprocal Journalism and ‚Collegial Gatekeeping'. *Journalism* 22(1), 265–281. https://doi.org/10.1177/1464884918767595.

Reese, S.D. & Ballinger, J. (2001). The Roots of a Sociology of News: Remembering Mr. Gates and Social Control in The Newsroom. *Journalism & Mass Communication Quarterly* 78(4), 641–658. https://doi.org/10.1177/107769900107800402.

Robinson, G. J. (1970). Foreign News Selection is Non-Linear in Yugoslavia's Tanjug Agency. *Journalism Quarterly* 47(2), 340–351. https://doi.org/10.1177/107769907004700216.

Robinson, G. J. (1973). Fünfundzwanzig Jahre „Gatekeeper"-Forschung: Eine kritische Rückschau und Bewertung. In: J. Aufermann, H. Bohrmann & R. Sülzer (Hrsg.), *Gesellschaftliche Kommunikation und Information. Forschungsrichtungen und Problemstellungen. Ein Arbeitsbuch zur Massenkommunikation I* (S. 344–355). Frankfurt a.M.: Athenäum.

Rühl, M. (1979). *Die Zeitungsredaktion als organisiertes soziales System* (2. Aufl.). Freiburg, Schweiz: Universitätsverlag.

Shoemaker, P.J. & Reese, S.D. (2014). *Mediating the Message in the 21st Century. A Media Sociology Perspective.* New York: Routledge.

Shoemaker, P. J. & Vos, T. P. (2009). *Gatekeeping Theory.* New York: Routledge.

Singer, J. B. (2014). User-Generated Visibility: Secondary Gatekeeping in a Shared Media Space. *New Media & Society* 16(1), 55–73. https://doi.org/10.1177/1461444813477833.

Thorson, K. & Wells, C. (2015). How Gatekeeping Still Matters. Understanding Media Effects in an Era of Curated Flows. In: T. Vos & F. Heinderyckx (Hrsg.), *Gatekeeping in Transition* (S. 25–44). New York: Routledge.

Trilling, D., Tolochko, P., & Burscher, B. (2017). From Newsworthiness to Shareworthiness: How to Predict News Sharing Based on Article Characteristics. *Journalism & Mass Communication Quarterly* 94(1), 38–60. https://doi.org/10.1177/1077699016654682.

Wallace, J. (2018). Modelling Contemporary Gatekeeping: The Rise of Individuals, Algorithms and Platforms in Digital News Dissemination. *Digital Journalism* 6(3), 274–293. https://doi.org/10.1080/21670811.2017.1343648.

Weischenberg, S. (1985). Die Unberechenbarkeit des Gatekeepers. Zur Zukunft professioneller Informationsvermittlung im Prozeß technisch-ökonomischen Wandels. *Rundfunk und Fernsehen* 33(2), 187–201.

Welbers, K., van Atteveldt, W., Kleinnijenhuis, J., & Ruigrok, N. (2018). A Gatekeeper Among Gatekeepers: News Agency Influence in Print and Online Newspapers in the Netherlands. *Journalism Studies* 19(3), 315–333. https://doi.org/10.1080/1461670X.2016.1190663.

White, D. M. (1950). The "Gate Keeper": A Case Study in the Selection of News. *Journalism Quarterly* 27(4), 383–390. https://doi.org/10.1177/107769905002700403.

Williams, B. A. & Delli Carpini, M. X. (2000). Unchained Reaction: The Collapse of Media Gatekeeping and the Clinton-Lewinsky Scandal. *Journalism* 1(1), 61–85. https://doi.org/10.1177/146488490000100113.

Journalistische Werte als ‚Paraideologie'

Gans, Herbert J. (1979). Deciding What's News. A Study of the CBS Evening News, NBC Night News, Newsweek and Time. New York: Pantheon Books

Olaf Hoffjann

Zusammenfassung

Herbert J. Gans zeichnet in „Deciding What's News" (1979) ein Gesamtbild des Journalismus, seiner Strukturen und seiner Akteure. Dazu beobachtete Gans mit Unterbrechungen 14 Jahre lang vier amerikanische Nachrichtenredaktionen, führte Leitfadeninterviews sowie quantitative und qualitative Inhaltsanalysen durch. Inhaltlich reicht das Spektrum von Forschungsfeldern wie der journalistischen Wirklichkeitskonstruktion und Objektivität über die Beziehung zur Politik bzw. PR und dem Publikumsbild bis hin zu redaktionellen Strukturen, dem Verhältnis von Redaktion und Medienmanagement sowie der Selbstzensur. Konkret beantwortet Gans insbesondere drei Fragen. Im ersten Teil „The News" sucht er eine Antwort auf die Frage, wie über Amerika in nationalen Medien berichtet wird, im zweiten Teil „The Journalists" fragt er, warum so berichtet wird. Gans untersucht hier umfassend gesellschaftliche, organisationale und persönliche Dimensionen, die gemeinsam zu journalistischen Auswahlentscheidungen führen. Aus einer kritischen Perspektive heraus fragt er im dritten Teil „News Policy", wie die von ihm konstatierten Defizite überwunden werden könnten, und entwickelt hierfür konkrete Vorschläge.

O. Hoffjann (✉)
Universität Bamberg, Bamberg, Deutschland
E-Mail: olaf.hoffjann@uni-bamberg.de

© Springer Fachmedien Wiesbaden GmbH, ein Teil von Springer Nature 2023
W. Loosen, A. Scholl (Hrsg.), *Schlüsselwerke der Journalismusforschung*,
https://doi.org/10.1007/978-3-658-25867-2_12

139

Schlüsselwörter

Paraideologie · Journalistische Wirklichkeitskonstruktion · Objektivität ·
Journalistische Werte · Multiperspektivische Nachrichten

1   Kurzbiografie des Autors

Herbert J. Gans (*1927 in Köln) emigrierte 1938 aus dem nationalsozialistischen
Deutschland zunächst nach England und zwei Jahre später in die USA, wo er 1945
amerikanischer Staatsbürger wurde. Nach seinem Master in Soziologie und Sozialwissenschaften 1950 erwarb er 1957 seinen PhD in Planung und Soziologie an der
University of Pennsylvania. Von 1953 bis 1964 lehrte und forschte er in unterschiedlichen Positionen im Bereich Urban Studies an der University of Pennsylvania – zuletzt als Association Professor. Von 1964 bis 1969 war er als außerordent-
licher Professor am Teachers College und als Research Associate für das Institute
for Urban Studies and Planning am MIT tätig. 1971 wechselte er als Professor für
Soziologie an die Columbia University (New York) und war dort bis 2007 – noch
lange nach seiner Emeritierung – aktiv. 1988 war er Präsident der American Sociological Association (ASA).

Der eigentliche Forschungs- und Lehrschwerpunkt von Herbert J. Gans ist die
Stadtsoziologie, er hat aber im Laufe der vergangenen rund 60 Jahre u. a. auch
zur (Sozial-)Politik, zur Popkultur – und zu Medien bzw. zum Journalismus ge-
forscht und publiziert. Zu seinen stadtsoziologischen Hauptwerken zählen „The
Urban Villagers" (1962) und „The Levittowners" (1967), in denen er die Lebens-
bedingungen von Italo-Amerikanern bzw. von Menschen in einer Schlafstadt
durch Beobachtungen und Interviews erkundete. Bereits in diesen Studien hat
Gans die Relevanz der sie umgebenden Strukturen und Werte breit erforscht.
Diesen ethnographischen Ansatz hat er in „Deciding What's News" auf das Milieu der Journalisten angewendet. Mit den Themen Medien bzw. Journalismus
hat sich der Soziologe Gans von seinen Anfängen als Wissenschaftler bis heute
(2018) beschäftigt. So hat er bereits 1957 in einem Aufsatz die Beziehungen zwischen Produzenten und Publikum am Beispiel von Kinofilmen analysiert, der
zunächst in einem von Manning White herausgegebenen Band und 1972 in deutscher Übersetzung erschien. In den vergangenen Jahren knüpfte er vielfach an
Überlegungen aus „Deciding What's News" an – u. a. in der Monografie „Democracy and the News" (2002) sowie in verschiedenen Aufsätzen (z. B. 2011,
2014). In diesen Spätwerken bewertete er die Zustände im amerikanischen Mediensystem deutlich kritischer.

2   Inhalt des Textes

Die Idee zu „Deciding What's News" entstand in den frühen 1960er-Jahren während des Höhepunktes des Kalten Krieges und der Kubakrise. Herbert J. Gans stellte sich die Frage, wie Medien über diese Ereignisse berichten, wie sie das Publikum mit ihrer Berichterstattung beeinflussen und wie das Publikum umgekehrt politische Entscheidungen beeinflusst. Letzteres hatte ihn bereits in seinem 1957 (1972) entstandenen Aufsatz beschäftigt. Diese sehr umfassend angelegte kommunikationswissenschaftliche Forschungsagenda fokussierte er bei der weiteren Planung des Buches auf einige ausgewählte Aspekte.

„Deciding What's News" weist in inhaltlicher, methodischer und zeitlicher Hinsicht aber immer noch eine bemerkenswerte Breite auf. So arbeitete Herbert J. Gans an dem Buch über 14 Jahre lang. Über längere Zeit widmete sich Gans anderen Projekten, sodass bei Wiederaufnahme des Projektes bereits erhobene Daten seiner Ansicht nach bereits veraltet waren und er weitere aktuellere Daten erhob. *Inhaltlich* reicht das Spektrum von Forschungsfeldern wie der journalistischen Wirklichkeitskonstruktion und Objektivität über die Beziehung zur Politik bzw. PR und dem Publikumsbild bis hin zu redaktionellen Strukturen, dem Verhältnis von Redaktion und Medienmanagement sowie der Selbstzensur. Das Buch umfasst drei Teile. Im ersten Teil „The News" sucht Gans eine Antwort auf die Frage, *wie* über Amerika in nationalen Medien berichtet wird, im zweiten Teil „The Journalists" fragt er, *warum* so berichtet wird. Diese Frage steht im Mittelpunkt seines Forschungsinteresses – auch vom Umfang her überragt dieser Teil die anderen Teile bei Weitem. Gans untersucht hier umfassend gesellschaftliche, organisationale und persönliche Dimensionen, die gemeinsam zu journalistischen Auswahlentscheidungen führen. Aus einer kritischen Perspektive heraus fragt er im dritten Teil „News Policy", wie die von ihm konstatierten Defizite überwunden werden könnten, und entwickelt hierfür konkrete Vorschläge.

Methodisch basiert das Buch auf einer quantitativen und qualitativen Inhaltsanalyse sowie auf einer Beobachtung und Leitfadeninterviews. Seine Untersuchungsobjekte sind die politischen Magazine *Newsweek* und *Time* sowie die Nachrichtensendungen *CBS Evening News* und *NBC Nightly News*. Der Fokus sind also landesweite Medien, sein Anspruch ist aber, dass diese Befunde auch auf andere journalistische Medientypen übertragbar sind. Die Frage, wie über Amerika in nationalen Medien berichtet wird, beantwortet Gans mit Hilfe einer quantitativen Inhaltsanalyse von *Newsweek* und der *CBS Evening News*, deren innenpolitische Berichterstattung er 1967 sowie für *Newsweek* zusätzlich 1971 und 1975 sechs Monate lang untersucht hat. Im Wesentlichen beruhen die Ergebnisse des ersten Teils aber auf einem mehr als zehnjährigen Medienkonsum der vier untersuchten

Medien und – wie er es selbst nennt – „impressionistischen" (Gans 1979, S. 41)
Vorgehensweise. Der zweite Teil zur Frage, warum so berichtet wird, basiert auf
jeweils mehrmonatigen teilnehmenden Beobachtungen in den vier New Yorker
Büros dieser Medien in den Jahren 1965, 1969 und 1975 sowie ergänzenden Leitfadeninterviews 1978.

Im ersten Teil untersucht Gans zunächst auf Basis der quantitativen Inhaltsanalyse das Bild, das die Medien von der Nation und der Gesellschaft konstruieren.
Demnach dominieren prominente Akteure die Medienberichterstattung, während
unbekannte Akteure vor allem als Demonstranten, Streikende, Opfer, Kriminelle
oder als Teilnehmer von Umfragen oder ungewöhnlicher Aktionen auftreten. Mitglieder der Arbeiterklasse treten gar nur als Streikende oder Opfer von Unglücken
auf. Ein ähnliches Bild zeichnen die Ereignisse, über die berichtet wird: Insgesamt
ist die auf die USA bezogene Berichterstattung einerseits geprägt von Auseinandersetzungen, Diskussionen und offiziellen Ereignissen innerhalb der Regierung,
andererseits von Verbrechen, Skandalen und Unglücken. Diese Befunde liegen im
Rahmen des Erwartbaren, da sie vergleichbare Untersuchungen bestätigen, die in
dieser Zeit in den USA entstanden sind. So ist Sigal 1973 in ihrer Untersuchung zur
Washington Post und *New York Times* bereits zu dem Befund gelangt, dass sich
rund die Hälfte der untersuchten Artikel auf Quellen der US-Regierung stützt.

Obwohl sich Gans bei der Inhaltsanalyse vor allem auf die Inlandsberichterstat-
tung fokussiert hat, hat er sich am Rande auch für die Auslandsberichterstattung
interessiert. Demnach dominieren die Auslandsberichterstattung entweder europäische Verbündete oder Länder des damaligen Ostblocks. Damit bestätigen sich Befunde, die in vergleichbarer Weise bereits Untersuchungen zur Nachrichtenwertforschung hervorgebracht haben (z. B. Galtung und Ruge 1965). Ein anderer
Befund ist unerwarteter: Die Inhaltsanalyse zeigt, dass amerikanische Themen die
Auslandsberichterstattung dominieren. So handelten 1967 drei von vier, 1971 gar
88 % der *Newsweek*-Beiträge zu Vietnam von Amerikanern, die dort kämpften oder
arbeiteten. Gans hat damit als Erster zeigen können, dass Medien dazu neigen, internationale Nachrichten durch Herausstreichen nationaler Bezüge zu ‚domestizie-
ren'. Diese Domestizierungsthese ausländischer Ereignisse in der Medienberichterstattung wird bis heute vielfach aufgegriffen (z. B. Esser 2002).

Im weiteren Verlauf der Medienanalyse hat Gans auf Basis einer qualitativen
Inhaltsanalyse die Werte identifiziert, die in der Medienberichterstattung implizit
wie explizit vertreten werden. Im Einzelnen identifiziert er Ethnozentrismus, altru-
istische Demokratie, verantwortungsvollen Kapitalismus, Kleinstadt-Pastoralis-
mus, Individualismus, gemäßigte Lösungen, soziale Ordnung und Leadership.
Diese in den Medien propagierten Werte bezeichnet Gans als Paraideologie der
Medien, die im zweiten Teil durch eine Einbettung in die Wertvorstellungen der
Journalisten noch einmal grundsätzlicher erläutert werden.

Im zweiten Teil stehen die Journalisten im Mittelpunkt. Zunächst arbeitet er auf der Grundlage von teilnehmenden Beobachtungen und Leitfadeninterviews heraus, wie Selektionsentscheidungen zustande kommen. Die sieben von ihm identifizierten Einflussfaktoren bezeichnet er bewusst unspezifisch als ‚considerations' (Erwägungen). Dieser Begriff sei allgemeiner als Entscheidungskriterien, Richtlinien oder Regeln, die seiner Meinung nach zu sehr den formalen Aspekt betonen, während Konventionen zu sehr den informellen Aspekt in den Mittelpunkt stellten. Diese Erwägungen sind im Einzelnen die Quellenerwägungen, substanzielle Erwägungen, die sich auf Inhalt und Nachrichtenwert eines Themas beziehen, produktbezogene Erwägungen, die z. B. die technischen Anforderungen des Mediums berücksichtigen, wertbezogene Erwägungen, kommerzielle, publikumsbezogene sowie politische Erwägungen. All diese Aspekte erläutert und diskutiert Gans insbesondere im Organisationskontext mit seinen (formalen) Strukturen. So arbeitet er heraus, dass Reporter sich eher ihren Quellen verpflichtet sehen, während leitende Redakteure sich eher durch publikumsorientierte Erwägungen leiten lassen und sich schließlich dank ihrer Leitungsposition leichter durchsetzen können. Durch ihre Entscheidungshoheit tragen leitende Redakteure zudem dazu bei, dass sich Reporter einem Konformitätsdruck ausgesetzt sehen.

Ähnlich wie bei der Medieninhaltsanalyse nehmen auch bei der Beobachtung von und den Interviews mit Journalisten die Werte eine zentrale Stellung ein, die die Auswahlentscheidungen der Journalisten prägen und damit in der Medienberichterstattung sichtbar werden. Die Werte der Journalisten, ihre Wirklichkeitsbewertungen und ihre bewussten und unbewussten Meinungen verdichtet Gans zur genannten Paraideologie der Journalisten. Auf den gesamten Journalismus bezogen ist diese Paraideologie nach seiner Einschätzung zwar relativ homogen, innerhalb der untersuchten Organisationen zeigen sich jedoch Unterschiede. Während die Leitungsebene eher von einer konservativen Ideologie geprägt ist, dominiert bei den Reportern eher eine liberale. In der Summe führt das in der Berichterstattung zu einer Mischung von liberalen und konservativen Werten, die Gans als verantwortungsvollen Kapitalismus bezeichnet. Er zieht hier Parallelen zur progressiven Bewegung aus den USA zu Beginn des 20. Jahrhunderts. Einerseits würden sich die beobachteten und befragten Journalisten zwar selbst nicht als Reformer verstehen, andererseits waren sie stolz, wenn ein Bericht zu einer offiziellen Untersuchung oder einer Veränderung in der Gesetzgebung oder Verwaltung geführt hätten.

Nachdem er die journalistischen Erwägungen ausführlich erläutert und diskutiert hat, verdichtet er diese in der Zusammenfassung des zweiten Kapitels: Als zentrale Erwägungen benennt er diejenigen, die die Wahl der Quelle beeinflussen. Offizielle Quellen wie Regierungsbehörden sind dabei auf doppelte Weise begünstigt. Im Konfliktfall verfügen sie über das Machtpotenzial, z. B. durch organisierte Anzeigenboykotte den Redaktionen bzw. den Medienorganisationen zu schaden.

Vor allem aber profitieren sie davon, dass sie mit ihren professionell aufbereiteten Informationsangeboten schnell und leicht zugänglich sind sowie als staatliche Institution als vertrauenswürdig gelten. Die mächtigsten Quellen sind also zugleich die effizientesten. Gans lässt hier offen, inwieweit sich im Laufe der 14-jährigen Untersuchung daran etwas geändert hat. An anderer Stelle konstatiert er lediglich, dass die Quellenorientierung und das weitgehend unhinterfragte Übernehmen von Informationen aus Regierungsquellen spätestens zum Ende des Vietnam-Krieges und durch die Watergate-Affäre deutlich zurückgegangen seien.

Im dritten Teil entwickelt Gans Vorschläge, wie die von ihm beobachteten Defizite überwunden werden können. In das Zentrum seiner normativen Überlegungen stellt er die Rezipienten, die zugleich die von der Medienberichterstattung betroffenen Bürger sind. Diese normative Perspektive kommt in Ansätzen den Überlegungen der deliberativen Öffentlichkeit von Habermas recht nahe. Ausgangspunkt seiner Empfehlungen ist eine sachlich vorgetragene Kritik am Mediensystem, wonach die bestehenden Medien mit ihren Journalisten und ihrer Berichterstattung zu homogen seien und damit die Berichterstattung zu einseitig sei. Dem setzt er multiperspektivische Nachrichten entgegen, die landesweit berichten, basis- und weniger elitenorientiert sein sollen, die Wirkungen von politischen Programmen untersuchen sollen und deren Berichterstattung repräsentativer sowie serviceorientierter sein solle. Gans selbst sieht nur geringe Chancen zu einer zeitnahen Realisierung dieser Forderungen, ist aber optimistisch, dass dies zukünftig möglich sein könnte. Diese für einen kritischen Wissenschaftler durchaus ausgewogene, sachliche und zuversichtlich vorgetragene Darstellung verändert sich in seinem Spätwerk zum Journalismus (2003), in dem er die seiner Meinung nach problematischen Zustände im Journalismus deutlich schärfer kritisiert.

Im Vorwort zur Neuauflage (2004) von „Deciding What's News" blickt Gans zurück und bewertet, wie sich die Situation der US-amerikanischen Medien 25 Jahre später darstellt. Einerseits konzediert er, dass sich einiges verändert habe. So habe sich seine Untersuchung im Wesentlichen auf das Goldene Zeitalter des Journalismus in den USA bezogen, das mit Ende des zweiten Weltkrieges begann und mit dem Ende des Vietnam-Krieges endete. Damals entstammte die Mehrzahl der Journalisten noch der Arbeiterklasse, war weniger elitär und zählte noch nicht zu den Celebrities. Zudem standen größere Budgets und damit auch deutlich mehr Korrespondentenbüros zur Verfügung. Die Kürzungen hätten zu weniger Personal und damit auch zu weniger Themenangeboten geführt, aus denen ausgewählt werden konnte. Seine Vermutung ist, dass die Auslandsberichterstattung seitdem noch weiter abgenommen habe. Trotz all dieser Veränderungen geht Gans 2004 grundsätzlich davon aus, dass sich die journalistischen Auswahlentscheidungen kaum verändert hätten. Allenfalls die publikumsbezogenen Erwägungen und das Effizienzdenken könnten an Relevanz zugenommen haben. Und auch hier bleibt Gans bei seiner These vom unvollständigen Bild, das die Medien zeichneten und das den multiperspektivischen Journalismus so wichtig mache.

3   Wirkungsgeschichte und Kritik

Donsbach (2002) verortet Gans' Werk direkt neben Lippmanns (1922) *Public Opinion*, für Scholl und Weischenberg (1998, S. 226) ist „Deciding What's News" die „bis heute wohl beste […] Studie zum Nachrichtenjournalismus". Das Werk zeichnet vor allem seine enorme Breite aus. Die in den USA traditionsreiche Forschung zur Nachrichtenauswahl hat schon lange vor Gans die Redaktionsstrukturen intensiv erforscht (z. B. Bailey und Lichty 1972). Gans' Verdienst ist es, die schwer beobachtbaren Werte mit in den Blick zu nehmen, ohne die Rolle der Organisation zu vernachlässigen. Er hat damit ergänzend zu journalistischen Nachrichtenfaktoren und weiteren redaktionellen (formalen) Strukturen gezeigt, dass Journalisten von der Gesellschaft geprägt werden und sie mit ihrer Paraideologie umgekehrt die Gesellschaft prägen. Damit ist es ihm gelungen, die Vielfalt der Einflussfaktoren auf Auswahlentscheidungen herauszuarbeiten, die von gesellschaftlichen Faktoren über mediumspezifische und organisationsspezifische bis hin zu persönlichen reicht. Spätere Autoren wie Shoemaker und Reese (1991) und Weischenberg (1992, 1995) haben dieser Vielfalt in ihren Kontextmodellen Rechnung getragen.

Die Forderung von Gans nach einem multiperspektivischen Journalismus ist in der deutschsprachigen Journalismusforschung zunächst auf wenig Resonanz gestoßen. Donsbach (2002, S. 150) nennt sie beispielsweise „recht naiv". Eine neue Relevanz hat sie im Zuge der Diskussion um den partizipativen Journalismus insbesondere im Internet gewonnen. So knüpft Bruns (2009) mit seiner Gatewatching-Idee zunächst direkt an Gans' Beobachtung an, dass traditionelle Nachrichtenmedien die breite Vielfalt der gesellschaftlichen Meinungen nicht abdecken könnten. Auch bei der Lösung schließt Bruns direkt an das zweiteilige Medienmodell von Gans an, in dem traditionelle Medienorganisationen ergänzt werden durch neue kleine Medienorganisationen, die sich jeweils an ein kleines homogenes Publikum wenden. Bruns schlussfolgert optimistisch wie euphorisch: „Es ist nicht allzu schwer, dieses Modell als ziemlich treffende Voraussage des Systems aus Mainstream- und alternativen Medien anzusehen, welches heute existiert. Alternative Medien – besonders diejenigen, die online arbeiten und am Gatewatching beteiligt sind – konzentrieren sich in der Tat häufig auf die Neuanalyse und -interpretation von Mainstream-Berichten" (Bruns 2009, S. 119).

Auch zu anderen Befunden gibt es 40 Jahre nach Erscheinen von „Deciding What's News" immer noch vielfältige Bezüge: von der Domestizierung der Auslandsberichterstattung über die Paraideologie bis hin zum Ringen und zur Kontrolle um die öffentliche Tagesordnung, die Gans als Tanz zwischen Journalisten und ihren Quellen bezeichnete. Während in den Jahren nach seinem Erscheinen kaum eine Journalismus-Studie ohne vielfältige Verweise auf „Deciding What's News" denkbar war und es damit zu einem *der* Standardwerke der Journalismusforschung wurde, scheinen insgesamt die direkten Bezüge auf das Werk in den vergangenen Jahren seltener zu werden. Es bleibt das zentrale Verdienst von Gans' Werk, dass Analysen von Redaktionen bzw. Journalisten heute ohne ihre gesellschaftliche Einbettung und die bewussten wie unbewussten Werte der Journalisten kaum mehr denkbar sind.

Nicht zuletzt durch die Methodenvielfalt bietet das Buch aber noch mehr, als der Titel „Deciding What's News" erwarten lässt: Es zeichnet ein Gesamtbild des Journalismus, seiner Strukturen, seiner Akteure – und all dies auf eine Art und Weise, dass es auch für ein breiteres Publikum verständlich und anschlussfähig macht. Die langjährige intensive Beobachtung der Journalisten ermöglicht es Gans, detailreich und mit konkreten Beispielen seine Analysen zu konkretisieren und damit die ungeschriebenen Regeln des Journalismus (Gans 1979, S. XIV) sichtbar zu machen. Der Vorteil einer solchen Herangehensweise wird umso deutlicher, wenn man Gans' vor allem qualitative Herangehensweise mit quantitativen Studien wie der von Hess (1981) vergleicht, der Hauptstadtkorrespondenten in Washington befragt hat. So beeindruckend die thematische Breite und damit das Gesamtbild des (US-amerikanischen) Nachrichtenjournalismus der 1960er- und 1970er-Jahre sind, so unvorstellbar ist ein solches Werk in der heutigen Wissenschaft. Unvorstellbar, dass heute ein einzelner Wissenschaftler 14 Jahre – wenngleich mit Unterbrechungen – zu einem Thema forscht, ohne Zwischenergebnisse zu veröffentlichen.

Die methodische und inhaltliche Breite sowie das Alter machen es zugleich leicht, das Buch zu kritisieren. Dies beginnt bei der methodischen Kritik. Die qualitative Inhaltsanalyse basiert im Wesentlichen auf einer impressionistischen Methode, wie Gans es selbst nennt: dem langjährigen Konsum der vier untersuchten Medien. Theoretisch kann die Studie der Grounded Theory zugeordnet werden: Gans verdichtet und systematisiert seine Beobachtungen zwar, viele (mögliche) Bezugspunkte bleiben allerdings ungeklärt. Bezüge zu kommunikationswissenschaftlichen bzw. soziologischen Theorien werden allenfalls implizit hergestellt – auch wenn Gans die einschlägigen kommunikationswissenschaftlichen Befunde seiner Zeit kennen mag. Eine kohärente Theorie der Redaktions- bzw. Journalismusforschung entwickelt das Buch zwar nicht, dafür zeichnet es auf beeindruckende Weise ein Gesamtbild des Journalismus, seiner Strukturen und seiner Akteure.

Schließlich stellt sich die Frage, wie aktuell eine Studie zum Verständnis des heutigen Journalismus sein kann, die vor rund 40 Jahren erschien und deren Feldphase bereits vor mehr als 50 Jahren begann. Während Gans im Vorwort zur Neuauflage (2004) von „Deciding What's News" noch gut begründen konnte, warum sich in den Jahren bis 2004 wenig Essenzielles an den journalistischen Auswahlentscheidungen geändert habe, so haben sich seither die gesellschaftlichen, technischen und ökonomischen Bedingungen weiter verändert. So hat beispielsweise die Digitalisierung erst danach ihre volle Wirkkraft für journalistische Kernprozesse entfaltet. Dies hat sowohl die Geschäftsmodelle insbesondere von Verlagen, in denen vielerorts Redaktionsbudgets gekürzt wurden, beeinflusst als auch die journalistische Arbeit z. B. durch einen steigenden zeitlichen Druck. Die Beschreibung konkreter journalistischer Auswahlkriterien und des redaktionellen Alltags in „Deciding What's News" ist daher eher als zeitgeschichtliches Dokument zu verstehen. Dies ändert aber nichts daran, dass die holistische Herangehensweise von Gans in besonderer Weise geeignet ist, die Veränderungen im Journalismus nicht einseitig auf technische Innovationen oder die medienökonomische Krise zu reduzieren, wie es heute mitunter geschieht. „Deciding What's News" kann damit bis heute als Folie zur Beschreibung des Journalismus verwendet werden.

Literatur

Bailey, G. A., Lichty, L. (1972). Rough justice on a Saigon Street: A gatekeeper study of NBC's Tet Execution Film. *Journalism Quarterly* 42.2, 221–229.
Bruns, A. (2009). Vom Gatekeeping zum Gatewatching. Modelle der journalistischen Vermittlung im Internet. In: C. Neuberger, C. Nuernbergk, & M. Rischke (Hrsg.), *Journalismus im Internet. Profession, Partizipation, Technisierung* (S. 107–128). Wiesbaden: VS-Verlag.
Donsbach, W. (2002). Gans: Deciding what's news. In: C. Holtz-Bacha, A. Kutsch (Hrsg.), *Schlüsselwerke für die Kommunikationswissenschaft* (S. 149–152). Wiesbaden: Westdeutscher Verlag.
Esser, F. (2002). Transnationale Journalismusforschung. In: A. Hepp, M. Löffelholz (Hrsg.), *Grundlagentexte zur transkulturellen Kommunikation* (S. 319–344). Konstanz: UVK.
Galtung, J., Ruge, M. H. (1965). The structure of foreign news: The presentation of the Congo, Cuba and Cyprus crises in four Norwegian newspapers. *Journal of Peace Research* 2.1, 64–90.
Gans, H. J. (1962). *Urban villagers. Group and class in the life of Italian-Americans.* New York: The Free Press.
Gans, H. J. (1967). *The Levittowners: Ways of life and politics in a new suburban community.* London: Penguin.
Gans, H. J. (1972). Die Beziehungen zwischen Produzent und Publikum in den Massenmedien. Eine Analyse der Filmproduktion. In: D. Prokop (Hrsg.), *Massenkommunikationsforschung 1. Produktion* (S. 212–220). Frankfurt am Main: Fischer.

Gans, H. J. (1979). *Deciding What's News. A Study of the CBS Evening News, NBC Night News, Newsweek, and Time*. New York: Pantheon Books.

Gans, H. J. (2003). *Democracy and the news*. Oxford: University Press.

Gans, H. J. (2004). *Deciding What's News. A Study of the CBS Evening News, NBC Night News, Newsweek, and Time* (2. Aufl.). Evanston: Northwestern University Press.

Gans, H. J. (2011). News & the news media in the digital age: implications for democracy. *Daedalus* 139.2, 8–17.

Gans, H. J. (2014). The American news media in an increasingly unequal society. *International Journal of Communication* 8, 2484–2495.

Gans, H. J. (2018). Sociology and Journalism: A Comparative Analysis. *Contemporary Sociology* 47.1, 3–10.

Hess, S. (1981): *The Washington Reporters*. Washington, D.C.: Brookings.

Lippmann, W. (1922). *Public opinion*. New York: Macmillan.

Scholl, A., Weischenberg, S. (1998). *Journalismus in der Gesellschaft. Theorie, Methodologie, Empirie*. Opladen/Wiesbaden: Westdeutscher Verlag.

Shoemaker, P., Reese, S. D. (1991). *Mediating the Message. Theories of Influences on Mass Media Content*. New York/London: Longman.

Sigal, L. V. (1973). *Reporters and Officials: The Organization and Politics of Newsmaking*. Lexington/Mass: Heath.

Weischenberg, S. (1992). *Journalistik. Medienkommunikation: Theorie und Praxis. Band 1. Mediensysteme, Medienethik, Medieninstitutionen*. Opladen: Westdeutscher Verlag.

Weischenberg, S. (1995). *Journalistik. Medienkommunikation: Theorie und Praxis. Band 2. Medientechnik, Medienfunktionen, Medienakteure*. Opladen: Westdeutscher Verlag.

Die ‚Taylorisierung' erobert die Redaktionen

Weischenberg, Siegfried (1982). Journalismus in der Computergesellschaft. Informatisierung, Medientechnik und die Rolle der Berufskommunikatoren. München: Saur

Sonja Kretzschmar

Zusammenfassung

Siegfried Weischenberg zeichnet in seinem Buch „Journalismus in der Computergesellschaft. Informatisierung, Medientechnik und die Rolle der Berufskommunikatoren", das 1982 publiziert wurde, die Verbindung zwischen Journalismus und der technologischen Entwicklung nach. Von den ersten „Tischcomputern" über neue elektronische Produktionssysteme antizipiert er mit der „Zeitung aus der Steckdose" den späteren Onlinejournalismus. Frühzeitig erkennt er, dass die zunehmende Technikfixierung des Journalismus möglicherweise mit einer grundlegenden Veränderung des Berufsbildes einhergeht, das bis dahin oft von einem hohen Maß an Kreativität und Selbstbestimmtheit geprägt war. In Zeiten von Algorithmisierung und Textautomatisierung zeigt das Buch, dass die Verbindung von Technik und Journalismus eine lange Geschichte hat, die in der Forschung kritisch zu analysieren ist.

S. Kretzschmar (✉)
Universität der Bundeswehr München, Neubiberg, Deutschland
E-Mail: sonja.kretzschmar@unibw.de

© Springer Fachmedien Wiesbaden GmbH, ein Teil von Springer Nature 2023
W. Loosen, A. Scholl (Hrsg.), *Schlüsselwerke der Journalismusforschung*,
https://doi.org/10.1007/978-3-658-25867-2_13

Schlüsselwörter

Medientechnik · Computergesellschaft · Informatisierung · Taylorisierung ·
Computerisierung · Automatisierung · Algorithmisierung

1   Kurzbiografie des Autors

Siegfried Weischenberg ist ein Wissenschaftler, der aus der journalistischen Praxis
in die Wissenschaft wechselte und dem es gelang, diese Praxiserfahrung immer
wieder fruchtbar für die Wissenschaft zu nutzen. Er wurde am 24. März 1948 in
Wuppertal geboren. An der Ruhr-Universität Bochum studierte er Soziologie, Geschichte, Wirtschaftswissenschaft und Kommunikationswissenschaft. Seine journalistische Laufbahn begann er als Volontär; anschließend arbeitete er als Redakteur bei der Neuen Ruhr Zeitung in Essen. Mitte der 1970er-Jahre war er in einer
Projektgruppe am Aufbau des Modellstudiengangs Journalistik an der damaligen
Pädagogischen Hochschule Dortmund beteiligt (Weischenberg 1976); dort promovierte er 1976 mit einer Dissertation zu Arbeitsbedingungen im Sportjournalismus
(Weischenberg 1978a). Von 1979 bis 1982 lehrte und forschte er als Professor am
Dortmunder Journalistik-Studiengang, bevor er an die Westfälische Wilhelms-
Universität Münster wechselte. Dort leitete er die Abteilung Journalistik am heutigen Institut für Kommunikationswissenschaft, von 1994 bis 1997 war er Direktor
des Instituts. Im Jahr 2000 nahm Siegfried Weischenberg einen Ruf an die Universität Hamburg auf den Lehrstuhl für Journalistik und Kommunikationswissenschaft an. Von 2001 bis 2008 war er geschäftsführender Direktor des Instituts für
Journalistik und Kommunikationswissenschaft (IJK) und Direktor des Zentrums
für Medienkommunikation (ZfM), zudem leitete er an der Hamburg Media School
den Journalismus-Studiengang (2005–2007). Weischenberg hatte Gastprofessuren
in den USA, Südafrika und Russland inne. Die enge Verbindung zur Praxis behielt
er Zeit seines beruflichen Lebens; von 1999 bis 2001 war er Bundesvorsitzender
des Deutschen Journalisten Verbands (DJV). Seit 2013 ist er emeritiert (Birkner
2015; Scholl et al. 2008). Seitdem hat er zwei Monografien zur Bedeutung von
Max Weber für die Kommunikationswissenschaft und eine Monografie zur Krise
der Medien und des Journalismus (Weischenberg 2018) verfasst.

Nach Abschluss seines Studiums und einem kurzen Abstecher in den Wissenschaftsjournalismus (1976) hatte sich Weischenberg für die Laufbahn des Hoch-
schullehrers. entschieden. Bei der Tageszeitung lernte er zuvor den redaktionellen
Alltag von Grund auf kennen – noch unter den Bedingungen der ‚Bleizeit'. Obwohl schon seit den 1950er-Jahren erste Rechner für die Satzherstellung genutzt
wurden und in den 1960er-Jahren die ersten Fotosatzanlagen eingeführt wurden,

waren es erst die späten 1970er-Jahre, als Weischenberg den Zeitungsjournalismus schon verlassen hatte, in denen dann in Deutschland redaktionelle Bildschirmgeräte zur Texterfassung und zur Textverarbeitung eingeführt wurden und das Zeitalter des ‚digitalen Journalismus' begann (Weischenberg 1984).

Die zentrale Bedeutung der Technik für die journalistische Arbeit und ihren Wandel hatte er also nicht mehr in der Praxis erlebt. Dennoch profitierte er von seinen Erfahrungen in der Redaktion, als er dann Journalist*innen an der Hochschule (auch ‚elektronisch') ausbildete; die zentrale Bedeutung von Technik für Kommunikatoren, den journalistischen work-flow in Redaktionen, aber auch die Auswirkungen auf Rezipienten und die Gesellschaft bildeten über Jahrzehnte zentrale Themen seiner wissenschaftlichen Arbeit (Weischenberg 2018).

Bei seinem Wechsel in die Wissenschaft – zuerst auf eine Stelle als wissenschaftlicher Mitarbeiter im Modellstudiengang Journalistik, später als Journalistik-Professor – konnte Weischenberg seine praktischen Erfahrungen in die Konzeption einer praxisorientierten universitären Journalistenausbildung nach amerikanischem Vorbild einbringen, in die auch der Umgang mit journalistischer Produktionstechnik, beispielsweise der Umgang mit Computern, Schnitt- und Layoutprogrammen mittelfristig integriert wurde (Weischenberg 1976).

Schon in seiner ersten größeren Publikation nach dem Abschluss der Dissertation thematisierte Weischenberg die zunehmende Technisierung des journalistischen Berufs und den Zusammenhang zwischen neuer Technik und publizistischer Leistung (Weischenberg 1977, 1978b). Die Technik der Tageszeitungen an sich (Weischenberg 1981a), vor allem aber die Auswirkungen auf die Arbeit innerhalb der Redaktion (1981b) bildeten die Grundlage für das Buch „Journalismus in der Computergesellschaft" (Weischenberg 1982), mit dem er wissenschaftlich auf die eigenen journalistischen Erfahrungen und seine engen Beziehungen zur Praxis reagierte.

Siegfried Weischenberg zählt also zu einer Generation von Professoren, die aus der journalistischen Praxis an die Universität berufen wurden und von denen deshalb Impulse sowohl für eine praxisnahe Forschung als auch für die wissenschaftliche Beteiligung am gesellschaftlichen Diskurs über den Journalismus ausgingen. Viele seiner Projekt-Mitarbeiter*innen und Doktorand*innen prägten später selber die Journalismusforschung und -ausbildung.

2 Inhalt des Textes

Weischenberg begann mit seiner journalistischen Arbeit in der Redaktion einer Tageszeitung des Ruhrgebietes, als bei der WAZ-Gruppe die ersten „Terminals" in den Redaktionen aufgestellt wurden (1977/78). So wurde die Technik und deren

Einfluss auf den Journalismus zu einem der ersten durchgehenden Themen, die er in seinen Publikationen verfolgte: Am Anfang stehen ein Aufsatz über „Neue Techniken und publizistische Leistung", der 1977 in „Rundfunk und Fernsehen" erschienen ist, und das Buch „Die elektronische Redaktion" von 1978, in dem er erstmals in einer Monografie die technikgetriebenen Veränderungen in einer Redaktion thematisierte. Systematisch fasste er den Technikbereich der Presse in einem Handbuch zusammen, in dem er die Geschichte der Entwicklung der Drucktechnik aufarbeitete und gleichzeitig die inhaltliche Verflechtung mit dem Journalismus aufzeigte (Weischenberg 1981a). Außerdem betreute Weischenberg in dieser Zeit die Abschlussarbeit von Horst Röper (1981), der sich mit technischen Impulsen für den Fernsehbereich beschäftigte, welche die elektronische Berichterstattung im Fernsehen Anfang der 1980er-Jahre begründeten. Die gemeinsamen Publikationen zu diesem Thema erschienen 1982 (Röper und Weischenberg 1982; Weischenberg und Röper 1982), also im selben Jahr, in dem auch das hier behandelte Schlüsselwerk „Journalismus in der Computergesellschaft" publiziert wurde. Neben den beiden Technikbereichen, Print und Fernsehen, arbeitete Weischenberg sich in die Theorie von Frederick W. Taylor ein und zeigte auf, welchen Einfluss die ‚Taylorisierung', also das zunehmend effizienzorientierte Arbeits-Management, auf den Journalismus hat (Weischenberg 1981b). Diese drei inhaltlichen Stränge, nämlich Geschichte und Innovationen in der Print- und Fernsehtechnik sowie die ökonomisch effiziente Organisation von Arbeit, führte Weischenberg im vorliegenden Buch zusammen.

Das Buch „Journalismus in der Computergesellschaft" erschien zu einem Zeitpunkt, als technische Neuerungen den Alltag in den Redaktionen schrittweise veränderten, eine wissenschaftliche Erforschung dieser Entwicklung aber noch weitgehend ausstand. Ziel des Buches war zum einen die Analyse des durch die technischen Innovationen Anfang der 1980er ausgelösten Berufsfeldwandels, zum anderen sollten nicht nur die Auswirkungen auf die Arbeit, sondern auch auf die Produkte und die Gesellschaft insgesamt aufgezeigt werden. Empirisch basiert das Buch auf einer Analyse von Literatur, Dokumenten und der Auswertung von Gesprächen mit ausgewählten Experten (u. a. Chefredakteuren und Gewerkschaftsführern), die 1978 geführt und 1981 ergänzt wurden.

Zu Beginn zeigt Weischenberg die kommunikationshistorische Verbindung zwischen dem Journalismus und der Technologie-Entwicklung auf. Dabei macht er deutlich, dass technologische Innovationen primär von wirtschaftlichen Erwägungen gesteuert werden (S. 21), wobei die konkreten Artefakte wechseln, derer sich Journalisten bedienen. Die „didaktisch aufbereitete Deskription der Medientechnik" (S. 10) beginnt bei Gutenberg und zeichnet die Verbindung von Medientechnik und Journalismus vor allem seit Mitte des 19. Jahrhunderts nach. Nach der

Verbesserung der Informationsübertragung durch Telegrafie und Elektronik, vorangetrieben vor allem von Nachrichtenagenturen, der Weiterentwicklung der Drucksysteme und den damit verbundenen Auswirkungen auf die Tageszeitungen, ist es vor allem die Mikroelektronik und in deren Folge der Mikroprozessor, die den Journalismus Ende der 1970er und Anfang der 1980er prägt. Der „Tischcomputer" (S. 40) hält langsam Einzug in die Redaktionen. Erstmals können Manuskriptabfassung, Texterfassung und -gestaltung zusammengezogen werden, was damals geradezu revolutionär anmutete (S. 51).

Technikhistorisch interessant gibt Weischenberg im folgenden Kapitel einen Überblick über neue Redaktionstechniken (vor allem die neuen elektronischen Produktionssysteme), welche die redaktionelle Arbeit in den Tageszeitungen von Grund auf verändern und bei der die Nachrichtenagenturen Vorreiter der Entwicklung sind. Neue Übertragungsgeschwindigkeiten und die „Überforderung der Auswahlkapazitäten in den Nachrichtenmedien" (S. 86) zeigen, wie grundlegend sich die journalistische Arbeit bereits Anfang der 1980er-Jahre veränderte. Schon vor dem Internet-Zeitalter konnten spezialisierte Wirtschaftsnachrichtenagenturen „praktisch in Realzeit" (S. 91) die Börsenkurse aufbereiten.

Eine Stärke des Buches ist es, dass es dem Autor immer wieder gelingt, die Verbindung von technischen Innovationen und der Veränderung journalistischer Inhalte aufzuzeigen. So wird z. B. im „Style-book" des deutschsprachigen Reuters-Dienstes von 1981 erstmals gefordert, durch Format und Stil einen einheitlichen Meldungstyp zu schaffen, da es technisch erstmals möglich ist, Meldungen zwischen den Reuters-Diensten auszutauschen. Eine andere Stärke sind die zahlreichen Kästchen-Schaubilder, mit denen Weischenberg immer wieder Produktionsabläufe visualisiert, die durch Technik verändert werden, wie beispielsweise in der neuen, elektronischen Fernsehberichterstattung, in der nun der Ton zeitgleich zum Bild aufgenommen werden kann. Nicht nur an dieser Stelle zitiert Weischenberg Horst Röpers Diplomarbeit (u. a. S. 105).

Die neuen Medientechnologien der damaligen Zeit (wie Bildschirm- und Videotext) und die Frage nach einer bundesweiten Verkabelung für ein flächendeckendes Kabelfernsehen ließen eine „Zeitung aus der Steckdose" bereits als möglich erscheinen; dies sind die damals neuen medialen Techniktrends, die Weischenberg aufzeigt. Konzentrationstendenzen als Folge einer Zeitungsproduktion mit vernetzten Rechnern analysierte er u. a. am Beispiel des damaligen WAZ-Konzerns. Viele Entwicklungen prognostizierte Weischenberg schon damals (Tonnemacher 2008), so etwa das Ende der Gatekeeper-Rolle von Journalisten: „Ihr Monopol als Schleusenwärter der gesellschaftlichen Information

werden sie auf jeden Fall verlieren, denn Elektronik und Übertragungstechnik
schaffen vielfältige Nicht-Medien-Kanäle." (S. 142) Er sah auch den Beginn der
crossmedialen Produktion von journalistischem Content voraus, wenn er von
einem kanadischen Medienbeispiel ableitet, dass im Rahmen eines „Szenarium
2000" derselbe Inhalt kanalspezifisch für Print, Hörfunk und Fernsehen aufbe-
reitet werden kann.

Aufgrund der ökonomisch effizienteren Produktion waren Massenentlassungen
im Bereich der Drucker und Schreibkräfte bereits absehbar (Stichwort „Taylorisierung"; S. 147 ff.). Zentraler ist für ihn aber die Frage nach dem Berufswandel der
Kommunikatoren: Findet eine „Degradierung der Journalisten zu reinen Informati-
onstransporteuren" (S. 161) statt? Antworten auf diese Frage versucht Weischenberg im letzten Teil seines Buches zu finden. Hier stellt Weischenberg in einer
Literatursynopse Forschungsergebnisse vor allem zu den Auswirkungen der
neuen Technik sowie Ergebnisse aus einer Expertenbefragung aus dem Jahr 1979
mit Nachträgen aus 1981 zusammen. Dafür wurden u. a. Geschäftsführer von
Journalisten-Gewerkschaften, des BDZV, der dpa, Herausgeber der Stuttgarter
Nachrichten und Chefredakteure der WAZ befragt. In Anlehnung an die Delphi-
Methode versuchte Weischenberg dabei soweit wie möglich, dieselben Fragen im
Zeitverlauf noch einmal zu stellen.

Im Zentrum steht die Frage, in welchem Umfang technische Entwicklungen die
Rolle der Kommunikatoren verändern. Pointiert beschreibt er anschließend, dass
sich nun, gerade durch die verstärkte Rolle der Technik, „die redaktionelle Arbeit
in den Medieninstitutionen in ihren Mechanismen kaum von der Tätigkeit in anderen Organisationssystemen unterscheidet." (S. 210) „Die Handelnden unterliegen
nicht primär der eigenen Räson, sondern der ‚Rationalität' des Systems." (S. 212)
Eine „volle Motivation ‚für die Sache'" (S. 212) erweist sich eher als „idealtypische Konzeption". Vielmehr kommt Max Webers Bürokratiemodell zur Anwendung, das der Komplexität sozialer Systeme gerecht wird (vgl. S. 212. Luhmann
1968, zitiert nach Weischenberg).

Am Ende steht die offene Frage, wie sich das Berufsbild von Journalist*innen
in Zukunft verändern wird: War das Berufsbild bis dato durch eine „selbstgeschaf-
fene Atmosphäre von Freiheit und Abenteuer" (S. 15) geprägt, ändert es sich dann
möglicherweise in Richtung des „Mann ohne Eigenschaften" (S. 209), der technik-
getrieben journalistische „Ursubstanz" produziert, die man heute als „Content" bezeichnen würde?

Es ist eine der Leistungen Weischenbergs, Technik als prägenden Faktor journalistischen Handelns erkannt zu haben (S. 212). Technik und Organisation werden als
interdependente Größen betrachtet (S. 214). Die neue Organisation von Arbeit aufgrund technischer Innovation allein sei dabei aber nicht entscheidend, sondern eher

die Kombination im Zuge einer Effektivitätssteigerung: „Nicht das Terminal schränkt das ein, was ,journalistische Kreativität' genannt wird. Es ist die Priorität des Ökonomischen, die dazu führen kann, daß auch geistige Arbeit brutal Rationalisierungsprozessen zugeführt wird." (S. 218)

Mit einem Abstand von fast 40 Jahre verwundert es kaum mehr, dass eine rationalere, effizienzsteigernde, vielfach vielleicht auch professionellere Arbeitsorganisation, die flächendeckend alle Berufszweige erreicht hat, selbst vor Kreativberufen wie dem Journalismus nicht haltgemacht hat. Überraschend ist eher, dass Weischenberg eine Zweiteilung der journalistischen Produkte vorhersah: „Standardtexte, Informations- und Durchschnittsware für die Masse – und Spezialinformationen für eine Elite, wobei auch im Journalismus eine Polarisierung zwischen vielen Massenproduzenten und wenigen ,Kreativen' stattfände, die mit wissenschaftlich fundierten Recherchemethoden arbeiten und einen erlesenen Zirkel bedienen." (S. 218–219)

3   Wirkungsgeschichte und Kritik

Die Rezeption von „Journalismus in der Computergesellschaft" fiel unterschiedlich aus: Praktiker nahmen das Buch sehr positiv auf. Es „muss als ein Stück Pionierarbeit verstanden und bewertet werden", kommentierte Siepmann (1983, S. 458). Für die Journalisten stand die damals neue Redaktionstechnik im Zentrum des Interesses, aber auch der grundlegende Wandel des Berufsbildes, den Weischenberg Anfang der 1980er-Jahre thematisierte. Es sei der „wesentliche Verdienst des Buches, den Zusammenhang zwischen der sich verändernden Berufspraxis und der Rolle des Journalismus in der Informationsgesellschaft der Zukunft in den Blickpunkt gerückt (zu) haben" (Siepmann 1983, S. 459).

Auch in der Wissenschaft gab das Buch Anregungen, sich mit der Rolle der Technik und ihrer Bedeutung für den Journalismus zu beschäftigen (Eurich 1988). Zwiespältig und in Teilen sehr kritisch urteilte Kopper (1983, S. 624) in einer Rezension: „Es informiert stellenweise umfassend und präzise, es reproduziert andererseits vielfach nur allzu Bekanntes. (…) Es gibt sich als wissenschaftlicher Beitrag, bleibt aber über weite Strecken eher Sachbuch. Nicht selten wird journalistisches Feature geliefert", von „einer systematisch empirischen Forschung, vor allem zum technisch bestimmten Strukturwandel im Journalismus" könne nicht gesprochen werden (Kopper 1983, S. 622).

Weischenbergs Verdienst ist sicherlich, die Veränderung von Journalismus durch Technik als relevantes Thema für die Forschung erkannt zu haben. Dies gelang ihm aufgrund seiner Praxisnähe und seines kontinuierlichen Dialogs mit der

Praxis, die in dem Buch sehr deutlich werden. Während er parallel zur Buchpubli-
kation noch Einzelaspekte in einem Zeitschriftenaufsatz gemeinsam mit Röper publizierte (Weischenberg und Röper 1982), arbeitet er außerdem daran, die empirische Leerstelle des Buches mit einem eigenen Forschungsprojekt aufzuarbeiten.
Das DFG-geförderte Forschungsprojekt „Kompetenz und Technik" (KoTec), das
nach dem Wechsel von Dortmund schon an der Universität Münster durchgeführt
wurde, wurde von Weischenberg geleitet und vom damaligen Münsteraner Absol-
venten Klaus-Dieter Altmeppen durchgeführt.

Weischenbergs Publikationen der kommenden Jahre waren immer wieder einzelnen Aspekten aus „Journalismus in der Computergesellschaft" gewidmet: die
Technik im Printjournalismus im „Technologie-Report der Deutschen Tagespresse" (Weischenberg 1984), Technik im Agentur-Journalismus in einer Fallstudie zu Reuters (1985) und die Technik im Bildschirmjournalismus gemeinsam mit
Peter Herrig (Weischenberg und Herrig 1985). Praxisnah wurden Ergebnisse von
„KoTec" in der Zeitschrift „Der Journalist" publiziert (Weischenberg 1987).

Auch nach dem Abschluss von „KoTec" arbeitete Weischenberg an dem Thema
weiter: Gemeinsam mit Ulrich Hienzsch schrieb er im Funkkolleg „Medien und
Kommunikation" das Kapitel „Von der Tontafel zum Chip. Technische Grundlagen
der Medienkommunikation" (Weischenberg und Hienzsch 1991) und später „Die
Entwicklung der Medientechnik" (Weischenberg und Hienzsch 1994) im Band
„Die Wirklichkeit der Medien".

Auch in den 1990ern verfolgte er das Zusammenspiel von Technik und die sich
daraus ergebenden neuen technischen Anforderungen an den Journalismus, beispielsweise in seinem Band zur Zukunft des Journalismus (Weischenberg et al.
1994) oder in der journalistischen Arbeit mit Datenbanken (Weischenberg und
Loosen 2002). Selbst lange nach seiner Emeritierung blieb die Dynamik, die sich
aus dem Zusammenspiel von Technik und Journalismus ergibt, im Zentrum seiner
Publikationen, so im Kapitel „Die Technologie und die Ökonomie" in seinem Band
„Medienkrise und Medienkrieg. Brauchen wir überhaupt noch Journalismus?"
(Weischenberg 2018). Hier gelingt es Weischenberg, den Bogen in die heutige Zeit
zu schlagen, „weil die Aussagenentstehung mit zunehmender Tendenz automati-
siert und ‚algorithmiert' erfolgt. Ersetzt also der ‚Maschinen-Journalismus' bald
auf breiter Linie den ‚Menschen-Journalismus'?" (Weischenberg 2018, S. 79)

Der heutige Blick auf – oftmals gratis verfügbare – allgemeine Online-
Informationen und journalistische High-end-Produkte, die beispielsweise daten-
journalistisch aufwändig produziert und zunehmend hinter Paywalls geschützt
sind, zeigen, dass diese Entwicklung offenbar früh antizipierbar war. Dass der
„Journalist als Detektiv" (S. 219) nur noch eine geringe Zahl der Berufsvertreter*innen betrifft, kann heute ebenfalls bestätigt werden; investigative Recherche

ist auch heute kein Massenphänomen. Eine offene Frage ist allerdings, ob das jemals anders war. Im Hinblick auf die Lokalredaktionen zu Beginn der 1980er-Jahre, in denen das Gros der Journalisten damals wie heute arbeitet, darf das bezweifelt werden. Wenn Weischenberg über die Journalisten schreibt: „Zentrale Merkmale ihres Tätigkeitsspektrums, aus denen Journalisten ihre Selbstverwirklichung und ihre Illusionen bezogen haben, werden in Zukunft verschwinden." (S. 219), dann war diese selbstbestimmte Arbeit sicher damals wie heute eher einer kleinen Anzahl von Journalist*innen vorbehalten. Es ist notwendig, hinter die Wortfassade zu schauen: „Die Hoffnung ist, daß der aktuelle technische Fortschritt im Journalismus endlich auch mal einen Bewußtseinsfortschritt bedeutet. (…) Ein zentraler und bisher unterschätzter Faktor der Medienentwicklung wird sein, ob die Journalisten einen Weg finden, die Möglichkeiten elektronischer Systeme verantwortungsbewußt für eine umfassende Unterrichtung der Bevölkerung zu nutzen, und sich nicht von ihnen beherrschen zu lassen." (S. 219) Dieser Satz bringt auch die heutige Entwicklung von Journalismus und Technik prägnant auf den Punkt.

Rückblickend resümiert er unter Verweis auf „Journalismus in der Computergesellschaft", dass „die vor mehr als drei Jahrzehnten konstatierte zunehmende Technisierung des Berufs sich offensichtlich zur Technikaffinität, wenn nicht sogar zur Technikabhängigkeit verstärkt hat; aus der Computerisierung wurde Automatisierung und ‚Algorithmisierung', wobei sowohl Recherche als auch Quellencheck durch rechnergesteuerte Prozesse quasi von selber gesteuert werden." (Weischenberg 2018, S. 82).

Weischenbergs Perspektive in „Journalismus in der Computergesellschaft", die Verbindung zwischen Technik und Journalismus kritisch zu begleiten, ist heute vor allem mit Blick auf die Automatisierung von journalistischen Arbeitsprozessen von besonderer Relevanz und wird die Journalismusforschung auch zukünftig prägen.

Literatur

Birkner, T. (2015). Siegfried Weischenberg. In: M. Meyen, T. Wiedemann (Hrsg.), *Biografisches Lexikon der Kommunikationswissenschaft*. Köln: Herbert von Halem. http://blexkom.halemverlag.de/siegfried-weischenberg/. Zugegriffen: 12.2.2019.
Eurich, C. (1988). *Computer, neue Medien und Kultur. Informationstechnologien in den publizistischen und künstlerischen Berufen*. Hamburg: VSA.
Kopper, G. G. (1983). Buchbesprechung zu Siegfried Weischenberg: Journalismus in der Computergesellschaft. *Publizistik* 28(4), 622–625.
Luhmann, N. (1968). Zweck-Herrschaft-System. Grundbegriffe und Prämissen Max Webers. In: R. Mayntz (Hrsg.), *Bürokratische Organisation* (S. 36–55). Köln/Bonn: Kiepenheuer & Witsch. *Theorie – Empirie – Praxis. Festschrift für Siegfried Weischenberg* (S. 721–742). Wiesbaden: Springer VS.

Röper, H. (1981). *Elektronische Bildberichterstattung. Auswirkungen der neuen Fern-sehtechnik. Eine empirische Fallstudie.* Dortmund: unveröffentlichte Diplomarbeit.

Röper, H., Weischenberg, S. (1982). Elektronische Berichterstattung: Auswahlbibliographie. *Rundfunk und Fernsehen* 30(3), 406–408.

Scholl, A., Pörksen, B., & Loosen, W. (2008). Zwischen Theorie, Empirie und Praxis. Ein (wissenschaftliches) Porträt von Siegfried Weischenberg. In: B. Pörksen, W. Loosen, & A. Scholl (Hrsg.), *Paradoxien des Journalismus. Theorie – Empirie – Praxis. Festschrift für Siegfried Weischenberg* (S. 713–719). Wiesbaden: Springer VS.

Siepmann, R. (1983). Literaturbesprechung zu Siegfried Weischenberg: Journalismus in der Computergesellschaft. *Rundfunk und Fernsehen* 31(3–4), 457–459.

Tonnemacher, J. (2008). Von der Gewissheit der Ungewissheit. Über die (paradoxen) Versuche der Kommunikationswissenschaftler, die Zukunft der Medien vorauszusagen. In: B. Pörksen, W. Loosen, & A. Scholl (Hrsg.), *Paradoxien des Journalismus. Theorie – Empirie – Praxis. Festschrift für Siegfried Weischenberg* (S. 623–634). Wiesbaden: Springer VS.

Weischenberg, S., Hienzsch, U. (1991). Von der Tontafel zum Chip. Technische Grundlagen der Medienkommunikation. In: K. Merten, S. J. Schmidt, & S. Weischenberg (Hrsg.), *Funkkolleg Medien und Kommunikation*, Studienbrief 8 (S. 87–136). Weinheim/Basel.

Weischenberg, S. (1976). *Journalistik. Modellversuch einer hochschulgebundenen Ausbildung von Kommunikatoren im Gesamthochschulbereich Dortmund.*

Weischenberg, S. (1977). Neue Techniken und publizistische Leistung. Ansätze für eine Erforschung des Einflusses elektronischer Redaktionssysteme auf die journalistische Arbeit. *Rundfunk und Fernsehen* 25(3), 244–253.

Weischenberg, S. (1978a). *Die Außenseiter der Redaktion. Struktur, Funktion und Bedingungen des Sportjournalismus.* 2. Aufl., [zuerst 1976]. Bochum: Brockmeyer.

Weischenberg, S. (1978b). *Die elektronische Redaktion. Publizistische Folgen der neuen Technik.* München/New York: Saur.

Weischenberg, S. (1981a). Pressetechnik. In: K. Koszyk, K.H. Pruys (Hrsg.), *Handbuch der Massenkommunikation* (S. 249–254). München: dtv.

Weischenberg, S. (1981b). Zwischen Taylorisierung und professioneller Orientierung. Perspektiven künftigen Kommunikatorhandelns. *Rundfunk und Fernsehen* 29(2–3), 151–167.

Weischenberg, S. (1982). *Journalismus in der Computergesellschaft. Informatisierung, Medientechnik und die Rolle der Berufskommunikatoren.* München: Saur.

Weischenberg, S. (1984). Technologie-Report der Deutschen Tagespresse. Zum Implementierungsgrad elektronischer Aussagenproduktionssysteme. *Media Perspektiven* 84(2), 107–113.

Weischenberg, S. (1985). Marktplatz der Elektronen. Reuters auf dem Weg zurück in die Zukunft. Eine Fallstudie zum Profil künftiger Massenkommunikation. *Publizistik* 85(4), 485–508.

Weischenberg, S. (1987). Elektronische Redaktionssysteme der Tagespresse in der Bundesrepublik. Eine Untersuchung im Rahmen des Forschungsprojektes „Kompetenz und Technik" an der Universität Münster. *Journalist* 11, 43–58.

Weischenberg, S. (2018). *Medienkrise und Medienkrieg. Brauchen wir überhaupt noch Journalismus?* Wiesbaden: Springer VS.

Weischenberg, S., Altmeppen, K.-D., & Löffelholz, M. (1994). *Die Zukunft des Journalismus.* Technologische, ökonomische und redaktionelle Trends. Wiesbaden: Westdeutscher Verlag.

Weischenberg, S., Herrig, P. (1985). *Handbuch des Bildschirm-Journalismus. Elektronische Redaktionssysteme: Grundlagen, Funktionsweisen, Konsequenzen.* München: Ölschläger.

Weischenberg, S., Hienzsch, U. (1994). Die Entwicklung der Medientechnik. In: K. Merten, S. J. Schmidt, & S. Weischenberg (Hrsg.), *Die Wirklichkeit der Medien* (S. 455–480). Opladen: Westdeutscher Verlag.

Weischenberg, S., Loosen, W. (2002). Das Drehkreuz der Redaktion. Kompetenz-Dimensionen des „Datenbank-Journalismus". *Medien & Kommunikationswissenschaft* 50(1), 93–101.

Weischenberg, S., Röper, H. (1982). Rationalisierung und Regionalisierung. Publizistische Aspekte einer Elektronisierung der Fernsehproduktion. *Rundfunk und Fernsehen* 30(3), 265–283.

Was den Journalismus determiniert

Baerns, Barbara (1985/1991). *Öffentlichkeitsarbeit oder Journalismus? Zum Einfluß im Mediensystem.* Köln: Verlag Wissenschaft und Politik

Claudia Riesmeyer

Zusammenfassung

Woher stammen die Themen journalistischer Berichterstattung und welchen Einfluss haben Public Relations auf den Journalismus? Ausgehend von diesen Fragen untersuchte Barbara Baerns in ihrer Habilitationsschrift den Anteil PR-induzierter Berichterstattung und fand heraus, dass knapp zwei Drittel aller Veröffentlichungen auf Presseinformationen und Pressekonferenzen als Primärquellen zurückgehen, wobei die Berichterstattung mehrheitlich am selben oder bei Tageszeitungen am darauf folgenden Tag stattfand. Außerdem verzichteten die Journalist*innen in der Regel auf eine Themen-, Zusatz- oder Nachrecherche. Baerns' Untersuchung fand in der Kommunikationswissenschaft großen Widerhall und löste zahlreiche Folgestudien aus, die die Befunde bestätigten, konkretisierten oder aber auch widerlegten. Baerns gilt als Begründerin der „Determinationsthese". Kernaussage der Determinationsforschung ist, dass Public Relations Themen und Timing der journalistischen Berichterstattung beeinflussen – sie determinieren.

C. Riesmeyer (✉)
Ludwig-Maximilians-Universität München, München, Deutschland
E-Mail: claudia.riesmeyer@ifkw.lmu.de

© Springer Fachmedien Wiesbaden GmbH, ein Teil von Springer Nature 2023   161
W. Loosen, A. Scholl (Hrsg.), *Schlüsselwerke der Journalismusforschung*,
https://doi.org/10.1007/978-3-658-25867-2_14

Schlüsselwörter

Determination · Unabhängigkeit · Berichterstattung · Themen · Timing

1 Kurzbiografie der Autorin

Barbara Baerns wurde 1939 in Rinteln an der Weser geboren. Ihr beruflicher Werdegang ist von mehreren Wechseln zwischen Universität und Praxis, zwischen Journalismus und Public Relations geprägt. Nach dem Abitur in Rinteln studierte sie an der FU Berlin, um Journalistin zu werden. Dort entschied sie sich für die Fächer Publizistik, Germanistik, Theaterwissenschaft und Anglistik (1959 bis 1965). Der Weg in den Journalismus zeichnete sich bereits in der frühen Jugend ab: Barbara Baerns veröffentlichte mit 13 Jahren Rezensionen von Kinder- und Jugendbüchern und absolvierte während der Schulzeit ein Zeitungspraktikum. Während des Studiums volontierte sie bei der Hannoverschen Presse bzw. Neuen Hannoverschen Presse. 1967 wurde sie mit der Arbeit „Ost und West. Eine Zeitschrift zwischen den Fronten. Zur politischen Funktion einer literarischen Zeitschrift in der Besatzungszeit (1945–1949)" an der FU Berlin promoviert. Im selben Jahr verließ sie den Journalismus und wurde Presse- und Kulturreferentin im United States Information Center in Hannover. Zwei Jahre später folgte ein erneuter Wechsel zurück in den Journalismus. Sie arbeitete fortan als Redakteurin für Politik bei der Hannoverschen Neuen Presse. Dort war sie „glücklich" (Baerns 2007, S. 272), doch 1971 ging sie wieder zurück in die Public Relations. Sie wurde Redakteurin, später Leiterin der PR-Abteilung von Coca-Cola Central Europe in Essen. Kein Traumjob, sondern ein „unfreiwilliger" Wechsel, für „eine Journalistin war ‚die andere Seite' damals leicht degoutant", stellte sie rückblickend fest (ebd., S. 272). Nach zwei Jahren in der PR kehrte sie in den Journalismus zurück, wurde Redakteurin für Politik bei der Neuen Ruhr Zeitung in Essen. Von dort wechselte sie schließlich an die Universität, wurde 1974 erst wissenschaftliche Mitarbeiterin der Sektion für Publizistik und Kommunikation an der Universität Bochum, ein Jahr später akademische Rätin, ab 1976 auf Lebenszeit. 1982 folgten die Habilitation und eine Professur für Publizistik- und Kommunikationswissenschaft an der Universität Bochum. 1989 schließlich nahm sie den Ruf auf die Professur für Theorie und Praxis des Journalismus und der Öffentlichkeitsarbeit an der FU Berlin an. Dort war sie bis zu ihrer Emeritierung 2004 tätig.

Barbara Baerns setzte sich stets für die universitäre Verankerung der PR-Forschung und deren Etablierung im Fach ein. Sie war unter anderem Mitglied der Gründungskommission des Fachbereichs Kommunikations- und Medienwissenschaft an der Universität Leipzig und erhielt 1993 einen Ruf auf die dort neu geschaffene Professur für Öffentlichkeitsarbeit/Public Relations, den sie jedoch ablehnte. Den Ruf nach Leipzig nahm stattdessen Günter Bentele an, dessen Intereffikationsmodell (1997) in direkter Verbindung zur Determinationsforschung zu sehen ist.

Barbara Baerns setzte sich in Forschung und Lehre mit dem Verhältnis zwischen Journalismus und Public Relations (1979, 1985) ebenso wie mit der PR-Erfolgskontrolle (1997) und mit der Trennung zwischen Werbung und Programm (2004a) auseinander. Ihre Habilitationsschrift „Öffentlichkeitsarbeit oder Journalismus. Zum Einfluss im Mediensystem" (1985, in einer zweiten Auflage 1991 veröffentlicht) gehört zu den Standardwerken (Bentele 2014) und den „Klassikern" der deutschsprachigen Kommunikationswissenschaft (Meyen 2014). Baerns gilt als Begründerin der Determinationsthese (auch: Determinationshypothese), wenngleich sie selbst diese nie so bezeichnet hat (Baerns 2004b). Kernaussage der Determinationsforschung ist, dass Public Relations Themen und Timing der journalistischen Berichterstattung beeinflussen – sie determinieren.

Baerns' Berufserfahrungen in Journalismus und Public Relations einerseits, in der Kommunikationswissenschaft andererseits waren ein Ausgangspunkt für ihre Habilitationsschrift (und zuvor erste Untersuchungen) zum Verhältnis zwischen Journalismus und Public Relations (1991, S. 11). Denn während ihrer Zeit in der Berufspraxis erlebte sie hautnah, wie „einfach man Aktualität schaffen kann. Was ich dort über die Steuerungsmöglichkeiten von Medien beobachten konnte, hat mich motiviert, an die Universität zurückzugehen, um die Problematik genauer zu betrachten" (2007, S. 272). Die Habilitationsschrift beginnt mit Beobachtungen aus der Praxis und endet mit Empfehlungen für die Ausbildung von Journalist*innen. Weil Public Relations sich der Funktionsweisen des Journalismus bedienen und die „Definitionskontrolle" über Themen und Timing der journalistischen Berichterstattung haben, sei es notwendig, dass Journalist*innen „wissen, dass andere wissen, was sie wissen" (Baerns 1991, S. 101). Nur so könnten Journalist*innen die PR-Informationsquellen hinterfragen und kritisch reflektieren.

2   Inhalt des Textes

Hintergrund der Habilitationsschrift von Barbara Baerns war eine Frage, die in der Journalismusforschung nach wie vor Relevanz besitzt: Wie (un)abhängig ist Journalismus von Public Relations (Riesmeyer 2007)? Wer beeinflusst Journalist*innen wie und wann und sind sich Journalist*innen dieser Beeinflussung bewusst? Denn Journalist*innen sollen – so die idealtypische Vorstellung – unabhängig arbeiten können, also frei von Einflüssen und Zwängen Themen auswählen, bearbeiten und publizieren (Baerns 1991, S. 17). Die „Kommunikationsverfassung" der Bundesrepublik fuße auf diesen Grundannahmen und gewährleiste „bestimmte Strukturen optimaler Informationsleistung" (ebd., S. 4), um so einer Abhängigkeit und Gleichschaltung der Massenmedien wie im Nationalsozialismus vorzubeugen. Das „Informationssystem der Bundesrepublik" sei als ein „ausbalanciertes, sich selbst steuerndes und kontrollierendes Wirkungsgefüge gedacht und organisiert, das gerade durch die unterschiedliche Konstellation seiner Elemente auf ein Gesamtbild" ziele, das einzelne Medieneinheiten nicht realisieren könnten (ebd., S. 4).

Trotz dieser Grundannahme verwies Baerns darauf, dass Journalismus nicht frei von Einflüssen agieren könne. In der Literatur finden sich verschiedene Modelle, die diese Einflüsse auf den Handlungsspielraum von Journalist*innen und damit auf die professionelle Autonomie von Journalist*innen systematisieren, beispielsweise das Zwiebel-/Kontextmodell (Weischenberg 1992), das Sphärenmodell (Donsbach 1987) oder das hierarchische Einflussmodell (Shoemaker und Reese 2014). Die dort beschriebenen Einflüsse auf die Journalist*innen und ihre Aussagenproduktion auf Mikro-, Meso- und Makro-Ebene stehen im Mittelpunkt der Determinationsforschung, die schon vor den Arbeiten von Baerns einsetzte.[1] Bereits 1977 beschäftigten sich Peter Nissen und Walter Menningen mit der Frage, nach welchen Kriterien Journalisten Themen auswählen und führten dazu eine Input-Output-Analyse als Vergleich aller Pressemitteilungen landespolitischer Akteure in Schleswig-Holstein mit der Berichterstattung dreier regionaler Tageszeitungen durch. Sie zeigten, dass die Tageszeitungen mehr als die Hälfte der angebotenen Pressemitteilungen abdruckten. Die Texte waren überwiegend unkommentiert, sie wurden gekürzt und/oder durch unbedeutende Umformulierungen bearbeitet (Nissen und Menningen 1977).

Diesen Befund griff Barbara Baerns (1979) auf und verglich die Pressemitteilungen ihres früheren Arbeitgebers Coca-Cola Central Europe mit der Berichterstattung über das Unternehmen in der Westdeutschen Allgemeinen Zeitung, der Neuen Ruhr-Zeitung, dem Kölner Stadt-Anzeiger, der Kölnischen Rundschau sowie der Frankfurter Allgemeinen Zeitung. Auch sie bestätigte, dass Journalist*innen PR-Quellen für ihre Berichterstattung nutzten: Durchschnittlich 42 % aller Beiträge über Coca-Cola Central Europe gaben den Inhalt der Pressemitteilung

---

[1] Baerns (1991, S. 14) nennt Öffentlichkeitsarbeit eine „hypothetische ‚Determinante'" des Journalismus. Ihre Begriffswahl „Determination" bzw. „determinieren" war prägend für den Forschungsstrang zum Verhältnis zwischen Journalismus und Public Relations, der Determinationsforschung.

wörtlich wieder, weitere 38 % ließen sich auf die Pressemitteilung zurückführen (z. B. als Themenanlass). Veröffentlichungen, deren Grundlage eine gänzlich eigene Recherche war, lagen nur in 20 % der Artikel vor. Die Ergebnisse zeigten, dass die „Öffentlichkeitsarbeit die Berichterstattung inhaltlich zu strukturieren vermag, wenn Journalisten auf selbständige Recherchen verzichten" (Baerns 1979, S. 310). Die Kommunikationsbeziehung zwischen Journalismus und Public Relations sei nicht dialogisch angelegt, sondern der Informationsfluss verlaufe einseitig von den Public Relations zu dem Journalismus.

Basierend auf diesen Befunden beantragte Barbara Baerns bei der Deutschen Forschungsgemeinschaft ein Projekt, in dem sie „den relativen Einfluss von Öffentlichkeitsarbeit beim Entstehen und Zustandekommen von Medieninhalten" untersuchte und aus dem ihre Habilitationsschrift entstand (2007, S. 273). Im Mittelpunkt der Untersuchung stand der „Niederschlag der nordrhein-westfälischen Landespolitik in allen tagesbezogenen Nachrichtenmedien dieses Bundeslandes" (Untersuchungszeitraum waren die Monate April und Oktober 1978; Baerns 1991, S. 49). Aufgenommen wurden in die Analyse 1797 Beiträge von 27 publizistischen Einheiten, 347 Fernseh- und 562 Hörfunkbeiträge sowie 826 Agenturmeldungen mit landespolitischem Bezug.

Baerns formulierte für ihre Studie zwei Grundannahmen: Sie ging davon aus, dass sowohl Journalismus als auch Public Relations als Kommunikationsleitungen „auf das Mediensystem" zielen und sich dort niederschlagen (1991, S. 1). Beide suchen den Zugang zur Öffentlichkeit. Der Zweck von Journalismus und Public Relations sei „die Erschließung von Wirklichkeit durch Selektion, das heißt Information" (Baerns 1987, S. 149). Öffentlichkeitsarbeit definierte Baerns als „Selbstdarstellung partikularer Interessen und speziellen Wissens durch Information", Journalismus sei hingegen als „Fremddarstellung und Funktion des Gesamtinteresses und des allgemeinen Wissens" zu verstehen (1991, S. 1).

Gleichzeitig bestehe zwischen Journalismus und Public Relations beim Entstehen und Zustandekommen von Nachrichten eine Beziehung, die Baerns „Einfluss" nannte. Dieser ist „eine Verbindung zwischen Handelnden, bei der ein Handelnder den anderen veranlasst, in irgendeiner Weise zu handeln, in der er sonst nicht handeln würde" (1992, S. 136). Auf das Verhältnis zwischen Journalismus und Public Relations übertragen hieß dies: „Öffentlichkeitsarbeit hat erfolgreich Einfluss geübt, wenn das Ergebnis der Medienberichterstattung ohne diese Einflussnahme anders ausgesehen hätte. Andererseits dürfte gesagt werden, Journalismus hat erfolgreich Einfluss geübt, wenn das Ergebnis ohne diesen [Einfluss, C. R.] anders ausgefallen wäre" (Baerns 1982, S. 59). Andere Einflussfaktoren auf das Verhältnis zwischen Journalismus und Public Relations bzw. auf die Entstehung von Nachrichten, wie Nachrichtenwerte oder persönliche Prädispositionen der Journalist*innen, schloss sie in ihrer Analyse aus. Unter diesen Bedingungen gelte die Null-summenthese: „Je mehr Einfluss Öffentlichkeitsarbeit ausübt, umso weniger Einfluss kommt Journalismus zu und umgekehrt" (Baerns 1991, S. 17).

Baerns bestätigte in ihrer Habilitationsschrift den Befund der Coca-Cola Unter-suchung auch im landespolitischen Kontext; eine hohe Anzahl von Beiträgen ging auf PR-Informationen zurück. Bei knapp zwei Dritteln aller Veröffentlichungen stellten die Presseinformationen und Pressekonferenzen die „themenleitenden Pri-märquellen" (1991, S. 87) dar, wobei die Berichterstattung mehrheitlich am selben oder bei Tageszeitungen am darauf folgenden Tag stattfand. Außerdem verzichte-ten die Journalist*innen in der Regel auf eine Themen-, Zusatz- oder Nachrecher-che. Journalistische Leistungen der Themenintegration und -einordnung entfielen ebenfalls, Journalist*innen nannten in der Mehrzahl der Fälle die Informations-quelle nicht. Public Relations haben demnach einen stark ausgeprägten Einfluss auf den Journalismus. „Informationen zu platzieren, Nachrichten zu initiieren, Themen zu forcieren und publizierte Wirklichkeit so zu konturieren, ist den beleg-ten Proportionen zufolge überwiegend Informatoren [der Öffentlichkeitsarbeit, C. R.], nicht Journalisten, zuzusprechen" (Baerns 1991, S. 98).

Themen (Platzierung von Informationen, Initiierung von Nachrichten und Forcie-rung von Themen) und Timing (Pressemitteilungen und Pressekonferenzen lösen Me-dienberichterstattung unmittelbar aus) der Berichterstattung werden durch PR-Leistungen bestimmt, so die Grundaussage der so genannten Determinationsthese (ebd., S. 98). Sie selbst verwendete den Begriff „Determinations*these*" in ihrer Unter-suchung nicht, sprach aber von den „Determinanten journalistischer Informationsleis-tungen" (1979). Erst in den Folgeanalysen wird von der Determinierungsthese, Deter-minationsthese oder -hypothese gesprochen (Hoffjann 2001, S. 175). Bentele und Nothhaft verweisen darauf, dass es sich bei der Aussage nicht um eine Hypothese im sozialwissenschaftlichen Begriffsverständnis, sondern vielmehr um eine „*Leitthese*, ein *heuristisches Paradigma*" handelt (2005a, S. 580) [H.i.O.]. Baerns bezeichnet die Auslegung und Bezeichnung ihrer Ergebnisse als „nachträgliche Unterstellung einer falsifizierbaren Hypothese", was „absurd" sei (2004b, S. 88), denn um das Aufstellen einer solchen Hypothese und Kausalbeziehung sei es ihr nicht gegangen.

Die Beeinflussung der Themen und des Zeitpunkts der Berichterstattung habe auch Auswirkungen auf die Rechercheleistungen des Journalismus. Da der Ein-fluss der Public Relations so groß sei, seien diese auch in der Lage, die „journalis-tische Recherchekraft zu lähmen und publizistischen Leistungswillen zuzuschüt-ten" (Baerns 1983, S. 212). Dem Journalismus komme die Aufgabe der Informationsbearbeitung zu, die weitgehend beim Eintritt einer Information in das Mediensystem, in der Nachrichtenagentur, geschehen müsse (Baerns 1987, S. 160). Dort dürfe nicht nur die Übernahme der PR-Information erfolgen, sondern hier sollten Journalist*innen PR-Informationen hinterfragen und Zusatzinformation anfügen, um eine Einordnung für die Journalist*innen in den Tageszeitungs- und Rundfunkredaktionen zu leisten. In der Konsequenz bedeuten diese Befunde, dass sich die Recherchekosten auf PR-Abteilungen verlagern, die druckfertige „subventionierte Informationen" herausgeben (Ruß-Mohl 1994, S. 317). Diese Entwicklung könne zu einem „spiralförmigen Auf- und Abrüstungsprozesses" führen (Ruß-Mohl 1991, S. 195), dem Ausbau der PR-Leistungen bei gleichzeitigem Abbau der journalistischen Leistungen. Denn „da Informationen ohnedies, mediengerecht, geliefert werden, fehlt es am ‚äußeren' Zwang, Motivationen mit Sachkompetenz und Ressourcen auszustatten und in die Form von Handlungen zu übersetzen. Journalisten können Informationen suchen, aber Medien sind nicht notwendig darauf angewiesen" (Baerns 1991, S. 99).

3 Wirkungsgeschichte und Kritik

Die Arbeiten von Barbara Baerns initiierten zahlreiche Folgestudien, die bei einer Replikation von Baerns' Vorgehen (eine PR-Quelle als Absender, Ausschluss intervenierender Variablen) die Befunde bestätigten (u. a. Schnitzmeier 1989; Fröhlich 1992; vgl. zum Überblick Raupp 2015). Ihre Arbeiten lösten aber auch Kritik aus, da Baerns Public Relations als mächtig und Journalismus als beeinflussbar kennzeichnete (Raupp 2015, S. 310). *Erster und zentraler* Kritikpunkt an den Arbeiten Barbara Baerns' war die Annahme einer einseitigen Beeinflussung des Journalismus durch Public Relations, der einem „Rückfall in behavioristische Stimulus-Response-Vorstellungen" gleiche (ebd., S. 310) und den Journalismus als der Public Relations unterlegen darstelle. Stattdessen wurden Gegenvorschläge artikuliert, die das Verhältnis als wechselseitig oder zweiseitig kennzeichneten. Dazu zählt Raupp (2015, S. 311) Kennzeichnungen als „antagonistische Partnerschaft (Rolke 1999), als interdependente und interpenetrierende Systembeziehungen (Westerbarkey 1995), als strukturelle Kopplung (Hoffjann 2007), als privilegiertes Verhältnis (Löffelholz 2000) oder als potenzielle win-win-Beziehung (Ruß-Mohl 2004)" sowie als „Symbiose" (Ruß-Mohl 1999). Das Intereffikationsmodell (Bentele et al. 1997) definierte das Verhältnis zwischen Journalismus und Public Relations als gegenseitig vorhandene Einflüsse, Orientierungen und Abhängigkeiten. Journalismus und Public Relations ermöglichten sich wechselseitig, so die Grundaussage des Intereffikationsmodells (Bentele 2005; Bentele und Nothhaft 2005b). Das Verhältnis zwischen Journalismus und Public Relations sei geprägt durch kommunikative Induktionen als intendierte kommunikative Anregungen, Einflüsse und Adaptionen, kommunikatives und organisatorisches Anpassungshandeln, das sich an

den sozialen Gegebenheiten der anderen Seite orientiert, um den eigenen Kommu-
nikationserfolg zu optimieren.[2]

Zweitens setzten sich Folgestudien mit der Nullsummenthese auseinander und
erweiterten hier den Fokus um intervenierende Variablen: Sie verglichen die Veröffentlichung von PR-Informationen verschiedener Absender in der journalistischen
Berichterstattung miteinander (Grossenbacher 1986), berücksichtigten Nachrichtenfaktoren und journalistische Prädispositionen (Barth und Donsbach 1992) oder
die Bedeutung von Nachrichtenagenturen (Rossmann 1993). Erweiterten sie den
Fokus, dann zeigte sich ein deutlich differenziertes Bild: Eine pauschale Beeinflussung oder gar Abhängigkeit des Journalismus von Public Relations konnte nicht
nachgewiesen werden. Stattdessen bestimmten beispielsweise die intervenieren-
den Variablen Krise, Nachrichtenwert und journalistische Prädispositionen die
Selektion von PR-Informationen sowie Aktivität und Passivität von Journalist*innen (Barth und Donsbach 1992). Der PR-Einfluss auf den Journalismus sei vor
allem dann groß, wenn das Ereignis für den Journalismus inszeniert sei (Barth und
Donsbach 1992, S. 163).

Drittens erweiterten zahlreiche Studien den methodischen Zugang, indem sie
entweder mehrere Methoden miteinander kombinierten (wie Input-Output-Analysen
mit Leitfadeninterviews und/oder teilnehmenden Redaktionsbeobachtungen, u. a.
Grossenbacher 1986, 1989; Saffarnia 1993a, 1993b; Riesmeyer 2007, 2014), mehrere Ressorts und/oder PR-Quellen aufnahmen, und/oder die PR-Quelle mit der
PR-induzierten Berichterstattung, der generellen Berichterstattung über die PR-
Quelle und der Gesamtberichterstattung des Mediums verglichen (u. a. Saffarnia
1993a, 1993b; Schweda und Opherden 1995; Scholl 2004; Riesmeyer 2007). Diese
methodischen Erweiterungen ermöglichten nicht nur einen differenzierten Blick auf
das Verhältnis zwischen Journalismus und Public Relations (z. B. durch die Erhebung der journalistischen Wahrnehmung), sondern widerlegten die Determinationsthese in großen Teilen. Die Studien wiesen eine journalistische Eigenleistung hinsichtlich der Themen und des Zeitpunkts der Berichterstattung nach und vor allem
dann, wenn die Gesamtberichterstattung berücksichtigt wurde, zeigte sich, dass der
Anteil PR-induzierter Berichterstattung geringer war als zuvor angenommen. Saffarnia (1993a, 1993b) und Schweda und Opherden (1995) bescheinigten dem Journalismus Eigenleistung und eine Nichtdetermination durch Public Relations.

---

[2] Das Intereffikationsmodell löste ebenfalls eine kritische Auseinandersetzung in der Kom-
munikationswissenschaft aus: Dabei ging es um die Grundannahmen des Modells, dessen
Begrifflichkeiten und den Einfluss auf den Journalismus (Ruß-Mohl 1999; Bentele und No-
thhaft 2004; Fengler und Ruß-Mohl 2005). Letztlich diene das Modell der Positionierung der
Public Relations als notwendige Grundlage für den Journalismus und betreibe „PR für PR"
(Ruß-Mohl 1999, S. 170, 2000).

Die Wirkungsgeschichte der Determinationsforschung zeigt, dass einerseits von einer alleinigen Determination des Journalismus durch die Public Relations nicht gesprochen werden kann. Immer dann, wenn intervenierende Variablen, Mehrmethodendesigns oder ein Vergleich zur Gesamtberichterstattung gezogen wurden, mussten die Aussagen zumindest relativiert werden. Deutlich wird aber auch, dass Public Relations eine zentrale Informationsquelle für Journalist*innen darstellen und dass Forschungsbedarf auch 40 Jahre nach Beginn der Determinationsforschung besteht. Bekannt ist, dass Journalist*innen nach wie vor Public Relations verwenden, als Gatekeeper für PR-Quellen fungieren und dies, obwohl Public Relations über das Internet den zusätzlichen direkten Weg zur Öffentlichkeit nutzen können und sich so das Kommunikationsverhalten von Organisationen verändert hat (Pleil 2015).

Dennoch ist die Grundfrage der Determinationsforschung, wie (un)abhängig der Journalismus von PR-Zulieferungen und PR-Ressourcen ist (Riesmeyer 2007), nach wie vor relevant. Sie muss nicht nur immer wieder gestellt, sondern muss auch erweitert werden. *Zum einen* haben sich in den vergangenen Jahren die Rahmenbedingungen für den Journalismus geändert. Journalist*innen haben weniger Zeit für ihre redaktionellen Aufgaben (Weischenberg et al. 2006), bedienen mehr Kanäle und haben zugleich weniger Ressourcen zur Verfügung. Führen diese Entwicklungen zu neuen (anderen) Einflüssen und Abhängigkeiten im Journalismus? Gerade dann, wenn Public Relations druckfertige Informationen liefern, die nur noch an der richten Stelle platziert und veröffentlicht werden müssen? *Zum anderen* fehlt noch immer die Einordnung der Determinationsbefunde: Ab wann ist von einem journalistischen Unabhängigkeitsverlust zu sprechen (Schantel 2000) und welche Konsequenzen hätte dieser für die Meinungsbildung der Rezipierenden (Baerns 2004b)? Oft ist die PR-Einflussnahme auf den Journalismus für die Rezipierenden nicht transparent und nachvollziehbar, da Journalist*innen die PR-Quelle nicht nennen und damit eine journalistische Rechercheleistung vorgeben, die nicht stattfand (Baerns 1991).

Barbara Baerns' Arbeiten in der Journalismusforschung inspirierten nicht nur eine „Fülle von Magisterarbeiten, auch Dissertationen" (2007, S. 273). Baerns wünschte sich, dass die „Transparenz publizistischer Prozesse [...] und die Öffentlichkeitsarbeit" Untersuchungsgegenstände des Fachs bleiben und die Befunde in den „Journalismus, in die Öffentlichkeitsarbeit und auch in die Medienpädagogik" transferiert werden, „aus fachlichem Interesse – und weil die Zivilgesellschaft darauf einen Anspruch hat" (2007, S. 280). Barbara Baerns' Arbeiten wurden nicht nur durch ihre praktischen Erfahrungen geprägt; vielmehr wollte sie neue Perspektiven für die Praxis eröffnen. Ihre Befunde sollten in die Journalist*innen-Ausbildung fließen, um dort die kritische Sichtweise auf und den Umgang mit Informationsquellen zu schulen.

Literatur

Baerns, B. (1979). Öffentlichkeitsarbeit als Determinante journalistischer Informationsleistungen. Thesen zur realistischeren Beschreibung von Medieninhalten. *Publizistik* 3, 301–316.

Baerns, B. (1982). Öffentlichkeitsarbeit und Journalismus. Darstellung latenter Beziehungen durch Ermittlung von Einflüssen ins Mediensystem. In: H. Schatz, K. Lange (Hrsg.), *Massenkommunikation und Politik* (S. 55–80). Frankfurt am Main: Haag + Herchen.

Baerns, B. (1983): Vielfalt und Vervielfältigung. Befunde aus der Region – eine Herausforderung für die Praxis. *Media Perspektiven* 3, 207–215.

Baerns, B. (1985; ²1991). *Öffentlichkeitsarbeit oder Journalismus? Zum Einfluß im Mediensystem*. Köln: Verlag Wissenschaft und Politik.

Baerns, B. (1987). Macht der Öffentlichkeitsarbeit und Macht der Medien. In: U. Sarcinelli (Hrsg.), *Beiträge zur politische Kommunikationskultur* (S. 147–160). Stuttgart: Kohlhammer.

Baerns, B. (1992). Öffentlichkeitsarbeit als Thema der Publizistik- und Kommunikationswissenschaft – Rückblick und Rahmen aktueller Annäherung. In: H. Avenarius, W. Armbrecht (Hrsg.), *Ist Public Relations eine Wissenschaft? Eine Einführung* (S. 133–150). Opladen: Westdeutscher Verlag.

Baerns, B. (1997): Es läuft auch so! – Zu offenen Fragen der Transparenz, Kontrolle und Bewertung in der Öffentlichkeitsarbeit. In: B. Baerns (Hrsg.), *PR-Erfolgskontrolle. Messen und Bewerten in der Öffentlichkeitsarbeit. Verfahren, Strategien, Beispiele* (S. 9–29). 2. Aufl. Frankfurt am Main: Institut für Medienentwicklung und Kommunikation.

Baerns, B. (Hrsg.). (2004a) *Leitbilder von gestern? Zur Trennung von Werbung und Programm. Eine Problemskizze und Einführung*. Wiesbaden: VS Verlag für Sozialwissenschaften.

Baerns, B. (2004b). Öffentlichkeitsarbeit und Erkenntnisinteresse der Publizistik- und Kommunikationswissenschaft. In: U. Röttger (Hrsg.), *Theorien der PR* (S. 83–96). Wiesbaden: VS Verlag für Sozialwissenschaften.

Baerns, B. (2007). Eine Brücke schaffen zwischen Theorie und Praxis. In: M. Meyen, M. Löblich (Hrsg.), *„Ich habe dieses Fach erfunden". Wie die Kommunikationswissenschaft an die deutschsprachigen Universitäten kam. 19 biografische Interviews* (S. 262–280). Köln: Herbert von Halem Verlag.

Barth, H., Donsbach, W. (1992). Aktivität und Passivität von Journalisten gegenüber Public Relations. Fallstudie am Beispiel von Pressekonferenzen zu Umweltthemen. *Publizistik* 2, 147–165.

Bentele, G. (2005). Intereffikationsmodell. In: G. Bentele, R. Fröhlich, & P. Szyszka (Hrsg.), *Handbuch der Public Relations. Wissenschaftliche Grundlagen und berufliches Handeln* (S. 209–222). Wiesbaden. Springer VS.

Bentele, G. (2014). Kommunikationswissenschaftlerin Barbara Baerns feierte 75. Geburtstag. *PR-Journal*. https://pr-journal.de/nachrichten/branche/14233-kommunikationswissenschaftlerin-barbara-baerns-feiert-75-geburtstag.html. Zugegriffen: 15. Mai 2018.

Bentele, G., Nothhaft, H. (2004). Das Intereffikationsmodell. Theoretische Weiterentwicklung, empirische Konkretisierung und Desiderate. In: K.-D. Altmeppen, U. Röttger, & G. Bentele (Hrsg.), *Schwierige Verhältnisse* (S. 67–104). Wiesbaden: Springer VS.

Bentele, G., Nothhaft, H. (2005a). Determination. In: G. Bentele, R. Fröhlich, & P. Szyszka (Hrsg.), *Handbuch der Public Relations. Wissenschaftliche Grundlagen und berufliches Handeln* (S. 579–580). Wiesbaden: VS Verlag für Sozialwissenschaften.

Bentele, G., Nothhaft, H. (2005b). Intereffikation. In: G. Bentele, R. Fröhlich, & P. Szyszka (Hrsg.), *Handbuch der Public Relations. Wissenschaftliche Grundlagen und berufliches Handeln* (S. 585). Wiesbaden: VS Verlag für Sozialwissenschaften.

Bentele, G., Liebert, T., & Seeling, S. (1997). Von der Determination zur Intereffikation. Ein integratives Modell zum Verhältnis von Public Relations und Journalismus. In: G. Bentele, M. Haller (Hrsg.), *Aktuelle Entstehung von Öffentlichkeit. Akteure – Strukturen – Veränderungen* (S. 225–250). Konstanz: UVK.

Donsbach, W. (1987). Journalismusforschung in der Bundesrepublik: Offene Fragen trotz Forschungsboom. In: J. Wilke (Hrsg.), *Zwischenbilanz der Journalistenausbildung* (S. 105–142). München: Ölschläger.

Fengler, S., Ruß-Mohl, S. (2005). Journalisten-Mythen – Und ihr Ende in der Mediengesellschaft: Zur Ökonomie des Journalismus. In: P. Rössler, F. Krotz (Hrsg.), *Mythen der Mediengesellschaft – The Media Society and ist Myths* (S. 245–265). Konstanz: UVK.

Fröhlich, R. (1992). Qualitativer Einfluss von Pressearbeit auf die Berichterstattung: Die „geheime Verführung" der Presse? *Publizistik* 3, 37–49.

Grossenbacher, R. (1986). Hat die „vierte Gewalt" ausgedient? Zur Beziehung zwischen Public Relations und Medien. *Media Perspektiven* 11, 725–731.

Grossenbacher, R. (1989). *Die Medienmacher. Eine empirische Untersuchung zur Beziehung zwischen Public Relations und Medien in der Schweiz.* Solothurn: Vogt-Schild Verlag.

Hoffjann, O. (2001). *Journalismus und Public Relations. Ein Theorieentwurf der Intersystembeziehungen in sozialen Konflikten.* Opladen: Westdeutscher Verlag.

Hoffjann, O. (2007). *Journalismus und Public Relations: Ein Theorieentwurf der Intersystembeziehungen in sozialen Konflikten.* Wiesbaden: Springer VS.

Löffelholz, M. (2000). Ein privilegiertes Verhältnis. Inter-Relationen von Journalismus und Öffentlichkeitsarbeit. In: M. Löffelholz (Hrsg.), *Theorien des Journalismus. Ein diskursives Handbuch* (S. 185–208). Wiesbaden: Westdeutscher Verlag.

Meyen, M. (2014). Barbara Baerns. In: M. Meyen (Hrsg.), *Biografisches Lexikon der Kommunikationswissenschaft.* Köln: Herbert von Halem Verlag.

Nissen, P., Menningen, W. (1977). Der Einfluss der Gatekeeper auf die Themenstruktur der Öffentlichkeit. *Publizistik* 2, 159–180.

Pleil, T. (2015). Online-PR. In: R. Fröhlich, P. Szyszka, & G. Bentele (Hrsg.), *Handbuch der Public Relations* (S. 1017–1038). Wiesbaden: Springer VS.

Raupp, J. (2015). Determinationsthese. In: R. Fröhlich, P. Szyszka, & G. Bentele (Hrsg.), *Handbuch der Public Relations* (S. 305–317). Wiesbaden: Springer VS.

Riesmeyer, C. (2007). *Wie unabhängig ist Journalismus? Zur Konkretisierung der Determinationsthese.* Konstanz: UVK.

Riesmeyer, C. (2014). Von Macht und Ohnmacht. Das Verhältnis zwischen Journalisten und Pressesprechern aus akteurstheoretischer Perspektive. In: B. Stark, O. Quiring, & N. Jackob (Hrsg), *Von der Gutenberg-Galaxis zur Google-Galaxis. Alte und neue Grenzvermessungen nach 50 Jahren DGPuK* (S. 289–308). Konstanz: UVK.

Rolke, L. (1999). Journalisten und PR-Manager – eine antagonistische Partnerschaft mit offener Zukunft. In: L. Rolke, V. Wolff (Hrsg.), *Wie die Medien die Wirklichkeit steuern und selbst gesteuert werden* (S. 223–247). Opladen: Westdeutscher Verlag.

Rossmann, T. (1993). Das Beispiel Greenpeace: Öffentlichkeitsarbeit und ihr Einfluss auf Medien. Media Perspektiven 2, 85–94.

Ruß-Mohl, S. (1991). Öffentlichkeitsarbeit ante Portas. In: J. Dorer, K. Lojka (Hrsg.), *Öffentlichkeitsarbeit. Theoretische Ansätze, empirische Befunde und Berufspraxis der Public Relations* (S. 193–197). Wien: Böhlau.

Ruß-Mohl, S. (1994). Symbiose oder Konflikt: Öffentlichkeitsarbeit und Journalismus. In: O. Jarren (Hrsg.), *Medien und Journalismus. Band 1: Eine Einführung* (S. 313–327). Opladen: Westdeutscher Verlag.

Ruß-Mohl, S. (1999). Spoonfeeding, Spinning, Whistleblowing. Beispiel USA: Wie sich die Machtbalance zwischen PR und Journalismus verschiebt. In: L. Rolke, V. Wolff (Hrsg.), *Wie die Medien die Wirklichkeit steuern und selber gesteuert werden* (S. 163–176). Opladen: Westdeutscher Verlag.

Ruß-Mohl, S. (2000). Symbiose oder Marktbeziehung? *Neue Zürcher Zeitung* 257, 51.

Ruß-Mohl, S. (2004). PR und Journalismus in der Aufmerksamkeits-Ökonomie. In: J. Raupp, J. Klewes (Hrsg.), *Quo vadis Public Relations? Auf dem Weg zum Kommunikationsmanagement: Bestandsaufnahme und Entwicklungen* (S. 52–62). Wiesbaden: Westdeutscher Verlag.

Saffarnia, P. A. (1993a). Determiniert Öffentlichkeitsarbeit tatsächlich den Journalismus? Empirische Belege und theoretische Überlegungen gegen die PR-Determinierungsannahme. *Publizistik* 3, 412–425.

Saffarnia, P. A. (1993b). *Öffentlichkeitsarbeit und Journalismus. Determinieren Public Relations den tagesaktuellen Journalismus? Eine Überprüfung der Medifizierungsthese am Beispiel der innenpolitischen Berichterstattung der Tageszeitung Kurier.* Wien: unveröffentlichte Magisterarbeit.

Schantel, A. (2000). Determination oder Intereffikation? Eine Metaanalyse der Hypothesen zur PR-Journalismus-Beziehung. *Publizistik* 1, 70–88.

Schnitzmeier, J. (1989). Macht der Öffentlichkeitsarbeit oder Macht des Journalismus? pr-magazin 9, 27–34.

Scholl, A. (2004). Steuerung oder strukturelle Kopplung? Kritik und Erneuerung theoretischer Ansätze und empirischer Operationalisierungen. In: K.-D. Altmeppen, U. Röttger, & G. Bentele (Hrsg.), *Schwierige Verhältnisse. Interdependenzen zwischen Journalismus und PR* (S. 35–42). Wiesbaden: VS Verlag für Sozialwissenschaften.

Schweda, C., Opherden, R. (1995). *Journalismus und Public Relations. Grenzbeziehungen im System lokaler politischer Kommunikation.* Wiesbaden: Westdeutscher Verlag.

Shoemaker, P. J., Reese, S. D. (2014). *Mediating the message in the 21st century: A media sociology perspective.* New York: Routledge.

Weischenberg, S. (1992). Journalistik. Bd. 1. Opladen: Westdeutscher Verlag.

Weischenberg, S., Malik, M., & Scholl, A. (2006). *Die Souffleure der Mediengesellschaft. Report über die Journalisten in Deutschland.* Konstanz: UVK.

Westerbarkey, J. (1995). Journalismus und Öffentlichkeit. Aspekte publizistischer Interdependenz und Interpenetration. *Publizistik* 1, 152–162.

Nachrichten als Konstruktionen von Wirklichkeit

Schulz, Winfried (1976). Konstruktion von Realität in den Nachrichtenmedien. Analyse der aktuellen Berichterstattung. Freiburg/München: Alber.

Ines Engelmann

Zusammenfassung

Ereignisse werden erst dadurch zu Nachrichten, dass Journalisten sie nach ihren Kriterien aus der Totalität und Komplexität des Geschehens auswählen müssen. Mit dieser These wendet sich Winfried Schulz gegen die bis dahin geltende Annahme, dass es eine medienexterne Realität gibt und man empirisch prüfen könnte, inwieweit die Medienrealität diese externe Realität abbildet. Damit leitet er eine erkenntnistheoretische Wende hin zu einer konstruktivistischen Perspektive ein, welche die Nachrichtenwertforschung nachhaltig geprägt und inspiriert hat. So versteht Schulz Nachrichtenfaktoren nicht mehr als objektive Eigenschaften von Ereignissen, sondern als journalistische Hypothesen über die Realität. Er führt die Unterscheidung von Nachrichtenfaktoren und Nachrichtenwert ein und prüft seine Annahme empirisch umfassend. Schulz' Werk zur Konstruktion von Realität in den Nachrichtenmedien hat zahlreiche empirische Studien geprägt, aber auch theoretische Weiterentwicklungen hervorgebracht. So wurde die Nachrichtenwertforschung später mit einer historischen und der Rezipientenperspektive verknüpft ebenso wie mit einer instrumentell-strategi-

I. Engelmann (✉)
Friedrich-Schiller-Universität Jena, Jena, Deutschland
E-Mail: ines.engelmann@uni-jena.de

© Springer Fachmedien Wiesbaden GmbH, ein Teil von Springer Nature 2023
W. Loosen, A. Scholl (Hrsg.), *Schlüsselwerke der Journalismusforschung*,
https://doi.org/10.1007/978-3-658-25867-2_15

schen Sicht auf journalistisches Handeln. Seit dem Aufkommen sozialer Medien wurden auf Publikumsseite neue Perspektiven der Nachrichtenwertforschung jenseits der Rezeption aufgemacht.

Schlüsselwörter

Nachrichtenfaktoren · Nachrichtenkonstruktion · Nachrichtenselektion · Nachrichtenwert · Medienrealität

1   Kurzbiografie des Autors

Schulz ist durch einen Zufall zur Kommunikationswissenschaft gekommen – so steht es im biografischen Lexikon der Kommunikationswissenschaft (Meyen 2016). Studiert hat er Soziologie und Psychologie, zunächst in München und anschließend in Berlin. Im Jahr 1964 erhielt er seinen Abschluss als Diplom-Soziologe. Da Schulz eigentlich Journalist werden wollte, belegte er auch Veranstaltungen in der Zeitungs- bzw. Publizistikwissenschaft. In einem der Berliner Seminare fiel er Elisabeth Noelle-Neumann auf, die damals dort einen Lehrauftrag hatte. Noelle-Neumann soll Schulz gebeten haben, als Assistent mit nach Mainz zu kommen und dort das Institut mit aufzubauen.

So wurde Schulz ab 1965 wissenschaftlicher Assistent von Elisabeth Noelle-Neumann an der Universität Mainz. Er wurde dort 1968 mit einer methodisch ausgerichteten Arbeit zum Thema „Kausalität und Experiment in den Sozialwissenschaften" promoviert. 1974 habilitierte er sich für Publizistik mit dem Thema „Analytische Theorie der Medien. Eine kommunikationswissenschaftliche Grundlagenstudie zur Erklärung der Vermittlungs- und Wirkungsbedingungen verschiedener Medien". Das Thema seiner Habilitation hing inhaltlich mit der „Konstruktion von Realität in den Nachrichtenmedien" zusammen, weil es auch schon die Entstehungsbedingungen von Nachrichten in den Mittelpunkt stellte. Das Jahr der Veröffentlichung des Schlüsselwerks fällt in die Zeit, als Schulz Assistenzprofessor in Mainz war und Research Fellow an der University of California in Berkeley. Im Jahr darauf, 1977, erhielt er eine Professur für Publizistik an der Westfälischen Wilhelms-Universität in Münster, bevor er 1983 auf den Lehrstuhl für Kommunikations- und Politikwissenschaften an die Universität Erlangen-Nürnberg wechselte und dort bis 2003 lehrte und forschte.

Winfried Schulz' Lebenswerk lässt sich mit drei Schwerpunkten charakterisieren. Hinter dem ersten Schwerpunkt zum Verhältnis von Ereignis und Nachricht verbergen sich Fragen zum Verhältnis von Medien und Wirklichkeit, wobei für ihn mediale Konstruktivität ein Hauptmerkmal von Wirklichkeit darstellt. Dies zeigt sich einerseits in seinem Schlüsselwerk „Konstruktion von Realität in den Nachrichtenmedien", andererseits in dem später erschienenen Aufsatz „Massenmedien und Realität: Die ‚ptolemäische' und die ‚kopernikanische' Auffassung" (Schulz 1989). Er stellt fest, dass das, was Medien als Ereignisse begreifen, bereits das Ergebnis von Selektions- und Verarbeitungsprozessen in den Redaktionen ist. Demzufolge umfasst der zweite Schwerpunkt die Frage nach den Kriterien der Nachrichtenselektion. Der dritte Schwerpunkt zum Zusammenhang zwischen Informationsangebot und Realitätswahrnehmung ist gekennzeichnet durch Studien zu Wahl- und Informationskampagnen sowie zu politischen Medienwirkungen. Unter anderem koordinierte er in den 1980er- Jahren das DFG-Schwerpunktprogramm „Publizistische Medienwirkungen" zur Frage, wie die konstruierte Medienrealität auf Individuen und die Gesellschaft wirkt. Schulz hat diese Forschungsschwerpunkte primär mit der politischen Kommunikation verknüpft, wozu er auch ein Standardwerk in mehreren Auflagen publizierte (zuerst Schulz 1997).

2 Inhalt des Textes

Die Kernbotschaft des Schlüsselwerks, das als Gutachten vom Presse- und Informationsdienst der Bundesregierung in Auftrag gegeben und gefördert wurde, könnte man so zusammenfassen: Ereignisse werden erst dadurch zu Nachrichten, dass „sie aus der Totalität und Komplexität des Geschehens ausgewählt werden" müssen (Schulz 1976, S. 8). Schulz schließt daraus, dass die Kriterien zu untersuchen sind, nach denen Nachrichten in Redaktionen ausgewählt und verarbeitet werden. Er untersucht die Ergebnisse von journalistischen Entscheidungsprozessen bei der Nachrichtenauswahl inhaltsanalytisch. Dabei geht er davon aus, dass die Nachrichtenberichterstattung über Ereignisse und ihre Zusammenhänge nicht im Entferntesten „umfassend" oder „vollständig" sein kann.

Aus dem Stand der Gatekeeping-Forschung ist zu dieser Zeit bekannt, dass die journalistische Nachrichtenselektion von vielfältigen Faktoren abhängig ist: von den subjektiven und persönlichen Erfahrungen, Einstellungen und Erwartungen der Journalist*innen (White 1950), von organisatorischen und technischen Zwängen in Redaktion und Verlag (Gieber 1956; Robinson 1973), von der Orientierung an den Kollegen (Gieber 1964), vom vermuteten Publikumsinteresse (Zimmermann und Bauer 1956), von der redaktionellen Linie des Mediums (Breed 1955; Donohew 1967) sowie von der vorgeformten Nachrichtenauswahl und -verarbeitung durch Agenturen (Bass 1969; Robinson 1970).

Die Nachrichtenwertforschung hebt dagegen stärker auf die Merkmale von Ereignissen bzw. die Nachrichten selbst ab und untersucht die Struktur der Nachrichtenrealität (Östgaard 1965; Galtung und Ruge 1965), gelegentlich auch im Vergleich zu nicht-medialen Realitätsindikatoren, mit denen die Nachrichtenrealität verglichen wird (Rosengren 1970). Schulz' Vorgehensweise ist stark geprägt durch eine Abgrenzung von dieser Sichtweise, eine externe Ereignisrealität und eine vom Journalismus geprägte Medienrealität unterscheiden zu können. Er leitete damit eine erkenntnistheoretische Wende in der Nachrichtenwertforschung ein. Nach Schulz ist das Vorhaben, die Medienrealität falsifizieren zu wollen, „grundsätzlich ungerechtfertigt und auch unmöglich" (1976, S. 25). Er argumentiert dagegen, dass es erstens nicht *die* Realität gibt, an der sich insbesondere eine Nachrichtenrealität falsifizieren ließe. Und zweitens sei es nicht die Funktion von Nachrichten abzubilden, *dass* etwas geschehen ist, sondern was, wann, wo, wie, warum usw. etwas geschehen ist (auch Schulz 1989). Schulz stellt der realistischen Tradition eine konstruktivistische Argumentation gegenüber. Damit wird nicht die Existenz einer „objektiven" Realität geleugnet, sondern angenommen, dass „der ‚wahre' Charakter dieser Realität eine Hypothese ist, die man letzten Endes nicht falsifizieren […] kann" (1976, S. 29). Eine normative Sicht wird aber nicht ausgeschlossen. Man könnte die Nachrichtenberichterstattung durchaus daran messen, was man sich als journalistische Norm oder als Wunschbild der Realität vorstellt.

Indem Galtung und Ruge (1965) die Wirkungsweise der Nachrichtenfaktoren in der Selektions-, der Verzerrungs-, der Wiederholungs-, der Additivitäts- und der Komplementaritätshypothese postulierten, unterstellten sie, dass es Merkmale gibt, die Ereignissen immanent sind bzw. die von Journalist*innen übereinstimmend wahrgenommen werden und sich deshalb in spezifischer Weise auf die Nachrichtenselektion und -verarbeitung auswirken. Schulz (1976) kritisiert an den Studien von Galtung und Ruge (1965) sowie Östgaard (1965), dass Ereignisse nicht per se in der Realität gegeben sind, sondern dass Ereignisse erst durch die Auswahl als Nachricht als solche definiert und konstruiert werden. Demnach lassen sich Ereignis und Nachricht praktisch nicht voneinander trennen. Aus Schulz' Sicht versuchen diese ersten Studien den Nachweis zu erbringen, „daß die von den Medien vermittelte Realität nicht mit der ‚faktischen' Realität – mit dem ‚was wirklich geschah' – übereinstimmt" (1976, S. 25). Dies zeigt sich bereits in dem Begriff der Verzerrungshypothese („distortion"), der von etwas faktisch Gegebenem ausgeht (Ereignis in der Realität), das in der Berichterstattung verzerrt wird (Ereignisdarstellung in der Nachrichtenrealität).

Schulz gibt also die bisher geltende Sichtweise auf, Nachrichtenfaktoren seien objektive Eigenschaften von Ereignissen. Stattdessen interpretiert er Nachrichtenfaktoren „als journalistische Hypothesen von Realität" (ebd., S. 30). Damit negiert er zwar nicht, dass es Nachrichtenfaktoren gibt und sie unerlässlich für die Nachrichtenauswahl der Journalist*innen sind, aber in seiner Perspektive erklären Nachrichtenfaktoren die Entscheidung der Journalist*innen nicht. Denn es gibt immer viele Ereignisse mit denselben bzw. ähnlichen Eigenschaften, die dennoch nicht alle publiziert werden.

Mit der erkenntnistheoretischen Wendung führt Schulz (1976) auch die heute noch verwendete Unterscheidung in Nachrichtenfaktoren und Nachrichtenwert ein. Galtung und Ruge (1965) benannten zunächst acht anthropologische, d. h. allgemein von der menschlichen Natur bedingte (Frequenz, Schwellenfaktor, Eindeutigkeit, Bedeutsamkeit, Konsonanz, Überraschung, Kontinuität und Variation), und vier kulturell abhängige Nachrichtenfaktoren, deren Wirksamkeit sich in verschiedenen Kulturen und Gesellschaftssystemen unterscheidet (Bezug auf Elite-Nationen und Elite-Personen sowie Personalisierung und Negativismus). Sie nahmen an, dass diese zwölf Nachrichtenfaktoren es mehr oder weniger wahrscheinlich machen, dass ein Ereignis zur Nachricht wird. Schulz erweitert diese Sicht um den Begriff des *Nachrichtenwerts*. Dieser drückt sich zum einen in einer positiven journalistischen Selektionsentscheidung aus, zum anderen in zusätzlichen journalistischen Beachtungsstufen wie Umfang, Aufmachung und Platzierung. Daraus folgert Schulz die Annahme: Je mehr ein Ereignis dem entspricht, was Journalist*innen für wichtige und deshalb berichtenswerte Eigenschaften der Realität halten, desto größer der Nachrichtenwert des Ereignisses (1976, S. 30). Oder statistisch ausgedrückt: Unabhängige Variablen sind die Kriterien, die Journalist*innen einzelnen Ereignissen bzw. Nachrichten zuschreiben; abhängige Variablen sind die journalistischen Entscheidungen darüber, wie umfangreich und in welcher Weise Nachrichten medial präsentiert werden.

In diesem Zusammenhang modifiziert und erweitert Schulz den Katalog der Nachrichtenfaktoren von Galtung und Ruge (1965), die als journalistische Selektionskriterien gelten können. Er nennt sechs Faktorendimensionen auf verschiedenen Intensitätsstufen, die sowohl auf internationale, innenpolitische als auch unpolitische Nachrichten anwendbar sind: 1. Zeit (Dauer, Thematisierung), 2. Nähe (räumliche, politische und kulturelle Nähe sowie Relevanz), 3. Status (regionale und nationale Zentralität, persönlicher Einfluss, Prominenz), 4. Dynamik (Überraschung, Struktur), 5. Valenz (Konflikt, Kriminalität, Schaden, Erfolg) und 6. Identifikation (Personalisierung, Ethnozentrismus).

Schulz prüft die oben genannte Annahme an ca. 6000 Beiträgen aus der Nachrichtenagentur dpa, aus zwei Fernseh- und drei Hörfunksendern, aus drei regionalen Tageszeitungen, einer überregionalen Qualitätszeitung sowie einer überregionalen Boulevardzeitung. Die Ergebnisse zeigen, dass insbesondere die Faktoren Thematisierung, persönlicher Einfluss, Ethnozentrismus, Negativismus und Erfolg einen hohen Nachrichtenwert bewirken. Für die Auswahl internationaler Nachrichten sind Status und Nähe am wichtigsten, für die Selektion innerdeutscher Nachrichten Thematisierung, Negativismus, Relevanz und Überraschung (Schulz 1976, S. 115ff.). Schulz schlussfolgert aus den Befunden, dass die Grundmuster im Großen und Ganzen stabil und für alle untersuchten Medien durchgängig vorhanden sind. Die Frage, welche Ereignisse zu Nachrichten werden und welche nicht, welchen Ereignissen ein hoher und welchen ein niedriger Nachrichtenwert zukommt, darüber bestehe „unter Journalisten ein ausgeprägter Konsensus" (ebd., S. 117).

3   Wirkungsgeschichte und Kritik

Schulz' Studie zur Nachrichtenwertforschung hat zahlreiche weitere empirische Studien und einige theoretische Weiterentwicklungen in diesem Bereich inspiriert. Das Feld der Nachrichtenselektionsforschung hat durch diese Pionierstudie einige Bedeutung erlangt, die bis heute anhält. Nachfolgend werden die wichtigsten Nachfolgestudien mit ihren Bezügen zu Schulz' Werk zusammengefasst.

Wilke (1984) verknüpfte eine historische und eine empirische Sicht auf die Nachrichtenwertforschung. Er überlegte, inwieweit sich die acht kulturell invarianten und die vier kulturell abhängig eingestuften Nachrichtenfaktoren von Galtung und Ruge über vier Jahrhunderte hinweg als konstante oder variable Selektionskriterien erweisen. Er kommt zum Ergebnis, dass sich im Vergleich der vier kulturspezifischen Nachrichtenwerte Personalisierung und der Bezug zu Elite-Nationen als langfristig stabiler erwiesen haben, während die kulturunspezifischen Nachrichtenwerte historisch durchaus einem Wandel unterlagen (1984, S. 230). Anders als bei Schulz, der seine Untersuchung in einem zeitlich-stabilen technischen und medialen Kontext durchführte, unterliegt der historische Nachweis veränderter Nachrichtenwerte einigen Herausforderungen (z. B. starke Veränderungen des Ereignishintergrunds, Probleme bei der Nachrichtenbeschaffung, Übermittlungstechnik, Zensur, spezifische Erwartungen eines noch begrenzten Publikums).

Staab (1990, S. 93ff.) geht auf die erkenntnistheoretischen Überlegungen von Schulz ein, indem er zwischen einem Kausal- und einem Finalmodell der Nachrichtenwerttheorie unterscheidet. Im Kausalmodell seien Nachrichtenfaktoren die Ursachen von Ereignissen bzw. Meldungen, d. h. Journalist*innen wählen Meldungen aufgrund (1) konsensbedingt wahrgenommener oder (2) ereignisinhärenter Nachrichtenfaktoren aus (ebd.). Im Finalmodell seien Nachrichtenfaktoren Folgen journalistischen Handelns, d. h. Journalist*innen schreiben Ereignissen bzw. Nachrichten über Ereignisse aktiv bestimmte Eigenschaften (Nachrichtenfaktoren) zu, um den Nachrichtenwert zu steuern oder für weitergehende Interessen und Ziele zu instrumentalisieren. Während Schulz konsensbedingtes journalistisches Handeln auf ähnliche Normen und Interpretationsrahmen zurückführt, geht Staab zusätzlich von einem bewussten Aspekt der Instrumentalisierung von Nachrichten für weitergehende politische, ökonomische usw. Zwecke aus. Damit wird das von Schulz implizit zugrunde gelegte normorientierte Menschenbild um eine (strategische) Zweckorientierung journalistischen Handelns erweitert.

Eilders (1997) ergänzt die bei Schulz vorherrschende Perspektive der journalistischen Nachrichtenauswahl um eine Rezeptionsperspektive des Publikums. Demnach werden Schulz' „journalistische Hypothesen von Realität" erweitert um die Vorstellungen der Rezipient*innen. Eilders begründet im Unterschied zu Schulz Nachrichtenfaktoren theoretisch als Relevanzkriterien und zwar sowohl für die Nachrichtenauswahl und -verarbeitung von Rezipierenden als auch von Journalist*innen. Sie bietet eine sozialisationstheoretische, eine evolutionstheoretische und/oder eine allgemein-psychologische Erklärung an, warum Nachrichtenfaktoren als kollektive Relevanzindikatoren wirksam sein können (ebd., S. 94ff.).

Alle bisher genannten theoretischen Weiterentwicklungen der Nachrichtenwerttheorie wurden unter den Bedingungen der traditionell massenmedialen Medienöffentlichkeit formuliert. Offen bleibt die Frage, welchen Beitrag die Nachrichtenwertforschung unter den gewandelten Kommunikations- und Medienbedingungen leisten kann. Während in der Vor-Internet-Ära Journalist*innen häufig nur mehr oder weniger präzise Vermutungen über die Nachrichtenpräferenzen des Publikums hatten, können die Präferenzen der Nutzer*innen zum Beispiel auf Nachrichtenwebsites oder in den sozialen Medien sehr transparent beobachtet werden. Demzufolge hat die aktuellere Forschung zur Nachrichtenwerttheorie ihren Blick auch auf die beobachtbare Nachrichtenselektion von Nutzer*innen in verschiedenen Kommunikationsräumen des Internets ausgeweitet. So untersuchen Hautzer, Lünich und Rössler (2012), welche Nachrichtenfaktoren über- oder unterproportional häufig im User-Ranking („meistgelesen") von Spiegel Online auftreten im Vergleich zu den journalistischen Nachrichtenbeiträgen. Eilders et al. (2010) gehen davon aus, dass Bürgerjournalist*innen in politischen Weblogs politische Themen und Ereignisse nach anderen Kriterien auswählen und darstellen als professionelle Journalist*innen in etablierten Massenmedien.

In den Sozialen Medien ist nicht nur die Rezeption von Nachrichten als Aktivität denkbar, sondern auch deren Multiplikation wie zum Beispiel das Teilen, Empfehlen und Weiterverbreiten von Nachrichten, auch als Secondary Gatekeeping bezeichnet (Shoemaker und Vos 2009), sowie die Partizipation von Nutzern bzw. Interaktion zwischen Nutzern im Anschluss an journalistische Nachrichten. Wendelin, Engelmann und Neubarth (2017) vergleichen Nachrichtenfaktoren in journalistischen Angeboten und Rankings, die Rezeptions- und Multiplikationsaktivitäten der Nutzer*innen abbilden. Weber (2014) untersucht, inwieweit Nachrichtenfaktoren die Partizipation und Interaktivität von Nutzern im

Kommentarbereich auf journalistischen Nachrichtenwebsites fördern oder hemmen. Andere Studien fragen, welche Faktoren die Interaktivität in Nutzerdiskussionen auf Nachrichtenwebsites fördern (Ziegele et al. 2014). Nachrichtenfaktoren werden dabei als Diskussionsfaktoren konzeptioniert.

Insgesamt kann man feststellen, dass die Nachrichtenwertforschung seit ihren Anfängen in den 1960er-Jahren nicht an Bedeutung verloren hat, wenngleich sich die kommunikativen und medialen Bedingungen verändert haben. Eine methodische Innovation, die Schulz 1976 eingeführt hat, lässt sich in aktuellen Studien immer noch finden und zwar die Erfassung von Nachrichtenfaktoren mittels Intensitätsabstufung. Dieses Vorgehen wird noch heute angewendet, weil Nachrichtenfaktoren reliabler erfasst und höhere statistische Auswertungsverfahren angewendet werden können.

Geht man davon aus, dass sich die Wirksamkeit von Nachrichtenfaktoren daran orientiert, was das Publikum interessant findet (Östgaard 1965, S. 46), dann bieten die transparenten Beobachtungsmöglichkeiten der Publikumsaktivitäten in den Kommunikationsräumen des Internets ideale Bedingungen. So lässt sich untersuchen, unter welchen Bedingungen sich die Selektions- und Verarbeitungskriterien des Publikums von denen des Journalismus unterscheiden oder diesen ähneln. Selektion bezieht sich dabei nicht mehr nur auf die Rezeption von Nachrichten, sondern auch auf weitergehende Aktivitäten wie Multiplikation, Partizipation und Interaktion zwischen Nutzern. Zudem lässt sich prüfen, welche Rolle Nachrichtenfaktoren im Vergleich zu neuen Selektionskriterien des Internets (soziale, technische Hinweisreize usw.) unter welchen Bedingungen spielen (werden).

Nimmt man an, dass Nachrichten zukünftig häufiger über den Zugang zu Suchmaschinen und Nachrichtenaggregatoren genutzt werden, dann stellt sich die Frage, welche Rolle journalistische Relevanzkriterien im Vergleich zu den algorithmenbasierten Relevanzkriterien spielen. Und generell bleibt zu klären, inwiefern sich die Selektions- und Verarbeitungskriterien unter den gewandelten Kommunikations- und Medienbedingungen, also dem algorithmenbasierten Ranking von Nachrichten und den transparenten Beobachtungsmöglichkeiten des Publikumsverhaltens anpassen oder verändern werden. Hinzu kommt die Tatsache, dass zwar der Journalismus im digitalen Zeitalter keinen technischen Kapazitätsgrenzen mehr unterliegt, die einen Selektionszwang befördern, dass der Journalismus aber durchaus die kognitiven Kapazitätsgrenzen seines Publikums im Blick haben muss. Mit Blick auf Schulz' Schlüsselwerk heißt das auch, dass immer weniger die journalistischen Gewichtungsentscheidungen als relevante Erklärgröße von Nachrichtenfaktoren untersucht werden, sondern häufiger entweder die vorgelagerten journalistischen Selektionsentscheidungen, die weitergehenden Aktivitäten des Publikums oder die algorithmischen Relevanzzuweisungen.

Literatur

Bass, A. S. (1969). Refining the "Gatekeeper" Concept: a UN Radio Case Study. *Journalism Quarterly* 46, 69–72.

Breed, W. (1955). Social control in the newsroom: a functional analysis. *Social Forces* 33, 326–335.

Donohew, L. (1967). Newspaper Gatekeepers and Forces in the News Channel. *Public Opinion Quarterly* 31, 61–68.

Eilders, C. (1997). *Nachrichtenfaktoren und Rezeption. Eine empirische Analyse zur Auswahl und Verarbeitung politischer Information.* Opladen: Westdeutscher Verlag.

Eilders, C., Geißler, S., Hallermayer, M., & Noghero, M. (2010). Zivilgesellschaftliche Konstruktionen politischer Realität: Eine vergleichende Analyse zu Themen und Nachrichtenfaktoren in politischen Weblogs und professionellem Journalismus. *Medien und Kommunikationswissenschaft* 58, 63–82.

Galtung, J., Ruge, M. H. (1965). The Structure of Foreign News. The Presentation of the Congo, Cuba and Cyprus Crisis in Four Norwegian Newspapers. *Journal of Peace Research* 2, 64–90.

Gieber, W. (1956). Across the Desk: A Study of 16 Telegraph Editors. *Journalism Quarterly* 33, 423–432.

Gieber, W. (1964). News is What Newspapermen Make it. In: L. A. Dexter, D. M. White (Hrsg.), *People, Society, and Mass Communications* (S. 173–180). New York: Free Press of Glencoe.

Hautzer, L., Lünich, M., & Rössler, P. (2012). *Social Navigation. Neue Orientierungsmuster bei der Mediennutzung im Internet.* Baden-Baden: Nomos.

Meyen, M. (2016). Winfried Schulz. Biographisches Lexikon der Kommunikationswissenschaft. http://blexkom.halemverlag.de/winfried-schulz/. Zugegriffen: 9. Februar 2018.

Östgaard, E. (1965). Factors Influencing the Flow of News. *Journal of Peace Research* 2, 39–63.

Robinson, G. J. (1970). Foreign News Selection is Non-Linear in Yugoslavia's Tanjug Agency. *Journalism Quarterly* 47, 340–351.

Robinson, G. J. (1973). 25 Jahre Gatekeeper-Forschung. Eine kritische Rückschau und Bewertung. In: J. Aufermann, H. Bohrmann, & R. Sülzer (Hrsg.), *Gesellschaftliche Kommunikation und Information. Forschungsrichtungen und Problemstellungen* (S. 344–355). Frankfurt am Main: Athenäum.

Rosengren, K. E. (1970). International News. Intra and Extra Media Data. *Acta Sociologica* 13, 96–109.

Schulz, W. (1976). *Konstruktion von Realität in den Nachrichtenmedien. Analyse der aktuellen Berichterstattung.* Freiburg/München: Alber.

Schulz, W. (1989). Massenmedien und Realität: Die „ptolemäische" und die „kopernikanische" Auffassung. In: M. Kaase, W. Schulz (Hrsg.), *Massenkommunikation. Theorie, Methoden, Befunde. KZfSS-Sonderheft* 30 (S. 135–149). Opladen: Westdeutscher Verlag.

Schulz, W. (1997). *Politische Kommunikation: theoretische Ansätze und Ergebnisse empirischer Forschung zur Rolle der Massenmedien in der Politik.* 1. Aufl. Opladen: Westdeutscher Verlag.

Shoemaker, P. J., Vos, T. P. (2009). *Gatekeeping Theory.* New York: Routledge.

Staab, J. F. (1990). *Nachrichtenwert-Theorie: formale Struktur und empirischer Gehalt.* Mainz: Alber.

Weber, P. (2014). Discussions in the Comments Section: Factors Influencing Participation and Interactivity in Online Newspapers' Reader Comments. *New Media und Society* 16, 941–957.

Wendelin, M., Engelmann, I., & Neubarth, J. (2017). User Rankings and the Journalistic News Selection. Comparing News Values and Topics. *Journalism Studies* 18, 135–153.

White, D. M. (1950). The "Gatekeeper". A Case Study in the Selection of News. *Journalism Quarterly* 27, 383–390.

Wilke, J. (1984). *Nachrichtenauswahl und Medienrealität in vier Jahrhunderten. Eine Modellstudie zur Verbindung von historischer und empirischer Publizistikwissenschaft.* Berlin/New York: de Gruyter.

Ziegele, M., Breiner, T., & Quiring, O. (2014). What Creates Interactivity in Online News Discussions? An Exploratory Analysis of Discussion Factors in User Comments on News Items. *Journal of Communication* 64, 1111–1138.

Zimmermann, C., Bauer, R. A. (1956). The Effects of an Audience Upon what is remembered. *Public Opinion Quarterly* 20, 238–248.

‚Objektivität' als Berufsnorm und Berufspraxis

Tuchman, Gaye (1972). Objectivity as Strategic Ritual: An Examination of Newsmen's Notion of Objectivity. *The American Journal of Sociology* 77(4), 660–679

Lisa Bolz

Zusammenfassung

Der Aufsatz von Gaye Tuchman beschreibt Objektivität als Teil berufsprakti-scher Normen und als Resultat täglicher Routinen im Redaktionsalltag. Die Ob-jektivitätsnorm analysiert sie als Konstruktionsprozess und nicht als gegebenen Maßstab. Form, Inhalt und berufliches Umfeld beeinflussen die Bewertung von journalistischer Objektivität, die Tuchman vor allem als Schutz der Journa-list*innen vor Kritiker*innen beschreibt. Journalist*innen entwickeln Strate-gien, um ihre Arbeit möglichst objektiv zu gestalten: (1) Arbeitsroutinen und Handlungsmuster im Kontext der Nachrichtenproduktion, (2) Bewertungen, die auf inter-organisationalem Wissen und inter-organisationalen Beziehungen be-ruhen, (3) allgemein geteilter Erfahrungsschatz („common sense") und (4) die formale Unterscheidung von Publikationsformen, die als mehr oder weniger objektiv betrachtet werden.

Schlüsselwörter

Journalismus · Objektivität · Berufspraxis · Redaktionsalltag · Norm · Nachrichtenproduktion

L. Bolz (✉)
CELSA Sorbonne Université, Neuilly-sur-Seine, Frankreich
E-Mail: lisa.bolz@sorbonne-universite.fr

© Springer Fachmedien Wiesbaden GmbH, ein Teil von Springer Nature 2023
W. Loosen, A. Scholl (Hrsg.), *Schlüsselwerke der Journalismusforschung*,
https://doi.org/10.1007/978-3-658-25867-2_16

183

1 Kurzbiografie der Autorin

Gaye Tuchman ist Soziologin und emeritierte Professorin der University of Connecticut. Nach einem Bachelor in englischer und amerikanischer Literatur und einem Master in Soziologie promovierte sie 1969 an der Brandeis University. Sie war Assistenzprofessorin an der State University of New York at Stony Brook sowie am Queens College. Als Assoziierte Professorin und dann als Professorin lehrte und forschte sie bis 1990 am Queens College und schließlich an der University of Connecticut bis 2011. Darüber hinaus war sie Gastwissenschaftlerin an verschiedenen Institutionen, u. a. als Fullbright Fellow an den Universitäten Barcelona und Santiago sowie als Gastprofessorin für Feminist Studies und Soziologie an der Stanford University (siehe persönliche Seite auf der Homepage der University of Connecticut).[1] Ihre Forschungsschwerpunkte sind Kultur-, Medien-, Gender- und Bildungssoziologie. Zu ihren Buchpublikationen zählen u. a. *The TV Establishment: Programming for Power and Profit* (1974), *Making News: A Study in the Construction of Reality* (1978, in mehrere Sprachen übersetzt) und *Hearth & Home: Images of Women in the Mass Media* (1978). Als Einführung zu diesem letztgenannten Buch ist das Kapitel „The symbolic annihilation of women by the mass media" bekannt geworden, mit dem sie einen wichtigen Beitrag zur kommunikationswissenschaftlichen Geschlechterforschung leistete (vgl. Klaus 2005, S. 215f.). Das Kapitel wurde deshalb 2000 in dem Reader *Culture and Politics* wiederveröffentlicht (Tuchman 2000).

1970 war sie Mitgründerin der Gesellschaft Sociologists for Women in Society und brachte sich anschließend u. a. auch in der Society for the Study of Scoial Problems (1976–1979), in der American Sociological Association (1984–1986) und in der Eastern Sociological Society (1994–1995) ein. Ihre Forschungsarbeit und ihr Engagement wurden mehrfach ausgezeichnet, so von der New York Metropolitan Area, von der Eastern Sociological Society und von der American Sociological Association (siehe persönliche Seite auf der Homepage der University of Connecticut).

2 Inhalt des Textes

Der Artikel *Objectivity as Strategic Ritual: An Examination of Newsmen's Notion of Objectivity* erschien 1972 im *American Journal of Sociology*, wobei die empirischen Befunde auf die Feldforschung im Rahmen von Tuchmans Promotionsstu-

---

[1] Biographical Statement, https://sociology.uconn.edu/person/gaye-tuchman/.

dium zurückgehen. Auch wenn die Studie soziologisch ist, sind die Ergebnisse von besonderer Bedeutung für die Kommunikationswissenschaft im Allgemeinen und für die Journalismusforschung im Besonderen. Für den Artikel greift Gaye Tuchman auf zehn *news stories* zurück, wobei sie eine aus einem Buch zitiert und bei den weiteren neun während ihrer Entstehungskontexte teilnehmende Beobachtungen durchführte. In ihrem sechs Jahre später veröffentlichten Buch *Making News* bietet sie eine breitere Perspektive auf mediale Realitätskonstruktion an und greift die im Aufsatz dargestellten Erkenntnisse wieder auf. Basierend auf ausführlichen teilnehmenden Beobachtungen und Interviews in verschiedenen Nachrichtenunternehmen zieht Tuchman in ihrer Forschungsarbeit Rückschlüsse auf die Konstruktion der journalistischen Realität und journalistischer Werte und Normen, verankert in täglichen journalistischen Routinen und im beruflichen Umfeld.

In dem Artikel geht es vor allem um drei Aspekte, welche die journalistische Auffassung von Objektivität beeinflussen: formale Elemente des Textes, Berufsumfeld und Arbeitsbeziehungen sowie der Textinhalt (vgl. Tuchman 1972, S. 661). Ausgehend von Everett Hughes' Begriff des Rituals (eine Routine, die nur wenig Relevanz für das eigentliche Ziel hat) und James Marchs und Herbert Simons Strategie-Begriff (Taktik zur Antizipation von Angriffen oder zur Abwendung von Kritiken) erläutert Tuchman den von Leser*innen und Redaktionsleiter*innen ausgehenden Druck, der Journalist*innen zu Handlungsmustern leitet, dank derer sie wiederum behaupten können, sie würden objektiv arbeiten.

In ihrer methodischen Herangehensweise (vor allem teilnehmende Redaktionsbeobachtungen) stützt Tuchman sich vor allem auf Redaktionskritiken, die auf Kriterien guter „news stories" schließen lassen. Auf der Grundlage von zehn Nachrichtenbegebenheiten („news stories", ebd., S. 661) arbeitet Tuchman Merkmale, Handlungsmuster und Gewohnheiten heraus, die journalistisch objektives Arbeiten ermöglichen, wobei die Autorin Objektivität als Berufsnorm und Berufspraxis versteht.

Tuchman geht davon aus, dass Journalist*innen – im Gegensatz zu Wissenschaftler*innen – keine epistemologische Reflexion des Objektivitätsbegriffs haben, sondern eine praxisorientierte Herangehensweise an den Tag legen und einen Arbeitsbegriff („working notion of objectivity", ebd., S. 662) nutzen: Sie verlassen sich auf standardisierte Handlungsmuster, um die täglichen, oftmals pragmatischen Entscheidungen in der Nachrichtenproduktion und -darstellung zu begründen. Die Beschreibung journalistischer Texte als objektiv und Handlungsmuster, die objektives Arbeiten ermöglichen, dienen Journalist*innen, so Tuchman, vor allem als Selbstschutz, denn die Orientierung ihrer täglichen Praxis an einem Konzept von Objektivität macht sie gegenüber Kritik weniger angreifbar (vgl. Tuchman 1972, S. 660f.). Objektivität dient somit als Strategie der Risikovorbeugung in der Berichterstattung, denn Journalist*innen schreiben ihre Nachrichten im Kontext von Hierarchiegefügen, in denen Deadlines und Genauigkeit eine entscheidende Rolle spielen, um den Arbeitsablauf der Zeitungsproduktion einzuhalten bzw. dem Ruf der Zeitung nicht zu schaden. Um dem Druck von verschiedenen Seiten standhalten zu können, bestehen Journalist*innen auf Objektivität und Arbeitsroutinen, die mit objektiven Nachrichten („objective stories", ebd., S. 664) assoziiert werden. Diese Vorgehensweise könne – den befragten Journalist*innen zufolge – sicherstellen, dass Deadlines eingehalten und Verleumdungsklagen vermieden werden.

Als A und O journalistischer Arbeit unterstreicht Tuchman die Überprüfung von Fakten (vgl. ebd., S. 664). Für den Fall, dass eine Überprüfung nicht durchgeführt werden kann, identifiziert die Autorin vier Strategien, mit denen Journalist*innen ihre Berichterstattung als objektiv ausweisen können:

1. *Präsentation unterschiedlicher Argumente oder Aussagen*: Zeitungsredaktionen sehen sich dem Dilemma ausgesetzt, einerseits den Leser*innen strukturierte Informationen anzubieten, andererseits einem Bias-Vorwurf zu entgehen. Die Darstellung kontrastierender Meinungen dient als Strategie einer möglichst objektiven Berichterstattung. So werden unterschiedliche Meinungen in der gleichen Ausgabe gebracht oder auch über einen längeren Zeitraum hinweg. Tuchman stellt fest, dass Leser*innen eine selektive Wahrnehmung haben, sodass durch die Darstellung unterschiedlicher Aussagen nicht immer ein Eindruck von Objektivität gewonnen werden kann.

2. *Präsentation von Informationen und Annahmen zum Untermauern der Argumentation*: Um eine objektivere Berichterstattung zu erreichen, präsentieren Journalist*innen Annahmen und Informationen, die gemeinhin als wahr anerkannt werden (vgl. ebd., S. 667). Aufgrund dieser zusätzlichen Informationen können Aussagen untermauert oder Ausdrücke präzisiert werden. Tuchman erläutert dies anhand des Ausdrucks „kommunistische Propaganda" („Communist propaganda", ebd., S. 667): Der Ausdruck als solcher wurde in der Redaktion als nicht akkurat genug kritisiert. Erst durch das Recherchieren und Berichten weiterführender Informationen können die Leser*innen selbst entscheiden, inwiefern eine Aussage zutrifft. Die Journalist*innen in Tuchmans Sample bewerten die Erklärungen und Interpretationen von Journalist*innen als weniger objektiv und weniger unpersönlich als selbsterklärende Informationen (vgl. ebd., S. 667f.).

3. *Strategische Verwendung von Anführungszeichen*: Auch der Einsatz von Anführungszeichen dient der Darstellung einer objektiveren Berichterstattung. Durch das Einfügen von Anführungszeichen werden Aussagen anderen Personen zu-

geschrieben, sodass der*die Journalist*in als Individuum zurücktritt und die eigene Beteiligung weniger deutlich wird. Zitate anderer dienen als stützende Argumente und zugleich als Möglichkeit, die eigene Meinung durch die Stimmen anderer mitzuteilen (vgl. ebd., S. 668f.).

4. *Strategische Darstellung von Informationen mit Textformaten*: Durch die Darstellung von Informationen in einer bestimmten Reihenfolge wird ebenfalls ein Eindruck von Objektivität vermittelt (vgl. ebd., S. 669f.). Dabei gilt die umgekehrte Pyramide als allgemein akzeptierte Form (vgl. ebd., S. 670). Wenn Journalist*innen Informationen kategorisieren und sie als mehr oder weniger wichtig oder interessant einstufen (vgl. ebd.) und dies kritisiert werden kann und wenn zudem die Bewertungen von Journalist*in zu Journalist*in unterschiedlich ausfallen können, dann kann die Orientierung an den W-Fragen (Wer? Was? Wann? Wo? Warum? Wie?) helfen, die Wahl der im Text genannten Information formal zu begründen und somit Kritiker*innen gegenüber eine objektive Herangehensweise zu versichern.

Neben diesen Strategien geht Tuchman auf formale Kriterien ein, anhand derer innerhalb der Zeitung beispielsweise Meinung und Nachrichten getrennt werden können (vgl. ebd., S. 671), also vermeintlich objektive Nachrichten von anderen Formaten unterschieden werden können und herausgestellt werden kann, wenn Interpretationen und Bewertungen („value judgement", ebd., S. 672) bei der Texterstellung eingeflossen sind. Als prominentes Format nennt die Autorin die Nachrichtenanalyse („news analysis", ebd., S. 671). Solche Textlabels dienen als Signal an die Leser*innen, um den Text daraufhin entsprechend verstehen und einordnen zu können.

Darüber hinaus erwerben Journalist*innen – die Autorin spricht von „newsmen" – im Rahmen ihrer Arbeit in der eigenen und im Kontext anderer Organisationen ein Erfahrungswissen, das ihnen erlaubt, die angemessene Bewertung von Nachrichten („news judgement", ebd., S. 672) sowie Objektivität für ihre Arbeit zu beanspruchen. Dabei gehen sie von drei Generalisierungen aus: (1) Quellen müssen sich erst als verlässlich erweisen, (2) die Stellung von Personen innerhalb von Organisationen hat einen Einfluss auf die Aussagekraft ihrer Äußerungen, (3) Statements sind immer auch an den entsprechenden Institutionsregelungen zu messen. Dank ihrer Erfahrungen mit anderen Organisationen (beispielsweise in politischen oder juristischen Kontexten) können Journalist*innen so neue Informationen und Personen besser einsortieren und bewerten. Aus diesen Erfahrungen leiten Journalist*innen einen allgemeinen Erfahrungsschatz bzw. geteilte Meinungen – einen „common sense" (ebd., S. 674) – ab, der sie von Nicht-Journalist*innen unterscheidet und der ihnen gestattet, die Glaubwürdigkeit von Quellen zu bewerten und

somit zu entscheiden, ob eine Information als „Faktum" („fact", ebd., S. 674) bewertet werden und entsprechend abgedruckt werden kann. Tuchman stellt jedoch
auch heraus, dass derart spezielles berufliches Wissen keine geeignete Rechtfertigung gegenüber Kritik ist, da Kritiker*innen häufig eben jenes Wissen angreifen
bzw. anzweifeln (vgl. ebd. 675).

Mit den oben genannten Strategien können Journalist*innen die Objektivität
ihrer Arbeit unterstreichen und zwischen ihrer eigenen Meinung und den wieder-
gegebenen Inhalten unterscheiden. Tuchman weist in diesem Zusammenhang auf
einige Kritikpunkte bzw. Probleme hin: (1) Die Nennung verschiedener Stellungnahmen oder Meinungen kann zu selektivem Lesen verleiten. (2) Es kann fälschli-
cherweise der Eindruck entstehen, Fakten könnten für sich sprechen. (3) Journalist*innen können dennoch ihre Meinung auf indirekte Weise einfließen lassen. (4)
Die genannten Strategien und Arbeitsprozesse hängen immer auch von den jeweiligen Redaktionen und Nachrichtenorganisationen ab. (5) Das Label Nachrichtenanalyse hat einen (eventuell zu großen) Einfluss auf die Wahrnehmung von Informationen.

Zusammenfassend zeigt Tuchman also in ihrem Aufsatz, dass Journalist*innen
Strategien entwickeln, um Informationen als objektiv zu präsentieren. Diese auf
allgemein akzeptierten Handlungsmustern basierenden Routinen dienen vor allem
zum Schutz vor Kritik (vgl. ebd., S. 676). Tuchman hebt auch hervor, dass zwischen dem Ideal der journalistischen Objektivität und den täglichen Routinen und
Handlungsmustern kein unmittelbarer Zusammenhang besteht (vgl. ebd.).

3 Wirkungsgeschichte und Kritik

Insgesamt ermöglichen Tuchmans Arbeiten eine Öffnung der Debatte um den Objektivitätsbegriff in der Journalismusforschung. Über den normativen Diskurs hi-
nausgehend, analysiert sie diesen Begriff im journalistisch-praktischen Umfeld –
als Strategie von Journalist*innen, um sich vor Kritik zu schützen, und eben nicht
ausschließlich als abstraktes Ideal im Journalismus. Sie zeigt in ihren Arbeiten
nicht nur, dass journalistische Objektivität konstruiert ist, sondern zeigt auch empirisch, wie solche journalistischen Konstruktionen entstehen und wie aus journalistischem Handeln und Bewerten journalistische Konventionen und Werte entstehen.
Sie schlägt den Bogen von konkreten Beispielen und Handlungsgepflogenheiten,
die sie im Rahmen ihrer teilnehmenden Redaktionsbeobachtungen erhoben hat,
über allgemein akzeptierte Bewertungskriterien bis zum „common sense" als
Grundlage der journalistischen Berufserfahrung. Ebenso zeigt Tuchman, dass journalistische Objektivität keine dichotome Variable ist, sondern ein Kontinuum, dass

eine Nachricht also abhängig von der konkreten Produktion und Darstellung mehr
oder weniger objektiv erscheinen kann.

Bis heute sind ihre Arbeiten regelmäßig in den Literaturverzeichnissen von For-
schungsprojekten, Handbüchern und theoretischen Überblickswerken zu finden
(z. B. Löffelholz & Rothenberger 2016). Auch wenn Tuchman in ihren Arbeiten
vor allem sogenannte traditionelle Medien („legacy media", wie sie sie nennt) betrachtet, lassen sich ihre Überlegungen und Ergebnisse – zumindest teilweise –
auch auf die journalistische Arbeit im Kontext digitaler Medien anwenden, wie sie
selbst schreibt, mit einem retrospektiven Blick auf ihre früheren Texte (vgl. Tuchman 2016). Die Transfermöglichkeiten ihrer Arbeiten auf neue technologische
Kontexte sollten jedoch nicht darüber hinwegtäuschen, dass einige Elemente, vor
allem die Kriterien zur Typisierung von Ereignissen, die wiederum die Nachrichtenauswahl beeinflussen, historisch einzuordnen sind und nicht als unwiderruflich
festgelegte Kategorien zu bewerten sind (vgl. ebd.). Die Arbeiten Tuchmans sind
für eine konstruktivistische Auffassung des Journalismus von besonderer Bedeutung, denn die Soziologin zeigt im Detail, wann, wo und wie im journalistischen
Alltag Entscheidungen getroffen werden und mediale Realität konstruiert wird.
Tuchman analysiert Objektivität nicht nur als eine journalistische Norm, sondern
als Resultat von Konventionen und Routinen im journalistischen Alltag. Journalist*innen streben nicht nur nach objektiver Berichterstattung, sondern schaffen
Handlungsmuster, um eine möglichst objektive Darstellung von Informationen zu
erreichen. Objektivität wird demnach durch die journalistische Arbeit erst konstruiert und auf Dauer sichergestellt. Die Gültigkeit solcher Konstruktionen entsteht
durch die allmähliche Entwicklung von Handlungsroutinen im Kontext der jeweils
aktuellen technischen und ökonomischen Bedingungen sowie ihrer allgemeinen
Akzeptanz, die jedoch nicht immer erreicht wird, wie die laienhafte und professionelle Kritik an den Medien immer wieder zeigt.

Das Buch *Making News: A Study in the Construction of Reality*, das Tuchman
sechs Jahre nach ihrem Aufsatz veröffentlicht, unterstreicht die Relevanz ihrer
Überlegungen und beinhaltet zahlreiche Beispiele, an denen die Autorin zeigt, wie
Journalist*innen Realität konstruieren. Sie beschreibt Nachrichten als soziale Aktivitäten und analysiert die Konstruktion von Nachrichtenframes. Im Zentrum der
Arbeit steht die Frage, warum bestimmte Ereignisse nachrichtenwürdig sind, während andere keine journalistische Beachtung finden, und wie diese Ereignisse zu
konstruierten (Medien-)Realitäten werden und somit Sichtbarkeit erlangen. Die
Entscheidungen über Nachrichtenauswahl werden in sozialen Zusammenhängen
und Interaktionen getroffen, in denen auch Machtstrukturen und Normen eine
Rolle spielen (vgl. Cantor 1980).

Objektivität steht in diesem Buch zwar nicht im Vordergrund, aber die detail-lierten Beschreibungen verdeutlichen, wie sehr journalistisches Arbeiten auf Kon-ventionen und allgemein akzeptierten Werten beruht. Tuchman analysiert die Kon-struiertheit von Nachrichten und beschreibt minutiös die Abläufe, Routinen und Gepflogenheiten in Nachrichtenredaktionen. Sie hebt hervor, wie die alltägliche journalistische Praxis die Berichterstattung beeinflusst: Hierarchien, Konkurrenz-verhalten, Raum- und Zeitauffassungen, Professionalisierungsprozesse, der Um-gang mit Quellen und der Aufbau beruflicher Netzwerke spielen hierbei stets eine entscheidende Rolle. So kann der Platz innerhalb eines Hierarchiegefälles die Nachrichtendarstellung beeinflussen, ebenso wie die Zeit, die für die Erstellung eines Textes verbleibt. Journalistische Objektivität ist demnach weder gegeben noch festgelegt, sondern wird durch die Journalist*innen erst definiert und herge-stellt und im Alltag permanent aktualisiert. In ihrem Buch *Making News* beschreibt Tuchman Nachrichten als *soziale* Konstruktion und *soziale* Ressourcen (vgl. Tuch-man 1978, S. 14). Ihre Analysen der täglichen journalistischen Entscheidungspro-zesse sowie der Nachrichtenauswahl und Darstellungsmechanismen unterstreichen die Auffassung der Medien „als aktives Element in dem sozialen Prozeß […], aus dem eine Vorstellung von Wirklichkeit erst hervorgeht", wie Winfried Schulz (1989, S. 142) schreibt.

Tuchman beschreibt ebenfalls, wie Darstellungsformen im Journalismus entste-hen und im Alltag aktualisiert werden. An diese Beobachtungen können die Er-kenntnisse um Medienschemata (vgl. Schmidt & Weischenberg 1994), die der ko-gnitiven und sozialen Einordnung von Informationen dienen, geknüpft werden. Sie bieten in der gesellschaftlichen Kommunikation eine Orientierung, sodass Aussa-gen nicht permanent neu interpretiert werden müssen. Wenn Journalist*innen ihre Nachrichtenproduktion und Leser*innen ihre Leseerwartung an bestimmten Dar-stellungsformen orientieren, handelt es sich dabei nicht um feste Größen, sondern um Medienangebote und Formate wie Nachrichtensendungen oder Talkshows, denen Bedeutungen im Lauf der Zeit zugeschrieben worden sind. Anstatt solche Medienschemata als gegeben hinzunehmen, beschreibt Tuchman, wie genau Kon-ventionen und Routinen im Journalismus funktionieren, wie sie durch soziale Kon-texte sowie durch die täglich gleichen Beschränkungen und Verpflichtungen gefes-tigt werden, aber auch wie sich Journalist*innen diesen geteilten Vorstellungen und vorgegebenen Handlungsmustern entsprechend verhalten. Journalist*innen stützen sich auf ihr Erfahrungswissen, um Informationen zu bewerten und zu präsentieren und sie können bis zu einem gewissen Grad mit Darstellungsformaten spielen, um bestimmte Informationen mehr oder weniger objektiv wirken zu lassen.

Hier wird ein weiteres Mal deutlich, wie die Arbeiten Tuchmans eine empiri-sche Basis für konstruktivistische Argumentationen bieten. So beziehen sich Siegfried Schmidt und Siegfried Weischenberg in ihrer Kritik an einer idealisierten Objektivitätsnorm explizit auf Tuchman. Sie suchen keine ontologische auf eine (vor) gegebene Realität bezogene Antwort, sondern ordnen den Objektivitätsanspruch auf der institutionellen und der professionellen Ebene ein und fragen vor allem nach der Funktion von Objektivität in der Medienproduktion (vgl. ebd., S. 227). Objektivität wird dadurch nicht nur zum idealen Ziel der Berichterstattung, sondern auch als tägliches Handlungsmuster wahrgenommen sowie als Technik der Nachrichtenproduktion. Tuchman habe in diesem Bereich empirische Vorarbeit geleistet und das von ihr beschriebene strategische Ritual biete „Sicherheit und Arbeitsfähigkeit" (ebd.) für Journalist*innen, was Schmidt und Weischenberg als „methodische Objektivität" bezeichnen, d. h. als eine „intersubjektive Vereinbarung über die Art der Wirklichkeitskonstruktion, die vom System Journalismus erwartet werden kann" (ebd., S. 228).

Trotz der Zeitspanne zwischen Tuchmans Arbeiten und heutigen Studien hat der vorliegende Artikel nichts an Aktualität verloren, denn nach wie vor fußt der Journalismus auf Routinen und Konventionen, durch deren stete Wiederholung journalistische Normen aufrechterhalten werden und die Konstruiertheit von Darstellungsformaten unterstrichen wird. So lernen angehende Journalist*innen den Redaktionsalltag und die üblichen Handlungsmuster kennen und erwerben neben dem journalistischen Handwerk auch informelles Wissen um Codes und Gewohnheiten, die wiederum langfristig das journalistische Handeln prägen. Die analytische Herangehensweise Tuchmans steht allerdings im Kontrast zu einer allgemeinen Kritik, die Journalist*innen und ihren Arbeiten gegenüber erhoben wird. Denn Medienskandale wie die Causa Relotius erschüttern das Vertrauen in Darstellungsformen und heben hervor, inwiefern journalistische Beiträge auch bewusst irreleitend konstruiert werden können. Dabei sind Falschinformationen und das Vortäuschen von journalistischen Recherchen und Praktiken keine neuen Phänomene. So hat Theodor Fontane beispielsweise falsche Augenzeugenberichte verfasst (vgl. McGillen 2022) und es hagelte Kritik an den Nachrichtenagenturen des 19. Jahrhunderts, die die Schnelligkeit der Präzision von Informationen vorzogen. Auch aktuellere Fake-News-Vorwürfe sind Anzeichen einer verbreiteten Medienskepsis, wobei die Vorwürfe auch als Diffamierungsstrategien genutzt werden, indem die Konstruiertheit von Nachrichten nicht als notwendige und natürliche Gegebenheit betrachtet wird, sondern als Manipulationsversuch vonseiten der Journalist*innen.

Tuchmans Studien verdeutlichen auch die Wichtigkeit, sich mit dem Prozess der Entstehung und Entwicklung von Darstellungsformaten auseinanderzusetzen und die täglichen Routinen zu analysieren und zu hinterfragen. Journalistische Formate entstehen in bestimmten technischen, wirtschaftlichen und politischen Kontexten und erfordern die Einführung neuer Praktiken und Routinen, sei es im historischen Kontext der Kriegsreportage oder im aktuellen Datenjournalismus. Ihre Analyse erfordert die Berücksichtigung des Textentstehungskontextes, um rekonstruieren zu können, was sowohl inhaltlich als auch durch die Textform ausgedrückt werden soll. Denn letztlich schwingt in der Präsentation eines Darstellungsformats immer auch eine weitere kommunikative Ebene mit. Infografiken beispielsweise suggerieren Präzision oder investigative Recherchen Qualitätsjournalismus, die Form des Textes hat einen Einfluss auf die Konstruktion und Wahrnehmung medialer Realität. So unterstreicht Tuchman in ihrem Artikel, dass die Benennung eines Textes als „Nachrichtenanalyse" einen Einfluss auf das Verständnis des Textes haben kann. Je nach Textformat unterscheiden sich die Arbeitsroutinen, die wirtschaftlichen Interessen, die technischen Notwendigkeiten, der finanzielle und personelle Aufwand, die wiederum jeweils einen Einfluss auf die Darstellung medialer Realität haben.

Auch über den Beitrag zur konstruktivistischen Debatte hinaus birgt Tuchmans Aufsatz Diskussionspotenzial für die Journalismusforschung, beispielsweise in Bezug auf kulturelle Besonderheiten verschiedener Länder. Tuchmans Arbeiten beziehen sich vor allem auf den amerikanischen Journalismus, was auf theoretischer Ebene in Bezug auf journalistische Objektivität als Konstruktion nur eine untergeordnete Rolle spielt. Im Detail darf die Struktur der analysierten Redaktionen sowie deren kulturelle Einbettung jedoch nicht außer Acht gelassen werden. Bewerten Journalist*innen in verschiedenen Ländern und Kulturen den Objektivitätsbegriff ähnlich, oder lassen sich Unterschiede im Detail feststellen, wie dies beispielsweise bei verschiedenen journalistischen Genres zutrifft? Der Aufsatz unterstreicht die Entstehung sowie die kulturelle Verwurzelung journalistischer Werte und Normen. Auch wenn die kulturelle Dimension von Tuchman nicht direkt erwähnt wird, besteht an dieser Stelle Anknüpfungspotenzial für international und kulturell vergleichende Studien.

Literatur

Cantor, M. G. (1980). Book Review: Gaye Tuchman, Making News: A Study in the Construction of Reality. *Sociology of Work and Occupations*, 7(4), 503–506. New York: The Free Press.

Klaus, E. (2005). *Kommunikationswissenschaftliche Geschlechterforschung. Zur Bedeutung der Frauen in den Massenmedien und im Journalismus*. Aktualisierte und korrigierte Neuauflage. Wien: Lit.

Löffelholz, M., Rothenberger, L. (2016). *Handbuch Journalismustheorien*, Wiesbaden: Springer SV.

McGillen, P. (2022). 'I Was There Today': Fake Eyewitnessing and Journalistic Authority from Fontane to Relotius. In: H. Ziemer (Hrsg.): *Journalists and Knowledge Practices: Histories of Observing the Everyday in the Newspaper Age*. New York/London: Routledge.

Schmidt, S. J., Weischenberg, S. (1994). Mediengattungen, Berichterstattungsmuster, Darstellungsmuster. In: K. Merten; S. J. Schmidt & S. Weischenberg (Hrsg.): *Die Wirklichkeit der Medien. Eine Einführung in die Kommunikationswissenschaft* (S. 212–236). Opladen: Westdeutscher Verlag.

Schulz, W. (1989). Massenmedien und Realität. Die „ptolemäische" und die „kopernikanische" Auffassung, In: M. Kaase; W. Schulz (Hrsg.): *Massenkommunikation. Theorien, Methoden, Befunde*, Sonderheft 30 der Kölner Zeitschrift für Soziologie und Sozialpsychologie (S. 135–149). Opladen: Westdeutscher Verlag.

Tuchman, G. (1972). Objectivity as Strategic Ritual: An Examination of Newsmen's Notion of Objectivity. *The American Journal of Sociology* 77(4), 660–679.

Tuchman, G. (1974). *The TV Establishment: Programming for Power and Profit*. Englewood Cliffs, New Jersey: Prentice Hall.

Tuchman, G. (1978). *Making News. A Study in the Construction of Reality*. New York/London: The Free Press, Collier Macmillan.Tuchman, G. (2000). The Symbolic Annihilation of Women by the Mass Media. In: L. Crothers; C. Lockhart (Hrsg.): *Culture and Politics. A Reader* (S. 150–174). New York: Palgrave Macmillan. https://doi.org/10.1007/978-1-349-62965-7_9

Tuchman, G. (2016). Réflexions à propos de „Routinizing the Unexpected". *Temporalités* 23. https://doi.org/10.4000/temporalites.3411

Tuchman, G., Daniels, A. K., Benet, J. W. (1978). *Hearth & Home: Images of Women in the Mass Media*. New York: Oxford University Press.

Wie die Medien Nachrichten ‚synchronisieren'

Schönbach, Klaus (1977). Trennung von Nachricht und Meinung. Empirische Untersuchung eines journalistischen Qualitätskriteriums. Freiburg/ München: Karl Alber

Gabriele Hooffacker

Zusammenfassung

In seiner Dissertation fragt sich Klaus Schönbach, ob die Massenmedien Presse und Fernsehen dem journalistischen Trennungsgebot von Information und Meinung nachkommen, zu dem sie normativ verpflichtet sind. Das Unbehagen an der als einseitig empfundenen Berichterstattung der Massenmedien führt ihn zu der Frage, inwieweit Objektivität im Journalismus überhaupt möglich sei. Die Ergebnisse seiner empirischen Studie wirkten sich indirekt auch auf die praktische Journalismuslehre aus, indem die Objektivitätsnorm kritisch hinterfragt wurde. Des Weiteren wurden in nachfolgenden Studien die Darstellungsformen aus der historischen Perspektive relativiert, die die Trennungsnorm nicht als endgültig, sondern als ihrer Entstehungszeit verhaftet ansieht, und im konstruktivistischen Ansatz weitergeführt, der Objektivität nunmehr als gesellschaftliche Vereinbarung versteht.

G. Hooffacker (✉)
Hochschule für Technik, Wirtschaft und Kultur (HTWK), Leipzig, Deutschland
E-Mail: gabriele.hooffacker@htwk-leipzig.de

© Springer Fachmedien Wiesbaden GmbH, ein Teil von Springer Nature 2023   195
W. Loosen, A. Scholl (Hrsg.), *Schlüsselwerke der Journalismusforschung*,
https://doi.org/10.1007/978-3-658-25867-2_17

Schlüsselwörter

Objektivität · Trennungsregel · Nachricht · Meinung · Synchronisation

1   Kurzbiografie des Autors

Klaus Schönbach, geboren 1949 in Seligenstadt (Hessen), hat ab 1968 Publizistik, Soziologie und Germanistik in Mainz studiert. 1975 promovierte er bei Elisabeth Noelle-Neumann mit einer Untersuchung zum Thema Trennung von Nachricht und Meinung (Koch 2005, S. 243; Schönbach 2022).

Er begann seine akademische Laufbahn als Gründer und Leiter der Inhaltsanalyse-Abteilung des Zentrums für Umfragen, Methoden und Analysen (ZUMA) in Mannheim (heute GESIS), wurde 1978 Akademischer Rat am Institut für Publizistik der Universität Münster, wo er 1982 habilitierte. Von 1983 bis 1985 war er Professor am Institut für Kommunikationswissenschaft (Zeitungswissenschaft) in München und danach bis 1997 Professor am Institut für Journalistik und Kommunikationsforschung der Hochschule für Musik und Theater Hannover. Dort wirkte er mit am Aufbau der Studiengänge „Journalistik" und „Medienmanagement (Angewandte Medienwissenschaft)". 1998 wechselte er von Hannover nach Amsterdam, wo er die Nachfolge von Denis McQuail antrat (Koch 2005, S. 244; Schönbach 2022).

Von 2005 bis 2008 war Klaus Schönbach gleichzeitig zu seiner Professur in Amsterdam an der Zeppelin University in Friedrichshafen, einer 2003 privat gegründeten „Hochschule zwischen Wirtschaft, Kultur und Politik" (Koch 2005, S. 244). Zurück in Amsterdam wechselte er zwei Jahre später von 2010 bis 2014 an das Institut für Publizistik- und Kommunikationswissenschaft der Universität Wien, wo er von 2012 bis 2014 den berufsbegleitenden Master Studiengang zu „Health Communication" leitete. Von 2014 bis 2016 arbeitete er schließlich als Associate Dean for Research und Professor in Residence an der Northwestern University in Qatar in Doha/Katar, danach als Senior Associate Dean. Seit 2018 ist er Distinguished Associate Professor der Northwestern University in Qatar.

Darüber hinaus war er von den 1980er bis in die 2000er-Jahre mehrfach Gastprofessor an verschiedenen Universitäten in den USA (Schönbach o. J.; Schönbach 2022).

Becker (2009 S. 557f.) weist auf die ungemein große Bandbreite an theoretischen und praktischen Themen, zu denen Schönbach geforscht hat, hin. Neben seinen vielfältigen wissenschaftlichen Tätigkeiten im Inland und Ausland hat sich Schönbach immer wieder auch als Manager engagiert und Studienprogramme und Institute (mit) aufgebaut und geleitet.

2   Inhalt des Textes

Als Klaus Schönbach mit dem vorliegenden Werk 1975 bei Elisabeth Noelle-Neumann in Mainz promoviert wurde, lag das Viermächte-Abkommen über Berlin vom 3. September 1971 schon einige Jahre zurück. Veröffentlicht wurde der Band dann 1977. Dennoch war die sogenannte „Berlin-Frage" damals allen, die die Politik in den beiden deutschen Staaten verfolgten, ein Begriff. Ging es bei der Auseinandersetzung doch um den Status der geteilten Stadt, von der einen Seite geführt mit dem Ziel der Anerkennung als Hauptstadt der DDR, von der anderen Seite mit dem Ziel der Zugehörigkeit zur Bundesrepublik. Umso leidenschaftlicher wurden die Verhandlungen in den Massenmedien begleitet, äußerst kritisch von denjenigen, die der konservativ geprägten Opposition näherstanden, hoffnungsvoll von denjenigen, die der Regierung zuneigten (Stöver 2017, S. 389f.).

Zu diesem Zeitpunkt fragte sich Klaus Schönbach, ob die Massenmedien Presse und Fernsehen dem journalistischen Trennungsgebot von Information und Meinung nachkämen, zu dem sie normativ (das Fernsehen auch juristisch aufgrund der Rundfunkgesetze) verpflichtet sind. Nach Einschätzung einer ganzen Generation junger Leute taten sie das nicht. Ihr Protest richtete sich insbesondere gegen die Springer-Presse (Görtemaker 1999, S. 486), aber auch gegen den akademischen Betrieb, in dem viele Wissenschaftler arbeiteten, die noch in der NS-Zeit aktiv gewesen waren. Dazu zählten beispielsweise Franz Ronneburger, Emil Dovifat oder Elisabeth Noelle-Neumann, die Doktormutter von Klaus Schönbach (Pöttker 2005b).

Doch auch die Generation der älteren, in der NS-Zeit geprägten Menschen war mit den Medien nicht zufrieden: Sie vermuteten insbesondere bei den öffentlich-rechtlichen Rundfunkanstalten eine einseitige Berichterstattung gegen die Konservativen und zugunsten der Regierung Willy Brandt.

Schönbach verlegte seinen Untersuchungszeitraum in den Beginn der Verhandlungen zum Viermächteabkommen. Das Material befragte er daraufhin, inwieweit Objektivität im Journalismus eigentlich überhaupt möglich sei. Als Zeitraum für seine Untersuchung wählte er vier Wochen im Frühjahr 1971. Seine Entscheidung für das Thema begründet er zum einen mit dem Beginn der Verhandlungen zum Viermächteabkommen, die ausführlich in den Medien thematisiert wurden und somit für ausreichend Material sorgte, zum anderen mit der starken Polarisierung von Regierung und Opposition, die klare Stellungnahmen in den Meinungsbeiträgen der Medien erwarten ließ (1977, S. 34). Er geht von der Aufgabe der Massenmedien aus, dem mündigen Bürger in einer pluralistischen Gesellschaft zu helfen, sich eine politische Meinung zu bilden. Medien, die in die Nachrichten Meinungen einfließen lassen, „entmündigen [...] den Rezipienten" (ebd., S. 14). Er versteht diese Trennungsnorm als journalistisches Qualitätskriterium und kündigt in der

Einleitung an, im Verlauf seiner Arbeit zu zeigen, dass in Bezug auf die Trennungsnorm „signifikante Unterschiede in der Qualität der deutschen Massenmedien bestehen" (ebd., S. 14).

Schönbach nennt zwei Ziele seiner Studie: Zum einen wolle er überprüfen, ob
die Trennungsnorm noch gelte, also noch erfüllt werde, und zum anderen „feststellen, wo und wie sie umgangen wird" (ebd., S. 28). Die Studie versuche nicht, Hypothesen zu falsifizieren – dazu sei es zu früh. Entsprechend formuliert er seine
Hypothesen erst im späteren Verlauf der Studie.

Klaus Schönbach entschied sich für die empirische Methode der (standardisierten) Inhaltsanalyse ausgewählter Darstellungsformen aus einem Sample von Tagespresse und Fernsehsendungen, ergänzt durch eine Expertenbefragung. Als Ko-
diereinheit verwendet er das „Argument" (ebd., S. 39f.). Er definiert als impliziten
Verstoß gegen das Trennungspostulat eine bestimmte Art der Auswahl bzw. Platzierung von Argumenten (ebd., S. 48ff.). In einem Gedankenexperiment unterscheidet er folgende Szenarien:

1. „Der Nachrichtenteil enthält objektiv ausgewählte Argumente und zeigt keine
   Übereinstimmung mit der Kommentierung.
2. Der Nachrichtenteil enthält einseitig ausgewählte Argumente und zeigt keine
   Übereinstimmung mit der Kommentierung.
3. Der Nachrichtenteil enthält objektiv ausgewählte Argumente und stimmt mit
   der Kommentierung überein.
4. Der Nachrichtenteil enthält einseitig ausgewählte Argumente und stimmt mit
   der Kommentierung überein." (ebd., S. 49)

Wenn Nachricht und Meinung parallel verlaufen, so Schönbach, und die Berichterstattung dadurch verkürzt oder verzerrt wird, liege ein indirekter Verstoß gegen die
Trennungsnorm vor. Er nennt dies „Synchronisation". Dieses Konstrukt wählt er,
um der offensichtlichen Vermischung von Nachricht und Meinung ein zweites
Analysekriterium der „impliziten Vermischung" an die Seite stellen zu können.
Schönbach differenziert dann noch nach Parallelität und Einseitigkeit und legt auch
einen Maßstab der „Ausgewogenheit" fest, den er nach einem definierten Verfahren aus ausgewählten Qualitätsmedien extrahiert.

Er definiert: „‚Ausgewogenheit' bedeutet in dieser Untersuchung die maßstab-
gerechte Wiedergabe von Informationen, wie sie vier ‚Qualitätszeitungen' innerhalb einer angemessenen Spanne Zeit anbieten, die hier mit vier Wochen angesetzt
ist." (1977, S. 64) Er wählt als Qualitätszeitungen FAZ, Welt, Süddeutsche Zeitung
und Frankfurter Rundschau aus. Mit dieser Methode lasse sich auch der Grad der
Ausgewogenheit messen. Sie müsse jedoch für jedes Thema zu jedem Zeitpunkt

neu bestimmt werden (ebd., S. 65). Schönbach räumt selbstkritisch ein, dieses Verfahren enthalte „zirkuläre Elemente" (ebd., S. 67).

Zusätzlich befragte er politische Akteure aus Bundes-, Landes- und Kommunalpolitik nach ihrer Einschätzung der vier untersuchten Medien und leitete daraus ein „Normal- oder Standardmaß" ab (ebd., S. 63). Durch die Expertenbefragung erhielt Schönbach eine Einstufung der Massenmedien auf einer Links-Rechts-Skala. Zeitgenossen von damals überraschte es nicht, dass die Bild-Zeitung und die Passauer Neue Presse deutlich als rechts eingestuft wurden und die Nürnberger Nachrichten oder der Hessische Rundfunk eher als links (ebd., S. 69).

Als ein Zwischenergebnis seiner Analyse hält Klaus Schönbach fest: Viele Redaktionen verfassen gar keine „reinen" Nachrichten (ebd., S. 72). Auch Qualitätszeitungen wie die FAZ vermischen häufig die eigentliche Nachricht mit der Interpretation. Diese auffällige Stellung der FAZ veranlasste Schönbach, zusätzlich drei Redakteure und einen der Herausgeber der FAZ um eine Erklärung zu bitten (ebd., S. 74). Die Befragung ergab, dass sich die FAZ als „Zweitzeitung" versteht. Sie geht davon aus, dass die Leser die Informationen längst aus Radio oder Fernsehen kennen und sich von der FAZ Hintergrund und Einordnung wünschen – eine Tendenz, wie sie bei Wochenzeitungen noch stärker zu finden ist. Das bringt Klaus Schönbach zu einer ersten Hypothese zum Nachrichtenstil:

Je mehr ein Massenmedium seine Rezipienten vornehmlich mit ersten Informationen versorgen will, umso schärfer wird es Nachricht und Meinung stilistisch und inhaltlich trennen (1977, S. 75).

Konkret heißt das laut Schönbach, dass Radio- und Fernsehnachrichten schärfer zwischen Information und Meinung trennen als Zeitungen, insbesondere, wenn die gedruckten Medien nicht täglich erscheinen. Es bedeute aber auch, so seine Schlussfolgerung, dass ein Teil der Journalisten ihre Hauptaufgabe nicht in der Information der Gesellschaft sehen, sondern darin, Kritik an der Gesellschaft zu üben – von welcher Richtung aus auch immer (ebd., S. 78). Schönbach zitiert hier den Erlanger Kommunikationswissenschaftler Franz Ronneberger, nimmt aber die Medien in die Pflicht: Danach entbinde diese Kritik die Medien nicht von der Verpflichtung, „bei Auswahl und Aufmachung ihrer Informationen dem Publikum ein umfassendes und unverfälschtes Bild der Realität zu vermitteln" (ebd., S. 78).

Als Ergebnis der Untersuchung belegt Schönbach mithilfe statistischer Auswertungen: *Das* total synchronisierende Massenmedium gibt es nicht (ebd., S. 85). Nebenbei widerlegt er das Vorurteil, dass regierungsfreundliche Medien stärker synchronisieren als oppositionsfreundliche mit dem Hinweis auf die Zugehörigkeit zur Gattung: Kaufzeitungen, also Boulevardzeitungen, synchronisieren stark, überregionale Abonnementszeitungen weniger, Fernsehanstalten teils/teils. Eine eindeutige Aussage, ob „linke" oder „rechte" Medien mehr synchronisieren, lasse sich so nicht treffen. Schönbach kommt deshalb zu dem Schluss: „Massenmedien verzerren immer nur Teile der Berichterstattung – wichtige Teile zwar, aber eben nicht das Ganze" (ebd., S. 110).

Wenn man die Darstellungsformen (Schönbach nennt sie nach Emil Dovifat „Stilformen") mit einbezieht, dann sind es ganz klar die Boulevardmedien mit BILD an der Spitze, die Information und Meinung mischen. Aber nicht nur: Mehr als ein Drittel der 22 Zeitungen und Rundfunkanstalten synchronisiert in allen Darstellungsformen sowie der Platzierung, darunter auch die ARD oder die Nürnberger Nachrichten. Nicht oder selten synchronisierende Medien sind der Südkurier, die Badischen Neuesten Nachrichten, gefolgt von der Süddeutschen Zeitung, der Berliner Morgenpost und dem ZDF (Schönbach 1977, S. 117).

Ein wenig entlastet werden die Zeitungen aus dem Springer-Verlag durch den Hinweis auf ihre Gattung: Sie seien eben Boulevardblätter, bei denen insgesamt die Tendenz zur Synchronisation besonders hoch sei (ebd., S. 126). Dafür wögen die leichten Synchronisierungstendenzen bei ARD und ZDF schwerer, da die öffentlich-rechtlichen Rundfundanstalten gesetzlich zur Unabhängigkeit der Berichterstattung verpflichtet seien (ebd., S. 128).

Auf der Suche nach möglichen Ursachen landet Klaus Schönbach bei der Redaktion als „organisiertem sozialen System" (ebd., S. 129ff.): Neue Mitarbeiter würden sich vorrangig bei einem Medium bewerben, mit dem sie politisch einigermaßen übereinstimmten („Selbstselektion"); auch würden die Redaktionen als Gesamtsystem neue Mitarbeiter entsprechend sozialisieren. Zudem gebe es eine Synchronisation mit anderen Medien. Damit hat Schönbach angesprochen, was auch aktuelle Untersuchungen wieder hervorheben (Krüger 2016): die Zugehörigkeit von Journalisten zu bestimmten sozialen Milieus, die zu einer gewissen Normkonformität führt. Diese sei umso stärker, je klarer das jeweilige Verlagshaus politisch positioniert ist. Es sei „sicherlich zu bezweifeln, dass sich ein Bewerber für Springer-Blätter meldet, der in seiner persönlichen Einstellung etwa die SPD/F.D.P.-Koalition oder den Sozialismus unterstützt", meint Klaus Schönbach (1977, S. 148). Auch den Arbeitsmarkt für Journalisten bezieht Schönbach ein, wenn er bemerkt, die soziale Kontrolle werde umso wirksamer, je weniger Beschäftigungsmöglichkeiten sich anböten (ebd., S. 158).

Schließlich warnt Schönbach vor der Macht der Berichterstattung durch die Massenmedien: „Politische Wirklichkeit ist zu komplex, als daß sie in ihrer Totalität dargestellt, dem Rezipienten in einem getreuen Abbild vermittelt werden kann " (ebd., S. 160). Was ein Leser oder Zuschauer nicht aus den Medien erfahre, das sei für ihn keine Realität. Am Beispiel der Berlin-Berichterstattung aufgezeigt: Vertrete ein Medium die „Meinung, die Bundespräsenz in Berlin sei in Gefahr, dann vermittelt die Berichterstattung dem Leser, Hörer oder Zuschauer den Eindruck, DDR und Sowjetunion störten in einem fort die Berlin-Reisen westdeutscher Politiker" – insgesamt entstehe so eine „self-fulfilling prophecy". Die Synchronisation von Nachricht und Meinung könne „zu einem circulus vitiosus fiktiver Ereignisse führen" und werde dadurch um so gefährlicher (Schönbach 1977, S. 161).

3 Wirkungsgeschichte und Kritik

Der empirisch untermauerte Nachweis, dass ein Großteil der Massenmedien dem Qualitätskriterium der Trennungsregel nicht oder nur teilweise entsprach, lässt die Studie heute, vor dem Hintergrund eines neu formulierten Unbehagens an der Berichterstattung der „Mainstreammedien" (Krüger 2016) so aktuell wirken. Damit nahm Schönbach mit wenigen Worten eine ganze Debatte rund um Objektivität vorweg, wie sie insbesondere von Seiten des Konstruktivismus aus seit den 1990er-Jahren geführt wird. Horst Pöttker (2005a) hat später davor gewarnt, die Darstellungsformen als ein für alle Mal gesetzt anzusehen, und gewinnt dem Verzicht auf das Trennungsgebot auch befreiende Seiten ab, sofern die Transparenz gewahrt werde.

Auf der Basis von „kognitiven Schemata" aus der Kognitionspsychologie relativieren Siegfried J. Schmidt und Siegfried Weischenberg die Allgemeingültigkeit von Mediengattungen und Darstellungsformen (1994, S. 225ff.). Sie kommen so zur „Entmythologisierung des Objektivitätsideals" und beziehen sich dabei ausdrücklich auf Schönbach (ebd., S. 227f.). Objektivität sei vor allem durch professionelle und institutionelle Abläufe abgesichert. Aus konstruktivistischer Sicht sei Objektivität eine „intersubjektive Vereinbarung über die Art der Wirklichkeitskonstruktion, die vom System Journalismus erwartet werden kann" (ebd., S. 228). Diese Vereinbarung über die gemeinsame Konstruktion von Wirklichkeit bestehe zwischen den Kommunikatoren und den Rezipienten, schreiben Schmidt und Weischenberg. Mit der Veränderung der Rolle von Kommunikatoren und Rezipienten durch die Digitalisierung stellt sich schließlich die Frage nach der Objektivität neu.

Klaus Schönbach selbst verfolgte das Thema Objektivität zunächst nicht weiter, blieb jedoch seinem aufklärerischen Ansatz treu. In seinen weiteren großen Arbeiten setzte er sich mit der Schwierigkeit auseinander, Mediennutzungsforschung und Medienwirkungsforschung logisch in Verbindung zu bringen. Gemeinsam mit Werner Früh entwickelte er zu diesem Zweck den „dynamisch-transaktionalen Ansatz" (Gehrau 2016; Früh und Schönbach 1982). In seiner Habilitationsschrift kam er dann noch einmal auf Presse und Fernsehen zurück – auch hier aus der Perspektive der Medienwirkungsforschung (Wünsch und Czichon 2016).

Auf die praktische Journalismuslehre hatte die Relativierung des Themas Objektivität zunächst nur indirekt Auswirkungen. Walther von La Roche, Journalist beim Bayerischen Rundfunk und ein Journalismuslehrer, der sich frühzeitig mit der Frage der Objektivität auseinandersetzte, gab seiner „Einführung in den praktischen Journalismus" bereits in der ersten Auflage von 1975 ein eigenes Unterkapitel dazu mit. Er zitiert in seiner Einleitung zu den Darstellungsformen den berühmten Satz des Chefredakteurs des Manchester Guardian, C. P. Scott: „Comment is free, but facts are sacred" und bezieht sich auf die für den angelsächsischen Journalismus charakteristische Trennung von Information und Meinungsäußerung (Hooffacker und Meier 2017, S. 54). La Roche fährt fort: „Ob es möglich und überhaupt sinnvoll sei, eine Trennungslinie einzuhalten, dieser Zweifel wurde nie ganz ausgeräumt." Im Abschnitt „Objektivität" in „La Roches Einführung in den praktischen Journalismus" geht La Roche auf die grundsätzliche Kritik am Objektivitätskonzept ein. Er stellt sich damit auf die Seite derjenigen, die den Journalismus aus den ideologisch geprägten Traditionen lösen und auf möglichst transparente, nachvollziehbare Regeln festlegen wollen, ohne dabei auf eine pragmatische, möglichst große Annäherung an das Ziel „Objektivität" zu verzichten.

Elisabeth Noelle-Neumann, die Doktormutter von Klaus Schönbach, findet für Schönbachs Arbeit ein anderes Framing. In ihrem Vorwort dazu spannt sie den Bogen zur Vermittlung zwischen praktischem Journalismus und Publizistikwissenschaft und beklagt die geringe finanzielle Ausstattung des Fachs an den Universitäten. Sie hebt insbesondere Klaus Schönbachs Ansatz der „impliziten Vermischung" hervor und ordnet sie in die angloamerikanische Gatekeeper-Forschung ein. Vor allem deutet sie jedoch an, dass das Ergebnis „Wirklichkeit wird von den Medien geschaffen" den öffentlich-rechtlichen Anstalten nicht gefallen werde (1977, S. 9). Noelle-Neumann verfolgt jedoch nicht die Kritik am Konzept der Objektivität weiter, sondern bezieht sich auf eine angeblich mangelnde Ausgewogenheit insbesondere bei ARD und ZDF. Sie selbst entwickelte in dieser Zeit die Theorie der Schweigespirale, wonach die Bereitschaft von Menschen, sich öffentlich zu äußern, vom „Meinungsklima" abhängig sei – und das werde von den Medien erzeugt. Damit unterstellt Noelle-Neumann dem Publikum eine hohe Beeinflussbarkeit – letztlich eine anti-aufklärerische Haltung. Bezogen auf die damalige politische Lage heißt das, es gebe eine viel größere Opposition zur Regierung Willy Brandt, als sich öffentlich bemerkbar mache, da insbesondere die öffentlich-rechtlichen Rundfunkanstalten politische Vorgänge einseitig zugunsten der Regierung darstellten. Genau dies hat die Arbeit von Klaus Schönbach jedoch nicht ergeben.

Im Anschluss relativiert Elisabeth Noelle-Neumann die Ergebnisse von Schönbachs Studie in Bezug auf die Berlinverhandlungen. Wir erinnern uns: Danach synchronisierten die Medien doch recht unterschiedlich und diejenigen der Springer-Presse ganz besonders. Noelle-Neumann hebt hevor, diese Ergebnisse seien auf gar keinen Fall zu verallgemeinern, sondern immer auf das spezielle Thema Viermächteverhandlungen über Berlin zu beziehen. Stattdessen regt sie an, das von Klaus Schönbach entwickelte methodische Instrumentarium als Hilfe anzusehen, wie die Verpflichtung zur Ausgewogenheit der öffentlich-rechtlichen Programme ernstgenommen werden könne (Noelle-Neumann 1977, S. 12).

Klaus Schönbachs Dissertation erlaubt all diese Interpretationen und sicher noch ein paar mehr. Sie findet im ideologisch verminten Gebiet der teilweise von NS-belasteten Forschern geprägten jungen Kommunikationswissenschaft einen Weg, das Trennungsgebot auf seine Einhaltung einerseits, seine Grenzen anderseits hin auszuloten, ohne den Journalismus und sein Publikum aus der Verantwortung zu entlassen. Damit zählt seine Arbeit zu den bis heute anregend zu lesenden kommunikationswissenschaftlichen Untersuchungen aus den 1970er-Jahren.

Literatur

Becker, L. B. (2009). Klaus Schönbach 60 Jahre. *Publizistik* 54(4), 557–558.

Früh, W., Schönbach, K. (1982). Der dynamisch-transaktionale Ansatz. Ein neues Paradigma der Medienwirkungen. *Publizistik* 27(1), 74–88.

Gehrau, V. (2016). Der dynamisch-transaktionale Ansatz. Ein neues Paradigma der Medienwirkungen von Werner Früh und Klaus Schönbach. In: M. Potthoff (Hrsg.), *Schlüsselwerke der Medienwirkungsforschung* (S. 183–194). Wiesbaden: Springer VS.

Görtemaker, M. (1999). *Geschichte der Bundesrepublik Deutschland. Von der Gründung bis zur Gegenwart.* Frankfurt am Main/München: Büchergilde Gutenberg/C. H. Beck Verlag.

Hooffacker, G., Meier, K. (2017). *La Roches Einführung in den praktischen Journalismus* (20. Aufl.). Wiesbaden: Springer VS.

Koch, G. (2005). Klaus Schönbach, Zeppelin University Friedrichshafen. *Publizistik* 50(2), 243–244.

Krüger, U. (2016). *Mainstream. Warum wir den Medien nicht mehr trauen* (2. Aufl.). München: C. H. Beck.

Noelle-Neumann, E. (1977). Vorwort. In: K. Schönbach, *Trennung von Nachricht und Meinung* (S. 7–12). Freiburg/München: Karl Alber.

Pöttker, H. (2005a). Ende des Millenniums – Ende des Journalismus? Wider die Dogmatisierung der professionellen Trennungsgrundsätze. In: M. Behmer, B. Blöbaum, A. Scholl, & R. Stöber (Hrsg.), *Journalismus und Wandel. Analysedimensionen, Konzepte, Fallstudien* (S. 123–141). Wiesbaden: VS Verlag für Sozialwissenschaften.

Pöttker, H. (2005b). Mitgemacht, weitergemacht, zugemacht. Zum NS-Erbe der Kommunikationswissenschaft in Deutschland. In: H. Pöttker, *Abgewehrte Vergangenheit. Beiträge zur Erinnerung an den deutschen Nationalsozialismus* (S. 148–155). Köln: Herbert von Halem.

Schmidt, S. J., Weischenberg, S. (1994). Mediengattungen, Berichterstattungsmuster, Darstellungsformen. In: K. Merten, S. J. Schmidt, & S. Weischenberg (Hrsg.), *Die Wirklichkeit der Medien* (S. 212–236). Opladen: Westdeutscher Verlag.

Schönbach, K. (1977). *Trennung von Nachricht und Meinung. Empirische Untersuchung eines journalistischen Qualitätskriteriums.* Freiburg/München: Karl Alber.

Schönbach, K. (o.J.). Biographie. *Wikipedia* (https://de.wikipedia.org/wiki/Klaus_Schönbach).

Schönbach, K. (2022). Curriculum Vitae, Publications, Papers and Research Reports. *Zeppelin Universität* (https://www.zu.de/lehrstuehle/medienwissenschaft/).

Stöver, B. (2017). *Der Kalte Krieg. Geschichte eines radikalen Zeitalters.* München: C. H. Beck.

Wünsch, C., Czichon, M. (2016). Das unterschätzte Medium. Politische Wirkungen von Presse und Fernsehen im Vergleich von Klaus Schönbach. In: M. Potthoff (Hrsg.), *Schlüsselwerke der Medienwirkungsforschug* (S. 206–218). Wiesbaden: Springer VS.

Das Hoch- und Runterspielen von Informationen

Kepplinger, Hans M., in Zusammenarbeit mit Brosius, H.-B., Staab, J. F., & Linke, G. (1989). Instrumentelle Aktualisierung. Grundlagen einer Theorie publizistischer Konflikte. In M. Kaase, W. Schulz (Hrsg.), *Massenkommunikation. Theorien, Methoden, Befunde. KZfSS-Sonderheft* 30 (S. 199–220). Opladen: Westdeutscher Verlag

Tanjev Schultz

Zusammenfassung

Wie verlaufen Konflikte und Debatten in der Öffentlichkeit, welche Mittel und Taktiken setzen die verschiedenen Lager und Kontrahenten ein? Auf diese für jede Demokratie wichtige Frage sucht Hans Mathias Kepplinger Antworten mit seinem Ansatz der „instrumentellen Aktualisierung", der sich zu einem Schlüsselkonzept der Kommunikationswissenschaft entwickelt hat. Das Konzept kann helfen zu analysieren, wie Journalisten und andere Akteure in publizistischen Konflikten versuchen, eine Seite innerhalb eines Konflikts zu stärken oder zu schwächen. Sie tun dies beispielsweise, indem sie gezielt bestimmte Experten zitieren und bestimmte Fakten und Informationen betonen, die der einen Seite nutzen und der anderen Seite schaden. So hat Kepplingers Ansatz, der noch aus den

T. Schultz (✉)
Johannes Gutenberg Universität Mainz, Mainz, Deutschland
E-Mail: tanjev.schultz@uni-mainz.de

© Springer Fachmedien Wiesbaden GmbH, ein Teil von Springer Nature 2023   205
W. Loosen, A. Scholl (Hrsg.), *Schlüsselwerke der Journalismusforschung*,
https://doi.org/10.1007/978-3-658-25867-2_18

1980er-Jahren stammt, in Zeiten des politischen Populismus und der digitalen Konfliktdynamiken nichts von seiner Brisanz und Aktualität verloren. Zugleich berührt er grundlegende Fragen, die nicht nur die Medienforschung umtreiben und regelmäßig selbst öffentliche Kontroversen auslösen: Wie stark nehmen Journalisten, auch jenseits expliziter Kommentare, bewusst oder unbewusst Partei?

Schlüsselwörter

Instrumentelle Aktualisierung · Konflikte · Skandale · Nachrichtenauswahl · Framing · Priming

1 Kurzbiografie des Autors

Hans Mathias Kepplinger ist einer der einflussreichsten und meistzitierten deutschen Kommunikationswissenschaftler. Er wurde am 20. Mai 1943 in Mainz geboren. In seiner Heimatstadt und in München und Berlin studierte er Politikwissenschaft, Publizistikwissenschaft und Geschichte. Nach seiner Promotion (1970) arbeitete er an der Johannes Gutenberg-Universität in Mainz als wissenschaftlicher Assistent Elisabeth Noelle-Neumanns, die als Gründerin des Instituts für Demoskopie Allensbach und mit ihrer „Theorie der Schweigespirale" auch international bekannt wurde. Nach seiner Habilitation (1977) war Kepplinger Heisenberg-Stipendiat der Deutschen Forschungsgemeinschaft (DFG). Von 1982 bis 2011 lehrte und forschte er als Professor für Empirische Kommunikationsforschung an der Mainzer Universität. Für sein Schaffen erhielt er mehrere Auszeichnungen, unter anderem den Helen Dinerman Award (2012) der World Association of Public Opinion Research und die Ernennung zum „Fellow" der International Communication Association (2015).

Bereits während seines Studiums interessierte sich Kepplinger für soziale Konflikte. Sie blieben ein wichtiges Thema in vielen Arbeiten, in denen er die Rolle der Medien in gesellschaftlichen Auseinandersetzungen in den Mittelpunkt rückte. So verstand er sein Konzept der „instrumentellen Aktualisierung" als Beitrag zu einer Theorie publizistischer Konflikte. Als ebenso streitbare wie streitlustige Persönlichkeit führte Kepplinger selbst etliche Kontroversen in Wissenschaft und Öffentlichkeit. Er gilt als vergleichsweise konservativ. Niemand habe mit seinen Studien so polarisiert wie Kepplinger, schreibt Weischenberg (2013, S. 113f.). Aufsehen erregte beispielsweise eine Studie, in der Kepplinger zu dem Ergebnis kam, im Bundestagswahlkampf 1976 sei die CDU durch die Art der TV-Inszenierung benachteiligt worden (1979). In Studien zu Skandalen kritisiert er aus seiner Sicht überzogene oder falsche Darstellungen der Medien (2017, 2018). Dies betrifft auch umstrittene Thesen und Personen, wie Thilo Sarrazin, dessen Buch „Deutschland schafft sich ab" (2010) scharfe Debatten ausgelöst hatte. Kepplinger warf den Medien vor, einer sachlichen Auseinandersetzung auszuweichen und Sarrazin als Person zu diskreditieren (2010, 2017).

Kepplinger ist einer der bekanntesten Vertreter der „Mainzer Schule" in der Kommunikationswissenschaft, für die Noelle-Neumann prägend war. Aufgrund der bisweilen heftigen, weltanschaulich bestimmten oder beeinflussten Debatten früherer Jahre ist manchmal in den Hintergrund geraten, dass die „Mainzer Schule" für einen sozialwissenschaftlichen Zugang steht, der die öffentliche Meinungsbildung und die Rolle der Medien und des Journalismus in der Demokratie empirisch untersucht, vorzugsweise mit quantitativen Methoden. Kepplinger ist dabei immer wieder auf die „instrumentelle Aktualisierung" zurückgekommen, auch in seiner Forschung zu Skandalen (2017, 2018).

Der Ausgangstext entstand „in Zusammenarbeit" mit Hans-Bernd Brosius, Joachim Friedrich Staab und Günter Linke, die zu Kepplingers Forschungsgruppe gehörten. Staab ist vielen in der Kommunikationswissenschaft bekannt durch seine Dissertation über die Nachrichtenwert-Theorie (Staab 1990). Brosius wurde Professor für Kommunikationswissenschaft an der Ludwig-Maximilians-Universität München und zählt zu den wichtigsten Vertretern des Faches in der Generation nach Kepplinger. Linke arbeitet in der angewandten Medien- und Werbewirkungsforschung und ist Kommunalpolitiker der Grünen in Hessen.

2 Inhalt des Textes

Der Aufsatz über „instrumentelle Aktualisierung" (1989) erschien im Kontext eines DFG-Projekts zum selben Thema. Kepplinger und seine Mitarbeiter untersuchten unter anderem die Berichterstattung über den Nicaragua-Konflikt, es ging ihnen jedoch um allgemeine Merkmale der medialen Berichterstattung. Der erste Teil des Aufsatzes stellt die konflikttheoretischen Grundlagen dar. Es gebe verschiedene Konflikttypen; „publizistische Konflikte" gehören zu den Kommunikations-Konflikten und werden definiert als „Kontroversen zwischen mindestens zwei Kontrahenten (K1, K2) mit Informationen (I) über einen Konflikt-Gegenstand (G) via Massenmedien (M) vor einem Publikum (P)" (ebd., S. 201). Die Medien in einer liberalen Gesellschaft lassen sich in Anhänger oder Gegner der Kontrahenten einteilen, zudem in Unentschiedene oder Uninteressierte. Das Gleiche gilt für verschiedene Teile des Publikums.

Der Gegenstand eines Konflikts sei in der Regel „keine isolierte Gegebenheit" (ebd., S. 202), sondern mit anderen Gegebenheiten verbunden. Manche Sachverhalte sprechen eher für die eine Seite, andere für die andere Seite. Kepplinger spricht von „instrumentellen Gegebenheiten". Bestimmte Aspekte sind nützlich oder schädlich für die Kontrahenten, weil sie objektiv oder subjektiv für die eine oder andere Seite sprechen. Es ist daher wichtig, welche Sachverhalte wie stark in der Kommunikation auftauchen. In einem journalistischen Beitrag kommen eben nicht alle Aspekte zur Sprache. Vieles wird weggelassen, einiges hervorgehoben.

Da das Publikum über die Massenmedien erreicht wird, haben die Kontrahenten eines publizistischen Konflikts ein Interesse daran, dort Sachverhalte zu platzieren, die für sie vorteilhaft sind. Unter Umständen beruhe der Erfolg einer Konfliktpartei mehr darauf, dass „ihr Verhalten mediengerecht, als dass es sachgerecht ist" (ebd., S. 204). Kepplinger knüpft einerseits an Arbeiten zur Nachrichtenauswahl von Journalisten an, andererseits an Studien, die zeigen, wie Politiker und andere Akteure versuchen, die Medien für sich zu gewinnen und zu instrumentalisieren. Er zitiert u. a. Sarcinellis Arbeit über „symbolische Politik" (Sarcinelli 1987) – eine Politik, die sich auf Außenwirkungen und Inszenierungen konzentriert. In diesem Kontext ist auch eine ältere Studie bedeutsam: „The Image" von Daniel J. Boorstin (1962). Sie zeigt, wie Akteure ein Image herstellen, indem sie künstliche, auf die Medien zugeschnittene Ereignisse schaffen. Boorstin spricht von „Pseudo-Ereignissen" (*Pseudo-Events*). Sie reichen von Interviews und Pressekonferenzen bis zu spektakulären Aktionen wie dem Besetzen eines Gebäudes. Pseudo-Ereignisse werden eingesetzt, um bestimmte Informationen in die Medien zu bringen – zum mutmaßlichen Vorteil der eigenen Seite.

Es werden aber nicht nur die Medien instrumentalisiert. Journalisten können ihrerseits versuchen, Akteure zu instrumentalisieren, indem sie beispielsweise bevorzugt denen eine Bühne geben, deren Positionen sie teilen. So greifen die Medien in einen Konflikt ein und nehmen mehr oder weniger Partei. Sie können eine Seite stärken, indem sie Sachverhalte hervorheben, die ihr nützen, oder indem sie zugeschriebene Eigenschaften positiver darstellen als zuvor (S. 205f.). Sie können eine Seite auch schwächen, indem sie Sachverhalte hervorheben, die ihr schaden, oder indem sie zugeschriebene Eigenschaften negativer darstellen als zuvor. Innerhalb eines publizistischen Konflikts ist das Stärken des eigenen Lagers eine defensive Strategie. Das Schwächen des gegnerischen Lagers ist eine offensive Strategie.

Damit hat Kepplinger den Boden bereitet für diese Definition: „Eine instrumentelle Aktualisierung liegt vor, wenn eine instrumentelle Gegebenheit, die objektiv in einem Zusammenhang mit dem zentralen Konflikt-Gegenstand steht oder subjektiv so wahrgenommen wird (objektive, subjektive Instrumentalität), öffentlich in den Vordergrund gerückt wird. Dies kann durch die Kontrahenten, die Massenmedien oder Dritte geschehen." (Kepplinger et al. 1989, S. 205) Kepplinger spricht auch vom „Hochspielen von Informationen, die die eigene Konfliktsicht stützen" (Kepplinger et al. 1989, S. 207).

Ein Beispiel (das nicht von Kepplinger stammt): In der Debatte über die Freigabe von Cannabis gibt es viele Argumente, Aspekte und Fakten. Informationen, die zeigen, dass Menschen vom Cannabis-Konsum Schaden nehmen, ihnen ihr Leben entgleitet und sie in Suchtkliniken Hilfe suchen, betonen die Gefahren des Rauschmittels und können vor allem von den Gegnern einer Freigabe genutzt werden. Informationen, die zeigen, dass Menschen ohne erkennbare Schäden Cannabis konsumieren und womöglich sogar positive Gesundheitseffekte erzielen, können hingegen vor allem von den Befürwortern einer Freigabe genutzt werden. Berichtet eine Zeitung überwiegend über die Problemfälle, könnte es sich um eine instrumentelle Aktualisierung zugunsten der Gegner eine Freigabe handeln. Berichtet sie überwiegend über unproblematische Fälle, spielt sie dagegen Informationen hoch, die eher den Befürwortern einer Freigabe nützen.

Wie alle Menschen könnten auch Journalisten dazu neigen, Sachverhalten, die ihre eigene Sicht stützen, einen höheren (Nachrichten-)Wert zuzusprechen als solchen, die ihrer eigenen Sicht widersprechen. Nach der „Theorie der kognitiven Dissonanz" des Sozialpsychologen Leon Festinger wollen Menschen die unangenehme Spannung auflösen, die entsteht, wenn sie mit widerstreitenden Empfindungen, Informationen und Gedanken konfrontiert sind. Viele Raucher versuchen deshalb, die Gefahren des Rauchens zu relativieren oder sogar zu leugnen. Eine wichtige Inspiration, nicht zuletzt begrifflich, zog Kepplinger aus einer psychologischen Studie von Rosenberg (1956): Werthaltige Informationen stehen demnach in einer instrumentellen Beziehung zu kognitiven Strukturen. Angewendet auf massenmedial verbreitete Nachrichten bedeutet dies, dass diese als Mittel eingesetzt werden können, um bestimmte Zwecke zu erreichen. So können Journalisten in eine Debatte auch dann eingreifen, wenn sie keine explizite eigene Kommentierung vornehmen. Eine weitere wichtige Referenz ist daher Schönbachs Studie zur Trennung von Nachricht und Meinung (1977). Sie weist nach, dass es zur „Synchronisation" der beiden Darstellungsformen kommen kann: Journalisten schreiben eine vermeintlich neutrale Nachricht so, dass sie zur Linie eines Kommentars passt.

Kepplinger sieht in der instrumentellen Aktualisierung eine Taktik in publizistischen Konflikten. Sie ziele darauf, an bestehende Sichtweisen anzuknüpfen. Eine andere Taktik sei die „Umbewertung". Sie ziele darauf, Sichtweisen zu verändern. Um eine Umbewertung zu erreichen, reicht es nicht, bestimmte Sachverhalte hervorzuheben; es müssen explizite Wertungen erfolgen. Die instrumentelle Aktualisierung geht dagegen subtiler vor. Hier zeigt sich, dass mit dem Konzept nicht nur Annahmen und Befunde zur *Nachrichtenauswahl* verbunden sind, sondern auch

Annahmen und Befunde zur *Medienwirkung*: Während Meinungen durch die Medien vergleichsweise schwer verändert werden können, hat die Berichterstattung einen größeren Einfluss auf die Wahrnehmung der Wichtigkeit von Themen und Ereignissen. Journalisten und Kontrahenten in einem Konflikt können nun entweder versuchen, das Publikum durch explizite Wertungen zu beeinflussen – die Effekte sind jedoch eher schwach. Oder sie versuchen, ohne Wertung vor allem solche Gegebenheiten (Sachverhalte, Fakten) zu präsentieren, die im Sinne der bevorzugten Meinung sind, und damit diese Meinung zu aktualisieren – hier können die Effekte stärker sein.

Kepplinger hat vermutet, dass Kontrahenten und die sie unterstützenden Journalisten eher negative Informationen über das gegnerische Lager verbreiten als positive Informationen über das eigene Lager. Denn negative Informationen haben einen hohen Nachrichtenwert, und positive Informationen können leichter den Verdacht erwecken, es werde gezielt Partei ergriffen und etwas beschönigt.

Geprüft wurden diese und die weiteren Annahmen mit Hilfe einer Befragung von 213 Redakteuren, einem Quasi-Experiment und einer quantitativen Inhaltsanalyse der Berichterstattung zu drei Konflikten: dem Nicaragua-Konflikt, der sogenannten Ausländerpolitik in Deutschland sowie der Auseinandersetzung um die Wochenarbeitszeit (35-Stunden-Woche). Ein bewusstes Hochspielen von Informationen hielt demnach fast die Hälfte der befragten Journalisten für mehr oder weniger vertretbar, das bewusste Herunterspielen von Informationen nur ein knappes Sechstel. Das Quasi-Experiment ergab, dass die Nachrichtenauswahl tatsächlich in gewissem Umfang von der Sicht der Redakteure bestimmt wird: Meldungen, die günstig waren für die eigene Meinung, wurden leicht bevorzugt. Auch in der realen Berichterstattung fanden die Forscher dafür Belege: Die Zeitungen seien unterschiedlichen redaktionellen Linien gefolgt; dabei hätten bei den meisten die Tendenzen der Meldungen denen der Kommentare entsprochen. Zudem überwogen bei wertenden Aussagen negative Zuschreibungen der einen Konfliktpartei, während positive Bewertungen der jeweils anderen Konfliktpartei seltener auftraten: „Die jeweils ‚eigene' Seite wurde – bildhaft gesprochen – nicht verteidigt, sondern aus dem Schussfeld genommen, die andere Seite dafür umso heftiger attackiert" (Kepplinger et al. 1989, S. 214). Geht es nicht um explizite Bewertungen, bestätigten sich die Annahmen ebenfalls: Konservative Blätter gaben Ereignissen, die eher für die Politik der USA und gegen die Sandinisten in Nicaragua sprachen, größeres Gewicht als die (links-)liberalen Blätter. Diese wiederum betonten Ereignisse, die für die Sandinisten und gegen die Politik der USA sprachen.

Insgesamt zeigten sich somit Formen der instrumentellen Aktualisierung erstens in der Tendenz der Meldungen, zweitens in der Gewichtung der Kontrahenten und drittens in der Betonung bestimmter Ereignisse.

3 Wirkungsgeschichte und Kritik

Der Aufsatz wird häufig zitiert, die „instrumentelle Aktualisierung" fand außerdem Eingang in Lehrbücher (z. B. Pürer 2015, S. 70f.) und wurde international rezipiert. Eine englische Fassung erschien im *European Journal of Communication* (Kepplinger et al. 1991). Ein im deutschen Beitrag angekündigtes Buch ist nie erschienen, Kepplinger hat das Konzept aber in diversen anderen Publikationen aufgegriffen und weiterentwickelt, beispielsweise in seinen Analysen zur Berichterstattung über Technik und über die Kernenergie.

Zwischen den Einstellungen der Journalisten zur Technik und ihrer Berichterstattung über Technik zeigte sich ein enger Zusammenhang (Kepplinger 1989a, S. 144ff.). Zudem entsprach ihre Einstellung weitgehend den von den Medien veröffentlichten Experten-Aussagen. Man kann also von einer instrumentellen Aktualisierung der Experten sprechen: Deren Statements würden „bewusst oder unbewusst zur Stützung der redaktionellen Linie publiziert" (Kepplinger 1989a, S. 145). So sei es auch in Darstellungen über die Atomkraft (Kepplinger 1988, 2015). Ähnliche Muster fand Lutz M. Hagen in einer Untersuchung zur Berichterstattung über die Volkszählung im Jahr 1987. Experten, die im Sinne der redaktionellen Linie zu Wort kamen, bezeichnet er als „opportune Zeugen" (Hagen 1992). Dabei handelt es sich also um einen speziellen Fall der instrumentellen Aktualisierung: Akteuren, die zu den Einstellungen der Journalisten bzw. zur redaktionellen Linie passen, wird bevorzugt eine Bühne gegeben.

Unterstützt werden diese Befunde von weiteren Fallstudien, beispielsweise zur Plagiatsaffäre des Bundesverteidigungsministers Karl Theodor zu Guttenberg, in deren Verlauf er zurücktrat: Je negativer die Journalisten urteilten, desto negativer seien auch die Meinungen der zitierten Experten gewesen (Bachl und Vögele 2013). Laut Kepplinger spielt die instrumentelle Aktualisierung bei Skandalisierungen generell eine wichtige Rolle (2018, S. 85ff.). Sie könne „auch dazu dienen, Skandale zum richtigen Zeitpunkt zu entfachen und bereits etablierte Skandale am Leben zu erhalten" (ebd., S. 88). Journalisten können Informationen gezielt zurückhalten und in kleineren Portionen verbreiten, um länger berichten zu können und einen Skandal nicht verpuffen zu lassen.

In der Tradition der News-Bias-Forschung werden Parteinahmen und Einseitigkeiten erforscht; der Framing-Ansatz untersucht Deutungsmuster, die in den Medien für bestimmte Themen etabliert werden. Kepplingers Konzept lenkt den Blick auf das absichtsvolle Handeln einzelner Journalisten und Redaktionen, die sich von ihren eigenen politischen Positionen leiten lassen. Damit reiht er sich, ohne dies ausführlich zu explizieren, in sozialwissenschaftliche Ansätze ein, die von einem ra-

tional kalkulierenden, zielgerichtet seinen Willen umsetzenden Menschen ausgehen
(Rational-Choice-Theorien, voluntaristische Positionen; vgl. Kepplinger 1989b).
Während rein kausale Theorien der Nachrichtenauswahl keinen Raum für die
Intentionen der Journalisten lassen würden, betone die finale Erklärung, dass Journalisten Ziele und Zwecke verfolgen (Kepplinger 2011, S. 156f.). Dies wirft eine
auch für künftige Forschungen wichtige Frage auf: Wie groß sind eigentlich die
Spielräume für subjektive Entscheidungen im Journalismus, und welche Rolle
spielen die Einstellungen der (einzelnen) Journalisten? Dass diese nicht nur die
Marionetten irgendeiner Systemlogik sind oder sein sollten, ergibt sich unter anderem aus der Idee der Pressefreiheit. Gleichwohl bleibt die Frage, ob und inwieweit
sie sich an ihren persönlichen Einstellungen bzw. einer redaktionellen Linie orientieren (können) oder aber an professionellen Normen oder Zwängen, die unabhängig sind von diesen Einstellungen.

Ältere Journalistenbefragungen legten nahe, dass es unterschiedliche Rollen-
verständnisse gibt und deutsche Journalisten vergleichsweise stark zu einer akti-
ven, „anwaltschaftlichen" Rolle tendierten, sie also in Debatten Position beziehen
wollten (z. B. Donsbach und Patterson 2003). Die Sicht, mit der Kepplinger und
andere Vertreter der Mainzer Schule auf angeblich missionarische Journalisten und
deren links-liberale Gesinnung blickten, ist allerdings umstritten. Laut jüngeren
Befragungen sehen sich deutsche Journalisten (mittlerweile) eher als neutrale Vermittler (Weischenberg et al. 2006; Steindl et al. 2017). Zu klären wäre, was dies im
Berufsalltag bedeutet und wie die Praxis in der Nachrichtenauswahl aussieht.

Kepplingers Verknüpfung von Befragungen und Inhaltsanalysen war in dieser
Hinsicht methodisch wegweisend. Vielversprechend ist auch weiterhin die Kombination aus Studien zur Nachrichtenauswahl mit Studien zur Medienwirkung. Kepplingers Ziel ist eine einheitliche Theorie der Auswahl und Wirkung von Nachrichten. Was die Wirkung betrifft, passt sein Konzept gut zur Forschung über den
Priming-Effekt: Demnach kann das mediale Betonen bestimmter Themen in Kombination mit bestimmten Eigenschaften, die zum Beispiel politischen Kandidaten
zugeschrieben werden, Effekte auf die Einstellungen und die (Wahl-) Entscheidungen der Rezipienten haben (Iyengar und Kinder 1987).

Selbst wenn man Kepplingers teilweise durchschimmernde, eigene Sichtweise
auf einzelne Konflikte und Skandale nicht teilt, lässt sich sein Konzept als Impuls
für die Journalismusforschung nutzen. Journalisten sind demnach nicht nur passive
und unpolitisch agierende Vermittler, vielmehr greifen sie mehr oder weniger bewusst in öffentliche Diskurse ein. Ob, wie und in welchem Ausmaß dies geschieht,
ist eine empirische Frage, die weiterhin relevant ist. Wie die Befunde dann zu bewerten sind, hängt auch von normativen Positionen ab. Wie unparteiisch können,
wie unparteiisch sollen einzelne Medien sein – und wie fügen sie sich zusammen
zu einem Gesamtprofil einer (medialen) Öffentlichkeit?

Die Interpretation und Bewertung der empirischen Befunde hängt auch von theoretischen Vorentscheidungen ab. In Kepplingers Ansatz geht es um einen publizistisch ausgetragenen Meinungskampf, bei dem die Akteure ihre jeweiligen Positionen zu behaupten versuchen. Unklar bleibt, welche Rolle Routinen, Strukturen, Systemlogiken im Verhältnis zum zielorientierten Handeln spielen. Wenig Platz scheint es außerdem zu geben für (nicht-instrumentelle) Verständigungs- und Selbstverständigungsprozesse und damit für individuelles und kollektives Lernen (vgl. Baum 1994). Folgt man dem Konzept der instrumentellen Aktualisierung, kann als fragwürdige Verzerrung oder gar als Manipulation betrachtet werden, was in anderer Perspektive als vernünftiger Lernertrag erscheint: Wenn beispielsweise die Medien in Guttenbergs Plagiatsaffäre bestimmten Experten ein Forum gegeben haben, mag dies auch mit einer durchaus vernünftigen Einschätzung der Substanz dieser Expertenstimmen verbunden gewesen sein. Oder zur Berichterstattung über Technik: Der Wandel der Einstellungen von Journalisten und der damit einhergehende Wandel in der Berichterstattung ließen sich auch als gesellschaftlicher Lernprozess deuten (statt als tendenziell irrationales Zeitgeist-Phänomen).

Für Kepplinger folgen publizistische Konflikte eher dem Argumentationsmodell der Rhetorik als dem der Dialektik, sie sind also weit entfernt von einem rationalen Diskurs, wie ihn idealtypisch die Wissenschaft führt oder wie er normativen Vorstellungen wie der deliberativen Demokratietheorie im Sinne von Jürgen Habermas vorschwebt (vgl. Wessler 2018). Kepplingers Position mag in dieser Hinsicht vordergründig plausibel sein, allerdings auch einseitig. Wer gar nicht erst nach deliberativen Elementen in der öffentlichen Kommunikation sucht, wird sie auch nicht finden (vgl. Peters 2007; Wessler und Schultz 2007).

Gleichwohl kann das Konzept der instrumentellen Aktualisierung fruchtbar genutzt werden, zumal in der digitalen Medienwelt, etwa in der Forschung zu möglichen Filterblasen. Wie Kepplingers Arbeiten nahelegen, teilten sich schon früher die Medien in Lager, die unterschiedliche Publika bedienten: Sie „publizierten, formal betrachtet, aneinander vorbei und erreichten, inhaltlich betrachtet, vermutlich gerade damit ihr Publikum" (Kepplinger et al. 1989, S. 217). Wie verteilen sich die Lager heute – in einer digitalen Welt, in der die Journalisten ihre Hoheit als Gatekeeper teilweise verloren haben? Wie nutzen neue Akteure die instrumentelle Aktualisierung, und inwieweit spielen bei etablierten Medien, die nun von manchen pauschal als „Mainstream" wahrgenommen werden, politische und weltanschauliche Unterschiede überhaupt noch eine Rolle?

Auch die Forschung zur internationalen und transnationalen Kommunikation kann sich von Kepplinger anregen lassen. Er selbst zitierte eine frühe Framing-Studie, die zeigte, dass die US-Medien ganz unterschiedlich über zwei Flugzeugabschüsse berichtet hatten, für die in einem Fall die USA und im anderen die UdSSR verantwortlich waren (Entman 1991). Wenn deutsche Journalisten in ihrer

Berichterstattung über internationale Themen – man denke an die Griechenland-Krise oder an Donald Trump – eine nationale Brille aufsetzen, werden sie im Sinne der instrumentellen Aktualisierung Ereignisse und Aspekte, die ihrer deutschen Sicht entsprechen, besonders betonen. Ob dies bewusst und gezielt geschieht oder eher unbewusst und ungeplant, wäre zu untersuchen.

Literatur

Bachl, M., Vögele, C. (2013). Guttenbergs Zeugen? Eine Replikation und Erweiterung von Hagens (1992) „Die opportunen Zeugen" anhand der Berichterstattung über Karl-Theodor zu Guttenberg im Kontext der Plagiatsaffäre. *Medien & Kommunikationswissenschaft* 61.3, 345–367.

Baum, A. (1994). *Journalistisches Handeln. Eine kommunikationstheoretisch begründete Kritik der Journalismusforschung.* Opladen: Westdeutscher Verlag.

Boorstin. D. J. (1962). *The Image: Or, What Happened to the American Dream.* New York: Atheneum.

Donsbach, W., Patterson, T. (2003). Journalisten in der politischen Kommunikation: Professionelle Orientierungen von Nachrichtenredakteuren im internationalen Vergleich. In: F. Esser, B. Pfetsch (Hrsg.), *Politische Kommunikation im internationalen Vergleich. Grundlagen, Anwendungen, Perspektiven* (S. 281–304). Wiesbaden: Westdeutscher Verlag.

Entman, R. M. (1991). Framing U.S. Coverage of International News. Contrasts in Narratives of the KAL and Iran Air Incidents. *Journal of Communication* 41.4, 6–27.

Hagen, L. M. (1992). Die opportunen Zeugen. Konstruktionsmechanismen von Bias in der Volkszählungsberichterstattung von FAZ, FR, SZ, taz und Welt. *Publizistik* 37.4, 444–460.

Iyengar, S., Kinder, D. R. (1987). *News that matters: Television and American Opinion.* Chicago: Chicago University Press.

Kepplinger, H. M. (1979). Ausgewogen bis zur Selbstaufgabe? Die Fernsehberichterstattung über die Bundestagswahl 1976 als Fallbeispiel eines kommunikationswissenschaftlichen Problems. *Media Perspektiven* 11, 750–755.

Kepplinger, H. M. (1988). Die Kernenergie in der Presse. Eine Analyse zum Einfluss subjektiver Faktoren auf die Konstruktion von Realität. *Kölner Zeitschrift für Soziologie* 40.4, 659–683.

Kepplinger, H. M. (1989a). *Künstliche Horizonte. Folgen, Darstellung und Akzeptanz von Technik in der Bundesrepublik.* Frankfurt/New York: Campus.

Kepplinger, H. M. (1989b). Voluntaristische Grundlagen der Politikberichterstattung. In: F. Böckelmann (Hrsg.), *Medienmacht und Politik. Mediatisierte Politik und politischer Wertewandel* (S. 59–83). Berlin: Spieß.

Kepplinger, H. M. (2010). Die gescheiterte Skandalisierung von Thilo Sarrazin. In: J. Bellers (Hrsg.), *Zur Sache Sarrazin* (S. 19–32). Berlin: Lit Verlag.

Kepplinger, H. M. (2011). *Journalismus als Beruf.* Wiesbaden: VS Verlag für Sozialwissenschaften.

Kepplinger, H. M. (2015). Instrumentalizing Fukushima: Comparing Media Coverage of Fukushima in Germany, France, the United Kingdom, and Switzerland. *Political Communication* 32.1, 1–23.

Kepplinger, H. M. (2017). *Totschweigen und Skandalisieren. Was Journalisten über ihre eigenen Fehler denken*. Köln: Herbert von Halem.

Kepplinger, H. M. (2018). *Die Mechanismen der Skandalisierung*. 4. aktualisierte und erweiterte Aufl. Reinbek: Lau Verlag.

Kepplinger, Hans M., in Zusammenarbeit mit Brosius, H.-B., Staab, J. F., & Linke, G. (1989). Instrumentelle Aktualisierung. Grundlagen einer Theorie publizistischer Konflikte. In: M. Kaase, W. Schulz (Hrsg.), *Massenkommunikation. Theorien, Methoden, Befunde*. *KZfSS-Sonderheft* 30 (S. 199–220). Opladen: Westdeutscher Verlag.

Kepplinger, H. M., Brosius, H.-B., & Staab, J. F. (1991). Instrumental Actualization: A Theory of Mediated Conflicts. *European Journal of Communication* 6.3, 263–290.

Peters, B. (2007). *Der Sinn von Öffentlichkeit* (hrsg. von H. Weßler, mit einem Vorwort von J. Habermas). Frankfurt/Main: Suhrkamp.

Pürer, H. (2015). *Journalismusforschung*. Konstanz/München: UVK.

Rosenberg, M. J. (1956). Cognitive Structure and Attitudinal Affect. *Journal of Abnormal and Social Psychology* 53.3, 367–372.

Sarcinelli, U. (1987). *Symbolische Politik. Zur Bedeutung symbolischen Handelns in der Wahlkampfkommunikation der Bundesrepublik Deutschland*. Opladen: Westdeutscher Verlag.

Schönbach, K. (1977). *Trennung von Nachricht und Meinung. Empirische Untersuchung eines journalistischen Qualitätskriteriums*. Freiburg/München: Alber.

Staab, J. F. (1990). *Nachrichtenwert-Theorie. Formale Struktur und empirischer Gehalt*. Freiburg/München: Alber.

Steindl, N., Lauerer, C., & Hanitzsch, T. (2017). Journalismus in Deutschland. Aktuelle Befunde zu Kontinuität und Wandel im deutschen Journalismus. *Publizistik* 62.4, 401–423.

Weischenberg, S., Malik, M., & Scholl, A (2006). *Die Souffleure der Mediengesellschaft. Report über die Journalisten in Deutschland*. Konstanz: UVK.

Weischenberg, S. (2013). Journalismusforschung als Beruf – Viel Feind', viel Ehr' für einen wahren Botaniker. In: N. Jackob, M. Maurer, S. C. Ehmig, S. Geiß, & G. Daschmann (Hrsg.), *Realismus als Beruf. Beiträge zum Verhältnis von Medien und Wirklichkeit* (S. 113–124). Wiesbaden: Springer VS.

Wessler, H. (2018). *Habermas and the Media*. Cambridge: Polity Press.

Wessler, H., Schultz, T. (2007). Can the Mass Media Deliberate? Insights from Print Media and Political Talk Shows. In: R. Butsch (Hrsg.), *Media and Public Spheres* (S. 15–28). Houndmills: Palgrave Macmillan.

Die Vielfalt der Messung von Qualität

Schatz, Heribert, Schulz, Winfried (1992). Qualität
von Fernsehprogrammen. Kriterien und Methoden
zur Beurteilung von Programmqualität im dualen
Fernsehsystem. *Media Perspektiven 11*, 690–712

Julia Serong

Zusammenfassung

Vor dem Hintergrund der in den 1990er-Jahren intensiv geführten Debatte
über die Konvergenz von öffentlich-rechtlichem und privatem Rundfunk entwickelten Heribert Schatz und Winfried Schulz einen Qualitätsbegriff, der
über eine bloße Vielfaltsmessung hinausgeht. Mithilfe einer Vielzahl von Kriterien in den fünf Dimensionen Vielfalt, Rechtmäßigkeit, Professionalität,
Akzeptanz und Relevanz soll die inhaltliche Qualität von Rundfunkangeboten
umfassend gemessen werden können. Richtungsweisend für die Medienquali-
tätsforschung ist insbesondere die konzeptionelle Aufwertung und Einbeziehung der Publikumsperspektive. Darüber hinaus soll das mehrdimensionale
Qualitätskonzept nicht nur auf journalistische Informationssendungen, sondern auch auf Unterhaltungsformate angewendet werden können. Der Beitrag
von Schatz und Schulz ist damit bis heute ein wichtiger Bezugspunkt der Me-
dienqualitätsforschung. Zugleich ist er auch ein historisches Dokument, das
die Kontroverse um die Qualität des Rundfunks in Zeiten gesellschaftlicher,

J. Serong (✉)
Ludwig-Maximilians-Universität München, München, Deutschland
E-Mail: julia.serong@ifkw.lmu.de

© Springer Fachmedien Wiesbaden GmbH, ein Teil von Springer Nature 2023   217
W. Loosen, A. Scholl (Hrsg.), *Schlüsselwerke der Journalismusforschung*,
https://doi.org/10.1007/978-3-658-25867-2_19

medienpolitischer und technologischer Umbrüche erschließt. Der holistische
Ansatz und das integrative Potenzial lassen den Aufsatz auch für die gegenwärtige Debatte über die Rezeption und Regulierung von digitalen Medienan-
geboten relevant erscheinen.

Schlüsselwörter

Medienqualität · Fernsehprogrammforschung · Duale Rundfunkordnung ·
Vielfalt · Professionalität · Rechtmäßigkeit · Akzeptanz · Relevanz

1   Kurzbiografien der Autoren

Winfried Schulz studierte Sozialwissenschaften in München und Berlin und promovierte schließlich 1968 in Mainz bei Elisabeth Noelle-Neumann. Er war der
erste Promovend des Mainzer Instituts für Publizistik (vgl. Scherer 2003, S. 341).
Schulz blieb zunächst am Mainzer Institut, habilitierte sich dort 1974 im Fach Publizistik und folgte 1977 einem Ruf nach Münster. 1983 nahm er den Lehrstuhl
für Kommunikations- und Politikwissenschaft an der Universität Erlangen-
Nürnberg ein, dort wirkte er bis über seine Emeritierung im Jahr 2003 hinaus. Er widmete sich vor allem dem Themenfeld der politischen Kommunikation: Dazu
gehörten die Medienwirkungen im Wahlkampf, die Mediatisierung bzw. Medialisierung der Gesellschaft, das Zusammenwirken von medialem und sozialem Wandel sowie grundlegende Fragen nach der Konstruktion von Realität durch Medien
(vgl. Schulz 1976, 1989, 1999, 2003, 2004).

Heribert Schatz studierte Betriebs- und Volkswirtschaftslehre sowie Politikwissenschaft in München und Köln. Anschließend arbeitete er von 1962 bis 1963 im
Bundesverteidigungsministerium in Bonn. Danach wechselte er an die Universität,
und zwar nach Mannheim an den Lehrstuhl für Politikwissenschaft, wo er 1966
promovierte. Doch es zog ihn zurück in die Politik: Von 1967 bis 1972 war er als
wissenschaftlicher Berater im Planungsstab bzw. in der Planungsabteilung des
Bundeskanzleramtes tätig. Von 1972 bis 1974 erhielt Schatz ein Habilitationssti-
pendium der Deutschen Forschungsgemeinschaft (DFG). 1974 ernannte ihn die
Ruhr-Universität Bochum zum wissenschaftlichen Rat und Professor für politische
Wissenschaft. 1978 folgte er einem Ruf an die Gerhard-Mercator-Universität-GH
Duisburg (mittlerweile Universität Duisburg-Essen) auf den Lehrstuhl für Politische Wissenschaft/deutsche Innenpolitik, den er bis 2001 innehatte. Nicht zuletzt
durch seine langjährige Tätigkeit als Geschäftsführer des Rhein-Ruhr-Instituts für
Sozialforschung und Politikberatung e.V. (RISP) in Duisburg war Schatz stets eng
mit der aktuellen Politik verbunden (vgl. Ruhrmann 2001).

2 Inhalt des Textes

Für Medienpolitik und Massenkommunikationsforschung interessierte sich Heribert Schatz insbesondere seit dem Ende der 1970er-Jahre, vor allem unter dem Gesichtspunkt der Gestaltung von Medientechnologien und ihrer sozialen Folgen. Bereits in den 1960er-Jahren führte er Inhaltsanalysen von Fernsehnachrichten durch (vgl. Schatz 1971). Zwischen 1985 und 1988 war Schatz mit einer großen begleitenden Programmstruktur- und Inhaltsanalyse an den Pilotprojekten zum dualen Rundfunk beteiligt.[1] In diesen Studien ging es darum, die Auswirkungen der neuen, dualen Rundfunkordnung auf das Programmangebot festzustellen und abzuschätzen. Die damals viel diskutierte „Konvergenzhypothese", derzufolge sich die Inhalte und Präsentationsweisen der öffentlich-rechtlichen und privat-kommerziellen Rundfunkanbieter mit der Zeit angleichen, geht auf diese Studie von Schatz zurück (vgl. Merten 1996, S. 153). 1994/95 und 1998 setzte Schatz diese Studie zusammen mit Frank Marcinkowski fort (vgl. Marcinkowski 2001, S. 7–9). Der Beitrag von Schatz und Schulz, der im Folgenden vorgestellt werden soll, wurde im Zeitraum zwischen diesen beiden Studien veröffentlicht, und zwar kurz nach dem Buch „Media Performance" von Denis McQuail (1992), das bis heute international zu den bedeutendsten Referenztexten im Forschungsfeld Medienqualität zählt. Schatz und Schulz beziehen sich ausdrücklich auf McQuail (1992) sowie auf Westerståhl (1983), dessen Konzept sie, wie Hagen (1995, S. 50) es ausdrückt, „eingedeutscht" haben. Zuvor hatten sie durch Marie-Luise Kiefer, die damals die Fachzeitschrift „Media Perspektiven" leitete und die „Langzeitstudie Massenkommunikation" betreute, den Auftrag zu einem Gutachten für die ARD-/ZDF-Medienkommission erhalten. Der schließlich in „Media Perspektiven" publizierte Artikel stellt die Kurzfassung dieses Gutachtens dar und war eigentlich als „Vorstufe zu einer empirischen Untersuchung" (Schatz und Schulz 1992, S. 690) gedacht; den erhofften Zuschlag für ein anschließendes Forschungsprojekt erhielten sie dann allerdings nicht. Dennoch entfaltete der Beitrag eine nachhaltige Wirkung in der Qualitätsdebatte. Im Mittelpunkt dieser Debatte stand die bis dahin „im Fernsehen völlig neuartige Frage nach den Auswirkungen ökonomischer Konkurrenz auf die publizistischen Leistungen der Anbieter" (Marcinkowski und Bruns 1996, S. 256). Die Messung der Programmqualität sollte vor allem helfen, die Qualität des Fernsehprogramms über eine de-

---

[1] Es handelte sich dabei um das Begleitforschungsprojekt „Programmstruktur- und Inhaltsanalyse des Rundfunkprogramms an den vier Kabelpilotprojekten" (PIA). Auftraggeber war die Gemeinsame Medienkommission der Länder, Auftragnehmer war das Rhein-Ruhr Institut für Sozialforschung und Politikberatung e. V. (RISP) in Duisburg. Die Ergebnisse wurden von Schatz/Immer/Marcinkowski (1989) veröffentlicht.

skriptive Erfassung von (formal betrachtet) informativen bzw. unterhaltenden Programmanteilen hinaus auch inhaltlich zu evaluieren.[2]

Der Beitrag von 1992 zielt auf eine umfassende Operationalisierung des Qualitätsbegriffs, und zwar nicht nur für bestimmte Programminhalte, sondern für das gesamte Fernsehprogramm. Die Operationalisierung besteht im Wesentlichen in einer Differenzierung von Programmqualität in fünf „Dimensionen": Vielfalt, Professionalität, Rechtmäßigkeit, Relevanz und Akzeptanz. Grundlegend ist dabei die Entscheidung der Autoren, „Qualität" als „eine Eigenschaft [zu] verstehen, die bestimmten Normen entspricht" (Schatz und Schulz 1992, S. 690).[3] Das mag zunächst trivial klingen; als Ausgangspunkt für eine empirische Inhaltsanalyse ist ein normativer Ausgangspunkt aber keineswegs selbstverständlich und auch nicht unumstritten. Denn Normen „sind aus einem Wertsystem abgeleitet" (ebd., S. 690). Allerdings kommen in modernen Gesellschaften mehrere Wertsysteme zur Geltung. Schatz und Schulz nennen im Hinblick auf Medien „unter anderem politische Werte, Werte der Profession (der Journalisten und ‚Programm-Macher'), Werte einer allgemeinen Ästhetik, Werte des Publikums" (ebd., S. 690f.). Ein gesellschaftlicher Grundkonsens im Hinblick auf Werte kann nicht vorausgesetzt werden, und zwischen den Wertsystemen gibt es „teilweise sogar antagonistische Beziehungen" (ebd., S. 691). Es gibt jedoch ein gesellschaftliches Wertsystem, das „für alle westlichen Demokratien" (ebd., S. 691) gilt und das im Wesentlichen aus den Werten der Aufklärung, „Freiheit, Gleichheit und Ordnung" (ebd., S. 691), besteht. Auf diesem Fundament ruhen die „Rechtsprinzipien des Grundgesetzes" (ebd., S. 691), und die verfassungsrechtlichen Prinzipien sind wiederum maßgeblich für die Gesetze und Rechtsvorschriften, die für den Rundfunk gelten. Diese Rechtsordnung erachteten Schatz und Schulz als „einen verbindlichen Orientierungsrahmen" (ebd., S. 691), der bei der Entwicklung von Qualitätskriterien unbedingt zu beachten ist: „Eine

---

[2] Auch in den Programmanalysen von Krüger (1988, 1989) wurde versucht, das „Anspruchsniveau" von fiktionalen Sendungen zu bewerten, allerdings über eine zwar kriteriengeleitete, aber doch recht grobe und willkürlich erscheinende Einstufung mittels einer 5er-Skala („sehr niedrig, niedrig, mittel, hoch, sehr hoch") (vgl. Krüger 1988, S. 659; 1989, S. 802). Seit der Programmanalyse von 1990 wurde auf diese Art der Bewertung verzichtet (vgl. Krüger 1991, S. 313).

[3] Damit folgen die Autoren u. a. Rosengren et al. (1991, S. 24), die Qualität ebenfalls aus Normen und Werten abgeleitet haben. Der Beitrag von Rosengren ist in einem von drei Sonderheften der „Studies of Broadcasting" (27/1991, 28/1992, 29/1993) zum Thema Qualität erschienen, die von der japanischen Rundfunkgesellschaft NHK herausgegeben wurden und in der deutschen Qualitätsdebatte vielfach Beachtung fanden.

empirische Untersuchung von Programmleistung und -qualität der Fernsehprogramme hat sich naturgemäß an den Rechtsvorschriften für den öffentlich-rechtlichen und privaten Rundfunk zu orientieren" (ebd., S. 692).

Aus der rechtlichen Rundfunkordnung leiteten Schatz und Schulz die ersten
drei Dimensionen ab: Vielfalt, Rechtmäßigkeit und Professionalität. Die Vielfalt
des Programmangebots war bereits damals und ist bis heute als Qualitätsnorm
„weitgehend unumstritten" (Schatz und Schulz 1992, S. 693) (vgl. Kolb 2017). Die
kontinuierlichen IFEM-Programmanalysen und GöfaK-Programmstudien beobachten vor allem die strukturelle und inhaltliche Vielfalt, wobei die Zuordnung der
Sendebeiträge zu verschiedenen Genres und Programmsparten von entscheidender
Bedeutung und durchaus strittig ist (vgl. Woelke 2017, S. 69–79). Die Rechtmäßigkeit des Programms als Qualitätsmerkmal zu betrachten, war hingegen nicht selbstverständlich. Schatz und Schulz hielten dies für wichtig, weil es im Rundfunk de
facto zu Rechtsverstößen kommt (vgl. Schatz und Schulz 1992, S. 709–710). Solche Rechtsverstöße betreffen z. B. die Wahrung der Persönlichkeitsrechte,[4] die
Platzierung von Werbung[5] oder auch die Ausstrahlung von Wahlwerbespots.[6] Die
Kommission für Jugendmedienschutz (KJM) stellte in privaten Rundfunkprogrammen allein im Zeitraum von März 2017 bis Februar 2019 über 60 Verstöße gegen
die Bestimmungen des JMStV fest (KJM 2019, S. 19).

Das Kriterium der Professionalität wird vor allem auf journalistische Beiträge
bezogen. Die deskriptive Qualität professioneller journalistischer Angebote soll
zum einen durch Unparteilichkeit, zum anderen durch „Sachgerechtigkeit" gewährleistet werden, welche wiederum „zwei Unteraspekte, nämlich Richtigkeit
und Relevanz" (vgl. Schatz und Schulz 1992, S. 703), aufweist. Dahinter verbirgt
sich die keineswegs triviale „Forderung nach Objektivität der Berichterstattung"
(ebd., S. 702; vgl. hierzu Neuberger 1996, 100–122). Weil aber Journalismus nicht
nur eine beschreibende Funktion hat, sondern auch Kritik und Kontrolle leisten
soll, umfasst das Professionalitätsgebot auch das Kriterium der „analytischen Qualität" (Schatz und Schulz 1992, S. 704).

---

[4]Vgl. „Frauentausch", LG Berlin, Urteil vom 26. Juli 2012, 27 O 14/12; „TV Total – Bimmel
Bingo", BVerwG, Urteil vom 23. Mai 2012, 6 C 22.11m; „Super-Nanny", VG Hannover,
Urteil vom 8. Juli 2014, 7 A 4679/12.

[5]Vgl. Lilienthal 2005; „Dschungelcamp", VG Hannover 7. Kammer, Urteil vom 18. Februar
2016, 7 A 13293/14.

[6]Vgl. „NPD-Werbespot", OVG Berlin-Brandenburg, Urteil vom 13. Mai 2019, 3 S 33.19;
BVerfG, Beschluss der 2. Kammer des Ersten Senats vom 15. Mai 2019, 1 BvQ 43/19 –,
Rn. (1–13).

Mit den zwei weiteren Kategorien, Relevanz und Akzeptanz, überschreiten Schatz und Schulz indes den verbindlichen Orientierungsrahmen des Rechts. Beide Dimensionen werden nicht unter Bezugnahme auf die gültige Rechtsordnung begründet, sondern aus einer soziologischen bzw. kommunikationswissenschaftlichen Perspektive angegangen. Das Kriterium der Relevanz wird zwar nicht explizit hergeleitet, erschließt sich jedoch über die Frage nach den „Interessen- und Machtkonstellationen" (ebd., S. 700) sowie den „Selektions- und Hervorhebungskriterien von Massenmedien" (ebd., S. 700). Relevanz wird als „relationaler Begriff" (ebd., S. 696) verstanden, dabei zunächst auf einer sachlichen Ebene als Zusammenhang von Sachverhalten, die über die Grenzen sozialer Teilsysteme hinaus bedeutsam sind bzw. „Betroffenheit oder Resonanz" erzeugen (vgl. ebd., S. 696). Das ist insofern interessant, als ‚Relevanz' nicht als inhärente Eigenschaft der Medienprodukte angesehen wird; auch nicht als ein Wert, der den Beiträgen allein von den Medienschaffenden zugewiesen wird, sondern als „Wirkung auf andere Sachverhalte" (ebd., S. 696; vgl. Arnold 2009, S. 89). Daneben hat die Relevanz von Programmbeiträgen auch eine soziale Dimension: Schatz und Schulz (1992, S. 696f.) sprechen von der „sozialen Relevanz", die sich auf verschiedenen Ebenen als „individuelle, organisatorische oder institutionelle, subsystemische oder (gesamt-)gesellschaftliche Relevanz" ergibt. Für empirische Analysen sollen Faktoren aus der Nachrichtenwertforschung (z. B. Prominenz, Nähe, Risiken) den Relevanzbegriff operationalisieren (vgl. ebd., S. 697f.; ausführlicher dazu: Schulz 1976, siehe hierzu auch den Beitrag von Engelmann in diesem Band). Darüber hinaus werden so genannte ‚Relevanzattributoren' in Erwägung gezogen, weil die „Normen, Werte und Interessen von Rezipienten sehr unterschiedlich sind und sich im Zuge des gesellschaftlichen Wertewandels weiter differenzieren" (Schatz und Schulz 1992, S. 698). Allerdings können diese Attributoren nach Ansicht der Autoren nur unzureichend ermittelt werden. Die Verfasser diskutieren einige mögliche Kandidaten, die als Relevanzattributoren in Frage kämen, etwa die (kommunikations-)wissenschaftliche Öffentlichkeit und die Film- und Fernsehkritik, verzichten allerdings auf eine eindeutige Empfehlung für die empirische Analyse.

Im Qualitätskonzept von Schatz und Schulz bildet die soziale Relevanz bereits eine Art Schnittstelle zum Publikum mit seinen unterschiedlichen Interessen und Wertvorstellungen. Noch deutlicher wird dieser Publikumsbezug allerdings in der fünften Dimension von Programmqualität, nämlich der Akzeptanz. Explizit beklagen die Autoren ein „Mißtrauen gegenüber dem Geschmack des Publikums" (ebd., S. 705) in der Medienregulierung. Zwar wurde schon damals die Publikumsakzeptanz quantitativ über Einschaltquoten und Marktanteile gemessen. Schatz und Schulz wollten aber „nicht nur die faktische Programmnutzung, sondern auch das Urteil des Publikums" (ebd., S. 706) empirisch erfassen. Aus forschungsökonomischen Gründen wollten sie jedoch auf kontinuierliche Publikumsbefragungen verzichten und empfahlen stattdessen Inhaltsanalysen des Programmangebotes. Es gelte „die Programmeigenschaften zu identifizieren, auf die sich die Erwartungen und Ansprüche des Publikums in erster Linie richten" (ebd., S. 706). Ausgehend von den Programmeigenschaften soll dann das zu erwartende Publikumsurteil prognostiziert werden. „Das Urteil wird um so positiver ausfallen, je mehr die durch die Programmeigenschaften erhaltenden Gratifikationen mit den gesuchten Gratifikationen übereinstimmen" (ebd., S. 706). Dabei stützen sich Schatz und Schulz auf die Annahme, dass die Bedürfnisse und Erwartungen des Publikums in Bezug auf das Fernsehprogramm im wesentlichen „anthropologische Universalien" (ebd., S. 706) darstellen, also menschliche Grundbedürfnisse, die relativ robust gegenüber gesellschaftlichen Veränderungen und kulturellen Unterschieden sind. In Analogie zur Nachrichtenwert-Theorie, die zur Operationalisierung des Relevanzbegriffs herangezogen wurde, skizzieren die Autoren den „Akzeptanzwert einer Fernsehsendung". „Akzeptanzfaktoren" dieses „Akzeptanzwertes" sind die Programmeigenschaften, die den Publikumsbedürfnissen und -erwartungen entsprechen. Die Autoren illustrieren dies anhand einiger Faktoren aus der Nachrichtenwertforschung, wie z. B. „Überraschung, Kuriosität, Personalisierung, Betroffenheit, Negativismus […], Emotionalisierung" (ebd., S. 707).

Die Differenzierung des Qualitätsbegriffs in verschiedene Dimensionen erlaubt eine Qualitätsmessung auf verschiedenen Analyseebenen, die „nicht in einen einzigen Qualitätsmeßwert (obwohl auch das möglich ist), sondern in eine Reihe von Meßwerten für die verschiedenen Qualitätsdimensionen [mündet]" (ebd., S. 710). Schatz und Schulz entwickelten also die Grundlage für ein holistisches Konzept von Medienqualität, das sich nicht nur auf bestimmte Genres (politische Information, fiktionale Unterhaltung) oder bestimmte Formate (Nachrichtensendungen, TV-Shows etc.) anwenden lässt, sondern zugleich auf bestimmte Beiträge *und* auf ganze Programme bezogen werden kann und das den Fokus der vergleichenden Analyse auf den Programminhalt zu lenken versucht.

3 Wirkungsgeschichte und Kritik

In der Debatte über die Ausgestaltung des dualen Rundfunksystems traf der Beitrag von Schatz und Schulz einen Nerv. Es darf durchaus als visionär gelten, dass Schatz und Schulz den Versuch unternahmen, informationsbezogene Rechtsnormen zu verknüpfen mit den akteursbezogenen, relationalen und mithin marktnahen Kategorien (soziale) Relevanz und Akzeptanz, und sie damit auf die gestiegene Bedeutung der Bedürfnisse, Erwartungen und Meinungen des Publikums verwiesen. Dieser Ansatz einer „normativ-analytischen Programmforschung"

(Maurer und Trebbe 2006, S. 40) hat einen breiten Nachhall in der deutschsprachigen Forschung zu Medienqualität gefunden, wie man etwa in vielen Beiträgen die anlässlich der DGPuK-Jahrestagung 2005 zum Thema „Medien-Qualitäten" gesammelt publiziert wurden, ersehen kann (Weischenberg et al. 2006). Aber auch im nicht akademischen Qualitätsdiskurs wurde der Beitrag als Schlüsseltext rezipiert (vgl. Kammann et al. 2007, S. 75).

Daschmann (2009, S. 257) hob den Text rückblickend als „bedeutsamste Arbeit auf diesem Gebiet" hervor, eben weil die Autoren „für die in den Rechtstexten ‚allgemein und unscharf' ausgedrückten Begriffe konkrete Operationalisierungsvorschläge erarbeiten, die die nachfolgende empirische Forschung entscheidend geprägt haben" (ebd., S. 257). Genau diese Identifikation von Rechtsnormen mit Qualitätskriterien kritisierte jedoch Rager (1994, S. 195), denn „Programme/Berichte, die gegen das Gebot der Rechtmäßigkeit verstoßen, sind nicht schlecht, sondern verboten". Ähnlich begründeten auch Köster und Wolling ihre Entscheidung, das Kriterium der Rechtmäßigkeit bei ihrer Untersuchung der Nachrichtenqualität im internationalen Vergleich außer Acht zu lassen (Köster und Wolling 2006, S. 78). Die Operationalisierung von Rechtsnormen für die Medienregulierung ist zu unterscheiden von der Definition und Operationalisierung von Qualitätskriterien für die empirische Medien- und Rezeptionsforschung und den Qualitätsdiskurs, selbst wenn diese Qualitätskriterien aus Rechtsnormen abgeleitet oder umgekehrt als Rechtsnormen interpretiert werden. Schulz (1996, S. 52) betonte später, die Relevanz sei ein „wichtiger – wenn nicht der wichtigste – Aspekt von Informationsqualität". Allerdings vollzogen Schatz und Schulz noch keinen radikalen Perspektivwechsel (vom Sender zum Nutzer), sondern orientierten sich vor allem an rechtlichen Normen. So wollte Schulz (1996, S. 48) auch den Relevanzbegriff als Rechtsnorm verstanden wissen; er gab aber zu, dass Relevanz in juristischer Hinsicht allenfalls eine „Leerformel" (ebd., S. 48) darstellt. Es gibt einen Unterschied zwischen dem, was „recht und billig", und dem, was „schön und gut" ist, und dieser Unterschied ist konstitutiv für die Entfaltung einer freien und vielfältigen Medienlandschaft. Gewissermaßen den umgekehrten Weg wählte denn auch Ruß-Mohl, dessen Beitrag von 1992 über Qualitätssicherung im Journalismus einen ganz ähnlichen Nachhall erzeugte. Im Gegensatz zu Schatz und Schulz, die in rechtlichen Normen einen Ankerpunkt für die Objektivierung von Medienqualität erblickten, erachtete Ruß-Mohl Medienqualität für „nichts Statisches, zeitlos Meßbares – sondern etwas, was sich entwickelt wie Richterrecht oder Mode" (Ruß-Mohl 1992, S. 89). Dabei referiert jedoch auch der prozessorientierte, multiperspektivische Ansatz von Ruß-Mohl auf eine Rechtsnorm, nämlich Art. 5 GG, welcher die Pressefreiheit garantiert und „mit gutem Grund gerade der Justiz bei der journalistischen Qualitätssicherung enge Grenzen" (ebd., S. 86) setze.

Mit der Zeit erwies sich der Nutzen des Konzepts weniger in einer trennscharfen Definition von Medienqualität, sondern, so Hohlfeld (2003, S. 207f.), vor allem darin, dass es einen „Orientierungsrahmen für die Beurteilung von Programmqualität liefert", der jedoch „eher den möglichen Sinnhorizont jeglicher Qualitätsmerkmale an[deutet], als dass er sich direkt in ein passfertiges inhaltsanalytisches Kategoriensystem umwandeln ließe". Arnold (2009, S. 193) ordnete den Beitrag von Schatz und Schulz daher auch den „normativ-demokratieorientierten Ansätzen" zu und grenzte ihn von „funktional-systemorientierten" und „nutzerbezogen-handlungsorientierten" Ansätzen in der Qualitätsforschung ab (vgl. Arnold 2006, S. 419).

In analytisch-methodischer Hinsicht zeigte sich bald, dass die Weisung, die Programmforschung weiterhin vor allem bzw. ausschließlich über Inhaltsanalysen zu betreiben, und zwar auch im Hinblick auf die Publikumsperspektive (Schatz und Schulz 1992, S. 706), nicht mehr zeitgemäß war. Denn das neue Programmangebot förderte bis dahin unbekannte Mediennutzungsmuster und -motive, und die Programmanbieter hatten es im wiedervereinigten Deutschland seit 1990 mit einem erheblich veränderten Publikum zu tun, sodass die bis dato üblichen Annahmen über das Publikumsverhalten schon damals in Frage gestellt wurden (vgl. Kiefer 1991, S. 259–261). Auch die bereits erwähnte „Langzeitstudie Massenkommunikation" offenbarte bald, trotz aller Konvergenz im Programm, ein ‚duales Publikum' des dualen Rundfunksystems (vgl. Kiefer 1991, S. 246; Hasebrink und Krotz 1996, S. 361). Schließlich wandte sich die Qualitätsdebatte gegen Ende der 1990er-Jahre zunehmend der Rezeptionsforschung zu, um ein „direkteres Bild rezipientenorientierter Qualitätsbeurteilung" (Breunig 1999, S. 99) zu gewinnen (vgl. Schenk und Rössler 1990, S. 785; Schenk und Gralla 1993; Neuberger 1997, S. 173). Die Einsicht, dass Qualität „keine Eigenschaft der Angebote selbst, sondern eine Eigenschaft der Beziehung zwischen Angebot und Rezipienten" (Hasebrink 1997, S. 202) ist, erwies sich als grundlegend für die Erforschung des damals noch jungen Mediums Internet. Allerdings wurden die Nutzer oftmals „lediglich im Hinblick auf den Aspekt der individuellen Bedürfnisbefriedigung berücksichtigt" (Hasebrink 2008, S. 524; vgl. auch Serong 2015, S. 136–141, 187–191). Zudem hat die rezipientenorientierte Qualitätsforschung mitunter auch Zweifel an der Aussagekraft bzw. Validität der Nutzerurteile aufkommen lassen, etwa aufgrund von Einflussfaktoren wie Themeninteresse und Habitualisierung (vgl. Jungnickel 2011, S. 376; Zubayr und Geese 2013, S. 337f.; Wolling 2002, S. 212). Daher plädierte Woelke (2017, S. 22–28, 69, 95f.) dafür, im Anschluss an Schatz und Schulz, vor allem auf Programmstruktur- und Inhaltsanalysen statt auf Befragungen zu setzen.

Für die gegenwärtige Journalismusforschung bleibt festzustellen, dass der Beitrag von Schatz und Schulz vor allem historischen Wert besitzt: als Schlüsseltext, der die Entwicklung der Qualitätsdebatte in Zeiten gesellschaftlicher, medienpolitischer und technologischer Umbrüche erschließt und daher noch immer als „Referenzpunkt für eine strukturierte Auseinandersetzung mit Medienqualität" (Beck et al., 2010, S. 17) gilt. Aber auch im Zusammenhang mit der aktuellen Debatte über die Regulierung des Internets kann der Ansatz, professionelle Standards und mehrdimensionale Publikumserwartungen mit juristischen Normen und gesellschaftlichen Wertvorstellungen zu verbinden, sinnvoll sein. Da sich die rechtliche Regulierung des Internets weitaus komplexer als die Rundfunkregulierung gestaltet und Rechtsnormen nur sehr eingeschränkt durchgesetzt werden können, wird als Ausgangs- und Orientierungspunkt der Qualitätsdefinition und -messung nunmehr der Rekurs auf grundlegende gesellschaftliche Werte wichtiger. Diese sind allerdings für die empirischen Analyse noch schwieriger zu operationalisieren als rechtlich bereits kodifizierte Normen (vgl. Arnold 2016, S. 554). Für eine normativ-analytische Forschungsperspektive empfiehlt sich daher insbesondere das Konzept von McQuail (1992), das nicht nur für den Beitrag von Schatz und Schulz, sondern auch für die gegenwärtige Qualitätsdebatte noch immer Maßstäbe setzt (vgl. Neuberger 2018, S. 19–22; Greyer et al. 2015).

Literatur

Arnold, K (2006). Publikumsorientierte Qualität – ein Weg aus der Zeitungskrise? In: S. Weischenberg, W. Loosen, & M. Beuthner (Hrsg.), *Medien-Qualitäten. Öffentliche Kommunikation zwischen ökonomischem Kalkül und Sozialverantwortung* (S. 415–434). Konstanz: UVK

Arnold, K. (2009). *Qualitätsjournalismus. Die Zeitung und ihr Publikum.* Konstanz: UVK.

Arnold, K. (2016). Qualität des Journalismus. In: M. Löffelholz, & L. Rothenberger (Hrsg.), *Handbuch Journalismustheorien* (S. 551–563). Wiesbaden: Springer VS.

Beck, K., Reineck, D., & Schubert, C. (2010). *Journalistische Qualität in der Wirtschaftskrise.* Konstanz: UVK.

Breunig, C. (1999). Programmqualität im Fernsehen. Entwicklung und Umsetzung von TV-Qualitätskriterien. *Media Perspektiven* 3, 94–110.

Daschmann, G. (2009). Qualität von Fernsehnachrichten. Dimensionen und Befunde. *Media Perspektiven* 5, 257–266.

Greyer, J., Fehr, A., Fiechtner, S., & Trebbe, J. (2015). Fernsehnachrichten in Deutschland und der Schweiz: Der Einfluss mediensystemischer Kontextfaktoren auf Nachrichteninhalte. *Publizistik* 60.4, 423–442.

Hagen, L. M. (1995). *Informationsqualität von Nachrichten. Meßmethoden und ihre Anwendung auf die Dienste von Nachrichtenagenturen.* Wiesbaden: VS Verlag für Sozialwissenschaften.

Hasebrink, U. (1997). Die Zuschauer als Fernsehkritiker? Anmerkungen zum vermeintlichen Missverhältnis zwischen „Qualität" und „Quote". In: H. Weßler, C. Matzen, & O. Jarren (Hrsg.), *Perspektiven der Medienkritik. Die gesellschaftliche Auseinandersetzung mit öffentlicher Kommunikation in der Mediengesellschaft. Dieter Roß zum 60. Geburtstag* (S. 201–215). Opladen: Westdeutscher Verlag.

Hasebrink, U. (2008). Das multiple Publikum. Paradoxien im Verhältnis von Journalismus und Mediennutzung. In: B. Pörksen, W. Loosen, & A. Scholl (Hrsg.), *Paradoxien des Journalismus. Theorie – Empirie – Praxis. Festschrift für Siegfried Weischenberg* (S. 513–530). Wiesbaden: VS Verlag für Sozialwissenschaften.

Hasebrink, U., & Krotz, F. (1996). Fernsehnutzung im dualen System: Duales Publikums- und duales Nutzungsverhalten. In: W. Hömberg, & H. Pürer (Hrsg.), *Medien-Transformation. Zehn Jahre dualer Rundfunk in Deutschland* (S. 359–373). Konstanz: UVK.

Hohlfeld, R. (2003). Objektivierung des Qualitätsbegriffs. Ansätze zur Bewertung von Fernsehqualität. In: H.-J. Bucher, & K. Altmeppen (Hrsg.), *Qualität im Journalismus. Grundlagen, Dimensionen, Praxismodelle* (S. 203–221). Opladen: Westdeutscher Verlag.

Jungnickel, K. (2011). Nachrichtenqualität aus Nutzersicht. Ein Vergleich zwischen Leserurteilen und wissenschaftlich-normativen Qualitätsansprüchen. *Medien und Kommunikationswissenschaft* 59.3, 360–378.

Kammann, U., Jurkuhn, K., & Wolf, F. (2007). *Im Spannungsfeld. Zur Qualitätsdiskussion öffentlich-rechtlicher Fernsehprogramme.* Berlin: Friedrich-Ebert-Stiftung.

Kiefer, M.-L. (1991). Massenkommunikation 1990. *Media-Perspektiven* 4, 244–261.

Köster, J., Wolling, J. (2006). Nachrichtenqualität im internationalen Vergleich. Operationalisierungen und empirische Ergebnisse. In: S. Weischenberg, W. Loosen, & M. Beuthner (Hrsg.), *Medien-Qualitäten. Öffentliche Kommunikation zwischen ökonomischem Kalkül und Sozialverantwortung* (S. 75–94). Konstanz: UVK.

KJM (Kommission für Jugendmedienschutz) (2019). *Achter Tätigkeitsbericht der Kommission für Jugendmedienschutz.* März 2017-Februar 2019. https://www.kjm-online.de/fileadmin/user_upload/KJM/Publikationen/Taetigkeitsbericht/KJM_Achter_Bericht_2017-2019.pdf. Zugegriffen: 15. Januar 2020.

Kolb, S. (2017). *Vielfalt im Fernsehen. Eine komparative Studie zur Entwicklung von TV-Märkten in Westeuropa.* Konstanz: UVK.

Krüger, U. M. (1988). Infos – Infotainment – Entertainment. Programmanalyse 1988. *Media Perspektiven* 19, 637–663.

Krüger, U. M. (1989). Konvergenz im dualen Fernsehsystem? Programmanalyse 1989. *Media Perspektiven* 12, 776–806.

Krüger, U. M. (1991). Positionierung öffentlich-rechtlicher und privater Fernsehprogramme im dualen System. Programmanalyse 1990. *Media Perspektiven* 5, 303–332.

Lilienthal, V. (2005). Die Bavaria-Connection. 10 Jahre Schleichwerbung im ARD-„Marienhof" & Co. *epd medien* 42/2005, 3–16.

Marcinkowski, F. (2001). Einleitung – Zum Anlaß und Inhalt dieses Bandes. In: F. Marcinkowski (Hrsg.), *Die Politik der Massenmedien. Heribert Schatz zum 65. Geburtstag* (S. 7–11). Köln: Halem.

Marcinkowski, F., & Bruns, T. (1996). Politische Magazine im dualen Fernsehen. Problem einer Unterscheidung. In: H. Schatz (Hrsg.), *Fernsehen als Objekt und Moment des sozialen Wandels* (S. 255–286). Opladen: Westdeutscher Verlag.

McQuail, D. (1992). *Media Performance. Mass Communication and the Public Interest.* London: Sage.

Maurer, T., & Trebbe, J. (2006). Fernsehqualität aus der Perspektive des Rundfunkprogrammrechts. In: S. Weischenberg, W. Loosen, & M. Beuthner (Hrsg.), *Medien-Qualitäten. Öffentliche Kommunikation zwischen ökonomischem Kalkül und Sozialverantwortung* (S. 37–52). Konstanz: UVK.

Merten, K. (1996). Konvergenz der Fernsehprogramme im dualen Rundfunk. In: W. Hömberg, & H. Pürer (Hrsg.), *Medien-Transformation. Zehn Jahre dualer Rundfunk in
Deutschland* (S. 152–171). Konstanz: UVK.

Neuberger, C. (1996). *Journalismus als Problembearbeitung. Objektivität und Relevanz in
der öffentlichen Kommunikation.* Konstanz: UVK.

Neuberger, C. (1997). Was das Publikum wollen könnte. Autonome und repräsentative Bewertung journalistischer Leistungen. In: H. Wessler, C. Matzen, O. Jarren, & U. Hasebrink
(Hrsg,), *Perspektiven der Medienkritik. Die gesellschaftliche Auseinandersetzung mit öffentlicher Kommunikation in der Mediengesellschaft* (S. 171–184). Opladen: Westdeutscher Verlag.

Neuberger, C. (2018). *Was erwartet die Gesellschaft vom Internet – und was erhält sie? Ein
normativer Kompass für Gestaltung und Regulierung.* Sankt Augustin/Berlin: Konrad-
Adenauer-Stiftung.

Rosengren, K. E., Carlsson, M., & Tagerud, Y. (1991). Quality in Programming. Views from
the North. *Studies of Broadcasting* 27, 21–80.

Rager, G. (1994). Dimensionen der Qualität. Wege aus den allseitig offenen Richter-Skalen?
In: G. Bentele, & K. R. Hesse (Hrsg.), *Publizistik in der Gesellschaft. Festschrift für
Manfred Rühl zum 60. Geburtstag* (S. 189–209). Konstanz: UVK.

Ruhrmann, G. (2001). Heribert Schatz emeritiert. *Publizistik* 46.4, 447–448.

Ruß-Mohl, S. (1992). Am eigenen Schopfe… Qualitätssicherung im Journalismus – Grund-
fragen, Ansätze, Näherungsversuche. *Publizistik* 37.1, 83–96.

Schatz, H. (1971). „Tagesschau" und „heute" – Politisierung des Unpolitischen? In: R. Zoll
(Hrsg.), *Manipulation der Meinungsbildung* (S. 109–122). Opladen: Westdeutscher Verlag.

Schatz, H., Immer, N., & Marcinkowski, F. (1989). *Strukturen und Inhalte des Rundfunkprogramms der vier Kabelpilotprojekte. Begleitforschung des Landes Nordrhein-Westfalen
zum Kabelpilotprojekt Dortmund, Band 23.* Düsseldorf: Presse- und Informationsamt der
Landesregierung Nordrhein-Westfalen.

Schatz, H., & Schulz, W. (1992). Qualität von Fernsehprogrammen. Kriterien und Methoden
zur Beurteilung von Programmqualität im dualen Fernsehsystem. *Media Perspektiven*
11, 690–712.

Schenk, M., & Gralla, S. (1993): Qualitätsfernsehen aus der Sicht des Publikums. *Media
Perspektiven* 1, 33–40.

Schenk, M., & Rössler, P. (1990). Rezipientenorientierter Programmvergleich: Ein brauch-
bares Modell für Fernsehforschung? *Media Perspektiven* 12, 785–791.

Scherer, H. (2003). Winfried Schulz 65 Jahre. *Publizistik* 48.3, 241–242.

Schulz, W. (1976). *Die Konstruktion von Realität in den Nachrichtenmedien.* Freiburg/Mün-
chen: Alber.

Schulz W. (1989). Massenmedien und Realität. In: M. Kaase, & W. Schulz (Hrsg.), *Massenkommunikation. KZfSS Sonderheft 30* (S. 135–149). Wiesbaden: Westdeutscher Verlag.

Schulz, W. (1996). Qualität von Fernsehprogrammen. In: W. Hömberg, & H. Pürer (Hrsg.),
Medien-Transformation. Zehn Jahre dualer Rundfunk in Deutschland (S. 45–59). Konstanz: UVK.

Schulz, W. (1999). "Mediatization" of politics: A challenge for democracy? *Political Communication* 16.3, 247–261.

Schulz, W. (2003). Politische Kommunikation. In: G. Bentele, H.-B. Brosius, & O. Jarren
(Hrsg.), *Öffentliche Kommunikation. Handbuch Kommunikations- und Medienwissenschaft* (S. 458–480). Wiesbaden: Westdeutscher Verlag.

Schulz, W. (2004). Reconstructing mediatization as an analytical concept. *European Journal of Communication* 19.1, 87–101.

Serong, J. (2015). *Medienqualität und Publikum. Zur Entwicklung einer integrativen Qualitätsforschung.* Konstanz: UVK.

Weischenberg, S., Loosen, W., & Beuthner, M. (Hrsg.) (2006). *Medien-Qualitäten. Öffentliche Kommunikation zwischen ökonomischem Kalkül und Sozialverantwortung.* Konstanz: UVK.

Westerståhl, J. (1983). Objective news reporting: General premises. *Communication Research* 10.3, 404–424.

Woelke, J. (2017). *Differenzielle Rezeption, transaktionale Medienwirkungen und die Bewertung öffentlicher Kommunikationsmedien. Methodologische Betrachtungen zur TV-Programmforschung.* Köln: Halem.

Wolling, J. (2002). Aufmerksamkeit durch Qualität? Empirische Befunde zum Verhältnis von Nachrichtenqualität und Nachrichtennutzung. In: A. Baum, & S. J. Schmidt (Hrsg.), *Fakten und Fiktionen: Über den Umgang mit Medienwirklichkeiten* (S. 202–216). Konstanz: UVK.

Zubayr, C., & Geese, S. (2013). Die Informationsqualität der Fernsehnachrichten aus Zuschauersicht. Ergebnisse einer Repräsentativbefragung zur Bewertung der Fernsehnachrichten 2012. *Media Perspektiven* 6, 322–338.

Meilenstein und Forschungs-Katalysator

Weaver, David H. und Wilhoit, G. Cleveland (1986). *The American Journalist: A Portrait of U.S. News People and Their Work.* Bloomington (IN): Indiana University Press

Martin Löffelholz

Zusammenfassung

Die von David H. Weaver und G. Cleveland Wilhoit 1986 publizierte Analyse „The American Journalist" markiert einen Meilenstein in der Entwicklung der empirischen Journalismusforschung. Aufbauend auf der zu Beginn der 1970er-Jahre durchgeführten Pionierstudie der Soziologen John Johnstone, Edward Slawski und William Bowman, rückte *The American Journalist* die repräsentative Erforschung der Merkmale und Einstellungen von Journalistinnen und Journalisten in den Fokus wissenschaftlicher Aufmerksamkeit. Die Ergebnisse der Untersuchung und die sich daran anschließenden Replikationsstudien vermitteln einen umfassenden Einblick in den Wandel des US-Journalismus über einen Zeitraum von fast fünf Jahrzehnten. Darüber hinaus regte *The American Journalist* eine große Zahl ähnlich aufgebauter empirischer Analysen in anderen Ländern an und beeinflusste nicht zuletzt auch die Konzeption der Worlds of Journalism-Studie, der bis heute umfangreichsten empirischen Analyse des globalen Journalismus.

M. Löffelholz (✉)
Technische Universität Ilmenau, Ilmenau, Deutschland
E-Mail: Martin.Loeffelholz@tu-ilmenau.de

© Springer Fachmedien Wiesbaden GmbH, ein Teil von Springer Nature 2023   231
W. Loosen, A. Scholl (Hrsg.), *Schlüsselwerke der Journalismusforschung*,
https://doi.org/10.1007/978-3-658-25867-2_20

Schlüsselwörter

Arbeitszufriedenheit · Berufsfeld · Einstellungen · Rollenselbstverständnis ·
Repräsentativbefragung · USJournalimus

1   Kurzbiografie der Autoren

Kennengelernt haben sich David H. Weaver und G. Cleveland Wilhoit, die Autoren
einer der weltweit folgenreichsten Journalismus-Studien, 1967 an der Indiana University (IU) in Bloomington. Weaver begann damals sein Abschlussjahr im
Bachelor-Studiengang *Journalism*, während Wilhoit – nach Abschluss seiner Promotion an der University of North Carolina at Chapel Hill – zeitgleich an die IU
wechselte. Sein sozialwissenschaftlich fundierter Blick auf Journalismus, Medien
und Öffentlichkeit inspirierte von Beginn an viele Studierende, darunter David Weaver, der seine Begeisterung für die Wissenschaft primär auf Wilhoit zurückführt:
„Er unterrichtete ein Seminar zur öffentlichen Meinung; das schien eine gute Ge-
legenheit zu sein, etwas über ein Thema zu erfahren, über das die meisten Journalisten sprachen, es aber nicht sehr gut verstanden." Dadurch entdeckten Weaver
und andere „a whole new world of social science research that changed our ideas
about journalism and public opinion, [...] and that eventually led to graduate
school and academic careers for some of us." (English 2015)
      David Weavers Mentor, Cleveland Wilhoit (geb. 1939), lehrte von 1967 bis zur
Emeritierung 2004 als Professor für Journalismus an der IU. Als einer der ersten
nutzte er in seiner Dissertation computergestützte Analyseverfahren (Wilhoit
1967). Während seiner Laufbahn übernahm er vielfältige, vor allem forschungsbe-
zogene Funktionen innerhalb und außerhalb der IU. So war er stellvertretender
Direktor des IU-Institute for Advanced Studies, Vorsitzender des ständigen For-
schungsausschusses der Association for Education in Journalism and Mass Communication (AEJMC) und Mitglied im Beirat des *Journalism Quarterly*, der wichtigsten AEJMC-Publikation. Die International Association for Mass Communication
Research (IAMCR) wählte Wilhoit 1984 in Prag als einen der ersten US-
Wissenschaftler in ihren Vorstand (English 2015). Das war bemerkenswert, denn
während des Kalten Krieges galt die IAMCR vielen westlichen Wissenschaftlern
als eine Art Antipode zur damals US-amerikanisch dominierten International Communication Association (ICA).
      Wilhoits Schüler und langjähriger Forschungspartner David H. (Huge) Weaver
(geb. 1946) erwarb an der Indiana University 1968 den Bachelor- und 1969, betreut
von Wilhoit, den Master-Abschluss. In seiner MA-Arbeit analysierte er, orientiert
an einer Studie von Wilhoit und Joseph Ward, die Berichterstattung über US-

Senatoren. Parallel zum Studium arbeitete Weaver von 1966 bis 1968 als Reporter, Copy Editor und Assistant Editor für Tageszeitungen in Bloomington, darunter der *Indiana Daily Student*. Nach einer Reportage erfuhr er hautnah, welche Relevanz der Journalismus entfalten konnte. Weaver schrieb über ein Kreuz, das Mitglieder des Ku Klux Klan in Brand gesetzt hatten, und legte dabei die Identität einiger Führungskräfte dieser rassistischen Geheimorganisation offen. Daraufhin suchten Klan-Mitglieder die Redaktion auf – und fragten nach dem jungen David Weaver. Dieser saß zwar im Büro, ein anderer Redakteur wimmelte den Klan jedoch ab, indem er vorgab, dass niemand wisse, wo Weaver sei (Wilson 2012).

Nach Abschluss des Masterstudiums diente Weaver, der sich zuvor für das *Reserve Officer Training Corps* verpflichtet hatte, fast zwei Jahre als Adjutant und Informationsoffizier in der US-Armee, zunächst in Fort Bragg (NC), dann in Long Binh, Südvietnam. Nach Beendigung des Militärdienstes setzte er 1971 sein Studium an der University of North Carolina at Chapel Hill fort, nicht zuletzt aufgrund einer Empfehlung seines Mentors Wilhoit, der ebenfalls dort promoviert hatte. In seiner Dissertation untersuchte Weaver, betreut von Donald Shaw, dem Ko-Initiator der Agenda Setting-Forschung, Prädiktoren der Pressefreiheit in mehr als 130 Ländern zwischen 1950 und 1966 (Wilson 2012). Nach der Promotion 1974 kehrte Weaver an die School of Journalism der IU nach Bloomington zurück, wo er bis Ende 2011 tätig war. In seinen Publikationen beschäftigt er sich mit einem weiten Spektrum von Themen – von der politischen Kommunikation zur öffentlichen Meinung, vom Agenda Setting zu den Einstellungen von US-Journalisten, von Forschungsmethoden zu deren Einsatz in der journalistischen Berichterstattung. Immer wieder übernahm Weaver zudem akademische Leitungsfunktionen, so zum Beispiel von 1987 bis 1988 als Präsident der AEJMC.

Diese biografischen Notizen verdeutlichen, dass David Weaver und Cleveland Wilhoit sich lange vor Beginn der Vorbereitungen zur Studie *The American Journalist* kannten. Ihre erste Zeit war durch ein Mentor-Student-Verhältnis geprägt, welches sich ab Mitte der 1970er-Jahre in eine enge kollegiale und freundschaftliche Beziehung wandelte – befördert durch ihre Zugehörigkeit zur selben akademischen Institution und gemeinsame Forschungs- und Publikationsprojekte. So schrieben Wilhoit – als Leitungsmitglied des Forschungszentrums der *American Newspaper Publishers Association* (ANPA) – und Weaver eines der ersten Bücher, die Journalisten bei der Berichterstattung über Meinungsumfragen unterstützen sollten. Ihr *Newsroom Guide to Polls and Surveys* erschien 1980 zunächst als ANPA-Publikation, später als reguläres Buch (Wilhoit und Weaver 1990). Fast zeitgleich untersuchten beide in einer UNESCO-Studie die US-amerikanische Auslandsberichterstattung (Weaver und Wilhoit 1981). Die beiden waren also be-

reits vor ihrer weltweit beachteten Untersuchung *The American Journalist* ein ein-
gespieltes Team, dessen Zusammenarbeit fast ein halbes Jahrhundert währte.

2   Inhalt des Textes

Die ersten Ideen zur Konzeption und Realisierung von *The American Journalist*
entwickelte David Weaver Ende der 1970er- Jahre, als er zusammen mit Richard
G. Gray, dem damaligen Leiter des Department of Journalism der IU, im Auftrag
der Gannett Foundation eine Analyse zum Stand der Journalismus- und Massenkommunikationsforschung in den USA vorlegte. In dieser Studie argumentieren
die Autoren, dass die kommunikationswissenschaftliche Forschungsförderung in
den letzten Jahrzehnten weit überdurchschnittlich auf die Untersuchung von Mediennutzung und Medienwirkungen ausgerichtet gewesen sei, während diejenigen,
die für die Erstellung journalistischer Angebote verantwortlich seien, kaum berücksichtigt worden wären (Weaver und Gray 1979).

Um die Publikumszentrierung der Kommunikationsforschung zu überwinden,
schlugen Weaver und Gray ein Journalismus-bezogenes Forschungsprogramm vor,
welches dezidiert sozialwissenschaftlich ausgerichtet sein sollte. Beeinflusst durch
Wilhoit und Gespräche mit Donald Shaw und Maxwell McCombs an der University of North Carolina, suchte Weaver Ende der 1970er- Jahre nach einer Neubestim-
mung des Verhältnisses von Journalismus und Sozialwissenschaft, um Zusammenhänge im Journalismus besser verstehen zu können (Weaver und McCombs 1980).
Zu klären sei, wie sich beispielsweise Familienhintergrund, journalistische Ausbildung, redaktionelles Umfeld, die Eigentumsverhältnisse von Nachrichtenorganisationen oder andere Faktoren auf die beruflichen Einstellungen und Werte von Journalisten, ihre Arbeitszufriedenheit, die Wahrnehmung ihrer Rolle in der Gesellschaft
und ihre Arbeitsausübung (Weaver und Gray 1980, S. 145) auswirkten. Nach der
Publikation dieser Analyse erhielt das Department of Journalism der IU 1982 eine
Förderung der Gannett Foundation, um eine repräsentative Befragung von US-Journalisten durchzuführen. Neben Weaver und Wilhoit gehörte Gray ebenfalls zum
Forschungsteam; er verstarb jedoch im November 1984, bevor das Buch zur Studie
1986 veröffentlicht wurde (Weaver 2019).

Das Team um David Weaver orientierte sich methodisch und inhaltlich an der
Pionierstudie *The News People* der Soziologen John W. C. Johnstone, Edward
J. Slawski und William W. Bowman, die 1971 ein Sample von 1328 Personen befragt und damit erstmalig auf repräsentativer Basis die Merkmale und Einstellungen US-amerikanischer Journalistinnen und Journalisten ermittelt hatten (Johnstone et al. 1972, 1976). Zunächst gab es keine direkten Kontakte zur Gruppe um
Johnstone. Auf Anfrage stellte diese jedoch Hinweise zur Stichprobenziehung und

zum Befragungsinstrument zur Verfügung. So konnte deren Untersuchung von der rund ein Jahrzehnt später durchgeführten „follow-up study" (Weaver und Wilhoit 1998, S. 395) präzise repliziert werden. Beide Studien waren repräsentativ angelegt und erweiterten damit die Journalismusforschung, die bis dahin auf Fallstudien und kleinere Untersuchungen begrenzt war, ganz erheblich. Zwar bildet die Studie von Johnstone et al. (1972, 1976) den eigentlichen Startpunkt repräsentativer Journalistenbefragungen, aber erst die Untersuchungen von Weaver und Wilhoit beeinflussten die internationale Journalismusforschung nachhaltig und brachten die Studie von Johnstone et al. wieder in Erinnerung.

Wie in der Vorläuferstudie zogen Weaver und Wilhoit, gestützt auf Adressverzeichnisse von Medienbetrieben, eine medienvermittelte Zufallsstichprobe. Diese konzentrierte sich auf den nachrichtlichen Journalismus, also auf Nachrichtenagenturen, Tageszeitungen, Hörfunk- und Fernsehsender sowie Nachrichtenmagazine. Nicht einbezogen wurden Zeitschriften und freiberuflich tätige Journalistinnen und Journalisten. Davon ausgehend ermittelte das Team eine Liste von Redakteurinnen und Redakteuren, aus der per Zufallsauswahl 1001 Personen telefonisch befragt wurden. Um die Ergebnisse mit den Befunden von Johnstone et al. (1976) vergleichen zu können, übernahmen die Forscher der Indiana University zudem deren Fragebogen, den sie lediglich um einige Aspekte ergänzten. Neben demografischen Variablen (Alter, Geschlecht, ethnischer Hintergrund, Religionszugehörigkeit) fragten sie insbesondere nach den politischen Einstellungen, dem Ausbildungshinterground, den Arbeitsbedingungen und der Arbeitszufriedenheit, dem Rollenselbstverständnis sowie professionellen und ethischen Einstellungen.

Da *The American Journalist* explizit als komparative Studie konzipiert war, ist es sinnvoll, der Darstellung von Weaver und Wilhoit (1986) folgend, wesentliche Befunde komparativ darzustellen, also im direkten Vergleich mit den Ergebnissen von Johnstone et al. (1976). Einer der auffälligsten Befunde bezieht sich dabei auf die enorme Expansion des journalistischen Berufsfeldes. Verzeichneten Johnstone et al. im April 1971 rund 69.500 hauptberuflich tätige Journalisten und Journalisten, ermittelten Weaver und Wilhoit im November 1982 circa 112.000 Personen. Das Berufsfeld des Nachrichtenjournalismus hat sich in den 1970er-Jahren also erheblich vergrößert – unter der Annahme, dass beide Grundgesamtheiten valide ermittelt wurden. Nicht alle Medienbereiche profitierten jedoch gleichermaßen von der Vergrößerung des Berufsfeldes: Mehr redaktionelle Jobs gab es bei Tages- und Wochenzeitungen sowie in Radio und Fernsehen, während die Zahl der Beschäftigten bei Nachrichtenagenturen und Nachrichtenmagazinen leicht abnahm (Johnstone et al. 1976, S. 195; Weaver und Wilhoit 1986, S. 13).

Mit dem starken Anwachsen der Berufsgruppe zwischen 1971 und 1982 sank das Durchschnittsalter der Journalistinnen und Journalisten von 36 auf 32 Jahre (Median). Gleichzeitig sorgte diese Entwicklung dafür, dass mehr Frauen im Journalismus der USA beschäftigt waren. Ihr Anteil wuchs von gut 20 auf knapp 34 %, vor allem bei Radio- und Fernsehsendern sowie Wochenzeitungen (Johnstone et al. 1976, S. 197f.; Weaver und Wilhoit 1986, S. 19–21). Die rapide Vergrößerung des Berufsfeldes führte allerdings nicht dazu, dass die Zahl der Redakteurinnen und Redakteure, die ethnischen Minderheiten angehörten, ebenfalls stieg. Weaver und Wilhoit übernahmen deshalb die Schlussfolgerung von Johnstone et al. (1976, S. 25f., S. 198), dass die multiethnische Komposition der US-Bevölkerung im Journalismus keineswegs adäquat repräsentiert sei (Weaver und Wilhoit, S. 23).

Einem generellen Trend folgend, stieg das durchschnittliche Jahresbruttoeinkommen von Redakteurinnen und Redakteuren in den 1970er-Jahren von etwa 11.100 auf 19.000 US-Dollar (Johnstone et al. 1976, S. 236; Weaver und Wilhoit 1986, S. 83). Auch der formale Bildungshintergrund verbesserte sich: Verfügten 1971 gut 58 % der Befragten mindestens über einen Bachelorabschluss, waren es zehn Jahre später bereits 70 % (Johnstone et al. 1976, S. 200; Weaver und Wilhoit 1986, S. 47). Einkommenssteigerungen und ein höherer Bildungsstand führte allerdings nicht dazu, dass die Arbeitszufriedenheit der Redakteurinnen und Redakteure noch weiter stieg. Insgesamt waren die US-Journalisten sehr oder ziemlich zufrieden mit ihrer beruflichen Tätigkeit; im Untersuchungszeitraum verringerte sich die Zufriedenheit kaum. Gaben 1971 immerhin 88 % aller Befragten an, sehr oder ziemlich zufrieden zu sein, waren es 1981 nur vier Prozent-Punkte weniger (Johnstone et al. 1976, S. 100; Weaver und Wilhoit 1986, S. 89).

Im Laufe der 1970er-Jahre rückten die politischen Einstellungen der US-Journalisten etwas stärker in die Mitte. 1971 verorteten sich immerhin 38 % der Befragten im linken Spektrum („weit links" 7,5 %, „ein wenig zur Linken" tendierten 30,5 %). Gut zehn Jahre später sahen sich dagegen nur noch gut 22 % politisch links („weit links": 3,8 %; „ein wenig zur Linken": 18,3 %). Personen in Führungspositionen positionierten sich dabei in etwas geringerer Zahl links (Johnstone et al. 1976, S. 93, 226; Weaver und Wilhoit 1986, S. 26–28). Wenig verändert haben sich in den 1970er-Jahren die beruflichen Rollenselbstbilder im US-amerikanischen Nachrichtenjournalismus. Sowohl Anfang der 1970er als auch Anfang der 1980er-Jahre dominierten die Rollen des Vermittlers von Informationen, des Analytikers komplexer Probleme und des Rechercheurs. Als Unterhalter oder etwa als Widersacher, der sich als Opponent zur Regierung versteht, sahen sich hingegen jeweils nur knapp ein Fünftel der Befragten. In Reinkultur fanden sich diese Typen aber selten: Rund die Hälfte derjenigen, die dem Selbstbild des Rechercheurs zuneigten, hielten die Rolle des Vermittlers ebenfalls für wichtig (Johnstone et al. 1976, S. 230; Weaver und Wilhoit 1986, S. 114).

Insgesamt markiert *The American Journalist* einen Meilenstein in der Entwicklung der empirischen Journalismusforschung – nicht nur der USA. Wie die Darstellung der Kernergebnisse illustriert, verdankt die Untersuchung ihre Relevanz dabei weniger der Originalität der Methodik als der Vergleichbarkeit der Befunde mit ähnlich angelegten Vorgänger- und Nachfolgestudien über einen Zeitraum von fast einem halben Jahrhundert (Johnstone et al. 1976; Weaver und Wilhoit 1996; Weaver et al. 2007; Willnat et al. 2017). Ein weiterer wesentlicher Wert von *The American Journalist* liegt darüber hinaus in der Vorbildfunktion, die die Studie für eine große Zahl ähnlich aufgebauter empirischer Analysen in anderen Ländern hatte (Weaver 1998; Weaver und Willnat 2012). Schließlich beeinflusste *The American Journalist* indirekt die Konzeption der *Worlds of Journalism*-Studie, der bis heute umfangreichsten empirischen Analyse des globalen Journalismus (Hanitzsch et al. 2019).

3 Wirkungsgeschichte und Kritik

Für *The American Journalist*, die darauf aufbauenden Replikationsstudien und ihre wissenschaftlichen Lebensleistungen erhielten David Weaver und Cleveland Wilhoit eine Vielzahl von Auszeichnungen. Noch vor Veröffentlichung des Buches gewann Weaver 1983 den *Krieghbaum Under-40 Award*, mit der die AE-JMC herausragende Werke von Personen würdigt, die diese vor Erreichen des vierzigsten Lebensjahrs erbracht haben. Die *Society of Professional Journalists* ehrte alle vier Bücher der *American Journalist*-Reihe mit dem *Sigma Delta Chi Award*, dem höchsten Preis, den die Vereinigung zu vergeben hat. 2006 bekamen Wilhoit und Weaver zudem den *Presidential Award* der AEJMC für ihre herausragenden Verdienste; darüber hinaus erhielt Weaver 2009 den *Lifetime Research Award* der AEJMC. Im Folgejahr, kurz vor seiner Emeritierung, wurde er an der Indiana University schließlich zum *Distinguished Professor* ernannt, eine Auszeichnung, die in rund 100 Jahren nur ein Wissenschaftler der *School of Journalism* erhalten hat (Wilson 2012).

Die wichtigste Ehrung, die Weaver und Wilhoit erfahren haben, ist jedoch nicht mit einem Preis verbunden. *The American Journalist* inspirierte bereits wenige Jahre nach der Erstveröffentlichung des Buches eine große Zahl von Studien in anderen Ländern (Weaver 1998), obgleich die Analyse der Merkmale und Einstellungen US-amerikanischer Nachrichtenleute keineswegs nur gelobt, sondern bisweilen auch harsch kritisiert wurde. In einer der ersten Rezensionen zum Buch bezweifelt beispielsweise Michael Schudson (1986, S. 60) die Aussagekraft vieler

Befunde. Er kritisiert, dass sich viele Daten auf Einstellungen und Überzeugungen der Reporter beziehen. Diese seien weniger wertvoll als konkrete und nachprüfbare Informationen wie Alter, Geschlecht, Einkommen oder Studienabschluss. Was eine Person einem Telefoninterviewer sage, entspreche nicht unbedingt den tatsächlichen Überzeugungen der Befragten. Bei Einstellungen und Ideologie sprechen die Zahlen nicht, behauptete Schudson: „As a group that plays a major role in defining American politics and the American community, as agents of public consciousness and public discourse, American journalists still wait to sit for a three-dimensional portrait." (Schudson 1986, S. 61).

Ungeachtet mancher kritischen Würdigungen erschien *The American Journalist* bereits 1991 in unveränderter Neuauflage. In den Folgejahren replizierten Weaver und Wilhoit ihre Analyse des US-Nachrichtenjournalismus mehrfach, wobei sie die Fragebatterien von Johnstone et al. (1976) zumeist unverändert übernahmen, um die Vergleichbarkeit der Befunde im Zeitverlauf zu gewährleisten. Parallel formulierten sie einige zusätzliche Fragen und Antwortvorgaben, beispielsweise zu Recherchemethoden, ethischen Einstellungen oder dem beruflichen Selbstverständnis, um die Entwicklung des Berufsfeldes weiterhin adäquat beschreiben zu können (Weaver et al. 2007, S. 255).

Neben inhaltlichen Aspekten passten Weaver und Wilhoit im Laufe der Jahre zudem die Stichprobenziehung an. Bei der 1992 durchgeführten Untersuchung befragten sie ein Hauptsample aus 1156 Journalistinnen und Journalisten sowie – im Unterschied zur ersten Befragung – zusätzlich 254 Angehörige ethnischer Minoritäten (Weaver und Wilhoit 1996). Im Jahr 2002 umfasste die Hauptstichprobe 1149 Personen; hinzu kamen 215 Redakteure, die ethnischen Minderheiten angehörten, sowie 100 Online-Journalisten (Weaver et al. 2007, S. 255; Quandt et al. 2006, S. 175). Bei der bislang letzten Studie, die 2013 im Feld war, wurden 1080 US-Journalisten befragt; Online-Journalisten waren dabei inkludiert (Willnat et al. 2017).

Parallel zur Konzeption und Durchführung der zweiten Repräsentativbefragung US-amerikanischer Journalisten (Weaver und Wilhoit 1996) kompilierte David Weaver einen Herausgeberband, in dem die Methodik und Ergebnisse von 21 Journalismusstudien vorgestellt werden, die mehrheitlich durch die ersten beiden Analysen des *American Journalist* angeregt wurden (Weaver 1998), darunter zwei Untersuchungen aus Deutschland (Weischenberg et al. 1998; Schönbach et al. 1994). Ein gutes Jahrzehnt später publizierten David Weaver und sein früherer Student Lars Willnat einen weiteren Sammelband, in dem 33 weitere Journalismusstudien vorgestellt werden, von denen sich viele ebenfalls an der Ausgangsstudie von Weaver und Wilhoit orientierten (Weaver und Willnat 2012).

Die von der US-amerikanischen Untersuchung inspirierte Repräsentativbefragung deutscher Journalistinnen und Journalisten, die Anfang der 1990er-Jahre durchgeführt wurde, stellte die Datengrundlage über den Journalismus in Deutschland erstmals auf ein solides Fundament. Anders als Weaver und Wilhoit fasste das Team um den damals an der Universität Münster tätigen Kommunikationswissenschaftler Siegfried Weischenberg die Grundgesamtheit und das Sample jedoch weiter. Nicht nur Zeitschriften und Anzeigenblätter, auch freiberuflich tätige Journalistinnen und Journalisten wurden einbezogen (Weischenberg et al. 1993, siehe auch den Beitrag von Nölleke in diesem Band). Im Ergebnis zeigten sich erhebliche Gemeinsamkeiten in den beruflichen und politischen Einstellungen von deutschen und US-Journalisten (Weischenberg et al. 1994, 1998). Einschränkend ist jedoch hinzuzufügen, dass die Befunde beider Untersuchungen aufgrund der angedeuteten Unterschiede bei der Stichprobenziehung und nicht in Gänze übereinstimmenden Journalismusbegriffen nur begrenzt miteinander vergleichbar und daher zurückhaltend zu interpretieren waren.

Diese Einschränkung gilt letztlich für alle Journalismusstudien, die in den von Weaver (1998) und Weaver und Willnat (2012) zusammengestellten Bänden versammelt sind. Indirekt führte dieses Manko, d. h. das fehlende gemeinsame theoretische und methodologische Fundament der verschiedenen Untersuchungen, zur Konzeptualisierung der weltweit umfangreichsten empirischen Untersuchungen, der *Worlds of Journalism*-Studie, in der die Journalismuskulturen einer sehr großen Zahl von Ländern komparativ analysiert werden (Hanitzsch et al. 2019). Die konzeptionelle und methodologische Basis der Vergleichsstudie entwickelte der heute an der Universität München tätige Kommunikationswissenschaftler Thomas Hanitzsch (2007), nachdem er sich in seiner an der TU Ilmenau entstandenen Dissertationsschrift zum „Journalismus in Indonesien" (Hanitzsch 2004), wie viele andere, weitgehend auf die von Weaver und Wilhoit (1986, 1996) sowie Weischenberg et al. (1993) verwendete Methodik gestützt hatte. In seinem Fazit kommt Hanitzsch zu dem Schluss, dass die beträchtlichen Differenzen zwischen Journalismuskulturen „nur über einen systematischen Ländervergleich auf Basis eines einheitlichen Forschungsdesigns" (Hanitzsch 2004, S. 255) zu erklären seien.

Vor diesem Hintergrund kann festgehalten werden, dass *The American Journalist* (Weaver und Wilhoit 1986) zwar im Hinblick auf die empirische Analyse der Merkmale und Einstellungen von US-Nachrichtenjournalisten einen Meilenstein der empirischen Journalismusforschung darstellt, die Relevanz der Studie als Ausgangspunkt eines tieferen Verständnisses weltweiter Journalismuskulturen jedoch begrenzt ist. Wichtigste Verdienste der kontinuierlichen Forschungsarbeit von David Weaver, Cleveland Wilhoit und einigen anderen bleiben insofern ein umfassender Einblick in den Wandel des US-Journalismus über einen Zeitraum von fast fünf Jahrzehnten (Willnat et al. 2017), eine Vielzahl darauf basierender Detailuntersuchungen (u. a. Lanosga et al. 2017; Weaver und Willnat 2016; Weaver et al. 2019; Willnat et al. 2019) sowie – nicht zuletzt – ein von *The American Journalist* ausgehendes inspirierendes Moment, welches Wissenschaftlerinnen und Wissenschaftler in der ganzen Welt zu eigenen Forschungen über ihre jeweiligen Journalismuskulturen angeregt hat.

Literatur

English, T. (2015). *Cleve Wilhoit*. In: Indiana Journalism Hall of Fame. Download: https://ijhf.org/members/2015/cleve-wilhoit am 20.04.2023.

Hanitzsch, T. (2004). *Journalismus in Indonesien. Akteure, Strukturen, Orientierungshorizonte, Journalismuskulturen*. Wiesbaden: Deutscher Universitäts-Verlag.

Hanitzsch, T. (2007). Deconstructing Journalism Culture: Toward a Universal Theory. *Communication Theory* 17(4), 367–385.

Hanitzsch, T., Hanusch, F., Ramaprasad, J., & de Beer, A. S. (Hrsg.) (2019). *Worlds of Journalism. Journalistic Cultures Around the Globe*. New York: Columbia University Press.

Johnstone, J. W. C., Slawski, E., & Bowman, W. (1972). The professional values of American newsmen. *Public Opinion Quarterly* 36, 522–540.

Johnstone, J. W. C., Slawski, E., & Bowman, W. (1976). *The News People. A Sociological Portrait of the American Journalists and Their Work*. Urbana/Chicago/London: University of Illinois Press.

Lanosga, G., Willnat, L., Weaver, D., H., & Houston, B. (2017). A Breed Apart? A Comparative Study of Investigative Journalists and U.S. Journalists. *Journalism Studies* 18(3), 265–287.

Quandt, T., Löffelholz, M., Weaver, D. H.; Hanitzsch, T., & Altmeppen, K.-D. (2006). American and German Online Journalists at the Beginning of the 21st Century. *Journalism Studies* 7(2), 171–186.

Schönbach, K., Stürzebecher, D., & Schneider, B. (1994). Oberlehrer und Missionare? Das Selbstverständnis deutscher Journalisten. In: F. Neidhardt (Hrsg.), *Öffentlichkeit, öffentliche Meinung, soziale Bewegungen* (S. 139–161). Opladen: Westdeutscher Verlag.

Schudson, M. (1986). Who we are. Rezension "The American Journalist: A Portrait of U.S. News People and Their Work by David H. Weaver and G. Cleveland Wilhoit Indiana University Press". *Columbia Journalism Review* May/June, 59–61.

Weaver, D. H. (Hrsg.) (1998). *The Global Journalist. News People Around the World*. Cresskill (NJ): Hampton Press.

Weaver, D. H. (2019). E-Mail-Austausch mit Martin Löffelholz. September 2019.

Weaver, D. H., Beam, R. A., Brownlee, B. J., Voakes, P. S., & Wilhoit, G. C. (2007). *The American Journalist in the 21st Century: U.S. News People at the Dawn of a New Millennium*. Mahwah (NJ): Lawrence Erlbaum.

Weaver, D. H., & Gray, R. G. (1979). *Journalism and Mass Communication Research in the United States*. Paper presented at the AEJ Conference in Houston (TX), 28 pages.

Weaver, D. H., & Gray, R. G. (1980). Journalism and Mass Communication Research in the United States: Past, Present and Future. In: G. C. Wilhoit, H. de Bock (Hrsg.), *Mass Communication Review Yearbook*, Vol. 1 (S. 124–151). Beverly Hills/London: Sage.

Weaver, D. H., & McCombs, M. (1980). Journalism and Social Science: A New Relationship? *Public Opinion Quarterly* 44(4), 477–494.

Weaver, D. H., & Wilhoit, G. C. (1981). Foreign News Coverage in Two U S. Wire Services. *Journal of Communication* 31(2), 55–63.

Weaver, D. H., & Wilhoit, G. C. (1986/1991). *The American Journalist: A Portrait of U.S. News People and Their Work* (2. Aufl.). Bloomington (IN): Indiana University Press.

Weaver, D. H., & Wilhoit, G. C. (1996). *The American Journalist in the 1990s. U.S. News People at the End of an Era*. Mahwah (NJ): Erlbaum.

Weaver, D. H., & Wilhoit, G. C. (1998). Journalists in the United States. In: D. H. Weaver (Hrsg.), *The Global Journalist. News People Around the World* (S. 395–414). Cresskill (NJ): Hampton Press.

Weaver, D. H., & Willnat, L. (2012). *The Global Journalist in the 21st Century*. Mahwah (NJ): Erlbaum.

Weaver, D. H., & Willnat, L. (2016). Changes in U.S. Journalism. How do journalists think about social media? *Journalism Practice* 10(7), 844–855.

Weaver, D. H., & Willnat, L., & Wilhoit, G. C. (2019). The American Journalist in the Digital Age: Another Look at U.S. News People. *Journalism & Mass Communication Quarterly* 96(1), 101–130.

Weischenberg, S., Löffelholz, M., & Scholl, A. (1993). Journalismus in Deutschland. Design und erste empirische Befunde der Kommunikatorstudie. *Media Perspektiven* (1), 21–33.

Weischenberg, S., Löffelholz, M., & Scholl, A. (1994). Merkmale und Einstellungen von Journalisten. Journalismus in Deutschland II. *Media Perspektiven* (4), 154–167.

Weischenberg, S., Löffelholz, M., & Scholl, A. (1998). Journalism in Germany. In: D. H. Weaver (Hrsg.), *The Global Journalist. News People Around the World* (S. 229–256). Cresskill (NJ): Hampton Press.

Wilhoit, G. C. (1967). *Experiments in Computerized Content Analysis and Information Retrieval*. Dissertation: University of North Carolina.

Wilhoit, G. C., & Weaver, D. H. (1990). *The Newsroom Guide to Polls and Surveys*. A Midland Book: Indiana University Press.

Willnat, L., & Weaver, D. H., & Wilhoit, G. C. (2017). *The American Journalist in the Digital Age: A Half-Century Perspective*. New York u.a.: Peter Lang.

Willnat, L., & Weaver, D. H., & Wilhoit, G. C. (2019). The American Journalist in the Digital Age: How journalists and the public think about journalism in the United States. *Journalism Studies* 20(3): 423–441.

Wilson, S. O. (2012). *David H. Weaver*. In: Indiana Journalism Hall of Fame. Download: https://ijhf.org/members/2012/david-hweaver am 20.04.2023.

Welche Macht haben die ‚Missionare'?

Donsbach, Wolfgang (1982). Legitimationsprobleme des Journalismus. Gesellschaftliche Rolle der Massenmedien und berufliche Einstellungen von Journalisten. Freiburg/München: Alber

Andrea Czepek

Zusammenfassung

Wolfgang Donsbach (1949–2015) sah den Journalismus kritisch: zu viel Macht, zu wenig Professionalität, kaum Verbindung zum Publikum und zur öffentlichen Meinung. In seinem hier vorgestellten frühen Werk „Legitimationsprobleme des Journalismus" (1982) versuchte Donsbach, seine These mit empirischen Studien zu belegen: Journalisten besäßen Privilegien und hätten großen Einfluss auf die „öffentliche Meinung"; diese Macht sei aber nicht demokratisch legitimiert. Journalisten unterschieden sich in Status und Einstellungen deutlich von der Mehrheit der Bevölkerung. Fehlendes Interesse am Publikum führe dazu, dass Journalisten die Gesellschaft nicht repräsentierten, sondern eigene (Macht-)Interessen verfolgten. Donsbachs Bemühen, seine Thesen mit empirischen Studien zu untermauern, war in der Journalismusforschung neu, auch wenn er die Methoden nicht offenlegte. Das Werk löste Kontroversen aus und forderte noch Jahrzehnte später andere Journalismusforscher*innen dazu heraus, seine Thesen genauer zu untersuchen. Später zeigte sich, dass die von Donsbach vermutete Macht von Journalist*innen durch ihre Rolle in Medienor-

A. Czepek (✉)
Jade Hochschule Wilhelmshaven, Wilhelmshaven, Deutschland
E-Mail: andrea.czepek@jade-hs.de

© Springer Fachmedien Wiesbaden GmbH, ein Teil von Springer Nature 2023   243
W. Loosen, A. Scholl (Hrsg.), *Schlüsselwerke der Journalismusforschung*,
https://doi.org/10.1007/978-3-658-25867-2_21

ganisationen stark relativiert werden muss, und dass sie sich gar nicht so sehr als „Missionare" sehen, wie Donsbach annahm. Verändert hat sich, dass die „öffentliche Meinung" längst nicht mehr nur vom Journalismus verbreitet wird. Nach wie vor diskutiert wird mangelnde Vielfalt unter Journalist*innen, wenn auch in anderem Sinne als bei Donsbach 1982.

Schlüsselwörter

Selbstverständnis · Macht · Publikum · Legitimation · Öffentliche Meinung

1   Kurzbiografie des Autors

Wolfgang Donsbach (geboren am 9. November 1949 in Bad Kreuznach, gestorben am 26. Juli 2015 in Dresden) hatte von 1969 bis 1975 Publizistik, Politikwissenschaft, Ethnologie und Soziologie an der Johannes Gutenberg-Universität Mainz studiert. Anschließend war er bis 1990 bei Elisabeth Noelle-Neumann am Institut für Publizistik der Johannes Gutenberg-Universität Mainz tätig, wo er 1981 promovierte und sich 1989 habilitierte. Zwischen 1991 und 1993 vertrat er eine Professur am Institut für Kommunikationssoziologie und -psychologie der Freien Universität Berlin und wurde dann 1993 zum Gründungsprofessor des Instituts für Kommunikationswissenschaft an der Technischen Universität Dresden berufen. Dabei sammelte er parallel auch internationale Erfahrung: Als DFG-Stipendiat forschte er 1989/1990 an der Columbia University und 1990 an der Syracuse University. 1999 war er als Lombard Visiting Professor am Joan Shorenstein Center of the Press an der Harvard University wieder in den USA. Außerdem lehrte und forschte er seit 1993 regelmäßig an der Universidad de Navarra und 2012 an der Nanyang Technological University in Singapur (2012).[1]

In Deutschland wirkte Donsbach durch den Aufbau des Instituts für Kommunikationswissenschaft der Technischen Universität Dresden, das er in den 1990er-Jahren als Gründungsdirektor prägte und wo er sich bis zu seinem Tod 2015 als Hochschullehrer innerhalb und außerhalb der Hochschule engagierte. Von 2004 bis 2005 war er Präsident der International Communication Association (ICA) und hat damit die Internationalisierung der deutschen Kommunikationswissenschaft entscheidend vorangebracht. Seine großen Themen waren die Rolle des Journalismus in der Demokratie und die Wirkung von Massenmedien auf die öffentliche Mei-

---

[1] Die biografischen Daten sind der Webseite www.donsbach.net (Abruf Oktober 2019) und der Festschrift Jandura et al. (2015) entnommen.

nung. So war er von 1995 bis 1996 auch Präsident der World Association for Public Opinion Research (WAPOR) und später Herausgeber der zwölfbändigen International Encyclopedia of Communication und des Handbook of Public Opinion Research.

Wolfgang Donsbach machte aus, dass er sich genauso intensiv lokalpolitisch engagierte, wie er auf internationaler Bühne agierte. So moderierte er Sendungen im Dresdener Lokalfernsehen und setzte sich in Sachsen entschieden gegen Ausländerfeindlichkeit ein. Gleichzeitig war er international als Gastprofessor und Vortragsredner gefragt. Sein früherer Student Thomas Petersen, Projektleiter am Institut für Demoskopie Allensbach, schrieb in einem Nachruf: „Vermutlich von unserer gemeinsamen Lehrerin Elisabeth Noelle-Neumann hatte Donsbach die Kunst der Omnipräsenz gelernt. Er scheint einfach überall zu sein." (Petersen 2015) Die Anerkennung, die er international genoss, zeigte sich auch in verschiedenen Auszeichnungen, beispielsweise den Helen Dinerman Award der WAPOR für herausragende Leistungen auf dem Gebiet der Meinungsforschung und den David Swanson Award der Political Communication Division der ICA für seine Arbeiten in der politischen Kommunikationsforschung. Donsbach war ein leidenschaftlicher Kämpfer für guten Journalismus. Dabei war sein Blick auf die Profession eher skeptisch: zu viel Macht, zu wenig Professionalität, kaum Verbindung zum Publikum und zur öffentlichen Meinung, konstatierte er immer wieder, vor allem im Vergleich zu Großbritannien und den USA.

2 Inhalt des Textes

„Legitimationsprobleme des Journalismus" steht ganz am Anfang der wissenschaftlichen Arbeit Donsbachs. Es erscheint 1982, vor den Aufenthalten in Amerika und lange vor seiner Tätigkeit in Dresden und auf internationaler Bühne, und baut unmittelbar auf seiner Dissertationsschrift „Gesellschaftliche Aufgaben der Massenmedien und berufliche Einstellungen von Journalisten" (Donsbach 1981) auf.

Der Kern des Buches sind empirische Analysen zum Selbstverständnis von Journalisten[2] und ihrem Verhältnis zum Publikum. Gerahmt sind diese Betrachtungen in eine These, die im Umfeld der politischen Diskussionen um „Massenmedien" und Journalismus Ende der 1970er, Anfang der 1980er-Jahre entstand und die besonders auch von der „Mainzer Schule" um Elisabeth Noelle-Neumann vertreten wurde: Journalisten genießen Privilegien gegenüber anderen Bürgern und

---

[2] Bei der Rekonstruktion des Werkes verzichte ich auf eine gendersensitive Berufsbezeichnung, weil diese zu Zeiten des Schlüsselwerks noch keine Rolle spielte.

haben großen Einfluss auf die „öffentliche Meinung"; diese Macht sei aber nicht demokratisch legitimiert. Diese These versucht Donsbach, mit verschiedenen empirischen Studien zu belegen.

Als Hauptaufgabe des Journalismus sieht es Wolfgang Donsbach in „Legitimationsprobleme des Journalismus" an, Informationen und Meinungen möglichst vielen Menschen zugänglich zu machen. Er zweifelt nicht an der Bedeutung dieser Aufgabe für die Demokratie, fragt aber, ob „diejenigen, die den größten Einfluß auf die Inhalte der Massenkommunikation ausüben, mit dieser Macht so umgehen, daß der Gemeinschaft daraus kein Schaden erwächst." (1982, S. 10) Dabei geht Donsbach von mehreren Grundannahmen aus: So nimmt er an, dass Journalisten diejenigen sind, die die Inhalte der Massenmedien bestimmen, weshalb er sich auf die Analyse ihrer Einstellungen konzentriert. Außerdem setzt er voraus, dass „die Massenmedien einen erheblichen Einfluß auf das Denken und Handeln der Menschen haben." (1982, S. 10) Den Begriff Massenmedien definierte er zwar nicht weiter und differenziert auch nicht zwischen journalistischen und nicht-journalistischen Medieninhalten, bezieht sich aber in erster Linie auf politische Berichterstattung.

Journalisten hätten Macht in der Gesellschaft, konstatiert Donsbach, politische Macht aber bedürfe in einer Demokratie der Legitimation (1982, S. 10). Hier sieht er Defizite im Journalismus: Journalisten werden nicht gewählt. Wer die journalistische Macht ausübe, hänge von „der Zufälligkeit der Berufswahl oder [den] Kriterien bei der Einstellung von Journalisten" ab (1982, S. 10). Da der Zugang zum Beruf frei war und ist, fehlt auch die Legitimierung in Form einer formalen Ausbildung. Des Weiteren vermutete Donsbach, dass Journalisten mehrheitlich aus einem bürgerlichen Milieu stammen und eher politisch linke Standpunkte vertreten. Damit aber repräsentierten sie nicht die Mehrheit der Bevölkerung, von der er annimmt, dass sie eher konservativ eingestellt sei (1982, S. 208).

Mit seiner Studie belegt Donsbach diese Thesen: Im ersten Kapitel reflektiert er die verfassungsrechtliche Stellung der Massenmedien und diskutiert die „öffentliche Aufgabe" der Presse aus rechtlicher Sicht. Im zweiten Kapitel betrachtet er die gesellschaftlichen Funktionen von Massenmedien aus soziologischer Perspektive. Die Machtposition und die Privilegien von Journalisten legt er im dritten Kapitel dar. Das vierte Kapitel widmet sich ausführlich dem beruflichen Selbstverständnis von Journalisten. Im fünften Kapitel stellt Donsbach empirische Erkenntnisse zum Publikumsbild von Journalisten zusammen. Im abschließenden sechsten Kapitel thematisiert er zusammenfassend die „journalistische Macht als Legitimationsproblem".

Zur verfassungsrechtlichen Stellung der Massenmedien erläutert Donsbach die aus der Pressefreiheit abgeleitete „öffentliche Aufgabe" der Medien, die dem Verfassungsrechtler Martin Löffler nach darin besteht, stellvertretend für alle Staatsbürger die Kritik und Kontrolle des politischen Prozesses zu übernehmen und die öffentliche Meinung zu gestalten und zu vertreten (Löffler & Ricker 1978). Donsbach steht dieser Auffassung kritisch gegenüber, da den Journalisten eine demokratische Legitimation fehle, um die Bürger zu vertreten. Außerdem vermutet er, dass sich diese Auffassung auf das Selbstverständnis von Journalisten niederschlägt und diese sich berufen fühlen, die öffentliche Meinung zu prägen, anstatt Vermittler von in der Bevölkerung vertretenen Meinungen zu sein. Insgesamt erkenne die herrschende juristische Lehre den Massenmedien und den in ihnen tätigen Personen eine Stellung zu, die über die der übrigen Gesellschaftsmitglieder weit hinausgehe. Deshalb werde die Legitimität einer „Auslegung dieser Vorrechte im Sinne einer bewußten inhaltlichen Steuerung der öffentlichen Diskussion" (Donsbach 1982, S. 39) zunehmend kritisiert.

Anschließend geht es um die gesellschaftlichen Funktionen von Massenmedien aus sozialwissenschaftlicher Sicht. An den bis dato von beispielsweise Wright (1964), Ronneberger (1971) oder Tunstall (1970) erarbeiteten Funktionen der Massenmedien kritisiert Donsbach, dass sie nicht zwischen beobachteten und erwünschten Funktionen unterscheiden. An Ronnebergers systemtheoretischem Ansatz, der damals die „Thematisierungsfunktion" als Hauptfunktion der Massenmedien herausstellte, kritisiert Donsbach die strikte Ablehnung normativer Funktionen, an denen die beobachtbare Realität empirisch gemessen werden könnte. Er plädiere nicht für eine normative Wissenschaft, stellt Donsbach klar, halte es aber für sinnvoll, Normen als Kategorien heranzuziehen, an denen die Leistungsfähigkeit des Journalismus gemessen werden könne (1982, S. 47).

Solche normativen Vorstellungen, an denen sich der Journalismus messen lassen könnte, leitet Donsbach aus verschiedenen Ansätzen von u. a. Cohen (1963), Weaver (1974) und Langenbucher (1974/75) ab. Die verschiedenen, teilweise gegensätzlichen Rollenerwartungen an Journalisten fasst Donsbach (1982, S. 56ff.) in vier „Idealtypen" des Journalismus zusammen:

1. der Journalist als Pfadfinder für neue, zukünftige Entwicklungen;
2. der Journalist als Pädagoge mit der Erziehung der Bürger als Auftrag;
3. der Journalist als Interessenvertreter, der die Bürger entweder anwaltschaftlich vertritt oder die pluralistische Gesellschaft repräsentiert;
4. der Journalist als Vermittler, der jedem Bürger die Partizipation an der öffentlichen Diskussion ermöglichen soll.

Einen „Watchdog" oder kritischen Beobachter von Machthabenden erwähnt Donsbach unter den Idealtypen nicht.

In Kapitel 3 führt er aus, worin die Privilegien der Journalisten und ihre gesellschaftliche Machtposition nach seiner Auffassung bestehen. Den vergleichsweise weitreichenden rechtlichen Privilegien von Journalisten im Vergleich zu anderen Bürgern (Schutz vor staatlichen Eingriffen, spezieller Auskunftsanspruch gegenüber den Behörden, Informantenschutz und Redaktionsgeheimnis) stünden relativ wenige rechtliche Pflichten gegenüber. Donsbach vergleicht die besondere Stellung der Pressefreiheit als einer institutionellen Freiheit in der Bundesrepublik Deutschland mit der Auslegung in den USA, wo es keine besonderen Rechte für Journalisten gebe und Pressefreiheit als „Jedermannsrecht" ausgelegt werde. Journalisten hätten nach bundesdeutschem Recht mehr Privilegien als in anderen Ländern und mehr Freiraum und größeren gesellschaftlichen Einfluss als „Normalbürger" (Donsbach 1982: 74).

Um den Einfluss von Journalisten theoretisch zu belegen, zieht Donsbach Studien zum Agenda-Setting, zur öffentlichen Meinung nach Noelle-Neumann und zur Nachrichtenwerttheorie heran. Nach den Studien zum Agenda-Setting von McCombs und Shaw (1972) haben die Massenmedien erheblichen Einfluss auf die Realitätsvermittlung, indem sie bestimmen, welche Themen die Bürger für wichtig erachten. Der Ansatz zur öffentlichen Meinung von Elisabeth Noelle-Neumann (1980) nimmt an, dass sich Veränderungen in der Meinungsstruktur der Bevölkerung als Folge der Umweltbeobachtung mit Hilfe der Massenmedien erklären ließen. Demnach nehmen Menschen Meinungsverteilungen in ihrer Umgebung (oder in den Medien) wahr und messen daran ihre eigenen Einstellungen. Die wahrgenommene „öffentliche Meinung" sei diejenige, die man öffentlich äußern müsse, um sich nicht zu isolieren, oder die man äußern könne, ohne sich zu isolieren. Die Massenmedien seien für eine Vielzahl sozialer Einstellungen die Quelle, aus der Individuen Kriterien für die soziale Beurteilung ihrer Einstellung bezögen (Donsbach 1982, S. 80). Journalisten können, so Donsbach, über die Nachrichtenwerte, die sie nach Schulz (1976) Ereignissen zuschreiben, die Medienrealität prägen. Ferner sieht Donsbach Einflussmöglichkeiten für Journalisten darin, dass diese durch ihre Arbeit eine große Nähe zu Politikern und anderen mächtigen Personen erleben. Folgen könnten sein, dass sie als Berater politische Entscheidungen beeinflussen, sich aber auch mit Kritik zurückhalten, um die soziale Beziehung nicht zu gefährden. Insgesamt konstatiert Donsbach für die Zeit zu Beginn der 1980er-Jahre: „Unabhängig von demokratietheoretischen Normen bedeutet Journalist sein heute eine privilegierte gesellschaftliche und politische Machtposition, die weit über die Partizipationschancen der übrigen Bürger hinausgeht" (1982, S. 92f.).

Einen wesentlichen Teil des Buches macht die Analyse des beruflichen Selbstverständnisses von Journalisten aus (Kapitel), zu denen Donsbach empirische Befragungen (eigene und die anderer Autor*innen) aus den 1970er-Jahren heranzieht. Hierbei hebt er hervor, dass sich Journalisten überwiegend frei in ihrer Arbeit fühlten – und zwar umso stärker, je höher ihre Position in der Redaktion ist (Redakteure, Ressortleiter, Chefredakteure). Nur Chefredakteure fühlten sich im Schnitt fast vollkommen frei (Donsbach 1982, S. 105). Ihren eigenen Einfluss schätzten Journalisten in einer Befragung von Elitepersonen von Hoffmann-Lange und Schönbach (1979) geringer ein, als er ihnen von anderen Elite-Angehörigen zugeschrieben wird. Donsbach hält das für ein Understatement (1982, S. 97).

Donsbach zitiert aus einigen Studien, die am Mainzer Institut bei Elisabeth Noelle-Neumann durchgeführt wurden. So wertet er u. a. die 1980 von der Thyssen-Stiftung geförderte vergleichende Befragung von deutschen und britischen Journalisten aus, die auch Renate Köcher in ihrer Dissertation „Spürhund und Missionar" zugrunde legte. Während Köcher vor allem die Unterschiede in der britischen und deutschen Journalismus-Kultur herausarbeitete (1985), konzentriert sich Donsbach auf die Gemeinsamkeiten. Ungefähr dreiviertel der Journalisten hatten es in beiden Ländern zumindest gelegentlich schon erlebt, mit ihrer Berichterstattung dazu beigetragen zu haben, dass Missstände behoben wurden. Ihren eigenen Einfluss auf die öffentliche Meinung schätzten die deutschen Journalisten aber wesentlich geringer ein als die englischen. Auch hier vermutet Donsbach „Understatement": Journalisten neigten dazu, Medienwirkungen zu dementieren, weil sie den „Einfluß auf die öffentliche Meinung" nicht als positiven oder legitimen Teil ihrer Arbeit wahrnähmen (1982, S. 101f.).

Die Mainzer Studien – es wird nicht immer deutlich, ob es sich um verschiedene Studien oder jeweils dieselbe Studie handelt und welche Methoden genau angewendet wurden – interpretiert Donsbach so, dass Journalisten den Einfluss von Politikern auf ihre Arbeit als am größten einschätzen, den von Verlegern und Anzeigenkunden auf die Berichterstattung jedoch als gering (1982, S. 108ff.). Zu den Motiven von Journalisten, ihren Beruf zu wählen, zählen laut Donsbachs Auswertung verschiedener Studien „Selbstverwirklichung" und „Beziehung zu den Mitmenschen"; bei Fernsehjournalisten gebe es einen wachsenden Anteil, die „Kritik an der Gesellschaft" üben wollten (1982, S. 129f.). Donsbach arbeitet einen Typus des Journalisten heraus, für den der persönliche gesellschaftliche Einfluss besonders wichtig sei; hierbei handele es sich um 39 Prozent der deutschen Journalisten. „Aus einem gesinnungsethischen ‚Sendungsbewußtsein' heraus sieht er seinen Einfluß als wertvoll für die Mitmenschen und das Gesellschaftssystem an und betrachtet daher seine privilegierte Stellung nicht als ein Problem gleichberechtigter Partizipationschancen, sondern als legitime Einflußposition auf Grund ‚besserer Einsichten'." (Donsbach 1982, S. 161) Zum Aufgabenverständnis deutscher Journalisten im Vergleich zu ihren englischen Kollegen stellt Donsbach fest, dass sich englische Journalisten als neutrale Berichterstatter sehen, deutsche Journalisten hingegen eher als Kritiker an Missständen. Bei der Interpretation der vergleichenden Studie tauchen jedoch Probleme aufgrund sprachlicher und kultureller Unterschiede auf. Nicht erklären kann sich Donsbach beispielsweise, warum sich englische Journalisten mit Abstand häufiger als „Pädagogen, Erzieher" sehen als die deutschen. Da dieses Ergebnis den übrigen widerspreche, könne es an einer unterschiedlichen kulturellen Interpretation der Begriffe liegen (1982, S. 184f.).

Dem Selbstverständnis der Journalisten stellt Donsbach in Kapitel 5 das Verhältnis der Journalisten zu ihrem Publikum gegenüber. Die Norm, an der Donsbach die Aufgabenerfüllung messen will, geht davon aus, dass „die Massenmedien in ihrer Gesamtheit die Meinungen und Werte aller, zumindest aller relevanter Gruppen in der Gesellschaft, in angemessener Weise repräsentieren sollten." (Donsbach 1982, S. 199)

Auch für die Untersuchung dieser Frage zieht er Befunde aus Befragungen heran: In einer Mainzer Studie wurden die Einstellungen von Arbeitern und Angehörigen der Elite zu verschiedenen politischen Themen untersucht, wobei Journalisten der Elite zugerechnet wurden, jedoch sowohl von den Arbeitern als auch von anderen Elite-Angehörigen deutlich verschiedene politische Einstellungen vertraten. Donsbach leitet daraus eine große Distanz zwischen Journalisten und ihrem Publikum ab: Journalisten verträten eine Außenseiterposition, was dazu führen könne, dass nicht die Vielfalt der Bevölkerungsmeinungen publiziert werde (1982, S. 212f.). Die Berichterstattung könne nicht vielfältig ausfallen, wenn die Einstellungen der Journalisten von denen der Bevölkerung abweichen.

Außerdem beobachtet Donsbach (1982, S. 231) bei den Journalisten eine negative Meinung über ihr Publikum, es fehle an Rückkoppelung und an Interesse: „Das hier festgestellte Publikumsbild ist sozusagen die Kehrseite journalistischer Berufsmotive und Berufsabsichten, die auf eine politische Mission im vermeintlichen Interesse eines als politisch noch unmündig angesehen Bürgers abzielen."

Im abschließenden Kapitel 6 problematisiert Donsbach die seiner Auffassung nach mangelnde Legitimation der Macht der Journalisten. Das fehlende Interesse am Publikum und fehlende Rückkoppelungen mit diesem führten dazu, dass Journalisten die Gesellschaft nicht repräsentierten, sondern eigene (Macht-)Interessen verfolgten und von ihrem Selbstverständnis her ihr Publikum eher als unmündige Bürger ansähen, die von den Massenmedien gebildet werden müssten.

3   Wirkungsgeschichte und Kritik

Donsbach schrieb „Legitimationsprobleme des Journalismus" kurz vor dem Ende der sozialliberalen Bundesregierung 1982. Elisabeth Noelle-Neumann, bei der Donsbach an der Universität Mainz arbeitete, beriet als Leiterin des Allensbacher

Instituts Helmut Kohl und die CDU im Wahlkampf (Grunenberg 1983). In der Argumentation von Noelle-Neumann und auch Donsbach schwang in dieser Zeit die Besorgnis mit, eine linke Medien-Elite könnte einen Wahlsieg der CDU verhindern, obwohl angenommen wurde, dass es eine konservative Mehrheit in der Bevölkerung gebe. Donsbachs Analyse legte damals nahe, dass sich deutsche Journalisten in der Tat als „Erzieher" der Bevölkerung verstanden, deren Einstellungen sich deutlich von denen der Bevölkerung unterschieden. Donsbach forderte von den Journalisten, sie sollten vielmehr die Meinung(en) der Bevölkerung repräsentieren. Allerdings thematisierte er nicht, dass Journalismus auch eine berechtigte Kritik- und Kontrollfunktion gegenüber der Regierung und den Mächtigen haben könnten.

Die Mainzer Studien, auf denen Donsbachs Analyse hauptsächlich beruhte, lösten vehemente Debatten aus und regten inhaltlich und methodisch zu Widerspruch an. So machten sich u. a. Schönbach, Stürzebecher und Schneider 1994 daran, die Vorstellung zu widerlegen, Journalisten lenkten die öffentliche Meinung. Sie untersuchten in einer großen repräsentativen Journalistenbefragung (Schönbach et al. 1994, S. 139) das Selbstverständnis ost- und westdeutscher Journalisten. Sie verwendeten teilweise die gleichen Fragen wie die in der von Köcher und Donsbach ausgewerteten Studie von 1985, sodass die Ergebnisse vergleichbar sind. Die Fragen zur Berufsorientierung und zum Verhältnis zum Publikum galten als Indikatoren dafür, ob sich die Journalisten eher als Vermittler oder als Missionare sahen. Die Zustimmung zu den Rollen „Neutraler Berichterstatter" und „Sprachrohr der Bevölkerung" wurden der Vermittlerrolle zugeschrieben. Als missionarisch wurde eingestuft, wer den Rollen „Pädagoge, Erzieher" oder „Politiker mit anderen Mitteln" zustimmte. Im Gegensatz zu Donsbachs Untersuchungen ordneten sich hier fast alle befragten Journalisten einem oder mehreren der beiden vermittlungsorientierten Rollenbilder zu. Um zu überprüfen, Journalisten „ignorierten – weil sie ‚Oberlehrer' seien – ihr Publikum, nähmen seine Interessen und Befindlichkeiten wenig zur Kenntnis" (Schönbach et al. 1994, S. 148), fragten sie die Kollegenorientierung und das Publikumsbild ab. Journalisten schrieben dem Publikum in dieser Studie deutlich häufiger positive als negative Eigenschaften zu, stellten Schönbach et al. fest (1994, S. 148). „Publikumsbeschimpfungen", die Donsbach als verbreitet ansah, kamen wenig vor. Als „Legendenkiller" (Schönbach et al. 1994, S. 158) bezeichneten die Autor*innen ihre Ergebnisse, weil sie zeigen konnten, dass weder die Akademisierung des Berufs noch die Parteipräferenz oder die Unzufriedenheit mit dem eigenen Beruf ein missionarisches Berufsverständnis der Journalisten bedingten (Schönbach et al. 1994, S. 153ff.).

Zunehmend wurde auch das Umfeld untersucht, in dem Journalist*innen arbeiten, und welchen sozialen und organisationalen Zwängen sie unterliegen. Donsbach hatte in „Legitimationsprobleme des Journalismus" Medienwirkungen mit Wirksamkeit der Journalisten gleichgesetzt. Obwohl auch er festgestellt hatte, dass Chefredakteure sich freier in ihren Entscheidungen fühlten als andere Redakteure, hatte Donsbach allen Journalisten gleichermaßen Macht zugeschrieben. Schon bei Schönbach et al. (1994) deutete sich jedoch an, was auch in den Studien zum „Journalismus in Deutschland" (Scholl und Weischenberg 1998 sowie Weischenberg et al. 2006, siehe hierzu auch den Beitrag von Nölleke in diesem Band) deutlich wurde: Journalist*innen arbeiten in Abhängigkeitsverhältnissen, teilweise unter prekären wirtschaftlichen Bedingungen und unterliegen vielfältigen Zwängen. Als Angehörige einer Redaktion bzw. Verlages oder Rundfunksenders unterliegen sie den Regeln und Mechanismen der Organisation. Aus ihrem Selbstverständnis könne nicht geschlossen werden, ob Journalist*innen tatsächlich danach handeln könnten, stellten beispielsweise Jarren und Donges (2011, S. 156f.) fest: „(Die) Journalismusforschung hat gezeigt, in welch hohem Maß journalistisches Handeln Rollenhandeln ist, das unter spezifischen Organisationsbedingungen – wir können auch Zwänge dazu sagen – stattfindet. Der analytische Gehalt derartiger Typologien ist somit gering, zumal wenn empirische Aussagen gemacht werden sollen."

Der Vorwurf, Journalist*innen interessierten sich nicht für ihr Publikum, rüttelte Ende der 1980er, Anfang der 1990er-Jahren auch die Verlagshäuser wach. Unter veränderten ökonomischen Bedingungen wuchs der Druck, sich stärker mit dem Publikum zu befassen, Inhalte und Formen daran auszurichten, was das Publikum wünschen könnte. Befragungen von Leser*innen kamen in Mode, redaktionelles Marketing wurde eingeführt (vgl. Meckel 1999). Dahinter standen eher ökonomische Überlegungen als der politische Anspruch, die Bürger*innen an der Öffentlichkeit teilhaben zu lassen. Dennoch hat sich seit Donsbachs Analyse Vieles verändert: Das Publikum zu ignorieren, kann sich heute kein Medienunternehmen mehr leisten, vielmehr werden Klicks, Visits und Engagement bei Online-Nachrichten in den Redaktionen minütlich ausgewertet, über Social Media meldet sich das Publikum zu Wort und straft Redaktionen mit Ignoranz, die sich zu sehr abschotten. Themen, die in den klassischen Medien nicht thematisiert werden, brechen sich anderswo Bahn und können auf YouTube oder Instagram plötzlich hohe Reichweiten erzielen.

Inzwischen fallen auch die Privilegien, denen Donsbach 1982 so viel Bedeutung zumaß, und zwar nicht, weil die Rechte der Journalist*innen in Deutschland beschnitten worden wären, sondern weil die Möglichkeiten aller Bürger*innen, sich an der öffentlichen Kommunikation zu beteiligen, deutlich zugenommen haben. Insbesondere hatten die Journalist*innen weitergehende Rechte bei der Informationsbeschaffung gegenüber Behörden als die Bevölkerung. Im historischen Zusammenhang ist die Besorgnis Donsbachs in Bezug auf die journalistischen Privilegien deshalb nachzuvollziehen. Inzwischen hat sich jedoch in Deutschland in dieser Hinsicht Entscheidendes geändert, beispielsweise mit der Einführung des Informationsfreiheitsgesetzes 2006 (vgl. Redelfs 2007). Seitdem besteht die Informationspflicht der (Bundes-)Behörden und öffentlichen Einrichtungen gegenüber allen Bürger*innen, nicht nur Journalist*innen. Auch sind die Möglichkeiten der Bürger*innen, über das Internet und soziale Medien Informationen selbst zu verbreiten, enorm gestiegen. Zumindest theoretisch besteht die Möglichkeit auch für Nicht-Journalist*innen, Informationen durch eigene Recherchen zu überprüfen, sowie auch als Nicht-Journalist*innen ein großes Publikum für eigene Mitteilungen zu finden. Die Sorge um eine mangelnde Legitimierung von Journalist*innen könnte angesichts geringerer Privilegien heute schwächer ausfallen.

Verändert hat sich auch der Grad der Professionalisierung im Journalismus. Die Studiengänge, die auf wissenschaftlicher Grundlage Journalist*innen ausbilden, steckten zur Entstehungszeit des Buches noch in den Kinderschuhen. Inzwischen sind Generationen von Journalist*innen in Deutschland herangewachsen, von denen sich ein größerer Anteil durch ein Journalistik-Studium reflektiert mit dem eigenen Beruf auseinandergesetzt hat. 2005 hatten immerhin mehr als zwei Drittel der hauptberuflichen Journalist*innen einen Studienabschluss, ein gutes Viertel hat im Haupt- oder Nebenfach Journalistik, Publizistik oder Kommunikationswissenschaft studiert (vgl. Weischenberg et al. 2006, S. 67f.). Die von Donsbach häufig geforderte Professionalisierung des Journalismus mit einer hohen Qualität der Ausbildung sowie die Förderung eines verantwortungsvollen Handelns im Journalismus bleiben aber, gemessen an den gesellschaftlichen Aufgaben und angesichts einer zunehmenden Ökonomisierung des journalistischen Systems, wichtige Ziele.

Literatur

Cohen, B. (1963). *The Press and the Foreign Policy*. Princeton, NJ: Princeton University Press.
Donsbach, W. (1981). *Gesellschaftliche Aufgaben der Massenmedien und berufliche Einstellungen von Journalisten*. Mainz: Phil. Diss.
Donsbach, W. (1982). *Legitimationsprobleme des Journalismus. Gesellschaftliche Rolle der Massenmedien und berufliche Einstellungen von Journalisten*. Freiburg, München: Alber.
Grunenberg, N. (1983). Die Kartenleger der Politik. Sind Meinungsforscher mehr als Kaffeesatzleser? *Die Zeit*, 4. März 1983, https://www.zeit.de/1983/10/die-kartenleger-der-politik/komplettansicht (abgerufen 04.10.2019).
Hoffmann-Lange, U., & Schönbach, K. (1979). Geschlossene Gesellschaft. In: H. M. Kepplinger (Hrsg.), *Angepaßte Außenseiter. Was Journalisten denken und wie sie arbeiten* (S. 49–75). Freiburg: Alber.

Jandura, O., Petersen, T., Mothes, C., & Schielicke, A.-M. (Hrsg.) (2015). *Publizistik und gesellschaftliche Verantwortung. Festschrift für Wolfgang Donsbach.* Wiesbaden: Springer VS.

Jarren, O., & Donges, P. (2011). *Politische Kommunikation in der Mediengesellschaft. Eine Einführung.* Wiesbaden: Springer VS.

Köcher, R. (1985). *Spürhund und Missionar. Eine vergleichende Untersuchung über Berufsethik und Aufgabenverständnis britischer und deutscher Journalisten.* München: Phil. Diss.

Langenbucher, W. R. (1974/75). Kommunikation als Beruf. *Publizistik* 19(3–4)/20(1–2), 256–277.

Löffler, M., & Ricker, R. (1978). *Handbuch des Presserechts.* München: C.H. Beck.

McCombs, M., & Shaw, D. L. (1972). The Agenda-Setting Function of the Mass Media. *Public Opinion Quarterly* 36(2), 176–187.

Meckel, M. (1999). *Redaktionsmanagement. Ansätze aus Theorie und Praxis.* Opladen, Wiesbaden: Westdeutscher Verlag.

Noelle-Neumann, E. (1980): *Die Schweigespirale. Öffentliche Meinung – unsere soziale Haut.* München, Zürich: Piper.

Petersen, T. (2015). Nachruf auf Wolfgang Donsbach. In: *Elisabeth Noelle-Neumann: Leben und wissenschaftliches Werk.* (http://noelle-neumann.de/news/nachruf-auf-wolfgang-donsbach/, veröffentlicht 31.07.2015, abgerufen 13.10.2019).

Redelfs, M. (2007). Transparenz nur für Hartnäckige? Anwendungserfahrungen: IFG (Informationsfreiheitsgesetz) im Praxistest. *Netzwerk Recherche* https://netzwerkrecherche. org/handwerk/informationsfreiheit-und-auskunftsrechte/ifg-guide/anwendungserfahrungen-ifg-im-praxistest/ (abgerufen 10.10.2019).

Ronneberger, F. (1971). *Sozialisation durch Massenkommunikation.* Stuttgart: Enke.

Schönbach, K., Schneider, B., & Stürzebecher, D. (1994). Oberlehrer oder Missionare? Das Selbstverständnis deutscher Journalisten. In: F. Neidhardt (Hrsg.), *Öffentlichkeit, öffentliche Meinung, soziale Bewegungen.* Sonderheft 34/1994 der Kölner Zeitschrift für Soziologie und Sozialpsychologie (S. 139–161). Opladen: Westdeutscher Verlag.

Schulz, W. (1976). *Die Konstruktion der Realität in den Nachrichtenmedien. Analyse der aktuellen Berichterstattung.* Freiburg, München: Alber.

Tunstall, J. (1970). *The Westminster lobby correspondents. A sociological study of national political journalism.* London: Routlege & Kegan Paul.

Weaver, P. H. (1974). The New Journalism and The Old Thoughts After Watergate. *The Public Interest* 35(spring), 67–88.

Scholl, A., & Weischenberg, S. (1998). *Journalismus in der Gesellschaft. Theorie, Methodologie und Empirie.* Opladen, Wiesbaden: Westdeutscher Verlag.

Weischenberg, S., Maja, M., & Scholl, A. (2006). *Die Souffleure der Mediengesellschaft. Report über die Journalisten in Deutschland.* Konstanz: UVK.

Wright, C. R. (1964). Functional Analysis and Mass Communication. In: L. A. Dexter & D. M. White (Hrsg.), *People, Society, and Mass Communication* (S. 91–109). New York: Free Press of Glencoe.

Die Vermessung des deutschen Journalismus

Scholl, Armin, Weischenberg, Siegfried (1998). *Journalismus in der Gesellschaft. Theorie, Methodologie und Empirie.* Opladen/Wiesbaden: Westdeutscher Verlag

Daniel Nölleke

Zusammenfassung

Mit dem Buch „Journalismus in der Gesellschaft" legen die Autoren Armin Scholl und Siegfried Weischenberg Mitte der 1990er-Jahre eine detaillierte Vermessung des Journalismus in Deutschland vor. Der Bericht über die Ergebnisse des von der DFG geförderten Projekts „Journalismus in Deutschland" (JouriD) wird in ein systemtheoretisches Theoriegebäude integriert. Die Autoren liefern eine detaillierte Einführung in die Grundannahmen der konstruktivistischen Systemtheorie, wenden diese Annahmen im Rahmen einer repräsentativen Journalist*innenbefragung auf die Journalismusforschung an und verfolgen so das Anliegen, eine empiriegesättigte Journalismustheorie vorzulegen. Das Buch umfasst Ergebnisse beider Teilstudien des JouriD-Projekts. In der (1) Arbeitsmarktstudie, für die sie anhand ihrer theoretischen Annahmen eine Medienstichprobe entwickeln, berechnen Scholl und Weischenberg die Gesamtzahl der freien und festangestellten JournalistInnen in Deutschland. Auf Basis dieser Grundgesamtheit befragen sie in einer (2) repräsentativen JournalistInnenbefragung 1498 JournalistInnen zu Tätigkeiten, Einflüssen auf das

D. Nölleke (✉)
Deutsche Sporthochschule Köln, Köln, Deutschland
E-Mail: d.noelleke@dshs-koeln.de

© Springer Fachmedien Wiesbaden GmbH, ein Teil von Springer Nature 2023
W. Loosen, A. Scholl (Hrsg.), *Schlüsselwerke der Journalismusforschung*,
https://doi.org/10.1007/978-3-658-25867-2_22

journalistische Arbeiten, Rollenselbstverständnis und Ethik. Die Verbindung von
Systemtheorie und Empirie hat in der Folge zahlreiche Studien inspiriert. Repräsentativen Journalist*innenbefragungen hat die Stichprobenziehung und die Operationalisierung komplexer Konstrukte als Vorbild gedient. Die Ergebnisse von
JouriD I sowie der Folgestudie JouriD II sind weiterhin wichtige Vergleichsgrößen
für aktuelle Journalist*innenbefragungen.

Schlüsselwörter

Journalismusforschung · Konstruktivismus · Systemtheorie · Berufsfeld
Journalismus · Journalistenbefragung · Arbeitsmarktstudie

1 Kurzbiografien der Autoren

Armin Scholl ist 1962 in Mainz geboren und hat dort zum Wintersemester 1982/1983
sein Studium der Publizistik- und Kommunikationswissenschaft, Politikwissenschaft,
Allgemeinen und Vergleichenden Literaturwissenschaft (später: Germanistik) aufge-
nommen. Zum Sommersemester 1985 wechselte er nach Münster und ging dort den
Weg der Direkt-Promotion. Seine Dissertation verfasste er bei Klaus Merten zum Thema
„Reaktivität im Forschungsinterview" (Scholl 1993), worin sich bereits sein Interesse
für method(olog)ische Fragen zeigte. Siegfried Weischenberg war Zweitgutachter der
Arbeit. Mit ihm arbeitete Armin Scholl dann als studentische Hilfskraft in dem von der
DFG geförderten Projekt „Kompetenz und Technik" zusammen. Seine Begeisterung für
die Journalismusforschung war vorher schon durch ein ebenfalls von Weischenberg (zusammen mit Klaus Schönbach) geleitetes Projekt geweckt: Im Kontext der Studie „In-
ter- und Intratransaktionen im Medienwirkungsprozess" übernahm Armin Scholl als
studentische Hilfskraft die Auswertung der Journalist*innenbefragung und veröffentlichte gemeinsam mit Siegfried Weischenberg und Susanne von Bassewitz seinen ersten
wissenschaftlichen Aufsatz (Weischenberg, von Bassewitz, & Scholl 1989).

Rechtzeitig zum Start von „Journalismus in Deutschland" (JouriD) Anfang 1992
hatte Scholl seine Promotion abgeschlossen und wurde Mitarbeiter in dem Projekt.
Nach Auslaufen der DFG-Förderung Mitte 1994 wechselte er zu Hans-Jürgen Weiß
an die FU Berlin. In seine Berliner Zeit fiel auch die Arbeit an dem Buch „Journalismus in der Gesellschaft", das Armin Scholl heute als „mein bestes Werk" bezeichnet.
1998 kehrte Scholl als Akademischer Rat (ab 2002 Akademischer Oberrat) an das
Institut für Kommunikationswissenschaft (IfK) nach Münster zurück. Gemeinsam
mit Siegfried Weischenberg leitete er von 2003 bis 2007 die ebenfalls von der DFG
geförderte Folgestudie „Journalismus in Deutschland II". 2005 habilitierte er sich;
2010 wurde er zum außerplanmäßigen Professor am IfK in Münster ernannt.

In seinem wissenschaftlichen Werk lässt sich gut nachvollziehen, wie sehr ihn die Arbeit an und die Reaktionen auf „Journalismus in der Gesellschaft" geprägt haben. In zahlreichen seiner Beiträge geht es ihm um die Vereinigung von scheinbar schwer Vereinbarem: Theorie und Empirie; Akteur und Systemtheorie; Ethik und Systemtheorie; qualitative und quantitative Methoden. Auch wenn Armin Scholl in seinen Publikationen immer wieder über den Tellerrand der Theorie sozialer Systeme hinausschaut, ist sein wissenschaftliches Werk stark von systemtheoretischen Ideen geprägt.

Dieses Faible für systemtheoretisches Denken teilt er mit Siegfried Weischenberg, der als zweiter Anwender von Niklas Luhmann im Fach (nach Manfred Rühl) maßgeblich dazu beigetragen hat, Systemtheorie und Konstruktivismus in der Kommunikationswissenschaft zu etablieren. Dabei erlebt sich Weischenberg „selbst überhaupt nicht als orthodoxen Systemtheoretiker" (Pörksen, Loosen, & Scholl 2008, S. 730). Es gehe ihm „nur um die Leistungsfähigkeit und Erklärungskraft der verschiedenen Theorien" (ebd., S. 733).

Siegried Weischenberg wurde 1948 in Wuppertal geboren und arbeitete zunächst als Journalist für die *Neue Ruhr Zeitung* in Essen. An der Ruhr-Universität Bochum studierte er Soziologie, Geschichte, Wirtschaftswissenschaft und Kommunikationswissenschaft. 1976 promovierte er mit einer Arbeit über Sportjournalismus. In Dortmund wurde er 1979 Professor für Medienproduktion, bevor er 1982 auf eine Professur nach Münster wechselte. In seiner Münsteraner Zeit leitete er drei von der DFG geförderte Projekte, eines davon JouriD I. 2000 folgte Siegfried Weischenberg einem Ruf nach Hamburg. Hier leitete er die ebenfalls DFG-geförderten Projekte „Konturen aktueller Medienkommunikation" sowie „Journalismus in Deutschland II" – beides Folgeprojekte von JouriD I. 2013 wurde Siegfried Weischenberg emeritiert.

Sein wissenschaftliches Lebenswerk ist geprägt vom Fokus auf verschiedene Paradoxien in Journalismus und Journalismusforschung – Paradoxien, derer sich die Autoren auch im Buch „Journalismus in der Gesellschaft" annehmen. Zum einen adressiert das Schlüsselwerk den Spagat zwischen Theorie und Empirie. Zum anderen hat sich Weischenberg ausgiebig mit dem „Antagonismus zwischen kulturellem Anspruch und ökonomisch-technischen Gegebenheiten" (Scholl, Pörksen, & Loosen 2008, S. 714) beschäftigt. Dieser Einfluss von strukturellen Zwängen auf das journalistische Arbeiten ist folgerichtig ein bedeutender Aspekt in der Journalist*innenbefragung der JouriD-Studie. Schließlich ist Siegfried Weischenberg engagierter Brückenbauer zwischen Theorie und Praxis, was sich in seinen Initiativen zur hochschulgebundenen JournalistInnenausbildung genauso zeigt wie in gleichermaßen theorie- und praxisorientierten Lehrbüchern.

2   Inhalt des Textes

Das Buch „Journalismus in der Gesellschaft" basiert maßgeblich auf dem DFG-Projekt „Journalismus in Deutschland" und dessen Kernelement, einer repräsentativen Journalist*innenbefragung. Die Idee zu der Befragung entwickelten Siegfried Weischenberg und Armin Scholl während der Arbeit am früheren Projekt „Inter- und Intratransaktionen im Medienwirkungsprozess". Statt nur einige JournalistInnen zu ausgewählten Themen zu befragen, sollte es nun Ziel sein, den Journalismus ganzheitlich in den Blick zu nehmen. Die Autoren wollten die von ihnen identifizierten eklatanten Forschungslücken in der Berufsfeldforschung zum Journalismus mit einer repräsentativen Journalist*innenbefragung schließen. Ein Vorbild für dieses Vorhaben fand Siegfried Weischenberg in den USA, wo Mitte der 1980er-Jahre der amerikanische Journalismus vermessen worden war (Weaver und Wilhoit 1986 (siehe den Beitrag von Löffelholz in diesem Band). Im schließlich von der DFG genehmigten Projekt „Journalismus in Deutschland" (JouriD) (Laufzeit von Anfang 1992 bis Mitte 1994) war neben Armin Scholl auch Martin Löffelholz als wissenschaftlicher Mitarbeiter angestellt, der die Theoriediskussion in der Journalismusforschung durch sein Handbuch (Löffelholz 2000, 2010, 2016) wesentlich fundiert und systematisiert hat. Auch wenn die JouriD-Studie meist auf die Journalist*innenbefragung reduziert wird, umfasst das Projekt zwei Teilstudien: Eine (1) Arbeitsmarktstudie, deren Ziel es war, die Gesamtzahl der JournalistInnen in Deutschland zu ermitteln, bildete die Basis einer repräsentativen Stichprobeziehung für die (2) Journalist*innenbefragung. Die Notwendigkeit von Repräsentativität ergibt sich aus dem Anspruch der Autoren, das System Journalismus und nicht einzelne journalistische Akteur*innen oder Bereiche des Journalismus zu beschreiben. Die individuellen Journalist*innen sind „privilegierte Beobachter des Systems Journalismus" (Scholl und Weischenberg 1998, S. 84), jedoch stellen erst eine Vielzahl von Befragten, die Repräsentativität der Stichprobenziehung sowie die statistische Aggregation sicher, dass Erkenntnisse über Journalismus an sich und nicht nur über besondere Einzelfälle gewonnen werden (Neuberger 1999).

Eher zufällig erfuhren die Münsteraner Forscher von einer weiteren Repräsentativbefragung deutscher Journalist*innen, die nahezu zeitgleich mit JouriD im Feld war: Die „Sozialenquete über die Journalisten in den neuen Ländern der Bundesrepublik Deutschland" ermittelte ebenfalls die Gesamtzahl der in Deutschland tätigen JournalistInnen und lehnte sich in einer repräsentativen Journalist*innenbefragung an den US-Vorbildern Weaver und Wilhoit an. Die beiden Studien konkurrierten also mit ähnlichem Themeninteresse (aber unterschiedlichen Themenschwerpunkten) auf ähnlichem Terrain.

In der JouriD-Studie wurden während der Feldphase vom 22. Februar bis zum 30. August 1993 1498 JournalistInnen mittels eines standardisierten Fragebogens persönlich befragt. Flankiert wurde die Befragung durch eine Inhaltsanalyse von Beiträgen, die die befragten Journalist*innen als besonders gelungen bezeichneten. Erst 1998 erschien das Buch „Journalismus in der Gesellschaft", für das ursprünglich ein anderer Titel vorgesehen war. Da die Autoren zunächst einen Forschungsbericht geplant hatten, der die Daten aus dem Projekt auf höherem statistischen Niveau auswertet und in komplexeren theoretischen Kontexten interpretiert, war es naheliegend, dem Buch den Namen des Forschungsprojekts zu geben. Allerdings entstand beim Schreiben des Buchs – befruchtet durch zahleiche differenzierungstheoretisch inspirierte Dissertationen Mitte und Ende der 1990er-Jahre (Blöbaum 1994; Görke 1999; Kohring 1997; Marcinkowski 1993) – eine „Eigendynamik" (Scholl und Weischenberg 1998, S. 19). Während der Arbeit an der Monografie entwickelten die Autoren den Anspruch, „eine in erheblichem Maße empiriegesättigte Journalismus-Theorie vorzulegen" (ebd., S. 19). Wer Paten dieser Theorie sind, lässt sich angesichts des Titels leicht erahnen. „Journalismus in der Gesellschaft" kann als Reminiszenz an Manfred Rühls „Journalismus und Gesellschaft" (1980, siehe hierzu den Beitrag von Görke und Steffan in diesem Band) und an Niklas Luhmanns Beschäftigung mit verschiedenen Teilbereichen der Gesellschaft (wie Politik, Wirtschaft, Wissenschaft, Kunst, Recht) gelesen werden. Bewusst behandeln die Autoren nicht „Journalist*innen in der Gesellschaft", sondern „Journalismus in der Gesellschaft". Dieser Schluss von der Mikro-Ebene der einzelnen Akteure, auf der die Daten erhoben wurden, auf die Makro-Ebene des Systems Journalismus ist eine der zentralen Leistungen des Schlüsselwerks. Brücken schlägt das Buch nicht nur vom Akteur zum System, sondern auch von der Theorie zur Empirie. Die Autoren streben den Nachweis an, „dass sich die universalistische Systemtheorie (unter bestimmten Bedingungen) durchaus für konkretere Problemstellungen in der Erfahrungswelt (z. B. der medialen Aussagenentstehung) operationalisieren lässt" (Scholl und Weischenberg 1998, S. 22f.).

Und so erhält die Leserin/der Leser mit „Journalismus in der Gesellschaft" mehrere Bücher in einem: einerseits einen Grundlagentext zur Anwendung der Systemtheorie auf den Gegenstand Journalismus, andererseits auch (aber eben nicht nur) einen Ergebnisbericht, der auf breiter Datenbasis eine Bestandsaufnahme des Journalismus Mitte der 1990er-Jahre liefert. Die Autoren berichten über Befunde zu journalistischen Tätigkeiten, zu Einflüssen auf journalistisches Arbeiten, zur Rolle von Publikum und Public Relations, zum journalistischen Rollenselbstverständnis und dessen Handlungsrelevanz sowie zum ethischen Handeln von Journalist*innen. Außerdem nehmen Scholl und Weischenberg verschiedene Distinktionen vor und vergleichen männliche und weibliche JournalistInnen sowie Journalist*innen aus Ost- und Westdeutschland miteinander. Darüber hinaus ziehen sie Journalist*innenbefragungen aus

anderen Ländern heran, um ihre Erkenntnisse aus Deutschland international einzuordnen. Schließlich liefern die Autoren Anschauungsmaterial für die heuristische Funktion von Theorien: Das „Programm" (ebd., S. 20) ihres Buches sei, „das *System/Um-
welt-Paradigma* der konstruktivistischen Systemtheorie [...] erstmals auf der Basis
von aufwendig erhobenen empirischen Daten konsequent auf die Journalismusforschung [anzuwenden] und in Hinblick auf sein Potential umfassend [zu prüfen]."
(ebd., S. 20; Herv. i. O.). Ein „Dreisprung" (ebd., S. 23) bringt in den einzelnen Kapiteln theoretische Überlegungen, Operationalisierungen und empirische Befunde zusammen. Etwas versteckt im Anhang findet man schließlich noch ein viertes Buch im
Buch. „Die Studie" liefert nicht nur „vorbildlich[e]" (Neuberger 1999, S. 382) Transparenz über die methodische Vorgehensweise in der Studie, sondern gibt auch grundsätzliche Hinweise zu Stichprobenziehung, zu Erhebungsmethoden sowie zu Auswertungsverfahren in der empirischen Sozial-/Journalismusforschung.

Im Schlüsselwerk konzipieren Scholl und Weischenberg Journalismus als gesellschaftliches Funktionssystem, das die Primärfunktion erfüllt, „aktuelle Themen
aus den diversen Systemen (der Umwelt) zu sammeln, auszuwählen, zu bearbeiten
und dann diesen sozialen Systemen (der Umwelt) als Medienangebote zur Verfügung zu stellen" (1998, S. 78). Journalismus orientiert sich im Verständnis der
Autoren stets am Merkmal der Aktualität, das eine zeitliche (Neuigkeitswert), eine
sachliche (Faktizität) und eine soziale (Relevanz) Dimension umfasst. Die Autoren
argumentieren, dass erst die Konzeption des Journalismus als gesellschaftliches
Teilsystem es ermöglicht, die strukturellen Faktoren in den Blick zu nehmen, „die
dem Journalismus seine Identität verleihen" (ebd., S. 28). Demnach definieren
Normen, Strukturen, Funktionen und Rollen, was Journalismus ist. Die Autoren
konzipieren Journalismus somit als „Handlungszusammenhang [...], der in soziale
Prozesse eingebunden ist" (ebd., S. 16). Außerdem betonen sie die Relevanz von
Akteur*innen für das System Journalismus: Aus systemtheoretischer Perspektive
sind Journalist*innen als Rollenträger*innen an das System Journalismus gekop-
pelt und dazu in der Lage, es durch ihre Intentionen zu irritieren.

Entlang dieses Verständnisses operationalisieren die Autoren in einem mehrstufigen Verfahren, was sie für Journalismus halten und entwickeln so ihre Medienstichprobe. Diese nutzen sie zunächst für eine Personalzahlenerhebung, um die
Grundgesamtheit der JournalistInnen in Deutschland zu bestimmen. Das
Projektteam berechnet eine Zahl von rund 18.000 hauptberuflich freien sowie gut
36.000 festangestellten Journalist*innen in Deutschland. Anschließend ziehen
Scholl und Weischenberg anhand aufwändiger Gewichtungsverfahren die Stichprobe von 1498 JournalistInnen für die Journalist*innenbefragung.

Die Ergebnisse der Journalist*innenbefragung bestätigen einige der seinerzeit
gängigen Vorurteile gegenüber Journalismus ausdrücklich *nicht*. So kommt die

Studie zu dem Ergebnis, dass die Recherche entgegen aller Befürchtungen den größten Teil journalistischer Arbeit einnimmt. Auch der Eindruck, dass Journalismus sein Publikum missachte, spiegelt sich in den Auskünften der befragten Journalist*innen nicht. Der Großteil der Journalist*innen pflegt gemäß der Selbstauskünfte einen pragmatischen Umgang mit PR-Quellen – deren Notwendigkeit als Informationsquelle wird anerkannt. Als besondere Leistung der Studie kann auch die Erweiterung der klassischen Frage nach dem Rollenselbstverständnis gelten: Gefragt wurden die Journalist*innen nicht nur nach ihrem Rollenselbstverständnis, sondern auch nach ihrer Einschätzung, inwieweit dieses im Berufsalltag realisierbar sei. Die Handlungsrelevanz des Selbstverständnisses wurde zudem anhand einer Inhaltsanalyse jener Artikel identifiziert, die Journalist*innen selbst als besonders gelungen bezeichneten. Die Ergebnisse der Befragung deuten auf eine deutliche Dominanz des neutralen Informationsjournalismus hin. In ihrer Studie zeigen die Autoren zudem, dass Journalist*innen den Medien einen hohen Einfluss auf Öffentlichkeit zusprechen, dass sie diesen Einfluss jedoch kritisch einschätzen. Die Studie zeigt, dass Journalist*innen – insbesondere bei Meldungen über Skandale – eher zurückhaltend berichten und in der Regel Sorgfalt über Aktualität stellen. Auch in der Recherche agieren die befragten Journalist*innen eher zurückhaltend denn aggressiv. Für jedes dieser Themen legen die Autoren im Buch zahlreiche Differenzierungen vor. Abschließend weisen sie auf eine „Fülle von Anschlussfragen" hin, die sich aus der Repräsentativerhebung ergeben und die – mittels Fallstudien – eine „tiefergehende Untersuchung spezieller Forschungsfelder" (1998, S. 273) ermöglichen. Diesem Forschungsbedarf nahmen sich die Autoren selbst an: Von Dezember 2000 bis Dezember 2002 leitete Siegfried Weischenberg das ebenfalls von der DFG geförderte Folgeprojekt „Konturen aktueller Medienkommunikation: Differenzierung und Entdifferenzierung medienspezifischer Strukturen und Leistungen von Journalismus in der Informationsgesellschaft".

3   Wirkungsgeschichte und Kritik

Das Buch „Journalismus in der Gesellschaft" und die zugrunde liegende JouriD-Studie wurden in der deutschsprachigen Journalismusforschung intensiv rezipiert. Die Studie wurde zum Vorbild für weitere (repräsentative) Journalist*innenbefragungen. Die Nutzung der Systemtheorie als Heuristik zur Beschreibung und Erklärung von empirischen Phänomenen im Journalismus hat den Weg für verschiedene Arbeiten bereitet. Allerdings haben der äußerst weitreichend formulierte theoretische und empirische Anspruch des Buches auch Kritiker*innen auf den Plan gerufen.

Kritisch bewertet wurde das Potenzial der Systemtheorie für die Journalismusfor-schung. Dies zeigt sich insbesondere in der Debatte, die Armin Scholl in der Fachzeit-schrift *Medien & Kommunikationswissenschaft* mit Elisabeth Klaus und Margret Lü-nenborg führte. In Auseinandersetzung mit den Grenzen der Systemtheorie schlagen Klaus und Lünenborg (2000a) eine „kulturorientierte Annäherung" (S. 188) an Jour-nalismus vor. An systemtheoretischen Arbeiten – wie dem Buch von Scholl und Wei-schenberg – kritisieren sie unter anderem die „weitgehende Gleichsetzung von Jour-nalismus mit Nachrichten- und Informationsjournalismus" (ebd., S. 189) sowie einen „weitgehenden Ausschluss des Publikums aus der Journalismusforschung" (ebd., S. 195). Die leidenschaftliche Replik von Armin Scholl (2000) wird schließlich von Klaus und Lünenborg (2000b) in einer weiteren Antwort insbesondere wegen ihres Stils kritisiert. Auch Neuberger (1999) fällt in seiner Rezension des Schlüsselwerks schon im Buch ein Ton auf, „der mitunter unmotiviert ruppig erscheint, wenn Alterna-tivpositionen behandelt werden." (S. 382). Dagegen attestiert er Scholl und Weischen-berg in der Sache Kompromissbereitschaft und bemerkt, wie „erfreulich moderat" die Autoren das „systemtheoretische Dogma der Trennung psychischer und sozialer Sys-teme" anwenden. Dennoch bleibt in der Kommentierung systemtheoretischer Journa-lismusforschung die „(vermeintliche)" (Loosen 2008, S. 591) Nicht-Berücksichtigung der Akteure ein Dauerbrenner. Neuberger (1999) kritisiert in seiner Rezension dage-gen andere systemtheoretische Prämissen: So überzeugt es ihn nicht, dass Leitcode und Primärfunktion ad hoc eingeführt werden, anstatt das Selbstbild des Journalismus empirisch zu ermitteln. Er vermisst insbesondere Erläuterungen zur sozialen und sachlichen Dimension von Aktualität. Außerdem fragt er, wie systemtheoretische Prämissen mit eher normativen Aufgabenzuschreibungen und Journalismuskritik ver-einbar seien.

In ihrer empirischen Beschäftigung mit Phänomenen des Journalismus sind ver-schiedene Autor*innen dem Vorbild von Scholl und Weischenberg gefolgt und haben die Systemtheorie als Heuristik eingesetzt (z. B. Malik 2004; Nölleke 2013; Wied 2007). Auch Neuberger (1999, S. 381) hält das Schlüsselwerk für einen „wichtige[n] Schritt, um die Kluft zwischen Theorie und Empirie in der Journalis-musforschung zu überwinden". Allerdings merkt er kritisch an, dass „sich der heu-ristische Wert der Systemtheorie […] in der Studie als eher begrenzt [erweist]" (ebd., S. 381). Auch andere Kommentator*innen vermissen die konsequente Umset-zung theoretischer Prämissen. Hanitzsch, Altmeppen und Schlüter (2007, S. 9) ver-weisen ausdrücklich auf „Journalismus in der Gesellschaft", wenn sie die empiri-sche Umsetzung der Systemtheorie als „nicht zufriedenstellend" bezeichnen und „theoretische Brüche" kritisieren. Kritisiert wurde schließlich auch der hohe Abs-traktionsgrad der Systemtheorie, der von den wichtigen Problemen des Journalis-mus eher ablenke (Haller 2016).

Derart fundamentale Kritik blieb in der Rezeption des Schlüsselwerks jedoch die Ausnahme. Detailkritik bezieht sich dagegen darauf, dass das vorgestellte Kontext-Modell nicht mit der mehrstufigen Operationalisierung von Journalismus korrespondiere oder dass einflusstheoretische Prämissen nicht kompatibel mit der operationalen Geschlossenheit sozialer Systeme seien (Löffelholz 2008, S. 544). Dass sich aber auch systemübergreifende Einflüsse im systemtheoretischen Sinne als Umweltbeziehungen deuten lassen, haben weitere Arbeiten – etwa zur Medialisierung gesellschaftlicher Teilbereiche (Marcinkowski 2015) – in der Folge gezeigt.

Nicht nur die theoretischen Prämissen, auch die Anlage der Studie und ihre Ergebnisse hat das Fach intensiv rezipiert. Die Ergebnisse der JouriD-Studien werden in Lehrbüchern der Kommunikationswissenschaft und Journalistik prominent zitiert (z. B. Meier 2018). Auch international wurden die Ergebnisse der Studien als Bestandsaufnahme für den Journalismus in Deutschland wahrgenommen (Weaver 1998; Weaver und Willnat 2012). Schließlich orientierten sich repräsentative Journalist*innenstudien in Österreich (Kaltenbrunner et al. 2008) und der Schweiz (Marr et al. 2001) an JouriD. Die von Weischenberg, Scholl und Löffelholz Mitte der 1990er-Jahre durchgeführte Studie kann also als wichtiges Benchmark für die (repräsentative) Berufsfeldforschung im (deutschsprachigen) Journalismus gelten. Besonders stark orientiert sich freilich die Folgestudie JouriD II an der Ursprungsstudie, über die im Schlüsselwerk berichtet wird. Der entsprechende Ergebnisbericht folgt allerdings einem völlig anderen Konzept und verzichtet weitgehend auf theoretische Kontextualisierung. Das hat jedoch – entgegen der Vermutung von Hanitzsch, Altmeppen und Schlüter (2007) – nichts damit zu tun, dass den Autor*innen theoretische Brüche aufgefallen wären, sondern schlichtweg damit, dass man – so Armin Scholl im persönlichen Gespräch – in „Journalismus in der Gesellschaft" bereits alles zu den theoretischen Prämissen gesagt habe und dass das Buch für ein breiteres, auch nicht-wissenschaftliches Publikum geschrieben worden sei. Gut zehn Jahre nach Abschluss von JouriD II ging im Rahmen des international angelegten Projekts „Worlds of Journalism" unter Leitung von Thomas Hanitzsch eine weitere repräsentative Befragung deutscher Journalist*innen ins Feld. Auch diese repräsentative Journalist*innenbefragung orientiert sich an den Operationalisierungen der JouriD-Projekte und erlaubt somit Vergleiche zu den früheren Befragungen (Steindl, Lauerer, & Hanitzsch 2017).

Solche Vergleiche zeugen von der ungebrochenen Relevanz von „Journalismus in der Gesellschaft". Zwar haben sich im Zuge der Digitalisierung die Herausforderungen für Journalismus gewandelt, doch machen gerade aktuelle Entwicklungen deutlich, wie wichtig es ist, Journalismus nicht auf handelnde Akteur*innen zu reduzieren, sondern sie in ihren normativen, funktionalen, strukturellen und rollenbezogenen Kontexten in den Blick zu nehmen. Auch wenn die systemtheoretische

Perspektive in dieser Hinsicht nicht alternativlos ist, weist das Schlüsselwerk von Scholl und Weischenberg nachdrücklich auf die Notwendigkeit hin, solche Kontextfaktoren zu berücksichtigen. Fraglich ist indes, inwieweit die Medienstichprobe heutzutage noch geeignet wäre, Journalismus in der Gesellschaft adäquat zu erfassen. Zumindest wird die Definition dessen, was Journalismus tatsächlich ist (und was er nicht ist) in Zeiten sozialer Netzwerkplattformen immer schwieriger. Damit erfüllt sich eine Prognose, die die Autoren schon Ende der 1990er gemacht haben: „Journalismus wird zunehmend profilloser und damit in seiner Einheit kaum noch beobachtbar. […] [D]ie Grundgesamtheit wird künftig noch schwieriger zu bestimmen sein als bei unserer Untersuchung" (Scholl und Weischenberg 1998, S. 273).

Literatur

Blöbaum, B. (1994). *Journalismus als soziales System: Geschichte, Ausdifferenzierung und Verselbständigung.* Opladen: Westdeutscher Verlag.
Görke, A. (1999). *Risikojournalismus und Risikogesellschaft. Sondierung und Theorieentwurf.* Wiesbaden: VS Verlag.
Haller, M. (2016). Journalismustheorie und journalistische Praxis. In: M. Löffelholz, L. Rothenberger (Hrsg.), *Handbuch Journalismustheorien* (S. 131–147). Wiesbaden: Springer VS.
Hanitzsch, T., Altmeppen, K. D., & Schlüter, C. (2007). Zur Einführung: Die Journalismustheorie und das Treffen der Generationen. In: K. D. Altmeppen, T. Hanitzsch, & C. Schlüter (Hrsg.), *Journalismustheorie: Next Generation* (S. 7–23). Wiesbaden: VS Verlag.
Kaltenbrunner, A, Karmasin, M, Kraus, D., & Zimmermann, A. (2008). *Der Journalisten-Report. Österreichs Medien und ihre Macher. Eine empirische Erhebung.* Wien: Facultas.
Klaus, E., Lünenborg, M. (2000a). Der Wandel des Medienangebots als Herausforderung an die Journalismusforschung: Plädoyer für eine kulturorientierte Annäherung. *Medien & Kommunikationswissenschaft* 48.2, 188–211.
Klaus, E., Lünenborg, M. (2000b). Münsteraner Wiedertäufer Revivals, Teil 2. *Medien & Kommunikationswissenschaft* 48.3, 413–415.
Kohring, M. (1997). *Die Funktion des Wissenschaftsjournalismus. Ein systemtheoretischer Entwurf.* Opladen: Westdeutscher Verlag.
Löffelholz, M. (2008) Normalität der Pluralität. Hauptlinien und Paradoxien der journalismusbezogenen Theoriebildung. In: B. Pörksen, W. Loosen, & A. Scholl (Hrsg.), *Paradoxien des Journalismus* (S. 533–548). Wiesbaden: VS Verlag.
Löffelholz, M. (Hrsg.) (2000; ²2010; ³2016). *Handbuch Journalismustheorien* (vorher: *Theorien des Journalismus*). Wiesbaden: Springer VS.
Loosen, W. (2008) Die Einheit der Differenz. Zum Verhältnis von Theorie und Empirie in der systemtheoretisch-konstruktivistischen Journalismusforschung. In: B. Pörksen, W. Loosen & A. Scholl (Hrsg.), *Paradoxien des Journalismus* (S. 583–607). Wiesbaden: VS Verlag.
Malik, M. (2004). *Journalismusjournalismus: Funktion, Strukturen und Strategien der journalistischen Selbstthematisierung.* Wiesbaden: VS Springer.

Marcinkowski, F. (1993). *Publizistik als autopoietisches Systems. Politik und Massenmedien. Eine systemtheoretische Analyse.* Opladen: Westdeutscher Verlag.

Marcinkowski, F. (2015). Die Medialisierung der Politik. Veränderte Bedingungen politischer Interessenvermittlung. In: R. Speth, A. Zimmer (Hrsg.), *Lobby Work. Interessenvertretung als Politikgestaltung* (S. 71–95). Wiesbaden: VS Verlag.

Marr, M., Wyss, V., Blum, R., & Bonfadelli, H. (2001). *Journalisten in der Schweiz: Eigenschaften, Einstellungen, Einflüsse.* Konstanz: UVK.

Meier, K. (2018). *Journalistik.* 4. Aufl. Konstanz: UVK.

Neuberger, C. (1999). Armin Scholl & Siegfried Weischenberg: Journalismus in der Gesellschaft. Theorie, Methodologie und Empirie. *Publizistik* 44.3, 380–382. [Buchbesprechung]

Nölleke, D. (2013). *Experten im Journalismus. Systemtheoretischer Entwurf und empirische Bestandsaufnahme.* Baden-Baden: Nomos.

Pörksen, B., Loosen, W., & Scholl, A. (2008). Paradoxien der Journalistik. Ein Gespräch mit Siegfried Weischenberg. In: B. Pörksen, W. Loosen, & A. Scholl (Hrsg.), *Paradoxien des Journalismus* (S. 721–742). Wiesbaden: VS Verlag.

Rühl, M. (1980). *Journalismus und Gesellschaft. Bestandsaufnahme und Theorieentwurf.* Mainz: v. Hase & Köhler Verlag.

Scholl, A. (1993). *Die Befragung als Kommunikationssituation. Zur Reaktivität im Forschungsinterview.* Opladen: Westdeutscher Verlag.

Scholl, A. (2000). Hat die Journalismusforschung alles falsch gemacht? *Medien & Kommunikationswissenschaft* 48.3, 405–412.

Scholl, A., Weischenberg, S. (1998). *Journalismus in der Gesellschaft. Theorie, Methodologie und Empirie.* Opladen/Wiesbaden: Westdeutscher Verlag.

Scholl, A., Pörksen, B., & Loosen, W. (2008). Zwischen Theorie, Empirie und Praxis. Ein (wissenschaftliches) Porträt von Siegfried Weischenberg. In: B. Pörksen, W. Loosen, & A. Scholl (Hrsg.), *Paradoxien des Journalismus* (S. 713–719). Wiesbaden: VS Verlag.

Steindl, N., Lauerer, C., & Hanitzsch, T. (2017). Journalismus in Deutschland. Aktuelle Befunde zu Kontinuität und Wandel im deutschen Journalismus. *Publizistik* 62.4, 401–423.

Weaver, D. (Hrsg.) (1998). *The global journalist. News people around the world.* Cresskill: Hampton Press.

Weaver, D., Wilhoit, G. C. (1986). *The American journalist. A portrait of U.S. news people and their work.* Bloomington: Indiana University Press.

Weaver, D., Willnat, L. (Hrsg.) (2012). *The global journalist in the 21st century.* New York: Routledge.

Weischenberg, S., von Bassewitz, S., & Scholl, A. (1989). Konstellationen der Aussagenentstehung. In: M. Kaase, W. Schulz (Hrsg.), *Massenkommunikation* (S. 280–300). Wiesbaden: VS Verlag.

Wied, K. (2007). *Der Wahlabend im deutschen Fernsehen.* Wiesbaden: VS Verlag.

Ein Fach wird erwachsen

Weischenberg, Siegfried (1990): „Das Paradigma Journalistik". „Zur kommunikationswissenschaftlichen Identifizierung einer hochschulgebundenen Journalistenausbildung." In: Publizistik, 35. Jg. 1990, H1, S. 45–61

Michael Harnischmacher

Schlüsselwörter

Kompetenzen · Kompetenzfelder · Journalistik · Journalistenausbildung · Fachgeschichte

In dem Anfang 1990 in der Publizistik erschienenen Beitrag „Das Paradigma Journalistik" entwirft Siegfried Weischenberg zwei zentrale Modelle, die seine Vorstellung für eine Identität des Faches Journalistik verdeutlichen und das noch junge Fach über Jahre prägen werden: das von Weischenberg selbst so getaufte „Zwiebelmodell" und das Modell der „Journalistische[n] Kompetenzfelder". Ersteres entwirft eine zum damaligen Zeitpunkt notwendige Systematisierung der Forschungsperspektiven des Faches, letzteres wirkt mit seiner Einteilung journalistischer Kompetenzen in der hochschulgebundenen Journalistenausbildung bis heute nach.

M. Harnischmacher (✉)
Universität Passau, Passau, Deutschland
E-Mail: Michael.Harnischmacher@uni-passau.de

© Springer Fachmedien Wiesbaden GmbH, ein Teil von Springer Nature 2023
W. Loosen, A. Scholl (Hrsg.), *Schlüsselwerke der Journalismusforschung*,
https://doi.org/10.1007/978-3-658-25867-2_23

1   Kurzbiografie des Autors

Siegfried Weischenberg (*1948 in Wuppertal) vereint in seinem Werdegang einen umfassenden sozialwissenschaftlichen mit einem journalismuspraktischen Hintergrund. Damit finden sich auch in seiner Biografie jene Elemente, welche die von ihm maßgeblich geprägte Journalistik in Deutschland ausmachen und die er im vorliegenden Aufsatz zum Paradigma des Faches zusammenführt. Weischenberg studierte zunächst an der Ruhr-Universität Bochum Soziologie, Geschichte, Wirtschaftswissenschaft und Kommunikationswissenschaft, 1976 wurde er dort promoviert. Außerdem sammelte er journalistische Erfahrung: als Volontär und Redakteur bei der Neuen Ruhr Zeitung in Essen, als Journalist für diverse Printmedien, Nachrichtenagenturen und den Rundfunk. Nachdem er zunächst an der Pädagogischen Hochschule Ruhr (Dortmund) am Aufbau des ersten integrierten Journalistikstudiengangs mitwirkte, wurde er 1979 zum Professor für Medienproduktion an die Universität Dortmund berufen. Von 1982 bis 2000 war er als Professor für Medientheorie und Medienpraxis sowie als Leiter des Instituts für Journalistik an der Universität Münster tätig, danach bis zu seiner Emeritierung 2013 an der Universität Hamburg. Dort war er geschäftsführender Direktor des Instituts für Journalistik und Kommunikationswissenschaft (IJK) sowie Direktor des Zentrums für Medienkommunikation (ZfM). Außerdem war er von 2005 bis 2007 wissenschaftlicher Leiter des Journalismus-Studiengangs an der Hamburg Media School. Neben seiner akademischen Karriere war Weischenberg auch immer wieder im Journalismus tätig sowie von 1999 bis 2001 Bundesvorsitzender des Deutschen Journalisten-Verbandes (DJV).

2   Inhalt des Textes

Als Siegfried Weischenberg 1990 in der Publizistik seinen Aufsatz „Das Paradigma Journalistik" veröffentlichte, konnte das Fach in Deutschland im Grunde bereits auf eine lange Tradition zurückblicken. Weischenberg führt in seinem Beitrag Pioniere wie Karl Bücher und Richard Wrede ins Feld (Weischenberg, 1990a, S. 46), deren Ideen für eine hochschulgebundene Journalistenausbildung zu Beginn des 20. Jahrhunderts bereits nicht weit von den Konzepten entfernt lagen, die in den Pilotprojekten der 1970er-Jahre in Dortmund, München oder Hohenheim verwirklicht wurden (ebd., S. 47; vgl. auch Harnischmacher, 2010, S. 144f.). In den dazwischenliegenden Jahrzehnten war man von einer „Journalistik" als Disziplin in Deutschland freilich weit entfernt. Journalisten interessierten meist vor allem als historische Persönlichkeiten, die Tätigkeit selbst galt als Begabungsberuf, und Weischenberg kritisiert, dass „diese Berufsmärchen der ‚normativen Publizistik' [...] bis in die 70er-Jahre hinein" wirkten (Weischenberg, 1990a, S. 47). Ausnahme war die hochschulgebundene Journalistenausbildung in der DDR, die an der Universität Leipzig bereits ab 1954 praktiziert wurde und zwölf Jahre später im Lehrbuch von Budzislawski (1966) erstmals „als Gesellschaftswissenschaft definiert" wurde (Weischenberg, 1990a, S. 46) – selbstverständlich aber als „Sozialistische Journalistik" (Budzislawski, 1966).

An der Neuentdeckung der Journalistik in den 1970er-Jahren kritisiert Siegfried Weischenberg vor allem, dass trotz der Überzeugung, die alte Begabungsideologie zu überwinden, trotz der Idee, Journalisten in eigenen Studiengängen an Universitäten zu bilden, und trotz der Pläne, dies im Zusammenspiel von „‚ Wissen', ‚Reflexion' und ‚Handwerk'" zu realisieren (ebd., S. 47), den neuen Studiengängen durchweg „eine konsentierte Fachsystematik" fehle (ebd.). Seiner Meinung nach bestimmten eher „die jeweiligen Erfordernisse des Studienbetriebes die Inhalte der Journalistik" (ebd.), was auch an den heterogenen fachlichen Interessen der Gründergeneration dieser Projekte lag: „Zu Gegenständen der Journalistik wurden demnach, was Hochschullehrer der Journalistik zum eigenen Arbeitsgebiet erklären und damit als ‚unverzichtbar' ausweisen" (ebd., S. 48). Dies habe dazu geführt, dass sich „die Identität der Journalistik [...] in der Gründungsphase gleichsam tautologisch [bestimmte]: Journalistik ist, was in den Studiengängen gleichen Namens gemacht wird." (ebd., S. 47)

Die Behebung dieses Umstandes war das Ziel von Weischenbergs Artikel. Es ging ihm darum, dem Fach 15 Jahre nach seiner (Neu-)Entstehung ein Profil zu geben, eine Systematik zu entwickeln, in die sich sowohl Lehr- als auch Forschungsperspektiven einordnen lassen. Er stand damit durchaus nicht alleine. 1987 hatte in Eichstätt eine DGPuK-Tagung zur Journalistenausbildung stattgefunden, bei den zu diesem Zeitpunkt neun „dezidiert berufsbezogenen Studienangeboten" hatte sich „bei allen Unterschieden im Einzelnen [...] so etwas wie ein latentes Kerncurriculum durchgesetzt" (Hömberg, 2002, S. 19). Die Mutterdisziplin Kommunikationswissenschaft befand sich schon länger in einem ähnlichen Diskurs über ihre Identität – die Suche nach Material- und Formalobjekt (vgl. etwa den im selben Jahr wie „Das Paradigma Journalistik" in der Publizistik erschienenen Artikel von Peter Glotz, 1990) – und Glotz forderte im Rekurs auf Otto Groth ein, dass es in der Diskussion der Kommunikationswissenschaft immer noch darum ginge, eine „spezifische Betrachtungsweise" (ebd., S. 251) zu entwickeln. Genau dies leistet Weischenbergs Paradigma für das Feld Journalistik, indem es „diesen Lehr- und Forschungsbereich von seinen Gegenständen her zu definieren" sucht (Weischenberg, 1990a, S. 49).

Der Ansatz, den Siegfried Weischenberg vorschlägt, ist umfassend und integrativ: „Ich verstehe Journalistik als einen Lehr- und Forschungsbereich, der – unter theoretisch-empirischen Aspekten der Beschaffung und Reflexion von Wissen über den Journalismus dient und dabei primär auf kommunikationswissenschaftliche Ansätze und Methoden zurückgreift; – unter praktisch-normativen der Entwicklung und Anwendung von Regeln für adäquate journalistische Vermittlung und damit der Journalistenausbildung dient." (ebd., S. 50) Der zweite Teil dieser Definition bezieht sich auf das Modell der „Journalistischen Kompetenzfelder", der erste Teil findet seine modellhafte Umsetzung in der „Zwiebel": Hier systematisiert der Autor im Bild unterschiedlicher Schalen die Analyseebenen und möglichen Perspektiven der Journalistik als Forschungsbereich: Die innere Schale stellen für ihn die Medienakteure dar, sozusagen die kleinste zu untersuchende Größe, die in ihrem Rollenzusammenhang (in Bezug auf das Gesamtsystem, die „Zwiebel") zu erforschen sind. Dies kann etwa durch die Untersuchung ihrer demografischen Merkmale, ihrer Einstellungen und Selbstverständnisses geschehen – ein Forschungsprogramm, das der Autor selbst bekanntermaßen mehrfach umfassend umgesetzt hat (zuletzt: „Die Souffleure der Mediengesellschaft", Weischenberg, Malik & Scholl, 2006).

Umschlossen werden die Akteure von ihren Medienaussagen, der nächsten Schale. Auf dieser Ebene nimmt die Journalistik den Funktionszusammenhang des Systems Journalismus in den Blick: Informationsquellen, Berichterstattungsmuster und Darstellungsformen, aber auch die Wirkungen und – für Weischenberg vor allem wichtig – ihr Beitrag zur Konstruktion von Wirklichkeit. Diese Aspekte wird der Autor in den kommenden Jahren vor allem theoretisch weiter entwickeln (z. B. gemeinsam mit Siegfried J. Schmidt, 1994). In der nächstäußeren Schale der Zwiebel finden sich die Medieninstitutionen, die, systembezogen, den Strukturzusammenhang bilden. Interessant ist, dass Weischenberg Institutionen hier durchaus im Sinne der Institutionentheorie US-amerikanischer Prägung meint. Dabei geht es weniger um die Medieninstitutionen im umgangssprachlichen Sinne als vielmehr um die „Zwänge" (Weischenberg, 1990a, S. 49) des Systems: ökonomischer Druck, politische und vor allem technische Imperative. Diese Perspektive bietet auch den Ansatzpunkt für das noch folgende Kompetenzmodell. Die äußere Schale der Zwiebel bildet der Normenkontext des Mediensystems selbst, die gesellschaftlichen Grundlagen, ethischen Standards, die Gesetzgebung.

Weischenberg verbindet mit der Zwiebel nicht nur eine Systematisierung der Analyse- und Einflussebenen des Systems Journalistik, er wirft auch fünf Problembereiche auf, von ihm „Stichworte" genannt, die bestimmen, „was man von der Journalistik erwarten kann und was nicht" (ebd., S. 52), in denen die Journalistik also Antworten liefern kann und soll. Dies sind Antworten auf: 1) Regelhaftigkeiten im Journalismus, 2) Wirklichkeitskonstruktion und „journalistische Milieus", 3) den Praxisbegriff der Journalistik, 4) den Strukturwandel im Journalismus und 5) die journalistische Kompetenz.

Einen wesentlichen Teil des „Paradigmas Journalistik" stellt dieses „5. Stichwort" dar, die Frage nach „Journalistik und journalistische[r] Kompetenz" (Weischenberg, 1990a: 57f.). Zwar wird das Weischenberg'sche Kompetenzmodell hier nur kurz, einem Addendum gleich, vorgestellt, was daran liegen mag, dass es für den umfassenden Reader „Journalismus & Kompetenz" (Weischenberg, 1990b) im selben Jahr die Grundlage bildete. Trotz der Kürze der Vorstellung, die im „Paradigma" auf die Beschreibung der zentralen Ideen reduziert bleibt, ist der Einfluss des hier eingeführten Modells für die deutschen Journalistikstudiengänge bis heute spürbar. Die Kernaussage stellt der Autor in einem kurzen Satz voran: „Journalistische Kompetenz als zentrales Lernziel der Journalistenausbildung läßt [sic] sich analytisch trennen in Fachkompetenz, Sachkompetenz und Vermittlungskompetenz" (Weischenberg, 1990a, S. 57). Diese Aufteilung ist in den vergangenen Jahrzehnten zwar von diversen Autorinnen und Autoren diskutiert, überprüft und erweitert worden, im Kern hat sie aber als Leitidee der hochschulgebundenen Journalistenausbildung bis heute Bestand (Harnischmacher, 2010, S. 24).

Die ursprüngliche Idee, dass zur Ausbildung von Journalisten eine fundierte Fachkompetenz im Kommunizieren von Inhalten und eine Sachkompetenz bezüglich der kommunizierten Inhalte selbst gehören müsse, übernimmt Weischenberg von Donsbach (1978) – wobei dieser die beiden Begriffe genau umgekehrt definiert hatte – und aus der Professionalisierungsdebatte der 1970er-Jahre. Im Gegensatz zu den Ansätzen aus dieser Phase der „Programme und Postulate" (Hömberg, 2002) entsteht das „Kompetenzraster" Ende der Achtziger an der Universität Münster jedoch in zwei Studienprojekten mit empirischer Unterfütterung (vgl. Weischenberg, 1990b, S. 24). Auf dieser Basis präzisiert Weischenberg als wesentliche im Studium zu vermittelnde Kompetenzen Fachkompetenz (journalistisches „Handwerk" plus Anwendungswissen im Bereich Medien, zu dem Weischenberg etwa Medienrecht, Organisations- und Technikkompetenz zählt) und Sachkompetenz (u. a. spezifisches Ressortwissen). Die beiden Bereiche ergänzt er um die Vermittlungskompetenz (z. B. das Beherrschen der journalistischen Darstellungsformen) als „Schnittmenge", da beide „immer in einem funktionalen Zusammenhang mit dem Prozess der Medienkommunikation" stehen (Weischenberg, 1990b, S. 23).

3   Wirkungsgeschichte und Kritik

„Das Paradigma Journalistik" fällt in eine Zeit, die Walter Hömberg (2002, S. 19) einmal als den Übergang zur Phase der „Expansion und Differenzierung" der hochschulgebundenen Journalistenausbildung bezeichnet hat. Das Fach Journalistik wurde nicht nur an immer mehr Standorten in Deutschland eingeführt, es rang

ungefähr 15 Jahre nach dem Start der ersten Modellstudiengänge auch mit seiner
eigenen Identität. In diesem Selbstfindungsprozess kann man den Aufsatz als Wen-
depunkt ansehen, als den Punkt, an dem das Fach erwachsen wurde.

Man kann die Genese von Weischenbergs Ideen für eine selbstbewusste und
eigenständige Journalistik über seine damaligen Publikationen hinweg verfolgen,
über Vorläuferüberlegungen zur Didaktik in der von Jürgen Wilke herausgegebenen „Zwischenbilanz zur Journalistenausbildung" (Weischenberg, 1987) bis zur
detaillierten Ausformulierung seiner Konzepte im zweibändigen Handbuch „Journalistik" (1992/95). Das Zwiebelmodell im „Paradigma Journalistik" stellt nicht
nur eine erste Systematisierung der Forschungsperspektiven des Faches dar und
bildet die Basis für die weitere Arbeit des Autors. Seine in diesem Aufsatz erst
angedeutete Idee eines Journalismus-Systems, das in Abgrenzung zur klassischen,
funktionalistischen Systemtheorie auch Akteure und damit empirische Überprüfung zulässt, wird prägend für die deutsche Journalistik der neunziger Jahre. Weischenberg hat im „Paradigma" sein Strukturmodell für die Journalistik und im
Grunde auch sein eigenes Forschungsprogramm für die kommenden Jahrzehnte
dargelegt. Der große Vorteil dieses Ansatzes ist, Zusammenhänge herzustellen:
Zwischen den möglichen Forschungsperspektiven, unter denen der Gegenstand
„Journalismus" analysiert werden kann; zwischen den theoretischen Ansätzen auf
Makroebene (Normen, System) und Mikroebene (Individuum und Handlung); und
nicht zuletzt zwischen den Feldern „Theorie" und „Lehre und Praxis", denn „das
Fach legitimiert sich [...] durch die Integration von Kenntnissen und Erkenntnissen
zur Theorie und Praxis des Journalismus" (Weischenberg, 1990a, S. 59). Weiterentwickelt und ausformuliert als „konstruktivistische Systemtheorie" eines *Systems Journalismus* hat Weischenberg das Modell gemeinsam mit Armin Scholl
1998 in „Journalismus in der Gesellschaft" (Scholl & Weischenberg, 1998). Die
besondere Leistung dieses Ansatzes ist, dass er im besten Sinne als „integrative
Sozialtheorie" (Löffelholz, 2001, S. 13) gelten kann. Weischenberg nimmt bereits
im Zwiebelmodell alle Ebenen des Forschungsfeldes in den Blick und schafft einen
theoretisch zu modellierenden und empirisch fassbaren Zusammenhang zwischen
System- und Handlungsebene. Dernbach (2016, S. 478) hat den Ansatz in dieser
„Kombination von Systemtheorie, Konstruktivismus und Handlungstheorie" als
„eine Art Mediator" bezeichnet.

Das Kompetenzraster auf der anderen Seite legt den Grundstein für eine systematische, wissenschaftliche Auseinandersetzung mit der praktischen Seite der Journalistik, der Journalistenausbildung an den deutschen Hochschulen. Es wird nicht nur
zur Grundlage von Curricularentwicklung und Evaluation, sondern beeinflusst auch
die Forschung zur hochschulgebundenen Journalistenausbildung bis heute (vgl. Nowak, 2007; Harnischmacher, 2010; Gossel und Konyen, 2019). Das Kompetenzraster

hat vor allem vor dem Hintergrund des Medienwandels und der Digitalisierung in den folgenden knapp drei Jahrzehnten zahlreiche Präzisierungen und Ergänzungen erfahren. Nowak (2007) etwa überführt in ihrer Dissertation den Bereich „Soziale Orientierung" in eine neue Säule „Basiskompetenzen" – welche unter anderem Lernfähigkeit, Soft Skills und Verantwortungsbereitschaft umfasst. Interessant ist aber vor allem die wachsende und veränderte Bedeutung, die der Fähigkeit zum Umgang mit Technik zugeschrieben wird. Weischenberg selbst hat auf die Bedeutung der Medientechnik für den Journalismus schon Anfang der achtziger Jahre in „Journalismus in der Computergesellschaft" (1982, siehe den Beitrag von Kretzschmar in diesem Band) hingewiesen. In späteren Aktualisierungen seines eigenen Modells wird der Bereich der „Technikkompetenz" zur quer zu den anderen Kompetenzen liegende Grundkompetenz (vgl. Loosen und Weischenberg, 2002); Meier (2018, S. 234–235) und gibt dem Bereich nochmals mehr Gewicht, indem er ihn als „Technik- und Gestaltungskompetenz" fasst und den Bereich „Organisations- und Konzeptionskompetenz" im gegenwärtigen Journalismus ergänzt. Für ihn steht allerdings auch gerade vor dem Hintergrund der immer komplexer werdenden Kompetenzraster fest: „[E]s wäre ein Missverständnis, das Kompetenzraster […] als Curriculum für die Journalistenausbildung zu begreifen. Denn nicht alle Journalisten brauchen alle Kompetenzen gleichermaßen". Somit bildet das von Weischenberg vor gut 30 Jahren vorgeschlagene Modell bis heute die Basis, auf der, quasi modular, neue Kompetenzfelder aufgesetzt werden.

Bezüglich des Strukturmodells (der „Zwiebel") stellt sich drei Jahrzehnte nach der Veröffentlichung heute die Frage, ob seine Integrationsfähigkeit ausreicht, die durch den Medienwandel bedingten Veränderungen abbilden zu können. Alle Aspekte der „Zwiebel", von den Normen und Strukturen bis zu den Inhalten und Akteuren des Mediensystems, sind durch Digitalisierung und gesellschaftlichen Wandel stark beeinflusst worden. Bei der Aufgabe, diese Veränderungen zu beforschen, hat sich das Fach Journalistik eher ausdifferenziert als integriert. Dernbach (2016, S. 276) konstatierte unlängst: „Die Journalistik hat als eigenständige wissenschaftliche Disziplin nach wie vor Schwierigkeiten mit ihrer Selbst- und Fremdwahrnehmung. Die theoretische Positionierung ist auch nach 30 Jahren nicht deutlich sichtbar und unstrittig". Sowohl die Debatte um den Theoriebestand der Journalistik wird in den vergangenen Jahren verstärkt geführt (vgl. Altmeppen, Hanitzsch & Schlüter, 2007; Löffelholz & Rothenberger, 2016) als auch die Diskussion über Sinn und Ausgestaltung einer hochschulgebundenen Journalistenausbildung. Für Weischenberg selbst ist diese „schon längst nicht mehr das, was sie nach dem Willen ihrer Gründer – der Klassiker wie der Neo-Klassiker – sein sollte oder sein könnte." (Weischenberg, 2012, S. 461) Doch obwohl die Journalistik sich in Deutschland – zumindest an Universitäten – schwerer tut, als ihre Gründer sich das erhofft hatten: Gerade ihre nun schon lange institutionalisierte Integration von

Theorie und Praxis könnte sich im gegenwärtigen Medienwandel als großer Vorteil erweisen, denn sie bietet heute die Möglichkeit, Studierende auf die Anforderungen eines sich ständig im Fluss befindlichen Medienmarktes vorzubereiten (Harnischmacher, 2019, S. 87).

„Das Paradigma Journalistik" endet mit dem Satz: „Anleitung zum ‚Nachdenken über journalistisches Handeln' ist die Marktlücke der Journalistik" (Weischenberg, 1990a, S. 59). Das sollte auch heute, gerade vor dem Hintergrund der Entgrenzung des Journalismus im digitalen Zeitalter, eine gute Leitlinie für das Selbstverständnis der Journalistik sein.

Literatur

Altmeppen, K., Hanitzsch, T., & Schlüter, C. (Hrsg.) (2007). *Journalismustheorie – Next Generation. Soziologische Grundlegung und theoretische Innovation.* Wiesbaden: Springer VS.

Budzislawski, H. (1966). *Sozialistische Journalistik – eine wissenschaftliche Einführung.* Leipzig: Bibliographisches Institut Leipzig.

Dernbach, B. (2016). Ausbildung für Journalismus. In M. Löffelholz & L. Rothenberger (Hrsg.), *Handbuch Journalismustheorien* (S. 475–487). Wiesbaden: Springer VS.

Donsbach, W. (1978). Zur professionellen Kompetenz von Journalisten. In W. Hömberg (Hrsg.), *Journalistenausbildung. Modelle, Erfahrungen, Analysen* (S. 108–121). München: Ölschläger.

Glotz, P. (1990). Von der Zeitungs- über die Publizistik- zur Kommunikationswissenschaft. *Publizistik* 35(3), S. 249–256.

Gossel, B. M. , & Konyen, K. (Hrsg.) (2019). *Quo Vadis Journalistenausbildung? Befunde und Konzepte für eine zeitgemäße Ausbildung.* Wiesbaden: Springer VS.

Harnischmacher, M. (2010). *Journalistenausbildung im Umbruch. Zwischen Medienwandel und Hochschulreform: Deutschland und USA im Vergleich.* Konstanz: UVK.

Harnischmacher, M. (2019). Internationale Perspektive. In: Gossel, B. M./Konyen, K (Hrsg.): *Quo Vadis Journalistenausbildung? Befunde und Konzepte für eine zeitgemäße Ausbildung* (S. 81–89). Wiesbaden: Springer VS.

Hömberg, W. (2002). Expansion und Differenzierung. In: K.-D. Altmeppen & W. Hömberg (Hrsg.): *Journalistenausbildung für eine veränderte Medienwelt.* Opladen: Westdeutscher Verlag, S. 17–30.

Löffelholz, M., & Rothenberger, L. (Hrsg.) (2016). *Handbuch Journalismustheorien.* Wiesbaden: Springer VS.

Löffelholz, M. (2001). Von Weber zum Web. Journalismusforschung im 21. Jahrhundert: theoretische Konzepte und empirische Befunde im systematischen Überblick. In: *Diskussionsbeiträge/Institut für Medien- und Kommunikationswissenschaft*, Vol. 2, 2001, S. 1–25.

Loosen, W., & Weischenberg, S. (2002). Das Drehkreuz der Redaktion. Kompetenz-Dimensionen des „Datenbank-Journalismus". *Medien und Kommunikationswissenschaft* 50(1), S. 93–101.

Meier, K. (2018). *Journalistik*. 4. Auflage. Konstanz: UVK.

Nowak, E. (2007). *Qualitätsmodell für die Journalistenausbildung. Kompetenzen, Ausbildungswege, Fachdidaktik*. Dortmund: Phil.-Diss.

Schmidt, S. J., & Weischenberg, S. (1994). Mediengattungen, Berichterstattungsmuster, Darstellungsformen. In K. Merten, S. J. Schmidt, & S Weischenberg (Hrsg.), *Die Wirklichkeit der Medien. Eine Einführung in die Kommunikationswissenschaft* (S. 212–236). Opladen: Westdeutscher Verlag.

Scholl, A., & Weischenberg, S. (1998). *Journalismus in der Gesellschaft. Theorie, Methodologie und Empirie*. Opladen, Wiesbaden: Westdeutscher Verlag.

Weischenberg, S. (1982). *Journalismus in der Computergesellschaft. Informatisierung, Medientechnik und die Rolle der Berufskommunikatoren*. München, New York, London, Paris: K.G. Saur.

Weischenberg, S. (1987). Neue Lernformen in der Journalistenausbildung? Anmerkungen zu den didaktischen Herausforderungen an die Journalistik. In J. Wilke (Hrsg.), *Zwischenbilanz der Journalistenausbildung* (S. 192–216). München: Ölschläger.

Weischenberg, S. (1990a). Das ‚Paradigma Journalistik‘. Zur kommunikationswissenschaftlichen Identifizierung einer hochschulgebundenen Journalistenausbildung. *Publizistik* 35(1), S. 45–61.

Weischenberg, S. (Hrsg.) (1990b). *Journalismus und Kompetenz. Qualifizierung und Rekrutierung für Medienberufe*. Opladen: Westdeutscher Verlag.

Weischenberg, S. (1992). *Journalistik. Theorie und Praxis aktueller Medienkommunikation. Band 1: Mediensysteme, Medienethik, Medieninstitutionen*. Opladen: Westdeutscher Verlag.

Weischenberg, S., Malik, M., & Scholl, A. (2006). *Die Souffleure der Mediengesellschaft*. Konstanz: UVK.

Weischenberg, S. (2012). Ende der Journalistik? Das Schicksal eines traditionell prekären Fachs im Bologna-Zeitalter. In B. Dernbach & W. Loosen (Hrsg.), *Didaktik der Journalistik. Konzepte, Methoden und Beispiele aus der Journalistenausbildung* (S. 447–464). Wiesbaden: Springer VS.

Aufbruch zur geschlechtersensiblen Forschung

Neverla, Irene, Kanzleiter, Gerda (1984). *Journalistinnen. Frauen in einem Männerberuf.* Frankfurt/Main, New York: Campus Verlag

Elke Grittmann

Zusammenfassung

1984 publizieren die Kommunikationswissenschaftlerin Irene Neverla und die Soziologin Gerda Kanzleiter ihre Berufsfeldstudie zu den „Journalistinnen. Frauen in einem Männerberuf". Diese erste medienübergreifende Studie zu den Geschlechterverhältnissen im Journalismus und deren Wahrnehmung durch Journalist*innen im deutschsprachigen Raum wird als „Pionierarbeit" (Keil und Dorer 2019) in der Journalismusforschung und der kommunikationswissenschaftlichen Geschlechterforschung bewertet. Der Beitrag zeigt auf, worin die besondere Leistung sowohl im theoretischen und methodischen Zugang als auch in den vielschichtigen Befunden dieser gesellschaftskritischen Studie liegt und wie sie die weitere Forschung beeinflusst und bis heute geprägt hat.

Schlüsselwörter

Journalismus · Journalistinnen · Kommunikationswissenschaftliche Geschlechterforschung · Geschlechterverhältnisse · Horizontale und vertikale Segmentation

E. Grittmann (✉)
Hochschule Magdeburg-Stendal, Magdeburg, Deutschland
E-Mail: elke.grittmann@h2.de

1   Kurzbiografie der Autorinnen

Die Studie „Journalistinnen. Frauen in einem Männerberuf", 1984 im Campus-Verlag erschienen, wurde im Rahmen eines von der DFG finanzierten Forschungs-projekts von der Kommunikationswissenschaftlerin Irene Neverla und der Sozio-login Gerda Kanzleiter an der Ludwig-Maximilian-Universität München (LMU) realisiert und publiziert.

Irene Neverla, damals Post-Doc an der LMU in München, hat anschließend habilitiert und war von 1992 bis 2017 Professorin an der Universität Hamburg. Die Arbeit erscheint aus heutiger Sicht als konsequente Zusammenführung ihrer dama-ligen wissenschaftlichen Forschungsinteressen und -arbeiten, ihrer gesellschafts-kritischen Analyse und ihres frauenpolitischen Engagements: 1952 in Graz ge-boren und in Wien aufgewachsen, hatte Neverla Kommunikationswissenschaft, Soziologie und Psychologie an den Universitäten Wien, Salzburg und München studiert. Bereits in ihrer Magisterarbeit befasste sie sich mit „Frauen in der Fern-sehwerbung" (1976). In ihrer Dissertation über die „Arbeitszufriedenheit von Jour-nalisten" (Neverla 1979) verband sie kommunikationswissenschaftliche, berufs-soziologische und arbeitspsychologische Perspektiven. Die Arbeit über die berufliche Situation und Arbeitsbedingungen von Frauen in „patriarchalen Gesell-schaftsstrukturen" (Neverla 1994, S. 258) markiert gleichzeitig ihr Hauptwerk in diesem Forschungsfeld. 1982 hatte sie bereits einen Handbuchbeitrag über Sexis-mus geschrieben (Neverla 1982); erste, vor allem theoretisch-konzeptionelle Über-legungen zur geschlechterspezifischen Segmentation des Arbeitsmarktes wurden von ihr vorab publiziert (vgl. Neverla 1983). Nach der Publikation der „Journalis-tinnen" verfolgte sie das Thema in weiteren Aufsätzen und Überblicks-Beiträgen bis Ende der 1990er-Jahre (vgl. Neverla 1992, 1994, 1998).

Die Projektmitarbeiterin Gerda Kanzleiter hatte vor dem Projekt als wissen-schaftliche Mitarbeiterin beim Deutschen Jugendinstitut (DJI) in München ge-forscht. Nach dem Journalistinnen-Projekt war sie in der gewerkschaftlichen Frauen- und Bildungsarbeit tätig (Gespräch mit Neverla 2020) und hat nach dem Stand der Literaturrecherche wohl nicht weiter wissenschaftlich gearbeitet.

Wenngleich kommunikationswissenschaftliche Geschlechterforschung in Ne-verlas weiterer Forschung kein zentrales Thema mehr darstellte (zu ihren Forschungsschwerpunkten vgl. Neverla o.J.), sind Geschlechterverhältnisse und Geschlechtergerechtigkeit und die damit verbundenen Bedingungen und Hand-lungsmöglichkeiten von Frauen im Gesamtwirken von Irene Neverla stets relevant geblieben (vgl. Neverla 2011). Ihr feministisches Engagement, der soziologisch geschärfte Blick auf gesellschaftliche Strukturen, sozialen Wandel und deren Praktiken auf Mikro- und Mesoebene, wie er auch im Schlüsseltext deutlich wird, prägt ihre weitere Arbeit in der Universität und in der Fachdisziplin. Anfang der 1990er-Jahre war sie an der Gründung der Fachgruppe „Frauenforschung" (heute heißt die Fachgruppe „Medien, Öffentlichkeit und Geschlecht") in der Fachgesellschaft beteiligt. Als Professorin und Direktorin des Hamburger Instituts hat sie nicht nur Nachwuchswissenschaftlerinnen gefördert (vgl. z. B. Schoon 2009), sie hat auch maßgeblich mit bewirkt, dass die Frauenförderung in der DGPuK als Notwendigkeit angesehen wurde.[1] Mitte der 2000er-Jahre konzipierte sie gemeinsam mit Corinna Lüthje das Mentoring-Programm der DGPuK für den weiblichen wissenschaftlichen Nachwuchs, das sie bis 2010 auch verantwortete. Dem Verhältnis von Medien und Geschlechterordnungen hat sie sich in der Forschung seit 2016 wieder intensiver zugewendet, als Organisatorin der gemeinsamen Jahrestagung der DGPuK-Fachgruppen Medien, Öffentlichkeit und Geschlecht und Visuelle Kommunikation 2016 zu „Körperbilder – Körperpraktiken" und als Mit-Herausgeberin des gleichnamigen Bandes (vgl. Grittmann et al. 2018).

2   Inhalt des Textes

Die Studie „Journalistinnen. Frauen in einem Männerberuf" von Irene Neverla und Gerda Kanzleiter befasst sich mit den vergeschlechtlichten Arbeitsstrukturen des journalistischen Berufsfelds, der beruflichen Situation, den Arbeitsbedingungen von Journalistinnen und deren Wahrnehmung unter den Bedingungen gesellschaftlicher Geschlechterverhältnisse. Die Arbeit war nicht die erste Studie über die Berufssituation von Journalistinnen in Medienorganisationen im deutschsprachigen Raum, sie setzte jedoch theoretisch und empirisch neue Maßstäbe. Im Zuge der Frauenbewegung der 1970er-Jahre und der öffentlich angeprangerten Diskriminierung von Frauen im Berufsleben begannen seit Mitte der 1970er-Jahre auch Kommunikationswissenschaftler*innen, Fragen zu vergeschlechtlichten Ungleichheiten, Arbeits- und Lebenswelten sowie Diskriminierungsformen im Berufsfeld Journalismus aufzugreifen und die Situation in einzelnen Medienorganisationen zu untersuchen (vgl. z. B. Freise und Drath 1977; Becker 1980). Die „Journalistinnen"-Studie bot erstmals eine sowohl geschlechtertheoretisch, kommunikationswissenschaftlich als auch berufssoziologisch fundierte und methodisch elaborierte medienübergreifende Analyse zu Geschlechterstrukturen und -verhältnissen im Berufsfeld und somit eine repräsentative und gleichzeitig vielschichtige empirische,

---

[1] Zur Entwicklung der Fachgruppe und zur Frauenförderung in der DGPuK vgl. Klaus und Lünenborg 2011.

auf quantitativen wie qualitativen Methoden basierende Daten- und Diskussions-
grundlage zu Situation und Bedingungen von Journalistinnen im Beruf.

Die Publikation entstand aus einem mehrjährigen, von der DFG geförderten
Projekt, das Irene Neverla im Anschluss an ihre Promotion unter der nominellen
Leitung von Wolfgang R. Langenbucher an der LMU in München erfolgreich ein-
geworben hatte. In ihrer Studienzeit hatte Neverla in der von Langenbucher mitgegründeten Arbeitsgemeinschaft für Kommunikationsforschung (AfK) gejobbt
(vgl. zur AfK Allwang 2008); auch ihre Dissertation schrieb Neverla bei Langenbucher (vgl. Neverla 1979). Gleichzeitig engagierte sie sich frauenpolitisch, u. a. in
der Sozialistischen Frauenorganisation München (SFOM), in der auch feministische Literatur gelesen und diskutiert wurde. In den frauenpolitischen Netzwerken
lernte Neverla unter anderem auch Verena Blaum, Karin Jurczyk und Gerda Kanzleiter kennen. In der Deutschen Forschungsgemeinschaft war nach Vorarbeit hauptsächlich durch Soziologinnen das Schwerpunktprogramm „Integration der Frau in
der Berufswelt" eingerichtet worden (vgl. Neverla und Kanzleiter 1984, S. 11). Der
Impuls zur Studie kam laut Neverla von Journalistinnen im „Arbeitskreis Münch-
ner Journalistinnen", einem lockeren Netzwerk von Journalistinnen in München,
die überwiegend beim Bayerischen Rundfunk tätig waren, einige auch in Münch-
ner Print-Redaktionen (Gespräch mit Neverla 2020). Sie hatten sich mit der An-
regung an Langenbucher gewendet, auch zur Situation von Journalistinnen eine
Studie auf den Weg zu bringen. Langenbucher griff die Idee auf und übernahm die
Antragstellung an die DFG im Rahmen des Schwerpunktprogramms – das Projekt
wurde allerdings bei der ersten Begutachtung abgelehnt. Langenbucher holte
daraufhin Neverla ins Projekt, die den Antrag überarbeitete und das Projekt nach
erfolgreicher Einwerbung in Zusammenarbeit mit der Soziologin Gerda Kanzleiter
als weiterer Projektmitarbeiterin durchführte (ebd. S. 10; Gespräch mit Neverla 2020).

Nicht nur der wissenschaftliche Forschungskontext bei Langenbucher – mit der
von ihm gemeinsam mit Peter Glotz 1972 gegründeten Arbeitsgemeinschaft für
Kommunikationsforschung e.V. (AfK, vgl. z. B. Weiß 1977, siehe den Beitrag von
Scholl und Loosen in diesem Band) bildete München einen wichtigen Forschungs-
standort der Journalismusforschung – waren für die Entstehung der Arbeit wichtig,
sondern auch und gerade die Frauennetzwerke, und zwar sowohl im sozialen und
politischen als auch im journalistischen Kontext. Gerade die Journalistinnen-
Initiativen, die sich damals vor allem an den öffentlich-rechtlichen Sendern konsti-
tuierten, hätten den Zugang zum Feld eröffnet (Gespräch mit Neverla 2020).

In theoretischer und empirischer Hinsicht entwickelte die Studie „Journalistinnen" einen neuen Zugang zur Analyse der Berufssituation von Journalistinnen, indem sie die damals aktuellen Ansätze, Theorien und Methoden der

kommunikationswissenschaftlichen und soziologischen Berufsforschung einerseits und der Geschlechterforschung (zu jener Zeit als „Frauenforschung" bezeichnet) andererseits zusammenführte. Ausgangspunkt der theoretischen Überlegungen ist das soziologische Modell der Arbeitsmarktsegmentation, das Neverla
auf den journalistischen Arbeitsmarkt übertrug (vgl. Neverla 1983; Neverla und
Kanzleiter 1984, S. 16–18). Kernthese ist, dass Arbeitsmärkte durch Dualismen
geprägt sind. Demnach gliedert sich auch der journalistische Arbeitsmarkt in einen
primären und einen sekundären Bereich: Arbeitskräften im privilegierten primären
Bereich – dazu zählen festangestellte und feste freie Journalist*innen – eröffnet
sich ein höheres Einkommen, höhere Arbeitsplatzsicherheit und Karrierechancen
als freien Journalist*innen im sekundären Bereich, der durch prekäre Arbeits-
verhältnisse geprägt ist. Diese prekären Verhältnisse sind durchaus von Nutzen für
die Unternehmen, weil bei Bedarf Arbeitskräfte zur Verfügung stehen (vgl. Neverla
und Kanzleiter 1984, S. 17).

Die zweite theoretische Überlegung basiert auf den Erkenntnissen der soziologischen Frauenforschung. Die Verfasserinnen vertreten die These, dass die
Dualität des Arbeitsmarktes auch geschlechtsspezifisch geprägt ist und sich auch
im journalistischen Berufsfeld zeigt (ebd., S. 17). Nach Neverla und Kanzleiter ist
mit der vergeschlechtlichten Arbeitsteilung in (private) Reproduktions- bzw. Hausarbeit, die vorrangig von Frauen geleistet wird, einerseits und Berufsarbeit andererseits die soziale Bestimmung eines „weiblichen Arbeitsvermögens" verbunden
(ebd. 20ff.). Ganz im Sinne der damals neueren sozialkonstruktivistischen Theorien wird „weibliches" oder „männliches Arbeitsvermögen" nicht biologistisch begründet, sondern durch Sozialisationsprozesse erklärt, „deren Strukturen und Inhalte durch die vorherrschende geschlechtsspezifische Arbeitsteilung geprägt sind"
(ebd., S. 20). Das Konzept des „weiblichen Arbeitsvermögens" nimmt somit die
Wechselwirkung zwischen gesellschaftlichen Strukturen und Subjekt(identität) in
den Blick. Diese soziale Zuweisung und Aneignung spezifischer Fähigkeiten und
Kompetenzen von Frauen prägen jedoch nicht nur die Geschlechterdualität zwischen Reproduktions- und Berufsarbeit, sondern setzen sich auch innerhalb der
bezahlten Berufsarbeit fort (ebd., S. 20). Das durch Sozialisation angeeignete
„weibliche Arbeitsvermögen" wird somit auch in der Berufsarbeit relevant: Es ist
sowohl in spezifischen Berufsfeldern, „die sogenannten Frauenberufe" (ebd.,
S. 20), als auch in spezifischen Arbeitsfeldern innerhalb von Berufen für Frauen
bedeutsam. Es prägt somit die Erwartungshaltung, „daß [sic!] Frauen *auch* außerhalb der Hausarbeit ihren Platz in der Gesellschaft einnehmen" (Neverla und Kanzleiter 1984, S. 21, Herv. i. O.). Die geschlechtsspezifischen gesellschaftlichen
Strukturen erklären Neverla und Kanzleiter als maßgeblich dafür, dass auch im
journalistischen Berufsalltag das „weibliche Arbeitsvermögen" zur spezifischen

Zuweisung zu Arbeitsgebieten und Tätigkeiten führt, zumal dies „auch von erheblichem Nutzen für die Betriebe ist, die in den Frauen erheblich billigere und auch
leichter disponierbare Arbeitskräfte zur Verfügung haben" (ebd., S. 24).

Die empirische Studie verbindet beide theoretische Überlegungen: Gefragt
wird erstens nach der geschlechtsspezifischen Segmentation des journalistischen
Berufs im hierarchisch strukturierten Arbeitsmarkt, zweitens nach geschlechtsspezifischen Segregationen innerhalb des Berufsfeldes, und zwar nach den Be-
schäftigungsverhältnissen und -strukturen. Diese Segregation kann in eine *horizontale Segregation* zwischen Mediengattungen und Ressorts und eine *vertikale
Segregation* nach Positionen unterschieden werden. Und schließlich geht die Arbeit
im Hauptteil der Frage nach, wie Journalist*innen die vergeschlechtlichten Strukturen und Segregationen im Beruf und in den Betrieben bzw. Redaktionen wahr-
nehmen und mit ihnen umgehen. Die Studie vereint damit den die Ungleichheiten und
Diskriminierungen fokussierenden Gleichheitsansatz und den sich für die spezifischen (u. a. sozialisationsbedingten) Geschlechterunterschiede interessierenden
Differenzansatz (Klaus 2005, S. 14; Lünenborg und Maier 2013, S. 18–19).

Nicht nur theoretisch, auch methodisch hat die Studie Perspektiven beider
Forschungsgebiete verbunden: Zur Beantwortung der Frage nach den Formen
geschlechtsspezifischer Segmentierungen wurden umfangreiche Daten zu
Geschlechterverhältnissen nach Mediengattungen, Ressorts und Positionen, Ein-
kommen/Gehalt und Bildung teils standardisiert erhoben, teils sekundäranalytisch
ausgewertet, um erstmals medienübergreifende Erkenntnisse liefern zu können
(ebd., S. 25–27). Sie knüpft damit an die damals junge journalistische Berufsfeldforschung an, die sich zunehmend empirisch mit den Beschäftigungsstrukturen
und -verhältnissen, Arbeitsbedingungen und Berufsverständnissen von Journalist*innen befasste (vgl. zur sozialempirischen Wende Löblich 2010). Die Befragung von Journalist*innen erfolgte in zwei Medienorganisationen, einer Tageszeitung und einer Rundfunkanstalt, und orientierte sich damit vor dem Hintergrund
einer kritischen Betrachtung standardisierter Verfahren an neuen, qualitativen und
offeneren Vorgehen, wie sie gerade die Frauenforschung gefordert und ausgearbeitet hat. Der Anspruch dabei war eine „Anerkennung der Subjekthaftigkeit"
(Neverla und Kanzleiter 1984, S. 55) der Befragten im Gespräch, und damit verbunden eine sozialbiografische Herangehensweise, die den Befragten den Raum
für die eigenen Definitionen und Deutungen eröffnete. Mit über 100 geführten
Interviews stellt die Studie auch in dieser Hinsicht ein gewichtiges Werk dar.

Die Analyse und Auswertung der Strukturdaten ergab über alle Mediengattungen hinweg eine klare Dominanz von Journalisten mit rund 80 % gegenüber
nur 20 % Journalistinnen. Noch niedriger war der Anteil der Journalistinnen mit

rund 13 % unter den hauptberuflich tätigen, festangestellten Journalist*innen, während sie mit rund 25 % stärker unter den freiberuflich arbeitenden Journalist*innen vertreten waren. Journalistinnen, so das erste Ergebnis, arbeiten in einem „Männerberuf", der im geschlechtsspezifisch segmentierten Gesamtarbeitsmarkt dem primären Arbeitsmarkt zugeordnet werden kann. Männer nehmen höhere Positionen ein, „die mit höherem Einkommen, höherem Prestige und insgesamt größeren Machtkompetenzen verbunden sind" (ebd., S. 46). Sowohl zwischen den Mediengattungen Zeitung, Zeitschrift, Hörfunk und Fernsehen als auch zwischen Ressorts und Themenschwerpunkten innerhalb von Rundfunk und Tageszeitungen zeigten sich eine geschlechtsspezifische *horizontale* wie auch *vertikale* Segregation. Journalistinnen waren häufiger in Zeitschriften tätig, innerhalb der Medienorganisationen häufiger in Kultur, Erziehung und Gesellschaft, also jenen Ressorts, die auch den attribuierten Fähigkeiten „weiblichen Arbeitsvermögens" entsprechen (ebd., S. 46ff.). Nicht nur das Einkommen von Journalistinnen war durchschnittlich niedriger, auch unter den leitenden Positionen waren Journalistinnen kaum präsent. Neverla und Kanzleiter konstatierten, dass „viele Frauen (…) vor allem in solchen Bereichen, in denen ein Aufstieg strukturell nicht mehr möglich ist", blieben (ebd., S. 51). Die mehr als 100 Interviews mit Journalistinnen und Journalisten einer Rundfunkanstalt und einer Tageszeitung zu Berufsbiografie, Berufsalltag, Aufstiegsmöglichkeiten, Selbstverständnis, Vereinbarkeit von Beruf und Privatheit sowie zu Einstellungen zur Frauenbewegung und zu Frauenthemen zeigten deutlich, dass die Journalistinnen sich zwischen „Anpassung und Abweichung" (Neverla 1986) bewegten. In den fehlenden Karriereverläufen und Aufstiegschancen von Journalistinnen sei „das Ineinandergreifen der betrieblichen „Verhinderungsstrategien und der individuellen Vermeidungsstrategien kaum zu entwirren" (Neverla und Kanzleiter 1984, S. 206). So lehnten die Journalistinnen beispielsweise selbst ab, sich an redaktionellen Ritualen der Selbstdarstellung – beispielsweise in Redaktionskonferenzen und informellen Netzwerken – zu beteiligen, waren aber auch damit konfrontiert, Familien- und Berufsarbeit zu verbinden. Dennoch distanzierten sich viele Journalistinnen gegenüber der Frauenbewegung und zeigten sich vielmehr empathisch mit den Männern (ebd., S. 212). Aufschlussreich ist auch das Ergebnis, dass Journalistinnen und Journalisten ein (an männlich geprägten Normen) ausgerichtetes Berufsverständnis teilen und Differenzen im Rollenselbstverständnis vielmehr einen deutlichen Zusammenhang mit den jeweiligen Arbeitsplatzanforderungen aufweisen (vgl. ebd., S. 137ff.). Dennoch, das hat die Studie deutlich gezeigt, nehmen die befragten Journalistinnen und Journalisten den Beruf als „fremden Raum" (ebd., S. 207) für Frauen wahr.

3 Wirkungsgeschichte und Kritik

Ulla Wischermann hat in einem Beitrag zur Entstehung und Entwicklung der medien- und kommunikationswissenschaftlichen Frauen- und Geschlechterforschung über die Forscher*innen der 1970er- und 1980er-Jahre geschrieben, dass sie „unverzichtbare Grundlagen geschaffen" haben (Wischermann 2018, S. 65). Dazu zählt auch die Arbeit von Neverla und Kanzleiter: „Journalistinnen. Frauen in einem Männerberuf" gilt bis heute als „Pionierarbeit" (Keil und Dorer 2019) in der Journalismusforschung und der kommunikationswissenschaftlichen Geschlechterforschung. Die Studie hat nicht nur für eine breite Debatte über vergeschlechtlichte Ungleichheitsverhältnisse und die Diskriminierung im Berufsfeld gesorgt (vgl. Keil und Dorer 2019, S. 2), angesichts der soziologisch und geschlechtertheoretisch elaborierten Theorie, methodischen Tiefe und der breiten Anlage der Studie ist es kaum erstaunlich, dass sie seitdem in der Forschung auf vielfältige Weise rezipiert wird:

Am einflussreichsten hat sich das *Modell der vergeschlechtlichten Arbeitsmarktsegmentation*, die sich nicht nur zwischen Berufen, sondern auch und gerade in der horizontalen wie vertikalen Segregation beobachten lässt, entwickelt. Dieses Modell wurde und wird seitdem maßgeblich in gendersensiblen Berufsfeldstudien der kommunikationswissenschaftlichen Geschlechterforschung genutzt, z. B. in den Analysen von Schulz und Amend (1993) zu Journalist*innen in West-Berlin, von Lünenborg (1997) zu Journalist*innen im europäischen Vergleich, von Dorer (2002) zu Journalismus in Österreich und von Schwenk (2006) zu Journalistinnen im Deutschen Journalisten-Verband und in der Deutschen Journalistinnen- und Journalisten-Union. Es wurde zudem für Synopsen und Forschungsüberblicke (vgl. z. B. Klaus 2005, S. 161–171; Dorer 2004, 2017; Lünenborg 2008; Keil und Dorer 2019) verwendet.

Die systematische Analyse von Strukturdaten, wie Einkommen, Berufsdauer, Medien- und Ressortzugehörigkeit etc. im Berufsfeld in Bezug zur Kategorie Geschlecht gehört zur Grundlage der standardisierten empirischen Berufsfeldforschung (z. B. Hummel et al. 2012; Keel 2011). In den repräsentativen Journalismusstudien in Deutschland wurden Daten spezifisch auf die Geschlechterverhältnisse hin ausgewertet („Sozial-Enquête über die Journalisten in Deutschland": Schneider et al. 1993a, 1993b; Studie „Journalismus in Deutschland I" (JouriD I), Weischenberg et al. 1994; Keuneke et al. 1997; JouriD II Weischenberg et al. 2006). Die Segregation wurde in Bezug auf Geschlecht auch in Teilstudien des international vergleichenden Projekts „Worlds of Journalism Study" erforscht (z. B. Steindl et al. 2017; Dietrich-Gsenger und Seethaler 2019).

Auch die Fragen nach einem „weiblichen Journalismus" und einem insgesamt durch den zunehmenden Anteil von Frauen veränderten journalistischen Selbstverständnis sind weiterverfolgt worden (vgl. z. B. Keil 1992, 2000; Schulz und Amend 1993; Schwenk 2006; Keuneke et al. 1997; Hanitzsch und Hanusch 2012).

Kritik an Neverlas und Kanzleiters Studie hat sich vor allem im Zuge der theoretischen Weiterentwicklung der Geschlechterforschung entfaltet. Die Kritik am Konzept des „weiblichen Arbeitsvermögens" (im Sinne von in der Sozialisation erworbenen Fähigkeiten und Eigenschaften) wurde bereits von Lünenborg (1997, S. 33) aufgearbeitet. Der im Gleichheits- und auch Differenzansatz teils vorausgesetzte, teils kritisch analysierte Zusammenhang von Geschlecht und Handeln, Eigenschaften und Fähigkeiten ist inzwischen in differenzierteren Ansätzen weiterentwickelt worden: Im Konstrukt des „weiblichen Arbeitsvermögens", wie es Neverla und Kanzleiter verstanden haben, ist bereits die Verbindung objektiver Strukturen und subjektiven Handelns angedacht – eine der grundlegenden Annahmen in der Habitus-Theorie von Bourdieu, die Ulrike Weish (2003) zur Analyse von vergeschlechtlichten Konkurrenzverhältnissen im Journalismus herangezogen und Wiebke Schoon zu einer theoretischen Konzeption zum „Gendering im Berufsfeld Journalismus" ausgearbeitet hat (2009). Aus der Perspektive des interaktionistischen Konstruktivismus werden stärker Praktiken des „Doing Gender while Doing Journalism" erforscht (Lünenborg und Maier 2013, S. 78). Die (de-)konstruktivistische Geschlechterforschung hat sowohl die ungebrochene Annahme der Zweigeschlechtlichkeit als auch die Universalkategorie „Frauen" problematisiert. Sie befasst sich mit den Differenzen innerhalb und der Vielfalt von Geschlechtern sowie mit deren Verwobenheit mit anderen Kategorien (vgl. z. B. Lünenborg und Maier 2013; Eckert und Assmann 2021).

Die Studie von Neverla und Kanzleiter hat die journalistische Berufsforschung maßgeblich erweitert und gleichermaßen die nachfolgende geschlechtersensible Forschung über die Situation von Journalist*innen über Jahrzehnte geprägt. Mit der in Deutschland von der Journalist*inneninitiative ProQuote e.V. angestoßenen Debatte um den Anteil von Frauen in Führungspositionen im Journalismus haben auch Fragen nach der vertikalen vergeschlechtlichten Segregation und Geschlechterungleichheiten wieder neue Aktualität erfahren (vgl. z. B. ProQuote 2019).

Literatur

Allwang, D. (2008). Die Arbeitsgemeinschaft für Kommunikationsforschung. Drittmittelaufträge aus Politik und Medienwirtschaft: In: M. Meyen & M. Wendelin (Hrsg.), *Journalistenausbildung, Empirie und Auftragsforschung* (S. 85–115). Köln: Halem.

Becker, B. (1980). *Berufssituation der Journalistin. Eine Untersuchung der Arbeitsbedingungen und Handlungsorientierungen von Redakteurinnen bei einer Tageszeitung.* München: Minerva.

Eckert, S., Assmann, K. (2021). The "ProQuote" initiative: Women journalists in Germany push to revolutionize newsroom leadership. *Feminist Media Studies* 22(5), 1011–1028.

Dietrich-Gsenger, M., Seethaler, J. (2019). Soziodemografische Merkmale. In: T. Hanitzsch, J. Seethaler, & V. Wyss (Hrsg.), *Journalismus in Deutschland, Österreich und der Schweiz* (S. 51–70). Wiesbaden: Springer VS.

Dorer, J. (2002). Berufliche Situation österreichischer Journalistinnen. Eine Bestandsaufnahme empirischer Befunde. In: J. Dorer, B. Geiger (Hrsg.), *Feministische Kommunikations- und Medienwissenschaft. Ansätze, Befunde und Perspektiven der aktuellen Entwicklung* (S. 138–169). Wiesbaden: Westdeutscher Verlag.

Dorer, J. (2004). Öffentlichkeit oder Journalismus. Anmerkungen zu einem geschlechtlich codierten Verhältnis. In: J. Raupp, J. Klewes (Hrsg.), *Quo vadis Public Relations?* (S. 79–89). Wiesbaden: Westdeutscher Verlag.

Dorer, J. (2017). Geschlechterverhältnisse in Medienorganisationen. Wie weiter? In: S. Kirchhoff, D. Prandner, R. Renger, G. Götzenbrucker, & I. Aichberger (Hrsg.), *Was bleibt vom Wandel? Journalismus zwischen ökonomischen Zwängen und gesellschaftlicher Verantwortung* (S. 159–178). Baden-Baden: Nomos.

Freise, H., Drath, J. (1977). *Die Rundfunkjournalistin. Das Bild der Journalistin in der Kommunikatororganisation Rundfunkanstalt; Motivation und Berufswirklichkeit.* Berlin: Spiess (Rundfunkforschung, 4).

Grittmann, E., Lobinger, K., Neverla, I., & Pater, M. (Hrsg.) (2018). *Körperbilder – Körperpraktiken. Visualisierung und Vergeschlechtlichung von Körpern in Medienkulturen.* Köln: Herbert von Halem Verlag.

Hanitzsch, T., Hanusch, F. (2012). Does gender determine journalists' professional views? *European Journal of Communication* 27(3), 257–277.

Hummel, R., Kirchhoff, S., & Prandner, D. (2012). "We used to be queens and now we are slaves". Working conditions and career strategies in the journalistic field. *Journalism Practice* 6(5–6), 722–731.

Keel, G. (2011). *Journalisten in der Schweiz. Eine Berufsfeldstudie im Zeitverlauf.* Konstanz: UVK.

Keil, S. (1992). Gibt es einen weiblichen Journalismus? In: R. Fröhlich (Hrsg.), *Der andere Blick* (S. 37–54). Bochum: Brockmeyer.

Keil, S. (2000). *Einsame Spitze? Frauen in Führungspositionen im öffentlich-rechtlichen Rundfunk.* Münster: Lit (Medien- und Geschlechterforschung, 6).

Keil, S., Dorer, J. (2019). Medienproduktion: Journalismus und Geschlecht. In: J. Dorer, B. Geiger, B. Hipfl, & V. Ratković (Hrsg.), *Handbuch Geschlecht und Medien. Perspektiven und Befunde der feministischen Kommunikations- und Medienforschung* (S. 1–16). Wiesbaden: Springer VS. Online first: https://doi.org/10.1007/978-3-658-20712-0_18-1.

Keuneke, S., Kriener, M., & Meckel, M. (1997). Von Gleichem und Ungleichem. Frauen im Journalismus. *Rundfunk und Fernsehen* 45(1), 30–45.

Klaus, E. (2005). *Kommunikationswissenschaftliche Geschlechterforschung. Zur Bedeutung der Frauen in den Massenmedien und im Journalismus.* Aktualisierte und korrigierte Neuauflage. Münster: Lit.

Klaus, E., Lünenborg, M. (2011). Zwanzig Jahre Gender- und Queertheorien in der Kommunikations- und Medienwissenschaft. Ein Zwischenruf. *Studies in Communication/Media* 1, 95–117.

Löblich, M. (2010). *Die empirisch-sozialwissenschaftliche Wende in der Publizistik- und Zeitungswissenschaft.* Köln: Herbert von Halem Verlag.

Lünenborg, M. (1997). *Journalistinnen in Europa. Eine international vergleichende Analyse zum Gendering im sozialen System Journalismus.* Opladen: Westdeutscher Verlag.

Lünenborg, M. (2008). Die Aufmacher. Geschlechterverhältnisse im Politikressort. In: J. Dorer, B. Geiger & R. Köpl (Hrsg.), *Medien – Politik – Geschlecht. Feministische Befunde zur politischen Kommunikationsforschung* (S. 115–171). Wiesbaden. Springer VS.

Lünenborg, M., Maier, T. (2013). *Gender Media Studies. Eine Einführung.* Konstanz: UVK-Verlagsgesellschaft.

Neverla, I. (1979). *Arbeitszufriedenheit von Journalisten.* München: Minerva.

Neverla, I. (1982). Sexismus. In: H. G. Kagelmann, G. Wenninger (Hrsg.), *Medienpsychologie. Ein Handbuch in Schlüsselbegriffen* (S. 183–189). München: Urban & Schwarzenberg.

Neverla, I. (1983). Arbeitsmarktsegmentation im journalistischen Beruf. *Publizistik 28*(3), 343–362.

Neverla, I., Kanzleiter, G. (1984). *Journalistinnen. Frauen in einem Männerberuf.* Frankfurt/ Main, New York: Campus Verlag

Neverla, I. (1986). Balanceakt zwischen Angleichung und Abweichung im Journalismus. Aspekte der beruflichen Sozialisation von Journalistinnen. *Publizistik 31*(1–2), 129–137.

Neverla, I. (1992). Von der Frauenforschung zur Geschlechterforschung. Ziemlich am Rande und nicht zu übersehen. *Medien Journal 16*(3), 126–132.

Neverla, I. (1994). Männerwelten – Frauenwelten. Wirklichkeitsmodelle, Geschlechterrollen, Chancenverteilung. In: K. Merten, S. J. Schmidt, & S. Weischenberg (Hrsg.), *Die Wirklichkeit der Medien. Eine Einführung in die Kommunikationswissenschaft* (S. 257–276). Opladen: Westdeutscher Verlag.

Neverla, I. (1998). Geschlechterordnung in der virtuellen Realität. Über Herrschaft, Identität und Körper im Netz. In: I. Neverla (Hrsg.), *Das Netz-Medium. Kommunikationswissenschaftliche Aspekte eines Mediums in Entwicklung* (S. 137–151). Opladen: Westdeutscher Verlag.

Neverla, I. (2011). Quotenregelungen in der Wissenschaft reichen nicht. In: C. Riesmeyer, N. Huber (Hrsg.), Karriereziel Professorin. Wege und Strategien in der Kommunikationswissenschaft (S. 159–172). Köln: Herbert von Halem Verlag.

Neverla, I. (o.J.). Forschung. Online abrufbar unter: https://ireneneverla.com/forschung/. (zugegriffen: 30.04.23).

ProQuote Medien e.V. (2019). *Welchen Anteil haben Frauen an der publizistischen Macht in Deutschland? Eine Studie zur Geschlechterverteilung in journalistischen Führungspositionen. Teil II: Presse und Online-Angebote.* Hamburg. Online verfügbar unter https://www.pro-quote.de/wp-content/uploads/2019/11/ProQuote-Studie_print_online_digital-2019.pdf (zugegriffen: 01.08.2020).

Schneider, B., Schönbach, K., & Stürzebecher, D. (1993a). Westdeutsche Journalisten im Vergleich: jung, professionell und mit Spaß an der Arbeit. *Publizistik 38*(1), 5–30.

Schneider, B., Schönbach, K., & Stürzebecher, D. (1993b). Journalisten im vereinigten Deutschland. Strukturen, Arbeitsweisen und Einstellungen im Ost-West-Vergleich. *Publizistik 38*(3), 353–382.

Schoon, W. (2009). *Gendering im Berufsfeld Journalismus. Ein Überblick über Empirie und Theorie sowie die Integration der Sozialtheorie Pierre Bourdieus.* Münster: Lit (Medien- und Geschlechterforschung, 11).

Schulz, U., Amend, H. (1993). *Gebremste Karriere. Die berufliche Situation von Berliner Journalistinnen; eine empirische Untersuchung.* Berlin: Berlin-Verl. Spitz (Berlin-Forschung Themenbereich Kommunikationswissenschaften, Frauenforschung, 27).

Schwenk, J. (2006). *Berufsfeld Journalismus: Aktuelle Befunde zur beruflichen Situation und Karriere von Frauen und Männern im Journalismus.* München: Verlag Reinhard Fischer.

Steindl, N., Lauerer, C., & Hanitzsch, T. (2017). Journalismus in Deutschland: Aktuelle Befunde zu Kontinuität und Wandel im deutschen Journalismus. *Publizistik 62*(3), 401–423.

Weiß, J. (1977). Journalismus als Beruf. Forschungssynopse. In: Presse- und Informationsamt der Bundesregierung (Hrsg.), *Kommunikationspolitische und kommunikationswissenschaftliche Forschungsprojekte der Bundesregierung (1974–1978). Eine Übersicht über wichtige Ergebnisse* (S. 109–139). Bonn.

Weischenberg, S., Keuneke, S., Löffelholz, M., & Scholl, A. (1994). *Frauen im Journalismus. Gutachten über die Geschlechterverhältnisse bei den Medien in Deutschland.* Stuttgart: IG Medien Fachgruppe Journalismus (dju/SWJV).

Weischenberg, S., Malik, M., & Scholl, A. (2006). *Die Souffleure der Mediengesellschaft. Report über die Journalisten in Deutschland.* Konstanz: UVK.

Weish, U. (2003). *Konkurrenz in Kommunikationsberufen. Kooperationsstrukturen und Wettbewerbsmuster im österreichischen Journalismus.* Wiesbaden: Deutscher Universitätsverlag.

Wischermann, U. (2018). Frauen- und Geschlechterforschung in der Medien- und Kommunikationswissenschaft. Ein Blick zurück. In: Drüeke, R., Klaus, E., Thiele, M., & Goldmann E. (Hrsg.), *Kommunikationswissenschaftliche Gender Studies. Zur Aktualität kritischer Gesellschaftsanalyse* (S. 57–76). Bielefeld: transcript.

Journalismus als demokratisches Recht für alle

Fabris, Hans Heinz (1979). Journalismus und bürgernahe Medienarbeit. Formen und Bedingungen der Teilhabe an gesellschaftlicher Kommunikation. Salzburg: Neugebauer

Armin Scholl

Zusammenfassung

Ausgangspunkt der publizierten Habilitationsschrift von Hans Heinz Fabris sind verschiedene Krisenphänomene des professionellen Journalismus und demokratietheoretische Überlegungen zur Bedeutung des Journalismus für die Demokratie und die Teilhabe an demokratischen Prozessen. Zur Lösung der Probleme des professionellen Journalismus schlägt Fabris eine doppelte Strategie vor: die berufliche Ausbildung der Journalist*innen zu verbessern und zu stärken, flankiert von einer Bürgerarbeit zur Einbeziehung von Laien in den Journalismus. Damit strebt er zwei nur scheinbar einander widersprechende, tatsächlich sich aber ergänzende Ziele an, nämlich den professionellen Journalismus selbst in Richtung Bürgerjournalismus zu verändern und zugleich diesem professionellen Journalismus einen nicht-professionellen Laienjournalismus zur Seite zu stellen. Ein zentrales Anliegen ist ihm eine Neuausrichtung der Kommunikationswissenschaft als kritische Forschungsinstitution zur Aufdeckung von Kommunikationsdefiziten. Die theoretischen Überlegungen kön-

A. Scholl (✉)
Universität Münster, Münster, Deutschland
E-Mail: scholl@uni-muenster.de

© Springer Fachmedien Wiesbaden GmbH, ein Teil von Springer Nature 2023   289
W. Loosen, A. Scholl (Hrsg.), *Schlüsselwerke der Journalismusforschung*,
https://doi.org/10.1007/978-3-658-25867-2_25

nen zudem als Anstoß für zahlreiche neue journalistische Formen gelten (Bürgerjournalismus, partizipativer Journalismus). Fabris' Verständnis von Kommunikationswissenschaft ist gleichermaßen pluralistisch wie integrativ und interdisziplinär ausgerichtet.

Schlüsselwörter

Laienjournalismus · Professioneller Journalismus · (bürgernahe) Medienarbeit · Demokratische Teilhabe · Demokratische Öffentlichkeit · Normative Kommunikationswissenschaft

1 Kurzbiografie des Autors

Hans Heinz Fabris, geboren am 5. Juni 1942, studierte in Wien und Salzburg Publizistik, Politikwissenschaft, Rechtswissenschaft und Neuere Geschichte. 1968 promovierte er bei dem Rechtsphilosophen René Marcic und dem Publizistikwissenschaftler Günter Kieslich zum Thema „Demokratische Auswahl", eine kritische elitensoziologische Studie. Im selben Jahr wurde er wissenschaftlicher Assistent bei Günter Kieslich. 1969 begann er seine Lehrtätigkeit und war maßgeblich beteiligt am Aufbau des Salzburger Instituts, das seine weitere berufliche Laufbahn prägen sollte. 1974 wurde er Teilnehmer der Studiengruppe „Journalismus und Wissenschaft" am „Zentrum für interdisziplinäre Forschung" in Bielefeld (N.N. 1979).

1979 hat er sich schließlich an der Paris-Lodron Universität in Salzburg bei Michael Schmolke habilitiert. Das Thema seiner Habilitationsschrift lautete „Journalismus und kommunikative Partizipation" (N.N. 1979, S. 107f.), deren Veröffentlichung das hier vorzustellende Werk ist. Zuvor hatte Fabris bereits Umfragen zum Selbstbild (1971a, 1971b) und zur beruflichen Situation und Ausbildung von Journalisten in Österreich (1975a, 1975b, 1975c) durchgeführt. 1982 wurde Fabris zum außerordentlichen Professor für Publizistik- und Kommunikationswissenschaft in Salzburg ernannt (Signitzer 1982, S. 183) und 1987 auf den Lehrstuhl für „Angewandte Kommunikationswissenschaft" berufen, den er bis zu seiner Emeritierung 2004 innehatte (Renger 2007, S. 402).

Seine wissenschaftlichen Schwerpunkte bildeten die Themenfelder Kommunikatorforschung, die sich nicht nur auf die Journalismusforschung beschränkt, sondern auch Laienkommunikation umfasst, ferner Medien(inhalts)forschung sowie Kommunikationspolitik. In diesen Bereichen hat Fabris nicht nur publiziert, sondern auch Forschungsprojekte durchgeführt und die Fachzeitschriften „Medien Journal" und „Österreichische Zeitschrift für Politikwissenschaft" mitgegründet und mitherausgegeben. Beide entspringen dem Reformgeist der 1970er-Jahre mit ihren politisch emanzipatorischen Ideen und der Verpflichtung, die Kommunikation zwischen der Wissenschaft und der Medienpraxis zu verbessern und mit akademischer Ausbildung das Berufsfeld zu unterstützen. Mit Medienpraxis ist dabei nicht nur der professionelle Journalismus gemeint, sondern auch die aus den sozialen Bewegungen hervorgegangenen Bürger- und Alternativmedien (Fabris 2016, S. 30f.). Fabris ist, wie das Interesse für kommunikationspolitische Fragen vermuten lässt, auch vielfältig außeruniversitär tätig. So war er unter anderem Mitglied des „Arbeitskreises für eine Neuregelung des österreichischen Medienrechts", der „Rundfunk-Reform-Kommission" von Bundeskanzler Bruno Kreisky und des „Wissenschaftlichen Beirats der Gewerkschaftlichen Arbeitsgemeinschaft Publizistik und Medien".

Zudem hat er sich in verschiedenen Initiativen zur Qualität und Ausbildung im Journalismus engagiert, in denen er seine wissenschaftliche Expertise einbringen konnte. So ist er Mitglied des 1978 gegründeten und in Salzburg ansässigen „Kuratoriums für Journalistenausbildung" der Österreichischen Medienakademie (www.kfj.at/ueber-das-kfj/geschichte/) und hat 2000 den „Verein zur Förderung der Qualität im Journalismus" mitbegründet (seit 2002: „Initiative Qualität im Journalismus"; www.iq-journalismus.at/). Der Initiative ist er bis heute als Ehrenpräsident verbunden. Seit 1996 gibt Fabris regelmäßig „Berichte zur Lage des österreichischen Journalismus" heraus, in denen er die Medienstruktur auf Qualität hin untersucht.

2 Inhalt des Textes

Die 1970er-Jahre sind medienpolitisch eine interessante Zeit: Zum einen steht der öffentlich-rechtliche Rundfunk in der Kritik, weil er angeblich politisch einseitig, nämlich links, sei (Donsbach 1982), zum anderen steht, durch die technologische Entwicklung der Breitbandverkabelung (Mettler-Meibom 1986) ermöglicht, der privat-kommerzielle Rundfunk in den Startlöchern. Zudem bahnt sich mit der Pressekonzentration auch eine Krise im Printjournalismus an (Langenbucher et al. 1976). Dem professionellen Journalismus insgesamt wird schließlich vorgeworfen, dass er sich von seinem Publikum abkoppelt (Kepplinger 1979), wenn er nicht gar das Publikum missachtet oder verachtet (Glotz und Langenbucher 1969, 1993; siehe hierzu den Beitrag von Armin Scholl und Wiebke Loosen in diesem Band).

Von diesen journalismuskritischen Positionen lässt sich Hans Heinz Fabris nicht beirren, wenngleich er sie kritisch reflektiert. Er sucht dabei einen konstruktiven Weg, um den Journalismus zu verbessern. Die Ausgangsüberlegung des Buches ist gesellschaftspolitisch: Demokratie muss sich entwickeln und immer wieder erkämpft werden. Zentral für das Funktionieren der Demokratie ist die Teilhabe der Staatsbürger*innen. Eine solche partizipatorisch verstandene

Demokratie erfordert insbesondere die Teilnahme am Prozess der öffentlichen Kommunikation, denn Information und Meinungsbildung sind wichtige Voraussetzungen für die Partizipation an politischen Entscheidungen. Fabris formuliert das Ziel seiner Arbeit deshalb wie folgt: „In der hier vorgelegten Arbeit soll nun der Versuch unternommen werden, einige jener Bedingungen im Bereich der durch die Massenmedien entscheidend bestimmten öffentlichen Kommunikation zu untersuchen, die als notwendige Voraussetzungen betrachtet werden können, den Implikationen des partizipatorischen Demokratiebegriffs zu entsprechen." (S. 11) Es soll also ein Beitrag der Kommunikationswissenschaft zu einer umfassenderen gesellschaftspolitischen Fragestellung geleistet werden. Insbesondere von Interesse ist die Problematik des Zugangs zur Öffentlichkeit, denn dieser Zugang wird durch die zunehmende Professionalisierung der Kommunikatorberufe (Journalismus, Public Relations, Werbung) zu einer elitären Angelegenheit (S. 12), sodass der nicht-berufliche Zugang zur Öffentlichkeit durch flankierende Maßnahmen gesichert werden muss. Fabris hat hier die bürgernahe Medienarbeit als Alternative (oder Ergänzung) zur beruflichen Ausbildung von Journalisten vor Augen (S. 13). Deren praktisches Ziel könnte in der „Vermittlung kommunikativer Kompetenz (bestehen, A. S.) ..., in der Öffnung des Zugangs und der faktischen Verfügung über die Kommunikationsmittel, der Dezentralisierung der Massenmedien, der verstärkten Entwicklung einfacher und kommunikative Rückkoppelung ermöglichender Medientechniken, einem veränderten partizipatorischen und anwaltschaftlichen journalistischen Rollenverständnis, veränderten Rekrutierungsbedingungen in den Kommunikationsberufen und strukturellen Voraussetzungen dafür zu sehen, die Herstellung von Öffentlichkeit durch die Betroffenen selbst zu organisieren." (S. 14)

Fabris strebt folglich zwei Ziele an, nämlich den professionellen Journalismus selbst in Richtung Bürgerjournalismus zu verändern und zugleich diesem professionellen Journalismus einen nicht-professionellen Laienjournalismus zur Seite zu stellen. Dabei kann man zum einen an den parallel zum kommerziellen Rundfunk eingeführten Bürgerfunk denken, zum anderen aber auch an die vielen – damals meist lokal verankerten – Alternativmedien (Stadtteilzeitungen, Organe der Bürgerinitiativen, vielleicht auch die illegalen freien Radios usw.), die nicht darauf warten, bis man ihnen den Zugang zur Öffentlichkeit von oben (durch Gesetzgebung) großzügig gewährt, sondern sich diesen Zugang selbst von unten erkämpfen, oft gegen die Gesetzgebung (vgl. auch Brüseke und Große-Oetringhaus 1981).

Dies bewertet Fabris auch als eine Herausforderung für die Kommunikationswissenschaft selbst, weil sie sich in erster Linie mit den etablierten Strukturen beschäftigt. Sie sollte Fabris zufolge jedoch darüber hinaus nach Möglichkeiten neuer Formen der Herstellung demokratischer Öffentlichkeit suchen, die gegen die

Institutionen der Massenkommunikation gerichtet sind oder unterhalb von ihnen stattfinden (S. 135). Ihre Aufgabe als angewandte Demokratieforschung führt zu einer theoretisch und methodisch anderen Ausrichtung als bisher: Sie muss auch kritisch-theoretische Perspektiven integrieren (S. 15f.) und in praktischer Hinsicht Aktionsforschung (S. 21) betreiben. Damit ist gemeint, dass Kommunikationswissenschaftler*innen kritisch mit Gruppen und Initiativen zusammenarbeiten sollen. Solche politischen Initiativen wollen den Zugang zur öffentlichen Kommunikation verbessern, sowohl innerhalb als auch außerhalb des (professionellen) Journalismus (S. 137f.). Mit dieser Neuausrichtung der Kommunikationswissenschaft bezweckt Fabris nicht, verschiedene wissenschaftstheoretische Positionen gegeneinander auszuspielen, sondern sie produktiv und im Dialog wechselseitig aufeinander zu beziehen (S. 18f.).

Das jeweils vertretene Demokratieverständnis hängt unmittelbar mit der Funktion der Massenmedien zusammen: Eine partizipatorische Demokratie benötigt Journalist*innen, die Wert darauf legen, politische Transparenz herzustellen, und nicht als Expert*innen im Rahmen einer Elite-Demokratie selbst Einfluss auszuüben (S. 28f.). Solche eher normativen Überlegungen sind wiederum eng verbunden mit dem tatsächlichen Verhältnis zwischen Massenmedien, Politik, Ökonomie und dem gesellschaftlichen Normensystem, welches die Rahmenbedingungen herstellt und damit die Potenziale und Grenzen aufzeigt (S. 31). Fabris diskutiert die Beziehung als Abhängigkeitsverhältnis der Massenmedien und insbesondere des journalistischen Selbstverständnisses von Politik und Wirtschaft (S. 34f., 39f.).

In einer breit angelegten Rekonstruktion des Forschungsstands zur Kommunikator*innenforschung erarbeitet Fabris eine Soziologie des Journalismus und damit einen systematischen Katalog mit Themenfeldern für weitere Journalismusstudien: soziale Herkunft, Bildungsstand, Berufsausbildung, Rekrutierung des Nachwuchses, soziale Situation, soziale Mobilität, Berufsideologie, Berufsorganisation, Geschlecht (S. 131f.). Fabris geht den damaligen Forschungsstand durch und kritisiert unter anderem funktionalistische Einseitigkeiten in Bezug auf den Journalismus (S. 43–46, 66), die Begabungsideologie des Berufs (S. 60f.), das Rollenkonzept des objektiven Informationsjournalismus (S. 70–72) oder den Elitedünkel von Journalist*innen (S. 93ff.). Er streift dabei nahezu alle seinerzeit erforschten Themenfelder im Rahmen der Journalismusforschung und gibt so einen vollständigen Überblick über den Forschungsstand Ende der 1970er-Jahre, der auch über den deutschsprachigen Raum hinausgeht.

Die geforderte Ausrichtung der Kommunikationswissenschaft soll „Kommunikationsdefizitanalysen" (S. 142) durchführen, um vernachlässigte Themen und Akteur*innen aufzuspüren. Fabris macht insbesondere den etablierten Journalismus für Einseitigkeiten in der Repräsentation von Interessen verantwortlich, sieht darüber hinaus aber auch grundlegende Strukturen, die zu Ungleichheiten im Kommunikationsprozess führen. In horizontaler Hinsicht liegt das Defizit an dem steigenden Maß der arbeitsteiligen Organisation des Kommunikationsprozesses; in vertikaler Hinsicht gehören dazu die in der Gesellschaft vorzufindenden Ungleichheiten in der Verteilung von Herrschaft, Besitz, Bildung usw. (S. 151). „Die Analyse dieser innerhalb wie außerhalb des gesellschaftlichen Systems der öffentlichen, medial vermittelten Kommunikation wirksamen Ursachen von Ungleichheit sollte die Herausarbeitung der effektiven Chancen und Grenzen für einen partizipativ-demokratischen Journalismus möglich machen, der die tendenzielle Aufhebung gesellschaftlich bedingter Ungleichheit auch im Kommunikationsbereich zum Ziel hat." (S. 151) Die für die kommunikative Partizipation notwendige kommunikative Kompetenz versteht Fabris gleichermaßen als „Rezeptionsfähigkeit von Informationen" wie als „Artikulationsfähigkeit" der eigenen Interessen (S. 160). Insbesondere die Artikulationsfähigkeit hängt dabei nicht nur von individuellen, sondern auch von strukturell-gesellschaftlichen Faktoren wie Ressourcen ab (S. 160f.).

In einem weiteren Kapitel beschreibt Fabris verschiedene neue Formen kommunikativer Partizipation als Möglichkeiten bürgernaher Medienarbeit. Dabei geht es darum, wie das Publikum als Produzent am Prozess öffentlicher Kommunikation mitbeteiligt werden kann. Das sind zum einen Rückkoppelungsmöglichkeiten des Publikums, die zumindest den Weg für eine effektive Zweiweg-Kommunikation bereiten können, selbst wenn sie oft nur zu Zwecken des Medienmanagements eingesetzt werden, wie etwa die Reichweitenmessungen der angewandten Kommunikationswissenschaft (S. 172–175). Zum anderen ist damit gemeint die Einrichtung stellvertretender, publikumsanwaltschaftlicher Instanzen (Ombudsmann, S. 176ff. oder Pressebeauftragte, S. 179ff.), die sich allerdings beide als nicht sehr erfolgreich erwiesen (S. 181). Schließlich bietet insbesondere das öffentlich-rechtliche Fernsehen mit seinem Bildungsauftrag die Möglichkeit zu einem erklärenden Journalismus (S. 183) und zu alternativen Sendeformen wie Kinderfernsehen (S. 185ff.) oder Jugendfernsehen (S. 187ff.). Ein besonders innovatives Format und Partizipationsexperiment entwickelte der ORF mit seinen „Planquadrat"-Sendungen, bei dem im Rahmen der Stadterneuerung in Wien die betroffenen Bewohner*innen des „Planquadrat"-Viertels mit Hilfe des Fernsehens beteiligt wurden (S. 189ff.).

Neben diesen Möglichkeiten verweist Fabris auch auf den partizipatorischen Journalismus und den alternativen Mediengebrauch hin. Dazu zählen etwa Videogruppen oder kommunales Kabelfernsehen im offenen Kanal (S. 194). Dem technologischen Optimismus steht jedoch häufig die ökonomische Vereinnahmung und Ernüchterung gegenüber (S. 198f.).

Solche alternativen Entwicklungen haben sich auch auf den etablierten Journalismus ausgewirkt und insbesondere das Selbstverständnis der objektiven Berichterstattung in seiner Bedeutung relativiert (S. 208ff.). Ein ‚neuer' Journalismus, der sich zum Anwalt unterprivilegierter Schichten und Gruppierungen macht, Stellung bezieht und seine subjektive Beteiligung offen vertritt, steht einerseits einem partizipatorischen Interesse nahe, birgt andererseits jedoch die Gefahr eines Selbstverständnisses als Gegen-Elite (S. 209). Fabris demonstriert solche Überlegungen insbesondere am Beispiel des US-amerikanischen Journalismus (S. 210ff.) oder im Journalismus skandinavischer Länder, den Niederlanden, Kanada und Großbritannien (S. 213ff.). Davon zu unterscheiden sind Alternativ- und Stadtteilzeitungen, die eine Art Gegenkultur und Gegenöffentlichkeit herstellen wollen und meist von unten, von Aktivist*innen aus den lokalen Alternativszenen hervorgingen (S. 219ff.). Schließlich spricht die Entwicklung lokaler Medien in den Entwicklungsländern für eine neue Form von Journalismus (S. 221f.).

Fabris diskutiert vor allem lokale Initiativen und Projekte, weil in diesem Raum eher alle Beteiligten partizipieren wollen und können. Gerade bei (lokalen) Konflikten kann ein anwaltschaftlicher Journalismus zum Tragen kommen und kommunikative Dialoge, Debatten und Kontroversen anstoßen, wenngleich stets die Gefahr besteht, dass sie sozialtechnologisch manipuliert werden (S. 224ff.).

Die Kritik an einem solchen neuen Journalismus kommt aus allen Seiten: von politisch konservativer Furcht vor dem Moralisieren im Journalismus bis zur linken Kritik an der Begrenztheit seines Wirkungspotenzials (S. 234f.). Alternative Formen zu dem immer noch im etablierten Rahmen stattfindenden neuen Journalismus sind der dokumentarische Journalismus (S. 236f.), die journalistischen Subkulturen mit ihren Untergrundmedien (S. 237ff.) sowie der Minderheiten-Journalismus (S. 241ff.).

Abschließend zeigt Fabris Perspektiven auf und zieht die Schlussfolgerungen aus seiner vielseitigen Abhandlung. Hier spielt zunächst die Frage eine Rolle, ob eine formale Ausbildung professioneller Journalist*innen mit dem Konzept des partizipativen Journalismus vereinbar ist (S. 246ff.): Fabris bejaht die Frage, wenn die Inhalte der Ausbildung sich so entwickeln, dass neue Formen des Journalismus gelehrt werden, statt etablierte Muster zu reproduzieren (S. 249f.). Weiterhin diskutiert er ein Nebeneinander von professionellem und Laien-Journalismus (S. 251ff.) sowie die Frage nach einer Welteinheitskultur versus kulturelle Vielfalt, die in drei Zukunftsszenarios mündet (S. 253ff.): a) Welteinheitskultur mit trans-

nationalen Medienunternehmen, b) autoritäre Einschränkung der Kommunikationsbeziehungen, c) selbstorganisierte Kommunikation, die auf einer massenhaften
Verfügung über kommunikative Kompetenz basiert. Das Hinarbeiten auf dieses
letzte, normativ bevorzugte Szenario ist Gegenstand der gesamten Studie. Fabris
macht deutlich, dass die Umsetzung eines partizipatorischen Journalismus erst
durch eine Reihe von Forderungen an ganz verschiedene Akteur*innen ermöglicht
werden kann: Bildungs- und Kulturpolitik, Medien- und Kommunikationspolitik,
Politiker, Medienunternehmen, Gewerkschaften, Verbände, gesellschaftliche
Interessenorganisationen und die Kommunikator*innen und Rezipient*innen
innerhalb und außerhalb der Medien (S. 256). Fabris stellt sich hier eher ein Kontinuum in der Entwicklung als eine Umwälzung vor, das jedoch nicht linear verlaufen kann und wird (S. 257). Für wahrscheinlich hält er eine sektorale Entwicklung, wonach professioneller und Laien-Journalismus sich parallel entwickeln
(S. 257ff.). Wichtig ist ferner ein Zusammendenken subjektiver Faktoren, wie dem
journalistischen Selbstverständnis, und objektiv-materieller Rahmenbedingungen,
wie Technik, Ökonomie und Politik. Bei Letzteren ist mit Widerständen zu rechnen, weil bestehende gesellschaftliche Machtverhältnisse in Frage gestellt werden
müssen (S. 259f.). „Eine breite öffentliche Diskussion über die Alternativen der
zukünftigen Entwicklungsmöglichkeiten des Kommunikationssystems – unter
Einbeziehung der Ergebnisse der Kommunikationsforschung und gezielter sozialer
Experimente – wäre einzuleiten." (S. 261)

3   Wirkungsgeschichte und Kritik

Es ist bemerkenswert, wie unbefangen Fabris theoretischen Pluralismus (nicht
Eklektizismus) praktiziert. So werden ganz selbstverständlich systemtheoretische,
kritisch-theoretische und empirisch-analytische Argumente und Studien (kritisch)
referiert, um ein Gesamtbild von der Problematik zu erhalten (vgl. Maletzke 1979,
S. 520ff.). Man kann wissenschaftlich-theoretisch bescheinigen, dass Fabris Brücken baut und damit Diskursräume eröffnet, die ansonsten durch Lagerbildung
eher verhindert werden.

Verblüffend ist die Aktualität der Problematik. Auch zu Zeiten einer ganz anderen Medienkonstellation – der privat-kommerzielle Rundfunk war noch nicht etabliert, es gab noch kein Internet – stellten sich anscheinend bereits dieselben Probleme, wie sie heute erneut diskutiert werden. Schon in den 1970er-Jahren machte
die Idee der Computerdemokratie die Runde (S. 168–170). Diese Persistenz belegt,
dass die Arbeit von Fabris gesellschaftlich noch relevant ist.

Interessant ist ferner die immer wieder thematisierte Selbstreflexion der Kommunikationswissenschaft und ihres Stellenwerts in der Gesellschaft. Fabris verhandelt viele kommunikative Normen in einer unaufgeregten und konstruktiven, man könnte sagen, kritisch-solidarischen Weise. Auch das macht die Aktualität dieser Studie aus.

Fabris denkt eher in einer „sowohl als auch"-Logik als in einer „entweder oder"-Logik. Am deutlichsten kommt seine in mehrfacher Hinsicht integrative Perspektive im folgenden Zitat zum Ausdruck: „Kommunikatortätigkeit wäre als ein für demokratische Gesellschaften konstitutives Jedermannsrecht anzusehen, dessen Materialisierung durch ein auf allgemeinen Zugang und Partizipation abzielendes Kommunikationssystem erreicht werden soll, wobei ‚Fachleute' und ‚Laien' zusammenwirken." (S. 137)

Kritisch anzumerken ist die nicht immer stringente Gliederung des Buches: Themenfelder tauchen mehrfach auf und sind nicht immer systematisch in den Gesamtkontext der Fragestellung eingebunden. Dadurch entstehen gewisse Redundanzen, die aber andererseits auch die zentralen Argumente herausheben.

Maletzke (1979, S. 521) moniert in seiner Rezension, dass vom Publikum selbst merkwürdig wenig die Rede ist. Die bürgernahe Medienarbeit hilft eigentlich nur den vergleichsweise wenigen partizipationsbereiten Bürger*innen, weniger der sogenannten breiten Bevölkerung. Die laienjournalistischen Ambitionen dieser engagierten Bürger*innen dürften dann auch zu selten das hohe berufliche Niveau der professionellen Journalist*innen erreichen und somit eher unter sich bleiben, statt größere Reichweiten zu erzielen.

Achim Baum (1994, S. 284) setzt sich in seiner Dissertation intensiv mit Fabris auseinander und klassifiziert ihn zusammen mit Gottschlich (siehe Beitrag von Herczeg „Der Journalismus und das Weltverstehen" in diesem Band) als österreichische Schule (ebenso Haas 1999, S. 78ff.). Zwar lobt er dessen kritische Lesart empirischer Ergebnisse der Journalismusforschung, kritisiert aber wiederum Fabris' Kritik am vermeintlich elitären Berufsjournalismus (S. 266). Die Partizipationsangebote, die Fabris zustimmend beschreibe, seien nur wirksam für eine Teilöffentlichkeit oder Gegenöffentlichkeit, könnten also dem weitreichenden Anspruch einer partizipatorischen Demokratie nicht genügen (S. 267) und muteten der selbstorganisierten Beruflichkeit des Journalismus angesichts der gesellschaftlich vorgegebenen politischen, ökonomischen oder technischen Imperative zu viel zu (S. 270ff.).

Besonders starke Kritik übt Wolfgang Donsbach (1982, S. 54f., 61f.) aus einer entgegengesetzten Position. Fabris' positive normative Bezugnahme auf die Berufsrolle des anwaltschaftlichen Journalismus münde in eine nicht-legitime, parteiische Einflussnahme auf das Publikum.

Die oben ausgemachte Stärke des Theorienpluralismus und der Absicht, Brücken zwischen Theorie und Praxis, zwischen professionellem und laienhaftem Journalismus zu bauen, öffnet anscheinend Türen für Kritik von allen Seiten. Dennoch ist die heutige Relevanz dieser doppelt angelegten Normativität augenscheinlich: Gerade in Zeiten des Aufstrebens von Laien-Journalismus durch Blogs, YouTube-Kanälen oder Social Media wird erneut deutlich, dass Öffentlichkeit nicht entweder von professionellen Journalist*innen *oder* von Laien-Journalist*innen hergestellt wird, sondern von einer diskursiven wechselseitigen Bezugnahme. Auch die Zwischenformen des bürgerschaftlichen Journalismus (Charity 1995; Merritt 1995; Rosen 1999) oder des partizipativen Journalismus (Engesser 2013) sind ein Beleg dafür, dass Fabris Pionierarbeit geleistet hat, als er die professionelle und laienhafte Seite von Öffentlichkeit zusammengedacht hat.

Gleichermaßen gibt es aber auch divergierende Bestrebungen: Es hat sich ein separater Forschungszweig zu Gegenöffentlichkeit und Alternativmedien entwickelt, der keinen positiven normativen Bezug mehr zum professionellen Journalismus herstellt (Brüseke und Große-Oetringhaus 1981; Eurich 1980) und ohne es zu wollen, nicht mehr zwischen Alternativmedien mit journalistischem Anspruch von propagandistischer Gegenöffentlichkeit unterscheiden zu können (Scholl 2009). Die Assoziationen, die heutzutage im Kontext von Fake News mit Alternativmedien verbunden sind, gehen weniger in Richtung demokratischer Emanzipation und gesellschaftlichen Diskurs, sondern stärker in Richtung anti-demokratischer Propaganda und Spaltung der Gesellschaft. Vor diesem Hintergrund wird deutlich, dass Fabris zurecht auf der Weiterentwicklung des professionellen Journalismus und dessen gesellschaftliche Aufgabe insistiert: Kommunikatortätigkeit ist zwar ein konstitutives Jedermannsrecht im Sinne der verfassungsrechtlich geschützten Meinungsfreiheit, aber ohne die Qualität eines professionellen Journalismus, der recherchiert, redigiert und prüft, kann die (öffentliche) Meinungsfreiheit substanzlos, willkürlich, fragil, destruktiv sein.

Literatur

Baum, A. (1994). *Journalistisches Handeln. Eine kommunikationstheoretisch begründete Kritik der Journalismusforschung*. Opladen: Westdeutscher Verlag.
Brüseke, F., & Große-Oetringhaus, H.-M. (1981). *Blätter von unten. Alternativzeitungen in der Bundesrepublik*. Offenbach: Verlag 2000.

Charity, A. (1995). *Doing Public Journalism*. New York: Guilford.

Donsbach, W. (1982). *Legitimationsprobleme des Journalismus. Gesellschaftliche Rolle der Massenmedien und berufliche Einstellung von Journalisten*. München, Freiburg: Alber.

Engesser, S. (2013). *Die Qualität des Partizipativen Journalismus im Web. Bausteine für ein integratives theoretisches Konzept und eine explanative empirische Studie*. Wiesbaden: Springer VS.

Eurich, C. (1980). *Kommunikative Partizipation und partizipative Kommunikationsforschung*. Frankfurt/Main: Rita G. Fischer.

Fabris, H. H. (1971a). *Das Selbstbild von Redakteuren bei Tageszeitungen. Eine explorative Studie über Einstellungen und Verhaltensweisen von Redakteuren dreier Tageszeitungen in Salzburg*. Salzburg: Institut für Publizistik und Kommunikationstheorie der Universität Salzburg (= Arbeitsberichte des Instituts für Publizistik und Kommunikationstheorie 2).

Fabris, H. H. (1971b). Das Selbstbild des Kommunikators bei Tageszeitungen. *Publizistik* 16(4), 357–368.

Fabris, H. H. (1975a). Rekrutierung und Ausbildung des journalistischen Nachwuchses in der Presse der BRD. In: J. Aufermann & E. Elitz (Hrsg.), *Ausbildungswege zum Journalismus. Bestandsaufnahmen, Kritik und Alternativen der Journalistenausbildung* (S. 14–33). Opladen: Westdeutscher Verlag.

Fabris, H. H. (1975b). *Der Journalist. Eine berufskundliche Studie*. Schriftenreihe des Bundesministeriums für soziale Verwaltung, Nr. 2/1975. Wien: Bundesministerium für soziale Verwaltung.

Fabris, H. H. (1975c). Unsichere Zukunft für Journalisten? Ergebnisse zweier Umfragen zur beruflichen Situation und zur Ausbildung von Journalisten in Österreich. *Information und Meinung* 6(2), 20–24.

Fabris, H. H. (2016). Gründer-Zeiten. *Medien Journal* 40(3), 28–35.

Glotz, P., & Langenbucher, W. (1969). *Der mißachtete Leser. Zur Kritik der deutschen Presse*. Köln: Kiepenheuer & Witsch (2. Auflage 1993, München: Fischer).

Haas, H. (1999). *Empirischer Journalismus. Verfahren zur Erkundung gesellschaftlicher Wirklichkeit*. Wien: Verlag Böhlau.

Kepplinger, H. M. (Hrsg.) (1979). *Angepaßte Außenseiter. Was Journalisten denken und wie sie arbeiten*. München, Freiburg: Alber.

Langenbucher, W., Roegele, O. B., & Schumacher, F. (1976). *Pressekonzentration und Journalistenfreiheit. Zur Entwicklung der Arbeits- und Beschäftigungssituation von Journalisten der Tageszeitungen in der Bundesrepublik Deutschland*. Berlin: Spiess.

Maletzke, G. (1979). Rezension zu Hans Heinz Fabris: Journalismus und bürgernahe Medienarbeit. Formen und Bedingungen der Teilhabe an gesellschaftlicher Kommunikation, Salzburg: Wolfgang Neugebauer. *Rundfunk und Fernsehen* 27(4), 520–522.

Merritt, D. B. (1995). *Imagining Public Journalism. An Editor and Scholar Reflect on the Birth of an Idea*. Bloomington (IN): School of Journalism.

Mettler-Meibom, B. E. (1986). *Breitbandtechnologie. Über die Chancen sozialer Vernunft in technologiepolitischen Entscheidungsprozessen*. Opladen: Westdeutscher Verlag.

N.N. (1979). Habilitation von Hans Heinz Fabris. *Publizistik* 24(1), 107–108.

Renger, R. (2007). Hans Heinz Fabris 65 Jahre. *Publizistik* 52(3), 402.

Rosen, J. (1999). *What are journalists for?* New Haven, London: Yale University Press.

Scholl, A. (2009). Vom Dissens zur Dissidenz. Die Bedeutung alternativer Gegenöffentlich-
keit für die Gesellschaft. In: K. Merten (Hrsg.), *Konstruktion von Kommunikation in der
Mediengesellschaft. Festschrift für Joachim Westerbarkey* (S. 83–95). Wiesbaden: VS
Verlag für Sozialwissenschaften.
Signitzer, B. (1982). Hans Heinz Fabris zum Professor ernannt. *Publizistik* 27(1–2), 183.

Das Geheimnis des journalistischen Schaffens

Ein Nachwort zur Legitimation von Forschung

Siegfried Weischenberg

> *„Ich muß das mit Bitterkeit u. Selbstanklage zugeben: [...]*
> *Ich bin doch ein Leben lang nur ein Journalist mit eng*
> *begrenzten Kenntnissen gewesen, ich habe mich immer*
> *gefragt, wie ich auf mein Katheder gekommen bin. "*
>
> *Viktor Klemperer (V. Klemperer (1999): So sitze ich denn*
> *zwischen allen Stühlen. Tagebücher 1950–1959. Berlin:*
> *Aufbau-Verlag, S. 550 (Eintrag v. 29.4.1956)*

Im Jahre 1938 hielt Stefan Zweig (1881–1942) in London einen Vortrag mit dem Titel „Das Geheimnis des künstlerischen Schaffens".[1] Darin machte er sich auf eine Suche, die zunächst in höchsten Sphären angesiedelt war. Da ist vom „Vorgang des Schöpferischen" die Rede, der „mit der Idee des Göttlichen verbunden" sei. Und vom „Gefühl eines Überirdischen" und dem „Wunder" in Form von Werken, die zeitlos wirken und herausragen aus Tausenden von Büchern, Bildern und Kompositionen. Dann stellt Zweig die doppelte Frage: „Auf welche Weise hat ein

---

[1] Im Jahr darauf hielt er den Vortrag dann, zumeist in einer englischen Fassung, in verschiedenen Städten der USA. Erst ein Jahr nach Zweigs Tode wurde er publiziert (S. Zweig (1981): Das Geheimnis des künstlerischen Schaffens. Frankfurt a. M.: Fischer, S. 227–250).

S. Weischenberg (✉)
Hamburg, Deutschland

Port Alfred, Südafrika

© Springer Fachmedien Wiesbaden GmbH, ein Teil von Springer Nature 2023   301
W. Loosen, A. Scholl (Hrsg.), *Schlüsselwerke der Journalismusforschung*,
https://doi.org/10.1007/978-3-658-25867-2_26

einzelner Mensch dieses Wunder vollbracht? Wie konnte ein einzelner Mensch dieses Übermenschliche schaffen?"[2]

Schon auf den ersten Blick erscheint abwegig, solche Fragen auf den Journalismus zu beziehen – zumal, wenn man ihn in erster Linie als Handwerk versteht und primär aus einer institutionellen und technischen Perspektive beobachtet. Doch Zweig merkt schnell, dass man selbst im Bereich der Kunst nicht weit kommt, wenn man bei der Suche nach den Schaffens-Geheimnissen in die obersten Schubladen greift. Nach einiger Überlegung schlägt er deshalb vor, zur Rekonstruktion des Schöpfungsprozesses auf die Methode der Kriminologie zurückzugreifen, also nach Erkenntnissen zu suchen, die in Quellen enthalten sind.[3] Hier bietet sich im Fall eines Verbrechens natürlich zunächst die ‚Selbstbeschreibung' des Täters an – denn Geständnisse erleichtern bekanntlich die Rechtsfindung außerordentlich. Doch darauf kann man sich weder bei Kriminellen noch bei Künstlern allzu sehr verlassen. Beide Gruppen geben selten und auf jeden Fall höchst ungern Auskunft über die Motive ihres Handelns – sei es ein Banküberfall oder ein prachtvolles Gemälde; weder der Künstler noch der Verbrecher, meint Zweig, ist im Moment der Schöpfung ‚bei sich'.

Kann man dies nun auf den Journalismus übertragen, wo vieles routiniert und alles andere als schöpferisch abläuft – in Redaktionen als ‚organisierten sozialen Systemen'? Gibt es dort tatsächlich den „Zustand der Ekstase" und der „totalen Konzentration", den Zweig für die Entstehung von Kunstwerken beschreibt? Dürfte man andererseits aber nicht doch darauf hoffen, dass Journalistinnen und Journalisten – zumal im nüchternen Zustand – im Unterschied zu Künstlern in der Lage sind, ex post (zumindest nach der Pensionierung) zu beschreiben und zu erklären, wie sie arbeiten bzw. gearbeitet haben?

Schon in erster Näherung macht einem hier die Quellenlage Mut, denn es gibt jenseits von Schlüsselwerken der wissenschaftlichen Fachliteratur erstaunlich viele und vielfältige Auseinandersetzungen mit dem Beruf und seinen Produkten (Biografien und Autobiografien sowie Romane) – während viele Künstler in Hinblick auf ihr Werk durchweg schmallippig bleiben und allenfalls Vorstudien zu ihren Produktionen hinterlassen haben. Dies gilt immerhin z. B. für Ludwig van Beethoven, aber nicht einmal für Wolfgang Amadeus Mozart. Nur wenige haben den künstlerischen Prozess als Addition von Inspiration und Transpiration überhaupt so transparent gemacht wie Edgar Allan Poe.

---

[2] Ebd., S. 227 ff.
[3] Ebd., S. 231 ff.

Während die Entzauberung der Kunst also allein quantitativ in der Regel hohe Hürden überspringen muss, geht es im Fall des Journalismus bei den personalen und fiktionalen Darstellungen eher darum, sorgfältig zu prüfen, wie glaubwürdig die Autoren und Autorinnen von (Selbst-) Beschreibungen als Zeugen ihrer Zeit und ihres Berufs sind. Hinzu kommt, dass diese ‚Literatur in eigener Sache' eine Menge Beispiele verblüffender Arglosigkeit bietet – zumal, wenn auf ein langes Journalistenleben zurückgeblickt wird.[4]

Kann man solchen Quellen also überhaupt trauen: Protagonisten, denen gerade in letzter Zeit viele Menschen das Vertrauen entzogen haben?[5] Sind sie, wenn es um sie selber geht, noch weniger die unabhängigen, furchtlosen, objektiven Beobachterinnen und Beobachter, die wir uns grundsätzlich für den Journalismus wünschen? Liefern sie auch hier nur ‚schmutzige Soziologie' und leiden unter einer Schwäche, die Stefan Zweig persönlich vorgehalten wurde – aber bis heute seiner Popularität weltweit nicht geschadet hat: Dass er vor allem die „Kunst der atemberaubenden Vereinfachungen" (Jules Romains) beherrschte und zu Verkürzungen, überscharfen Kontrasten und Verallgemeinerungen neigte – all dies eigentlich typische Merkmale des Journalismus, in dem Zweig ja selbst zunächst groß geworden war. Er schrieb Feuilletons, publizierte dann schon bald Gedichte und bewegte sich lange in einem *Zwischenbereich*, in dem sich viele Journalistinnen und Journalisten durchaus wohl fühlen.

Zentrales Merkmal eines solchen Crossover ist ein Konflikt: zwischen den Anforderungen der ‚Produktion für den Tag' und dem (zumindest klammheimlichen) Wunsch, etwas mit einer Substanz zu schaffen, die, wieder mit Zweigs Worten, „die Zeit besiegt" und „der Vergängnis trotzt". Dies erklärt, worum sich so mancher Journalist, so manche Journalistin bisweilen berufen fühlt, zumindest temporär ins Genre ‚Buch' zu wechseln, wo die mechanischen Regeln des ‚Systems Journalismus' bis zu einem gewissen Grade außer Kraft gesetzt sind. Ein eigenes Genre bildet dabei die medienkritische ‚Streitschrift', wobei das Spektrum heutzutage zwischen „Elend der Medien" und „Zombie-Journalismus" oszilliert.[6]

---

[4] Vgl. S. Weischenberg (2002): Personale und fiktionale Darstellungen zum Journalismus, in: ders.: Journalistik, Bd. 2: Medientechnik, Medienfunktionen, Medienakteure. Wiesbaden: Westdeutscher Verlag, S. 389–405.

[5] Vgl. S. Weischenberg (2018): Medienkrise und Medienkrieg. Brauchen wir überhaupt noch Journalismus? Wiesbaden: Springer.

[6] A. v. Mirbach/M. Meyen (2021): Das Elend der Medien. Köln: Halem; M. Klöckner (2021): Zombie-Journalismus, München: Rubikon.

Wer den Leseaufwand nicht scheut, sich in die Bandbreite solcher Literatur zu vertiefen, findet manch interessante Information über den Beruf und fühlt sich auf jeden Fall gut unterhalten. Und umgekehrt liefert das stattliche Werk „Nichts als die Welt. Reportagen und Augenzeugenberichte aus 2500 Jahren" für das Schaffen im Zwischenbereich von Literatur und Journalismus viele anschauliche, beeindruckende Beispiele. Gerade solche ‚Nonfiction Novel', meinte ihr brillantester Vertreter Truman Capote (1924–1984), sei „eine große unerforschte Kunstgattung".[7]

Davon, dass man angesichts existierender journalistischer Kunstwerke von „Journalismus und *Journalismus*" sprechen sollte, ist insbesondere Wolfgang R. Langenbucher ein Anliegen, dem die empirische Journalismusforschung in Deutschland gerade in ihrer Pionierphase viel zu verdanken hatte. Zusammen mit Peter Glotz hat er schon vor mehr als fünf Jahrzehnten ein Schlüsselwerk publiziert, das zur Gattung ‚Streitschrift' zu zählen ist. Später kritisierte er dann, dass der „starre, theoretisch virtuos illuminierte, zur schlechten herrschenden Lehre gewordene monomane Blick auf die sozialen, politischen und ökonomischen Bedingungen" dafür sorge, dass dieser ‚andere Journalismus' kaum zur Kenntnis genommen werde. Dies explizierte er u. a. anhand des Buchs „Putins Demokratur. Wohin steuert er Russland?", das Boris Reitschuster 2006 veröffentlicht hatte. Langenbucher dazu: „Vor dem Hintergrund der Ereignisse der letzten Monate […] kann man es nur mit Erschrecken, ja Entsetzen lesen."[8] Dies schrieb er im Jahre 2008 …

Dafür, dass auch fiktionale ‚Fallstudien' luzide Einblicke in den Journalismus bieten können und so zum ‚Schlüsselwerk' werden, ist der hochgelobte Roman „Scoop" von Evelyn Waugh ein (äußerst amüsantes) Beispiel.[9] Da wird wie in einem Brennglas vorgeführt, was die Forschung über die Jahre als Merkmale der Rahmenbedingungen ‚journalistischen Schaffens' mühsam zusammengetragen hat: der Herdentrieb (zumal in Kriegs- und Krisensituationen) und die Selbstreferenz, der Egoismus der Akteure dieser traditionellen Männerwelt und eine Berichterstattung, die oft mehr auf Zufällen beruht denn auf Kompetenz, und insgesamt eine ständige Beobachtung der anderen im Rudel als Ursache für das ‚Mainstreaming', das gerade heutzutage vielstimmig beklagt wird.

---

[7] Vgl. G. Brunold (Hrsg.) (2010): Nichts als die Welt. Reportagen und Augenzeugenberichte aus 2500 Jahren. Berlin: Galiani, S. 461.

[8] W. R. Langenbucher (2008): Journalismus zwischen Kulturleistung und Routine – eine Collage in polemischer Absicht, in: B. Pörksen et al. (Hrsg.): Paradoxien des Journalismus. Theorie – Empirie – Praxis. Wiesbaden: VS Verlag, S. 391–406, hier S. 399.

[9] E. Waugh (1938): Scoop, London: Chapman & Hall.

1 Journalismus und Gesellschaft

Bei der Bewertung solcher Einblicke droht freilich insbesondere dann die ‚Realitätsfalle‘, wenn Autorinnen und Autoren sozusagen als Reflektoren von Wirklichkeit gefeiert werden – und zwar nur deshalb, weil sie sich nah am real existierenden Journalismus bewegen oder bewegt haben. (Auch) Literatur als System arbeitet nach eigenen Gesetzen und folgt einer spezifischen Handlungsgrammatik mit spezifischen ‚Wahrheitskriterien‘. Diskutabel bleibt auf jeden Fall, ob solche Versuche, dem Journalismus auf die Spur zu kommen, zu validen Ergebnissen führen können. Werden so Geheimnisse gelüftet, die der Kommunikationswissenschaft in ihren (empirischen) Studien verborgen bleiben? Wird der Journalismus hier von einer ‚anderen‘ Seite gezeigt – oder führt er nur am Einzelfall vor, was die systematische empirische Forschung auf eine Weise zutage fördern kann, die Verallgemeinerungen zulässt?

Journalismusforscher und -forscherinnen würden auch deshalb darauf beharren, dass systematische Beobachtung und Beschreibung der Aussagenentstehung deutlich mehr liefert über den Journalismus und seine Medien, seine Bedingungen, seine Akteure und seine Produkte und ihr Zustandekommen – zu einer bestimmten Zeit in einer bestimmten Gesellschaft. Sie sind auch davon überzeugt, dass Journalistinnen und Journalisten, wenn sie sich über ihren Beruf befragen lassen, der einschlägigen Wissenschaft wertvolle Hinweise geben können, um den Geheimnissen ihres Schaffens auf die Spur zu kommen.

Die in diesem Buch mit soviel Sorgfalt zusammengestellten und dargestellten ‚Schlüsselwerke‘ bieten beeindruckende Belege dafür, dass sich solche Forschung zum Journalismus, dem wir immer noch unsere Weltbilder verdanken, lohnt. Und dass es Sinn macht, die Beobachtung, Beschreibung und Reflexion der Wirklichkeitskonstruktionen, für die Journalistinnen und Journalisten zuständig sind, nicht exklusiv diesen selbst zu überlassen. Dies kann man anhand von vielen Erkenntnissen, die durch den hier präsentierten Überblick zu gewinnen sind, demonstrieren. Greifen wir einige davon heraus.

Zu den Auffälligkeiten gehört z. B., dass vor rund vier Jahrzehnten fast zeitgleich drei grundlegende wissenschaftliche Auseinandersetzungen mit dem Journalismus erschienen, die in ihrer Ausrichtung unterschiedlicher kaum sein konnten. Die Erste setzte auf die Partizipation von Laien-Journalisten in alternativen Medien als Pendant zu (besser ausgebildeten) Berufsjournalisten. Eine auf Teilnahme basierende Demokratie lege nahe, den professionellen Journalismus selbst in Richtung Bürgerjournalismus zu verändern und zugleich diesem professionellen Journalismus einen nicht-professionellen Laienjournalismus zur Seite zu stellen –

eine Forderung, die im Zeitalter von Blogs, YouTube-Kanälen und Social Media geradezu offene Türen einrennt. (Fabris 1979)[10]

Die Zweite präferierte soziale Orientierung und verbesserte Ausbildung der Journalistinnen und Journalisten zur Lösung von Kommunikationsproblemen in der Gesellschaft. Im Zentrum stand dabei die Forderung nach einem Journalismus, der sich dem Publikum geradezu verpflichtet fühlt. Zu seiner Verbesserung müsse zunächst die Berufsrealität idealisiert werden. (Gottschlich 1980)

Die Dritte beschränkte sich in der Zielsetzung auf die Identifikation von Journalismus als Herstellung und Bereitstellung von Themen und präferierte die Beschäftigung mit der ‚Systemrationalität'. (Rühl 1980) Der Autor fragte hier nicht nach dem ‚sozialen Sinn' der journalistischen Leistungen, welche im Zentrum der beiden anderen ‚Journalismus und'-Bücher stand. Diese begründeten eine ‚österreichische Tradition' der Journalismus-Forschung, die zwei Jahrzehnte später in einem großen Werk mit dem Titel „Empirischer Journalismus. Verfahren zur Erkundung gesellschaftlicher Wirklichkeit" ihre beeindruckende Fortsetzung fand.[11] Sie folgten dabei eher den Ideen von Jürgen Habermas, während es in Deutschland seit den 1990er-Jahren eine Präferenz für Studien im Gefolge von Niklas Luhmanns kühler Gesellschaftsanalyse gab.

Habermas und sein basales Werk „Strukturwandel der Öffentlichkeit"[12] stand sozusagen Pate bei der Genese der Studie „Journalismus als Beruf", die den ersten anspruchsvollen Versuch darstellte, seine Entstehung und Entwicklung im 19. Jahrhundert aus historischer und kommunikationswissenschaftlicher Perspektive nachzuzeichnen. Dem Ausdifferenzierungsprozess im deutschen Journalismus und der Fassung von ‚Hauptberuflichkeit' widmete der Autor dabei besondere Aufmerksamkeit. Als landestypische Spezifika erscheinen darüber hinaus die Dominanz des Leitartikels gegenüber der Reportage und ein Rollenselbstverständnis, das die große Nähe der Berufsvertreter zum System der Politik verriet. Darüber hinaus war die Studie aber insofern international vergleichend angelegt, als sie die beruflichen Entwicklungen in den USA und England sowie, ausführlicher, im französischen Journalismus mit berücksichtigte. (Requate 1995)

Der internationale Vergleich hatte schon im Zentrum kommunikationswissenschaftlicher Forschungsanstrengungen gestanden, als man sich mit der Kreierung

---

[10] Die in Klammern gesetzten Verweise beziehen sich auf die einzelnen Schlüsselwerke, welche im Inhaltsverzeichnis aufgeführt worden sind.

[11] H. Haas (1999): Empirischer Journalismus. Verfahren zur Erkundung gesellschaftlicher Wirklichkeit. Wien: Böhlau.

[12] Vgl. J. Habermas (1962): Strukturwandel der Öffentlichkeit. Neuwied/Berlin: Luchterhand.

von Modellen als Grundlage der (empirischen) Journalismusforschung beschäftigte. Da ging es zunächst um Beschreibungen der Verhältnisse in verschiedenen Ländern, ehe dann spezifisch auf den Journalismus zugeschnittene Systematisierungen vorgeschlagen wurden. Dominierend blieb dabei die Perspektive des Zusammenhangs zwischen Gesellschaft und Medien/Journalismus, der in den „Four Theories of the Press" schon früh so beschrieben worden war: „[…] the press always takes on the form and coloration of the social and political structures, within which it operates." (Siebert et al. 1956) Ein Schlüsselzitat. Die wirkmächtige ‚Theorie' von Siebert, Peterson und Schramm ist ein Beispiel für Modelle, die Weiterentwicklungen inspirierten. Wilbur Schramm wurde später zu einer der Schlüsselfiguren des Fachs in den USA.

Was bei diesen Modellbau-Aktivitäten und dem Sammeln von (repräsentativen) empirischen Daten lange Zeit zu den blinden Flecken gehörte, waren die (ethischen) Maßstäbe, auf deren Grundlage die Qualität des Journalismus bewertet werden sollte. Vor allem ein deutscher Autor rückte deshalb – vor dem Hintergrund seiner Erfahrungen in den USA – ‚Freiheit' und ‚Verantwortung' ins Zentrum seiner Auseinandersetzung mit der Aussagenentstehung. (Boventer 1984) Dies jedoch nicht im Sinne von starren Normen- und Handlungsvorgaben, sondern von ständigem Reflektieren und Überdenken der eigenen Handlungen.

Das Buch „Agents of Power" führte dabei ebenso wie Boventers Ethik-Studie auch die Vielfalt der Genres vor, welche in der Journalismusforschung zum Einsatz kommen (können), wobei der persönliche und berufliche Hintergrund der Autoren eine zentrale Rolle spielen mag. (Altschull 1984) Sie sind auch deshalb Vertreter des beschriebenen ‚Zwischenbereichs'. Dies äußert sich nicht nur stilistisch, sondern auch ideologisch. Herbert Altschull steht dabei wie diverse andere Autoren in der Tradition der Kritischen Theorie. Hermann Boventer, streitbarer katholischer Publizist, erinnert an Bernd Maria Aswerus, einen Franziskanermönch, der eine Zeit lang in München lehrte. Der Satz „Journalismus konstruiert seine eigene Wirklichkeit" besitzt bei Boventer durchaus eine pejorative Qualität. Seine Medienethik ist primär Individualethik; auf die Systemebene will er sich nicht locken lassen. Durch den real existierenden Journalismus mit seinen Skandalen, die als individuelle Verfehlungen aufgedeckt wurden, konnte er sich wenige Jahre nach der Publikation seines Schlüsselwerks bestätigt fühlen.[13]

Grundsätzlicher angelegt war später der Versuch, Dimensionen für die Messung von Qualität im Journalismus zu erarbeiten, wobei diese Maßstäbe anhand

---

[13] Vgl. S. Weischenberg (1997). Neues vom Tage. Die Schreinemakerisierung unserer Medienwelt. Hamburg: Rasch und Röhring.

von Rundfunkprogrammen entwickelt wurden. Die konzeptionelle Aufwertung und Einbeziehung der Publikumsperspektive spielte dabei eine besondere Rolle. (Schatz und Schulz 1992) Gerade im Zusammenhang mit der aktuellen Debatte über die Regulierung des Internet kann sich der darin zugrunde gelegte Ansatz, professionelle Standards und mehrdimensionale Publikumserwartungen mit juristischen Normen und gesellschaftlichen Wertvorstellungen zu verbinden, als fruchtbar erweisen.

Hier begegnen wir einem der vielen aktuellen Bezüge, welche die Schlüsselwerke provozieren. Die Frage, was zum Zentrum journalistischer Dienstleistungen gehört und wie diese einzuordnen sind, muss im Zeitalter von ‚Fake news', ‚Bots' und ‚Automated Journalism' erneut gestellt und intensiver als je zuvor diskutiert werden. Und: Was bedeutet heutzutage Partizipation, da Feedback und Dialog kein (technisches) Problem mehr darstellen, also Verständigung und Aktivierung zu demokratischer Teilhabe (theoretisch) möglich ist?

Damit ist das Publikum quasi automatisch ins Zentrum des Forschungsinteresses gerückt, was vor einem halben Jahrhundert – jedenfalls in den Augen vieler Praktikerinnen und Praktiker – geradezu exotisch wirkte, als für den Journalismus erstmals eine geradezu zynische Ignoranz der Interessen jedenfalls der Zeitungsleserinnen und -leser systematisch nachgewiesen wurde. (Glotz und Langenbucher 1969) Hier hat die technische Entwicklung einen ‚Audience Turn' für die journalistische Perspektive herbeigeführt. Die schon erwähnte, als ‚Streitschrift' klassifizierte Studie „Der mißachtete Leser" stieß auf starke Medienresonanz – freilich vor allem dort, wo die Kritik freundlich ausgefallen war ...

Die Kompilation demonstriert aber nicht nur die Vielfalt der stilistischen Muster und Darstellungsformen, sondern auch die Bandbreite von methodischen Zugriffen. Nicht zuletzt dadurch sowie durch wechselnde Forschungsperspektiven kam es in der Geschichte der Journalismusforschung mehrfach zu Paradigmenwechseln. Der wichtigste war zunächst die Abkehr von der individuellen Perspektive hin zur Institution als zentralem Faktor der Aussagenentstehung, gefolgt von der erkenntnistheoretischen Wende hin zu einer eher konstruktivistischen Sichtweise.

Als die erste empirische Studie der Redaktionsforschung erschien, die sich an Luhmanns damaliger Version der Systemtheorie orientierte, war die ‚digitale Revolution' überhaupt noch nicht absehbar. Im Entdeckungszusammenhang zielte sie auf die Umweltbedingungen, unter denen Zeitungsredaktionen entstehen und bestehen bleiben. (Rühl 1969) Zu den Geheimnissen, die in dieser Zusammenschau von Schlüsselwerken en passant gelüftet werden, gehört, dass Luhmann dazu seinerzeit eine (freundliche) Rezension verfasst hatte, die allerdings nicht publiziert werden konnte.

Gut ein Jahrzehnt später hatte sich die Medienproduktion schon erheblich geändert und der Faktor ‚Technik' endlich auch Einzug in den kommunikationswissenschaftlichen Diskurs gehalten. (Weischenberg 1982) Erst danach nahm aber die Digitalisierung des Journalismus richtig Fahrt auf, sodass man mehr denn je auch von seiner ‚Taylorisierung' sprechen konnte, die der Rationalität des Systems folgte. Die technische Entwicklung führte aber nicht nur zu erheblichen Veränderungen der journalistischen Arbeit, sondern schon bald auch zum Monopolverlust des (Nachrichten-) Journalismus auf Grund der aufkommenden vielfältigen Nicht-Medien-Kanäle sowie zu crossmedialen Produktionsweisen, die seither die Aussagenentstehung in ihrem Kern verändern. Eine weitere Umdrehung bedeutet nun die absehbare Automatisierung und Algorithmisierung bestimmter Bereiche der Aussagenentstehung.

2 Die Wirklichkeit der Nachrichten

Die Journalismusforschung ist in den vergangenen Jahrzehnten bis zu einem gewissen Grade auf das Geheimnis gerichtet gewesen, welche Konstruktionsprinzipien dem journalistischen Schaffen in den aktuellen Medien zugrunde liegen. Damit ist ein erheblicher Teil der Studien beschäftigt, die Aufnahme in diese Sammlung von Schlüsselwerken gefunden haben. Diese zentralen Werke der Journalismusforschung kreisen um die Schaffung von Texten: ihre Genese, ihre Methoden und ihren Bias. Dabei kommen unterschiedliche Perspektiven zum Einsatz, je nachdem, ob die Merkmale der Produkte im Fokus standen und/oder auch die Rolle der Journalistinnen und Journalisten. Die Erträge rechtfertigen hier ganz unterschiedliche Zugriffe.

Da ging es mikroperspektivisch zunächst um die Rolle von Schleusenwärtern, die entscheiden, was zur Nachricht wird und was nicht, und die dabei offenbar bestimmten persönlichen Vorlieben folgen. (White 1950) Später gewann dann der Faktor ‚Nachrichtenbürokratie' an Gewicht und dabei vor allem auch die Frage, wie die Rolle in der Redaktion gelernt und auf welche Weise hier soziale Kontrolle ausgeübt wird. (Breed 1955)

Anschlüsse an die Systemtheorie liegen bei diesem ‚Gatekeeper'-Ansatz auf der Hand, der in modifizierter Form die Bearbeitung von vielfältigen aktuellen Fragen erlaubt. Die darin beschriebenen Sozialisations- und Anpassungsprozesse scheinen aktuell sogar bedeutender als je zuvor zu sein. Was die Schleusen-Perspektive konkret für die Themensetzung bedeutet, wurde dann später durch den Agenda-Setting-Ansatz weiter beleuchtet. Auch die Frage, warum sich die Themenwahl und -darstellung verschiedener Medien ähneln und welche Rolle dabei

‚Leitmedien' spielen, resultierte aus dieser Forschungsrichtung. Entsprechende Erkenntnisse können genutzt werden, wenn es darum geht zu erklären, wie uniforme Berichterstattung über Pandemien oder kriegerische Auseinandersetzungen heutzutage zustande kommt.

Zu den zentralen Beobachtungen gehört auch, dass die Beschaffung möglichst vieler Nachrichten oft zum Selbstzweck geworden ist, sodass Fragen ihrer Objektivität und Qualität zweitrangig wurden. Seinerzeit war die Forschung hier insofern noch optimistischer, als sie glaubte, dass positive Veränderungen, die stärker an professionellen Normen orientiert und stärker auf die gesellschaftlichen Aufgabe der Medien als auf die Ansichten der Medieneigentümer gerichtet sind, durch Druck auf diese erreicht werden können. Etwa durch einen entsprechenden Kodex – oder durch engagierte Berufsverbände. Das Studium der einschlägigen wissenschaftlichen Erkenntnisse könnte also ein Grund dafür sein, dass sich ein Kommunikationswissenschaftler z. B. im Deutschen Journalisten-Verband engagiert …

Warum wird so berichtet, wie berichtet wird? Diese Perspektive liegt diversen Schlüsselwerken zugrunde, die vor allem mit Hilfe der Inhaltsanalyse nach Antworten sucht. Diese haben vorgeführt, in welchem Maße prominente Personen und Elite-Nationen wie die USA die Medienberichterstattung dominieren. Die Medien transportieren in diesen Zusammenhängen bestimmte Werte, sodass von ihrer ‚Paraideologie' gesprochen werden kann, die durch Interviews mit den Akteuren deutlich wird. (Gans 1979) Zudem haben sich die journalistischen Auswahlentscheidungen über die Jahre offenbar kaum verändert.

Studien, die dazu in den 1970er-Jahren entstanden, haben zu einer erkenntnistheoretischen Wende geführt. Seither gilt als Mehrheitsmeinung, dass es keinen Sinn macht, die ‚Wirklichkeit der Medien' mit einer wie auch immer gearteten ‚Realität' vergleichen zu wollen, um sie auf diese Weise zu falsifizieren. (Schulz 1976) In diesem Zusammenhang wurden ‚Nachrichtenfaktoren' und ‚Nachrichtenwerte' als Schlüsselbegriffe eingeführt. Winfried Schulz' Pionierstudie, die insbesondere Erkenntnisse von Johann Galtung und Mari Holmboe Ruge aufgriff,[14] inspirierte die ‚Nachrichtenwertforschung', welche als eines der kommunikationswissenschaftlichen Glanzstücke gilt und bis heute zu zahlreichen theoretischen Weiterentwicklungen und neuen Anwendungsfeldern geführt hat. Ihre Befunde haben diverse Geheimnisse des journalistischen Schaffens lüften können.

Nachrichten sind, so ist dadurch auch deutlich geworden, die Einlass-Stelle für redaktionelle Selektionsprozeduren, sodass es plausibel erscheint, dem System

[14] Vgl. J. Galtung/M. H. Ruge (1965): The Structure of Foreign News. In: Journal of Peace Research, Vol. 2, 1965/1, S. 64–91.

Journalismus den Leitcode ‚nachrichtlich/nicht nachrichtlich' zuzuordnen.[15] Welche Beiträge dieser Ansatz nun unter den gewandelten Kommunikations- und Medienbedingungen leisten kann, bleibt abzuwarten. Auf jeden Fall wissen wir inzwischen deutlich mehr auch über die Nachrichten-Interessen von Teilen des Publikums, seit diese sich mit ihren Meinungen in den sozialen Medien tummeln.

Zur Entmythisierung der Nachrichtenproduktion hat insbesondere auch beigetragen, dass der umstrittene Begriff ‚Objektivität' vom Kopf auf die Füße gestellt wurde, und zwar dadurch, dass es gelang, ihn nüchtern als professionelle Strategie im Journalismus zu dekonstruieren. Diese erleichtert die täglich notwendigen pragmatischen Entscheidungen, welche in den Redaktionen anfallen, und reduziert ihre Risiken. (Tuchman 1972) Auch diese Perspektive erlaubte vielfältige Anschlüsse für weitere Forschung zu den journalistischen Selektionsprozeduren, den konsentierten Medienschemata und neuerdings zu den Inhalts-Merkmalen digitaler Medien.

Die Klassiker von Warren Breed und Gaye Tuchman waren zuerst in soziologischen Zeitschriften erschienen, was ihre Verbreitung nicht gerade förderte, denn die Soziologie hat sich in ihrer Geschichte beim Thema ‚Medien und Journalismus' gleichermaßen ignorant und impotent gezeigt.[16] Diese beiden Studien sowie Whites Gatekeeper-Aufsatz zeigen zum einen, dass Schlüsselwerke durchaus knapp gefasst sein können, und zum anderen, dass relativ einfache Forschungsdesigns oft die ergiebigsten sind. Das Gegenteil stellt die in jahrelanger Forschungsarbeit mit einem Mehrmethoden-Design entstandene Untersuchung von Herbert J. Gans dar, die zu den herausragenden Werken der Journalismusforschung zählt.

All diese Nachrichtenforscher haben den Journalismus und seine Prozeduren entmystifiziert und plausibilisiert, in welchem Maße er von Sozialisierungs-Effekten, Strategien, Ritualen und somit letztlich von kontingenten Konstruktionen bestimmt wird. Und sie haben mit ihrer Arbeit vielfältige Anschlüsse offeriert, z. B. auch an die Genretheorie der Medien.[17] Immer wieder nachgewiesen wurde dabei, dass sich (auch) die Journalistinnen und Journalisten in Mediensystemen westlichen Typs an die zentrale Berufsregel der konsequenten Trennung von Information und Meinung, die sie wie eine Monstranz vor sich her tragen,

---

[15]Vgl. S. Weischenberg (2014): Max Weber und die Vermessung der Medienwelt. Wiesbaden: Springer, S. 348 ff.

[16]Vgl. S. Weischenberg (2012): Max Weber und die Entzauberung der Medienwelt. Wiesbaden: Springer, S. 274 ff.

[17]Vgl. S. J. Schmidt/S. Weischenberg (1994): Mediengattungen, Berichterstattungsmuster, Darstellungsformen. In: K. Merten el. al. (Hrsg.): Die Wirklichkeit der Medien. Opladen: Westdeutscher Verlag, S. 212–236.

häufig nicht halten. Dies gilt wohl, wie die vielstimmige Medienkritik moniert, mehr denn je. Diskutiert werden muss dabei freilich weiterhin die alte grundsätzliche Frage, ob journalistische Objektivität ‚im reinen Sinne' überhaupt möglich ist – seit vielen Jahren ein strittiges Diskussionsthema innerhalb und außer der Kommunikationswissenschaft.[18]

Eine weitere Studie, die gleichfalls in den 1970er-Jahren – nun in Deutschland (Mainz) – entstand, machte uns mit einer speziellen journalistischen Methode bekannt, die der Autor als ‚Synchronisation' bezeichnete; Nachricht und Meinung wurden dabei (in den untersuchten Zeitungen) einander angepasst. (Schönbach 1977) Als Erklärung hierfür liegt erneut der Hinweis auf den Organisationszusammenhang nahe, in dem Medienaussagen entstehen. Verwiesen wird auch auf so entstehende ‚Ausgewogenheit', deren Nachweis für Qualitätsmedien strategisch besonders wichtig ist, und natürlich die wechselseitige Medienbeobachtung, die zur Normkonformität und zum heute viel diskutierten ‚Mainstreaming' und zu den beklagten engen ‚Meinungskorridoren' führt. Vorweggenommen wird durch diese luziden, empirisch belegten Erkenntnissen aus den 1970er-Jahren die breite Debatte, die dann seit den früheren 1990er-Jahren um die ‚Wirklichkeit der Medien' und ihren Konstruktionscharakter entbrannte. Auch diese hat durch die Digitalisierung noch einmal eine aktuelle Qualität erhalten.

Dasselbe gilt für gleichfalls aus Mainz stammende Beobachtungen und Beschreibungen aus den späten 1980er-Jahren zu Formen von Manipulation, die als ‚instrumentelle Aktualisierung' bezeichnet wurden. Dabei werden insbesondere in Konfliktsituationen durch Hoch- und Runterspielen von Informationen Akteure gezielt gestärkt oder geschwächt. (Kepplinger 1989) Ein bevorzugtes Mittel ist dabei (und dies hat während der Corona-Pandemie und des Ukraine-Kriegs zugenommen), nur bestimmte Expertinnen und Experten zu Wort kommen zu lassen, um ein bestimmtes Medienbild zu erzeugen. Journalistinnen und Journalisten, die auf diese Weise, bewusst oder unbewusst, Partei ergreifen, können dann eine Stimmung erzeugen, von der ein bestimmter politischer Populismus profitiert. Dies sind Effekte politischer Kommunikation, für die in anderen Studien Begriffe wie ‚Symbolische Politik' oder ‚Pseudo-Ereignisse' geprägt wurden.[19] Wer heute nach Erklärungen für Einseitigkeit und Lagerbildung im Journalismus sowie das Phäno-

---

[18] Vgl. z. B. G. Bentele/R. Ruoff (Hrsg.) (1982): Wie objektiv sind unsere Medien? Frankfurt a. M.: Fischer.

[19] Vgl. U. Sarcinelli (1987): Symbolische Politik. Opladen: Westdeutscher Verlag; D. J. Boorstin (1961): The Image. New York: Atheneum.

men der ‚Filterblasen' und ‚Echokammern' im Internet sucht, wurde dazu schon vor Jahrzehnten gut bedient.

Die Ursachenforschung stößt dabei schnell auf die Frage, ob nicht der Journalismus schon ‚im Vorfeld' in bestimmter Weise beeinflusst wird. Antworten verweisen dabei auf die zentrale Rolle von gut ausgestatteten Institutionen der ‚Öffentlichkeitsarbeit'. Deren Einfluss geht soweit, dass im Lichte entsprechender Forschung, die später freilich differenziert worden ist, Themen und Timing der journalistischen Berichterstattung geradezu determiniert werden. (Baerns 1985) Dies gilt wohl vor allem dann, wenn – wie es häufig vorkommt – Ereignisse für den Journalismus inszeniert werden. Das Beispiel dieser Autorin zeigt auch, dass intensive (!) praktische Erfahrungen in und mit den Medien zumindest nicht schädlich sind für luzide kommunikationswissenschaftliche Forschungsarbeit …

3 Die Perspektive der Selbstbeschreibung

Fünf Schlüsselwerke sind primär auf die Journalistinnen und Journalisten, ihre Merkmale und Einstellungen, ihre Kompetenz und deren Verbesserungen, aber auch die Legitimationsgrundlage für ihren Einfluss gerichtet. Schon aus historischen Gründen steht dabei die nordamerikanische Replikationsstudie im Zentrum, welche die Ideen und methodischen Prozeduren einer soziologischen Pionieruntersuchung aufgriff[20] und damit über fünf Jahrzehnte eine valide Datengrundlage schuf; sie war Inspiration und Vorbild für entsprechende Anstrengungen auch in Deutschland. Zu den markantesten Befunden gehört dabei, welchen Veränderungen das journalistische Berufsfeld in den USA allein schon quantitativ unterworfen war. (Weaver und Wilhoit 1986 ff.) Nun aus der Perspektive der Selbstbeschreibung von Akteurinnen und Akteuren wurde in diesen und anderen Studien vorgeführt, in welchen Abhängigkeiten sich diese befinden, in welch großem Maße sie den Regeln und Mechanismen ihrer Organisationen unterworfen sind und wie sehr ihre Mentalität und ihre Handlungen vom (Mittelschicht-) Milieu geprägt sind, aus dem die meisten von ihnen stammen.

Die Systemtheorie erlaubte nun, die Einzelergebnisse der repräsentativen Journalismus-Studien in einen tragfähigen Rahmen zu stellen. Empirie-gesättigte Journalismustheorie erwies sich dann auch international als anschlussfähig; dies gilt vor allem für Österreich und die Schweiz, aber auch für die USA. Dabei

---

[20]Vgl. J. Johnstone et al. (1976): The News People. Urbana: Univ. of Chicago Press.

wurden die Paradoxien systematisch vorgeführt, die für den Journalismus in einem demokratischen System kennzeichnend sind, in dem auch die Medien eine kapitalistische Basis haben.[21] Auch hier geht es – wie zuerst in den Studien aus den 1970er-Jahren – um den Zusammenhang von Journalismus und Gesellschaft. (Scholl und Weischenberg 1998) Dieser hat sich infolge der Digitalisierung zwar gewandelt. Doch gerade die aktuellen Entwicklungen zeigen, dass die Abkehr von einer praktizistischen, Personen-zentrierten Forschung zur Aussagenentstehung alternativlos war. Journalismus lässt sich nicht auf handelnde Akteurinnen und Akteure reduzieren. Es geht etwas verloren, wenn die normativen, funktionalen, strukturellen und rollenbezogenen Kontexte nicht in den Blick genommen werden.[22]

Dies gilt insbesondere auch für den Teil der Journalismusforschung, der sich als ‚geschlechtersensibel' ausweist. Dabei ist hier die Forschung der Praxis sozusagen vorausgeeilt. Denn seit der einschlägigen Pionierstudie hat sich nicht nur der Frauenanteil erheblich erhöht, sondern auch die Beteiligung der Frauen an Machtpositionen im Journalismus. (Neverla und Kanzleiter 1984) Die Untersuchungsergebnisse hatten damals offen gelegt, dass es eine deutliche geschlechtsspezifische Segmentation des journalistischen Berufs im hierarchisch strukturierten Arbeitsmarkt gab und zudem geschlechtsspezifische Segregationen innerhalb des Berufsfeldes (horizontal nach Genres und Ressorts und vertikal nach Positionen in der Hierarchie). Ein Teil dieser Ungleichheiten und Diskriminierungen scheint inzwischen überwunden, was Initiativen wie ‚ProQuote e.V.' als Verdienst angerechnet wird.

Einen besonders kritischen Blick auf den Journalismus und seine Akteurinnen und Akteure hatte seit den 1970er-Jahren insbesondere die ‚Mainzer Schule' der Publizistik geworfen. Dort wurde intensiv beobachtet und bewertet, welchen Einfluss die aktuellen Medien auf die politische Kommunikation ausüben und gefragt, ob es dafür überhaupt eine entsprechende Legitimation gebe. Dies wurde in einer späteren Studie systematisch ausgearbeitet und nach ihrem Erscheinen auch heftig diskutiert. (Donsbach 1982) Zu den vorgetragenen Ergebnissen gehörte dabei, dass für eine große Gruppe der Journalistinnen und Journalisten der persönliche gesellschaftliche Einfluss besonders wichtig sei – ohne dass es für ihren Einfluss auf die öffentliche Meinung eine demokratische Legitimation gebe. Sie genössen Privilegien, bewegten sich aber (politisch) in einer Außenseiterrolle, sodass allein dadurch schon die Vielfalt von Meinungen in der Bevölkerung nicht hinreichend abgebildet werde.

---

[21] Vgl. B. Pörksen et al. (Hrsg.) (2008): Paradoxien des Journalismus. Theorie – Empirie – Praxis. Wiesbaden: VS Verlag.
[22] Vgl. W. Duchkowitsch et al. (Hrsg.) (1999): Journalistische Persönlichkeit. Köln: Halem.

Hier haben wir auf Grund der technisch bedingten Diversifizierung heute andere Bedingungen. Dies gilt auch für die vom Autor postulierte Professionalisierung des Berufs. Inzwischen hat ein deutlich größerer Teil von Journalistinnen und Journalisten ein Studium absolviert und/oder das Handwerk auf einer Journalistenschule erworben. Was dabei die zunehmend dominierende Stellung privater Ausbildungseinrichtungen (von Medienunternehmen) für die Qualität des Journalismus bedeutet, ist bisher nicht systematisch untersucht worden, sodass man auf Einzelbeobachtungen etwa im Zusammenhang mit Skandalen wie dem Fall Claas Relotius[23] angewiesen ist. Verstärkt die Erziehung im ‚Klassen-Zusammenhang‘ einer Schule das für den Journalismus so typische Ingroup-Verhalten und das ‚Mainstreaming‘ der Produkte?

Ursprünglich sollten seit den 1970er-Jahren die nach amerikanischem Muster konzipierten universitären Journalistik-Studiengänge zum Modell werden, das systematisch und auf wissenschaftlicher Grundlage Brücken baut zwischen Theorie und Praxis. Dazu gab es später Konzepte und systematisch entwickelte Kompetenz-Kataloge, die ein eigenständiges Fach begründen sollten. (Weischenberg 1990) Ein wirkliches Muster für die Ausbildung zum Journalismus in Deutschland ist so aber nicht zustande gekommen. Insofern ist das Fach ‚Journalistik‘ nie richtig erwachsen geworden.

‚Nachdenken über journalistisches Handeln‘ wirkt zwar nach wie vor wie ein attraktives Programm für die Journalistik. Offen ist aber bis auf Weiteres, wie gut unter gewandelten Bedingungen der Digitalisierung ein solcher Journalismus realisierbar ist. Ihn zu beobachten und zu beschreiben, bleibt auf jeden Fall ein relevantes Forschungsfeld.

Am Anfang der Forschung, die im Laufe der Jahrzehnte beträchtliche Erkenntnisgewinne zum Journalismus, seinen Bedingungen und seinen Produkten, zusammengetragen hat, hatte eine Studie gestanden, die Leo Calvin Rosten (1908–1997) wenige Jahre vor Beginn des Zweiten Weltkriegs veröffentlichte: „The Washington Correspondents". Sie diente als Vorbild für Ambitionen, auf systematische Weise hinter das Geheimnis des journalistischen Schaffens zu steigen.

Wer eine Antwort auf die Frage sucht, welchen Zweck eigentlich die Journalismusforschung erfüllt, wird hier gleich zu Beginn bedient. Der Autor legt dazu das Bekenntnis ab, dass wir in einer Demokratie geradezu abhängig von den Massenmedien sind, wenn es darum geht, auf der Basis von Fakten über politische Fragen zu verhandeln und uns dazu eine Meinung zu bilden. Seinen Entdeckungszusammenhang hatte die Erkenntnis provoziert, dass man seinerzeit überhaupt nichts wusste über „the men, the women [!], the problems, the devices behind the

---

[23] J. Moreno (2019): Tausend Zeilen Lüge. Berlin: Rowohlt.

dispatches and columns". Sein Ziel war es deshalb, die Merkmale und Methoden jener Reporterinnen und Reporter zu erkunden, die als Berichterstatter aus der Hauptstadt „the heart of the opinion-making process" darstellten – in einer Gesellschaft, in der Journalismus geradezu Verfassungsrang besitze.[24]

Die sorgfältige, aus klar formulierten Fragestellungen entwickelte Untersuchung basierte in ihrem empirischen Teil auf der schriftlichen Befragung von rund hundert Korrespondenten des Washingtoner Pressecorps, die in zwei getrennten Fragebögen Angaben zu ihren Merkmalen und zu ihren Einstellungen machten – und Fragen beantworteten, die noch Jahrzehnte später in gleicher oder ähnlicher Form in einschlägigen Untersuchungen gestellt wurden. Sein Auswertungskapitel „The Psychology of the Correspondent" leitete Rosten mit einem Rekurs auf Max Webers Diagnose in seinem Vortrag „Politik als Beruf" ein, dass Journalisten wie Anwälte und Künstler sozial nicht eindeutig klassifiziert werden können. Es folgten Feststellungen zur Schichtrekrutierung der Medienakteure (und damit auch zu den Wurzeln ihrer Wirklichkeitskonstruktionen) und über ihre persönlichen Werthaltungen und beruflichen Prädispositionen, welche ein zentrales Thema der Journalismusforschung geblieben sind.[25]

Doch dies war mehr als nur eine Faktensammlung zu den Merkmalen und Einstellungen einer journalistischen Berufsgruppe. So präsentierte Rosen im Zusammenhang mit der Professionalität von Journalisten (an anderer Stelle) Aussagen, die bis heute Aktualität beanspruchen können. Dabei geht es insbesondere um den Befund, dass die deutliche Mehrheit der Korrespondenten zugab, mit der Komplexität der Nachrichten fachliche Probleme zu haben. Rosten kommentiert ihr Eingeständnis unzureichender Sachkompetenz mit beißender Schärfe.[26] Da ist schon eine Menge von dem enthalten, was heutzutage im Zentrum der (z. T. aus dem Ruder laufenden) ‚alternativen Medienkritik' steht.[27] So wurden in den Pionierjahren der empirischen Kommunikationsforschung Aspekte behandelt, die seit Jahrzehnten für den Diskurs über den Beruf und seine professionelle Basis zentral sind.

---

[24] Vgl. L. C. Rosten (1937): The Washington Correspondents. New York: Harcourt, Brace and Co.

[25] Vgl. ebd.: 239 f.

[26] „The newspaper man compensates for his inner uncertainty (or his inner conviction of incompetence) by lusty deprecations of those whose intellectual equipment he vaguely fears. He soothes his injured sense of self-esteem by the oblique device of irony about those whose respect he would in actuality prefer to enjoy." (L. C. Rosten: The Social Composition of Washington Correspondents. In: Journalism Quarterly, Vol. XIV, 1937/2 (June), S. 125–132, hier S. 131 f.).

[27] Vgl. S. Weischenberg: Wie groß ist das Elend der Medien? In: Journalistik Online 2021/03 (https://journalistik.online/ausgabe-03-2021/wie-gross-ist-das-elend-der-medien/).

Leo Rostens abschließende Bemerkungen über die Wirklichkeit der Pressefreiheit in den USA stellten – über den untersuchten Fall hinaus – ein grundsätzliches ‚Credo' für den Journalismus als Institution dar: „From whatever point of departure one chooses to analyze the function and the influence of the Washington representatives of the American press, the following generalizations [...] seem defensible: newspapers get the type of reporting which they encourage; publishers get the kind of Washington correspondents that they deserve; and the public receives Washington correspondence of a character which newspaper publishers, and ultimately they alone, make possible." (Ebd.: 304)

Diese Studie kann man als ‚Schlüsselwerk der Schlüsselwerke' empirischer Journalismusforschung bezeichnen. Die Journalismusforschung hat inzwischen vieles von dem aufgedeckt, was die alte Zeitungs- und Publizistikwissenschaft mit ihrer praktizistischen Fixierung auf die ‚journalistische Persönlichkeit' verheimlicht hat – obwohl Max Weber dazu schon vor mehr als hundert Jahren die richtigen Fragen gestellt hatte.[28]

---

[28]Vgl. S. Weischenberg (2012/2014): Max Weber und die Entzauberung der Medienwelt; Max Weber und die Vermessung der Medienwelt. Wiesbaden: Springer.

The manufacturer's authorised representative in the EU is Springer
Nature Customer Service Centre GmbH, Europaplatz 3, 69115 Heidelberg,
Germany. If you have any concerns regarding our products, please
contact ProductSafety@springernature.com

Printed and bound by CPI Group (UK) Ltd, Croydon, CR0 4YY

28/04/2026

02098502-0003